U0873533

中等职业教育“十四五”规划教材
职业教育课程改革规划创新教材

会计信息化实训教程

刘　杰　曹美娟　张凤文　主　编
彭道琼　贾义菊　佘　思　副主编

中国经济出版社
CHINA ECONOMIC PUBLISHING HOUSE
中国石化出版社
HTTP://WWW.SINOPEC-PRESS.COM

内 容 提 要

本书将会计信息化的专业理论、专业技能与社会主义核心价值观、会计职业道德等思政内容有机融为一体。内容共分4章，第1章介绍了会计信息化工作原理；第2~4章以用友畅捷通T3财务软件为基础，以小型工业企业为背景，按照一个月度常见业务为主线，分别介绍了企业财务业务一体化管理中总账、工资、固定资产及采购、销售、库存、核算、报表等子系统的基本功能及初始设置，并以案例讲析的方式介绍了以上模块的使用方法和常见业务的操作流程。

本书适合职业院校财经类专业学生和在职财务人员参考使用。

图书在版编目(CIP)数据

会计信息化实训教程／刘杰，曹美娟，张凤文主编．
—北京：中国石化出版社，2022.6(2024.2重印)
ISBN 978-7-5114-6728-7

Ⅰ.①会… Ⅱ.①刘… ②曹 ③张 Ⅲ.①会计信息-财务管理系统-高等职业教育-教材 Ⅳ.①F232

中国版本图书馆 CIP 数据核字（2022）第093374号

中国石化出版社出版发行

地址：北京市东城区安定门外大街58号
邮编：100011　电话：(010)57512500
发行部电话：(010)57512575
http://www.sinopec-press.com
E-mail:press@sinopec.com
北京富泰印刷有限责任公司印刷
全国各地新华书店经销

*

787毫米×1092毫米 16开本 22.5印张 472千字
2022年7月第1版 2024年2月第2次印刷
定价：66.00元

《会计信息化实训教程》编委会

主　编：

刘　杰　曹美娟　张凤文

副主编：

彭道琼　贾义菊　佘　思

编　委：

杨　丽　何华姿　陈竹娴　陈祖清

孙秀萍　魏　琴　杨　磊　蒲　敏

黄静闽　范碧玲　黄银海

前　言 PREFACE

随着互联网的普及，会计信息化在各类商科院校占据着举足轻重的地位，会计这门古老而又年轻的学科正在焕发着越来越强的生命力。

本实验教程共分4章，在第1章中简略介绍了会计信息化工作原理；在第2至4章中以畅捷通T3(营改增版)为蓝本，以小型工业企业圣铭家俱有限公司为背景，按照一个月度常见业务为主线，分别介绍了企业财务业务一体化管理中总账、工资、固定资产及采购、销售、库存、核算、报表等子系统的基本功能及初始设置，并以例题讲析的方式介绍了以上模块的使用方法和常见业务的操作流程。

本教程针对中职院校学生希望提升技能春考成绩和技能大赛水平而编写，以财务业务一体化实操为主导思想，通过对某一中小企业月度内常见业务进行案例分析，展现财务软件的业务处理技巧，具有很强的实用性和指导意义。第3章共编写了66个常见业务，并提供了相应的初始账套、不同业务进度账套和结果账套，每个业务案例既环环相扣，又可以独立运作，可以满足不同层次教学的需要。

由于作者水平有限，编写仓促，难免处理纰漏和错误，敬请广大会计同仁批评指正！

目　录 CONTENTS

1 概　述

会计信息系统作为企业管理信息系统的一个重要组成部分，其开发与使用的最终目标就是要满足企业现代化管理的需要。与此同时，计算机管理系统的开发与应用也会在一定程度上改变企业手工业务处理流程，促进企业管理的规范化和现代化，使企业管理进入更高层次。为了全面了解财务业务一体化的解决方案，应首先了解会计信息系统的总体结构、数据传递关系及会计信息系统的实施过程，有的放矢地进行财务业务一体化解决方案的设计和实施。

1.1　会计信息系统的构成

会计信息系统是随着信息技术革命和会计学科的发展而逐步发展和完善的。早期的会计信息系统包含的子系统非常少，主要包括工资核算、总账、报表等基本核算业务。随着信息技术的革命和会计学科的发展，有越来越多的信息技术应用于会计信息系统(如网路技术)，与此同时，随着会计改革的不断深入，有越来越多的先进会计管理理论和管理方法也不断加入会计信息系统，使得会计信息系统功能不断丰富和完善。到目前为止，会计信息系统已经从核算型发展成为管理型，涵盖了供、产、销、人、财、物以及决策分析等企业经济活动的各个领域，基本满足各行各业会计核算和管理的需要。因此，会计信息系统也被称为财务及企业管理信息系统。

由于企业性质、行业特点以及会计核算和管理的需求不同，会计信息系统所包含的内容不尽相同，其子系统的划分也不尽相同。一般认为，会计信息系统由三大系统组成，即财务系统、购销存系统、管理分析系统，每个系统又进一步分解为若干子系统。

1.1.1　财务系统

财务系统主要包括总账管理子系统、薪资管理子系统、固定资产管理子系统、应收管理子系统、应付管理子系统、成本核算管理子系统、报表管理子系统和资金管理子系统。

1. 总账管理子系统

总账管理子系统是以凭证为原始数据，通过凭证输入和处理，完成记账和结账、银行对账、账簿查询及打印输出，以及系统服务和数据管理等工作。近年来，随着用户对会计信息系统的需求不断提高和软件开发公司对总账管理子系统的不断完善，许多商品化总账管理子系统已经增加了个人往来款核算和管理、部门核算和管理、项目核算和管理及现金银行管理等功能。

2. 薪资管理子系统

薪资管理子系统是以职工个人的原始工资数据为基础，完成职工工资的计算，工资费用的汇总和分配，计算个人所得税，查询、统计和打印各种工资表，自动编制工资费用分配转账凭证传递给账务处理等功能。薪资管理子系统实现对企业人力资源的部分管理。

3. 固定资产管理子系统

固定资产管理子系统主要是对设备进行管理，即存储和管理固定资产卡片，灵活地进行增加、删除、修改、查询、打印与汇总；进行固定资产的变动核算，输入固定资产增减变动或项目内容变化的原始凭证后，自动登记固定资产明细账，更新固定资产卡片；完成计提折旧和分配，产生“折旧计提及分配明细表”“固定资产综合指标统计表”等；费用分配转账凭证可自动转入账务处理等系统，可灵活地查询、统计和打印各种账表。

4. 应收款管理子系统

应收款管理子系统完成对各种应收账款的登记、核销工作；动态反应各客户信息及应收款信息；进行账龄分析和坏账估计；提供详细的客户和产品的统计分析，帮助财会人员有效地管理应收款。

5. 应付款管理子系统

应付款管理子系统完成对各种应付账款的登记、核销以及应付账款的分析预测工作，及时分析各种流动负债的数额及偿还流动负债所需的资金，提供详细的客户和产品的统计分析，帮助财务人员有效地管理应付款。

6. 成本核算管理子系统

成本核算管理子系统是根据成本核算的要求，通过用户对成本核算对象的定义、对成本核算方法的选择，以及对各种费用分配方法的选择，自动对从其他系统传递过来的数据或用户手工录入的数据进行汇总计算，输出用户需要的成本核算结果或其他统计资料。

随着企业成本管理意识的增强，很多商品化成本核算管理子系统还增加了成本分析和成本预测功能，以满足会计核算的事前预测、事中控制和事后分析的需要。成本分析功能可以对分批核算的产品进行追踪分析，计算部门的内部利润，与历史数据对比分析，分析计划成本与实际成本的差异。成本预测功能运用移动平均增长率、年度平均增长率，对部门总成本和任意产量的产品成本进行预测，满足企业经营决策的需要。

7. 报表管理子系统

报表管理子系统主要根据会计核算数据（如账务系统产生的总账及明细账等数据）完成各种会计报表的编制与汇总工作；生产各种内部报表、外部报表及汇总报表；根据报表数据生成各种分析表和分析图等。

随着网络技术的发展，报表管理子系统能够利用现代网络通信技术，为行业型、集团型用户解决远程报表的汇总、数据传输、检索查询和分析处理等功能，既可用于主管单位又可用于基层单位，支持多级单位逐级上报、汇总的应用。

8. 资金管理子系统

随着市场经理的不断发展，资金管理越来越受到企业管理者的重视，为了满足资金管理的需求，目前有些商品化软件提供了资金管理子系统。资金管理子系统实现工业企业或商业企业、事业单位等对资金管理的需求。以银行提供的单据、企业内部单据、凭证等为依据，记录资金业务以及其他涉及资金管理方面的业务；处理对内、对外的收款、付款、转账等业务；提供逐笔计息管理功能，实现每笔资金的管理；提供积数计息管理功能，实现往来存贷资金的管理；提供各单据的动态查询情况以及各类统计分析报表。

1.1.2 购销存系统

购销存系统又称业务处理系统或供应链管理系统，主要包括采购管理子系统、销售管理子系统、库存管理子系统和存货核算管理子系统。

1. 采购管理子系统

采购管理子系统是根据企业采购业务管理和采购成本核算的实际需要，制订采购计划，对采购订单、采购到货以及入库状况进行全程管理，为采购部门和财务部门提供准确及时的信息，辅助管理决策。有很多商品化会计软件将采购管理子系统和应付款管理子系统合并为一个子系统——采购与应付款管理子系统，以更好地实现采购与应付业务的无缝连接。

2. 销售管理子系统

销售管理子系统是以营销业务为主线，兼顾辅助业务管理，实现销售业务管理与核算一体化。销售管理子系统一般和存货中的产成品核算相联系，实现对销售收入、销售成本、销售费用、销售税金、销售利润的核算；生成产成品收发结存汇总表等表格；生成产品销售明细账等账簿；自动编制机制凭证供总账管理子系统使用。

有很多商品化会计软件将销售管理子系统和应收款管理子系统合并为一个子系统——销售与应收款管理子系统，以更好地实现销售与应收业务的无缝连接。

3. 库存管理子系统

库存管理子系统是对材料或库存商品的出库、产成品或库存商品的入库及存货的盘盈入库和盘亏出库等的存货入出库进行业务处理，并将业务处理的结果传递到存货核算管理子系统，进而在存货核算管理子系统中进行入库成本和出库成本的计算并进行账务处理。

4. 存货核算管理子系统

存货核算管理子系统主要针对企业存货的收发存业务进行核算，是对业务处理结果进行会计核算与管理的一个子系统，是联结财务系统与购销存系统的纽带。在存货核算管理子系统中掌握存货的耗用情况，及时准确地把各类存货成本归集到各成本项目和成本对象上，为企业的成本核算提供基础数据；动态反应存货资金的增减变动，提供存货资金周转和占用的分析，为降低库存、减少资金积压、加速资金周转提供决策依据。

1.1.3 管理分析系统

随着会计管理理论的不断发展和会计管理理论在企业会计实务中的不断应用，人们越来越意识到会计管理的重要性，对会计信息系统提出了更高的要求，它不仅能够满足会计核算的需要，还应该满足会计管理的需要，即在经济活动的全过程进行事前预测、事中控制、事后分析，为企业管理和决策提供支持。目前管理分析系统一般包括：财务分析、流动资金管理、投资决策、筹资决策、利润分析和销售预测、财务计划、领导查询、决策支持等子系统。下面简单介绍几个已经使用的基本子系统功能。

1. 财务分析系统

财务分析子系统的功能是从会计数据库中提取数据，运用各种专门的分析方法对财务数据做进一步的加工，生成各种分析和评价企业财务状况和经营成果的信息；编制预算和计划，并考核预算计划的执行情况。

2. 领导查询子系统

领导查询子系统是企业管理人员科学、实用、有效地进行企业管理和决策的重要帮手。它可以从各子系统中提取数据，并将数据进一步加工、整理、分析和研究，按照领导的要求提取有用信息(如资金快报、现金流量表、费用分析表、计划执行情况报告、信息统计表和部门收支分析表等)，并以最直观的表格和图形显示。在网络计算机会计信息系统中，领导还可以通过自己办公室的计算机及时、全面地了解企业财务状况和经营成果。

3. 决策支持子系统

决策支持子系统是利用现代计算机、通信技术和决策分析方法，通过建立数据库和决策模型，利用模型向企业的决策者提供及时、可靠的财务、业务等信息，帮助决策者对未来经营方向和目标进行量化分析和论证，从而对企业生产经营活动做出科学的决策。

1.2 财务系统与业务系统的数据联系

在会计数据集中处理阶段，财务系统与业务系统在会计信息系统中进行集成化管理，形成财务业务一体化的管理模式。在系统中可以最大限度地实现会计核算、会计管理与购销存业务处理的全面核算和管理，平滑地实现各系统之间的数据传递。

财务系统的功能模块主要包括：总账管理子系统、薪资管理子系统、固定资产管理子系统、存货核算管理子系统、报表管理子系统和资金管理子系统等。

业务系统的功能模块主要包括：采购管理子系统、销售管理子系统和库存管理子系统等。

1.2.1 总账管理子系统与其他各子系统之间的关系

总账管理子系统是会计信息系统的核心，其他各子系统都是总账管理子系统的补充。总账管理子系统主要以会计凭证为数据处理对象，因此，他与其他各子系统之间的数据联系主要表现为会计凭证数据传递，以满足登记总账和明细账的需要。总账管理子系统与其他各子系统之间的关系如图 1-1 所示。

总账管理子系统与其他各子系统之间的关系主要表现为，总账管理子系统接收薪资管理子系统、固定资产管理子系统及存货核算管理子系统生成的记账凭证，再将记账凭证的结果记账后生成相应的财务报表。

1.2.2 总账管理子系统与存货核算管理子系统的数据联系

存货核算管理子系统是联结财务系统和业务处理的枢纽。存货核算管理子系统与企业的采购管理子系统、销售管理子系统及库存管理子系统均有着直接的数据传递关系，存货核算管理子系统接收各业务系统传递过来的单据，对各种单据进行记账处理，核算各种存货成本并生成记账凭证，最后将凭证传递到总账管理子系统。

存货核算管理子系统与总账管理子系统的关系如图 1-2 所示。

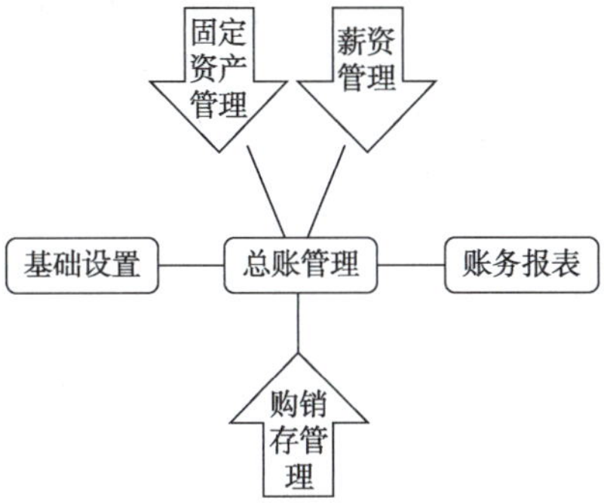

图 1-1 总账管理子系统与其他各子系统的关系

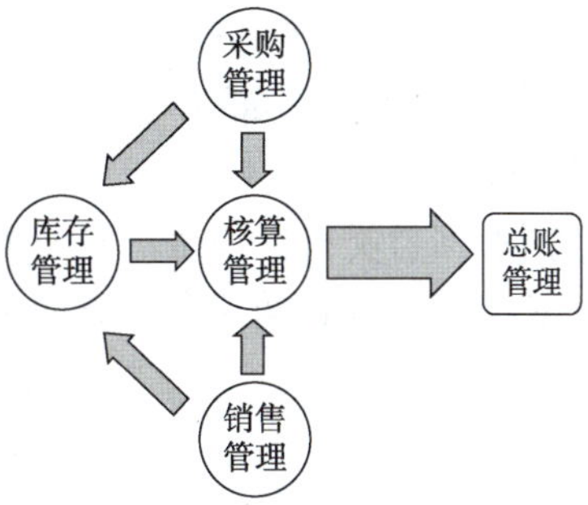

图 1-2 总账管理子系统与存货核算管理子系统关系

存货核算管理子系统与总账管理子系统的关系表现在存货核算管理子系统将采购管理子系统传递过来的采购发票和采购入库单、销售管理子系统传递过来的销售发票和销售出库单及库存管理子系统传递过来的材料出库单和产品入库单等进行记账处理，生成记账凭证传递到总账管理子系统，在总账管理子系统中对存货核算管理子系统传递过来的记账凭证进行审核、记账处理，最后形成有关的账表资料。

1.3 案例背景资料

1. 圣铭家俱有限公司，是一家以生产、加工、销售高档家俱为主要业务的小规模工业企业，公司于 2022 年 7 月开始，实现财务业务一体化管理。

2. 该公司执行《小企业会计准则》(2013 年)。

3. 企业经国家税务部门认定为增值税一般纳税人，增值税税率为 13%，外购存货负担的运费增值税税率为 9%，城市维护建设税税率 7%，教育费附加费率 3%。采用债务法核算企业所得税，当月计提、下月初交纳，全年汇算清缴，企业所得税税率 25%。

4. 个人所得税按七级超额累进税率计算代扣代缴。工薪所得个人所得税的费用扣除标准是 5000 元/月。

5. 按有关规定扣除职工个人社会保险和住房公积金。按照国家规定，由单位代扣代缴个人所得税。

6. 职工养老保险、医疗保险、失业保险、公积金按职工基本工资为计提基数，其中由企业承担的比例依次为：20%、8%、2%、12%，由个人承担部分依次为：8%、2%、1%、12%。每月发放工资时将应由个人负担的部分计入“其他应付款”相关科目，由企业统一上缴。

7. 各部门费用承担分配原则如下：

(1) 销售部门发生的费用一律计入销售费用；生产部门管理人员发生的费用计入制造费用，生产人员发生的费用计入生产成本；其他部门发生的费用计入管理费用。

(2) 水电费的分配原则：销售部门发生的水电费计入销售费用；生产部门发生的水电费计入制造费用；其他部门发生的水电费计入管理费用。

8. 存货采用实际成本法核算。外购存货根据业务发生实际优化处理，暂估业务通过“应付账款——暂估款”科目过渡，然后结转到“原材料”或“库存商品”等科目。

9. 销售与采购发票如果当天结算货款，则不通过应收应付科目过渡，否则，均需通过应收应付科目。

10. 所有损益类科目均做正向业务。

11. 长期借款为到期还本、分期付息，利率6%。

2 基础数据处理

畅捷通 T3 财务管理系统由多个子系统组成，各个子系统都是为同一主体的不同方面服务的。各子系统之间既相对独立，又相互联系、协同运作，共同完成一体化的会计核算与管理的账套和年度账，并要求操作员和操作权限集中管理，所有数据存放在同一数据库中以共享。因此，为了完成全面的系统服务，必须设立系统管理功能，并进行基础设置，为各子系统提供统一的环境和基础信息，对财务管理软件所属的各个系统进行统一的操作管理和数据维护，最终实现财务与业务的一体化管理。

2.1 系统管理

系统管理的主要功能是对畅捷通 T3 管理软件的各子系统进行统一的操作管理和数据维护。系统管理的任务主要包括对操作员及其权限管理和账套管理。

2.1.1 启动系统管理

启动系统管理的操作包括启动系统管理模块并进行注册，即登录进入系统管理模块。在系统管理中可以进行设置操作员、建立账套和设置操作员权限等操作。

系统允许用户以系统管理员 admin 或以账套主管的身份注册进入系统管理。由于第一次运行该软件时还没有建立核算单位的账套，因此，在建立账套前应由系统默认的管理员 admin 登录。

任务 2-1-1 以系统管理员“admin”的身份启动系统管理。

操作步骤

(1) 选择【开始】|【所有程序】|【T3-企业管理信息化软件教育专版】|【T3】|【系统管理】(或者直接双击桌面上的系统管理图标)选项，进入“畅捷通 T3-企业管理信息化软件教育专版-营改增版【系统管理】【教学版】”窗口，如图 2-1-1 所示。

(2) 在“系统管理”窗口中，选择【系统】|【注册】选项，打开“注册【控制台】”对话框。在“用户名”栏录入“admin”，如图 2-1-2 所示。

(3) 单击【确定】按钮(不修改系统管理员的口令，默认口令为空)，进入系统管理模块。

补　充

◇ 系统管理员“admin”没有密码，即密码为空。在实际工作中，为了保证系统的安全，必须为系统管理员设置密码。

◇ 在教学过程中，由于一台计算机供多个学员使用，为了方便，建议不为系统管理员设置密码。

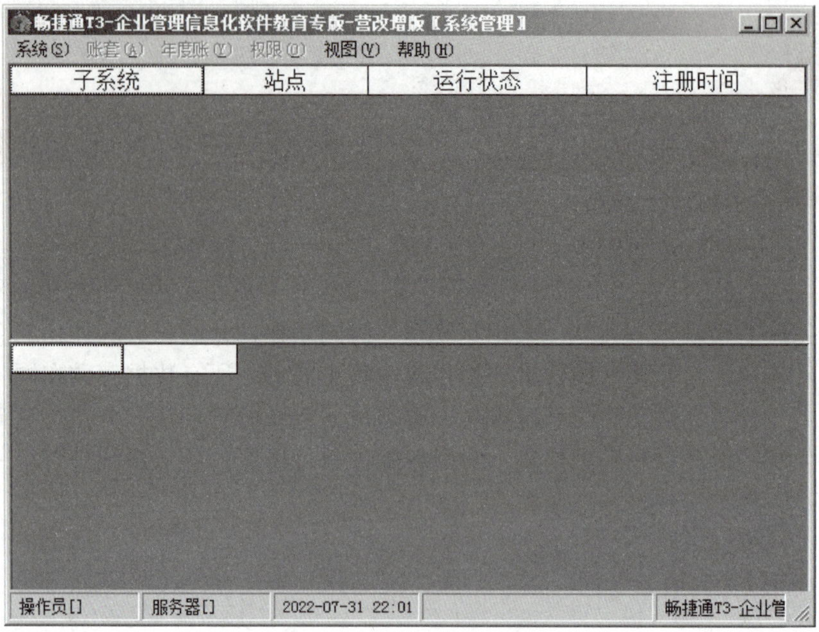

图 2-1-1 “系统管理”窗口

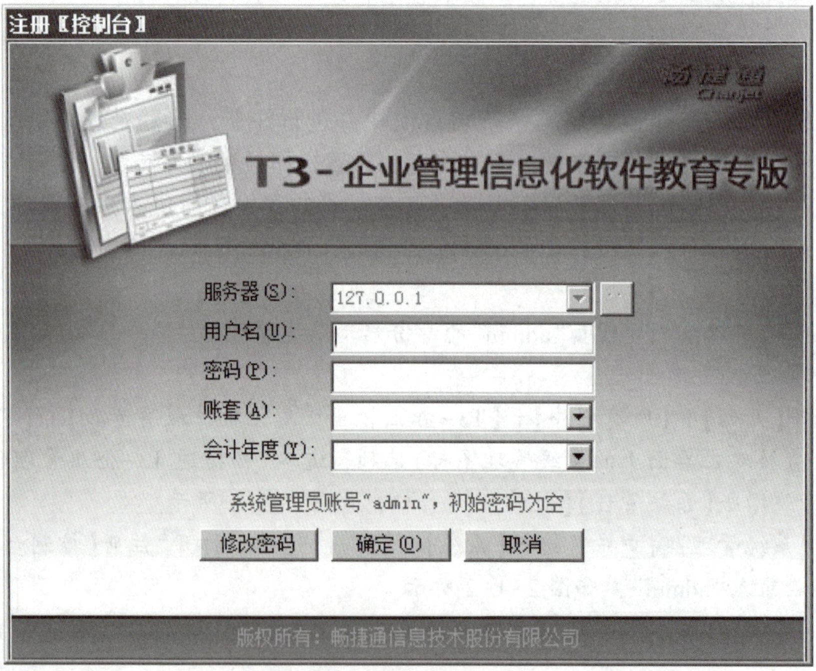

图 2-1-2 “系统管理员登录”对话框

◇ 系统允许以两种身份注册进入系统管理。一是以系统管理员的身份，二是以账套主管的身份。

系统管理员负责整个系统的控制和维护，可以管理该系统中所有的账套。以系统管理员身份注册进入，可以进行账套的建立、恢复和备份，设置操作员、制定账套主管，并可以设置和修改操作员的密码及其权限等。

账套主管负责对所选账套的维护工作，主要包括账套的修改、功能模块启用、对年度账的管理(包括建立、清空、恢复、备份以及各子系统的年末结转、所选账套的数据备份等)，以及该账套操作员的权限设置。

2.1.2 操作员管理

为了保证系统及数据的安全与保密，系统提供了操作员设置功能，以便在计算机系统中进行操作分工及权限控制。

2.1.2.1 增加操作员

任务 2-1-2 增加如表 2-1-1 所示的操作员。

表 2-1-1 操作员名单

操作员编号	操作员名单	操作员口令
kj001	李莞	1
kj002	王袂	2
kj003	章玉梅	3
kj004	朱桓	4

操作步骤

(1) 以系统管理员“admin”的身份在“系统管理”窗口中，选择【权限】|【操作员】选项，打开“操作员管理”对话框，如图 2-1-3 所示。

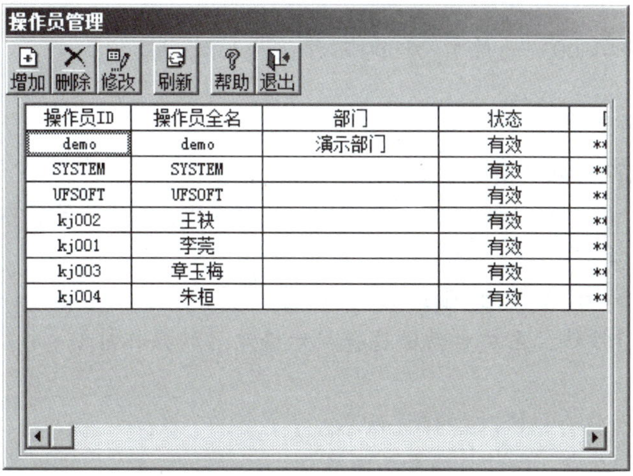

图 2-1-3 “操作员管理”对话框

补 充

◇ 系统预置的操作员初始口令与各自的名称一样，并且字母分不大小写。如 demo 的口令就是 demo。

(2) 单击【增加】按钮，打开“增加操作员”对话框，输入编号“kj001”、姓名“李莞”、口令“1”、确认口令“1”，如图 2-1-4 所示。

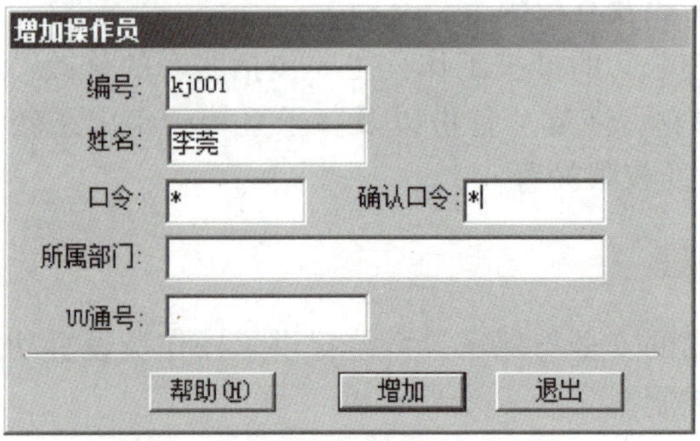

图 2-1-4 “增加操作员”对话框

(3) 单击【增加】按钮，确认。

(4) 依次增加其他操作员。

(5) 完成后，单击【退出】按钮，系统显示操作员名单。

补　充

◇ 只有系统管理员(admin)才有权限设置操作员。

◇ 操作员编号在系统中必须唯一的。

◇ 所设置的操作员一旦被使用，则不能删除。

◇ 在实际工作中可以根据需要随时增加操作员。

◇ 为保证系统安全、分清责任，应设置操作员口令。

2.1.2.2 修改操作员

在系统中设置的操作员在未被使用前，可以进行修改(注：操作员信息一旦保存，则编号不能修改)。

任务 2-1-3 将“kj003”的姓名“章玉梅”修改为“张玉梅”。

操作步骤

(1) 以系统管理员“admin”的身份注册进入“系统管理”。

(2) 选择【权限】|【操作员】选项，打开“操作员管理”对话框。

(3) 在“操作员管理”对话框中选中要修改的操作员“张玉梅”的所在行，单击【修改】按钮，打开“修改操作员信息”对话框。

(4) 将姓名“章玉梅”修改为“张玉梅”，如图 2-1-5 所示。

(5) 单击【修改】按钮，系统自动保存并显示修改后的操作员信息。

补　充

◇ 只有系统管理员有权修改操作员信息。

◇ 在操作员的信息中，操作员编号不能修改，只能修改操作员的姓名、口令及所属部门。

◇ 操作员的口令除了可以由系统管理员以修改操作员信息的方式进行修改外，还可以在操作员登录系统时由操作员本人修改。

2.1.3 账套管理

账套是指一组相互关联的财务数据。一般来说，可以为企业中每一个独立核算的单位

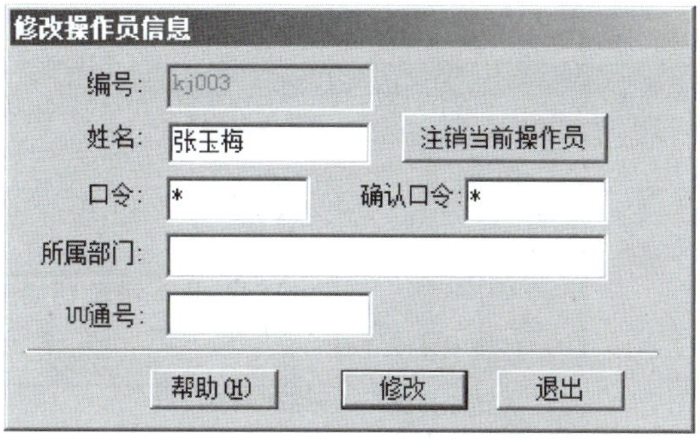

图 2-1-5 “修改操作员信息”对话框

建立一个账套，系统最多可以建立 999 套账。其中“999”账套是系统预置的演示账套。在账套管理功能中可以完成建立账套、修改账套、备份账套及恢复账套的操作。

2.1.3.1 建立账套

建立账套，即采用财务管理软件为本企业建立一套账簿文件。在建立账套时可以根据企业的具体情况进行账套参数设置，主要包括核算单位名称、所属行业、启用时间、编码规则等基础参数。账套参数决定了系统的数据输入、处理、输出的内容和形式。

任务 2-1-4 创建 321 账套，账套名称为“圣铭家俱有限公司”，启用会计期为“2022 年 7 月”，单位名称为“圣铭家俱有限公司”(简称“圣铭家俱”)，单位地址：鹤伴二路 999 号，税号：12371626494720664R，该企业的记账本位币为“人民币(RMB)”，企业类型为“工业”，执行“小企业会计准则(2013 年)”，账套主管“李莞”，按行业性质预置会计科目。该企业要求进行外币核算，对经济业务处理时，需对存货、客户、供应商进行分类。需设置的分类编码分别为：会计科目编码级次：4-2-2-2；部门编码级次：2-1-2；其他默认。创建账套后启用总账、工资管理、固定资产、购销存管理、核算子系统，启用日期为：2022 年 7 月 01 日。

操作步骤

(1) 在“系统管理”窗口中，选择【账套】|【建立】选项，打开“创建账套——账套信息”对话框。

(2) 输入账套信息。账套号为“222，账套名称为“圣铭家俱有限公司”，启用会计日期“2022 年 7 月”，如图 2-1-6 所示。

补 充

◇ 新建账套号不能与已存账套号重复。

◇ 账套名称可以是核算单位的简称，它将随时显示在正在操作的财务管理软件的界面上。

◇ 账套路径为存储账套数据的路径，可以修改。

◇ 启用会计期为启用财务管理软件处理会计业务的日期。

◇ 启用的会计期不能在计算机系统日期之后。

(3) 在“创建账套——账套信息”对话框中，单击【下一步】按钮，打开“创建账套——单位信息”对话框。

(4) 输入单位信息。单位名称为“圣铭家俱有限公司”单位简称“圣铭家俱”，如图 2-1-7

所示。

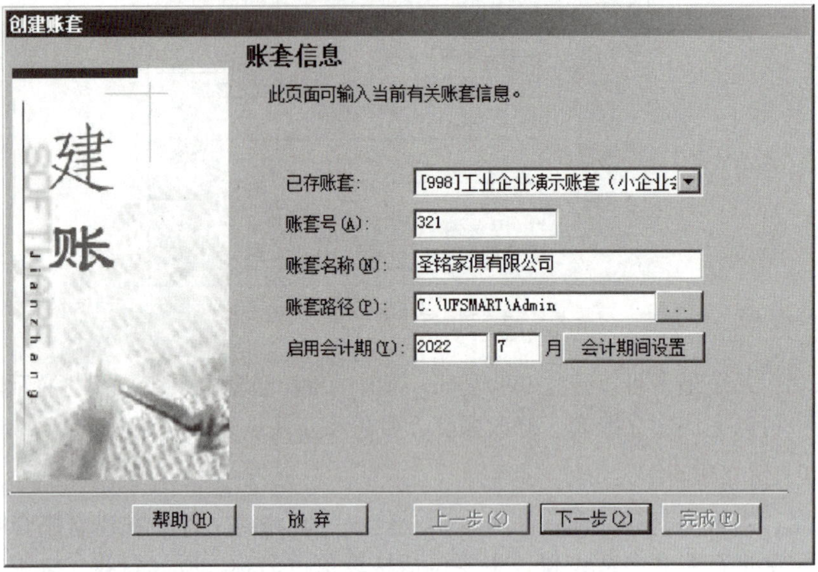

图 2-1-6 “创建账套——账套信息”对话框

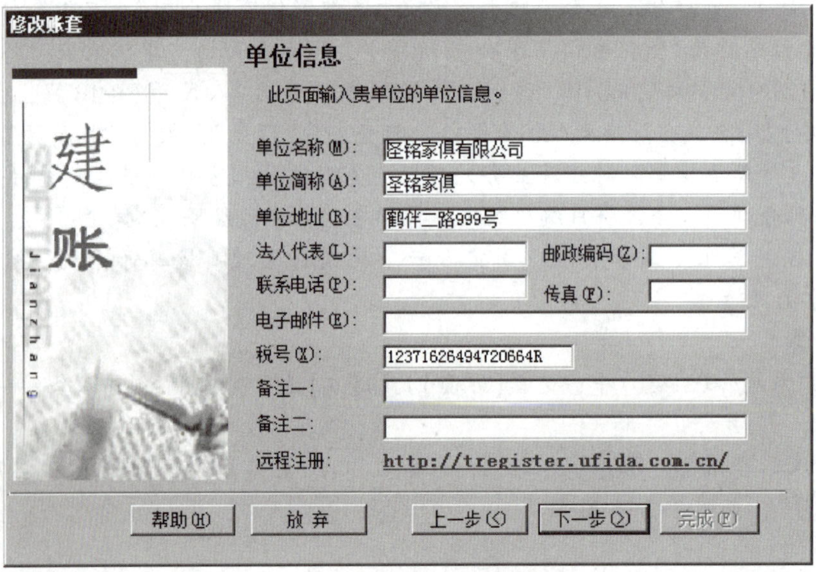

图 2-1-7 “创建账套——单位信息”对话框

(5) 在“创建账套——单位信息”对话框中，单击【下一步】按钮，打开“创建账套——核算类型”对话框。

(6) 单击行业性质栏的下三角按钮，选择“小企业会计准则(2022 年)”，单击账套主管栏后的下三角按钮，选择“李莞”，如图 2-1-8 所示。

补　充

◇ 行业性质的选择决定着系统采用何种会计制度下的会计科目进行会计核算。

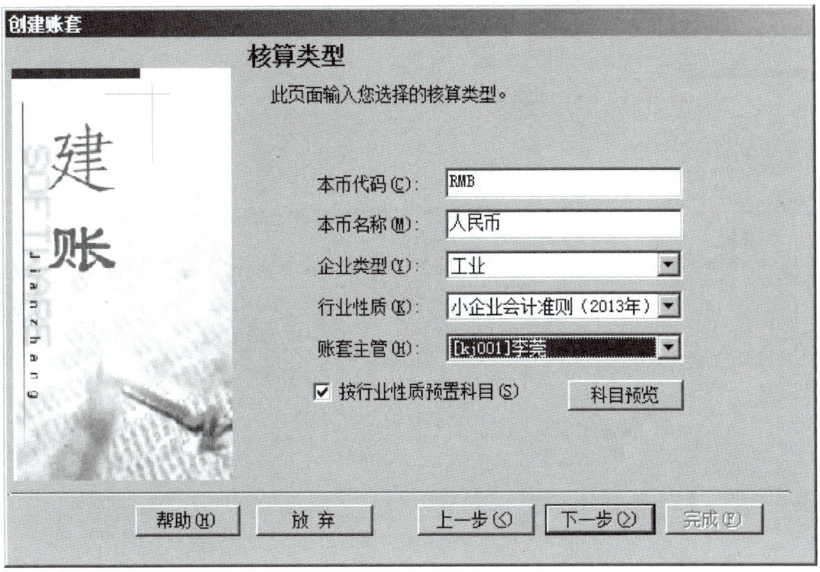

图 2-1-8 “创建账套——核算类型”对话框

◇ 账套主管可以在此确定，也可以在操作员权限设置功能中修改。

◇ 系统默认按所选行业性质预置会计科目。如果取消选择“按行业性质预置科目”复选框(即取消“√”)，则不按行业预置会计科目。

(7) 在“创建账套——核算类型”对话框中单击【下一步】按钮，打开“创建账套——基础信息”对话框。

(8) 设置基础信息。选择“存货是否分类”“客户是否分类”复选框，如图 2-1-9 所示。

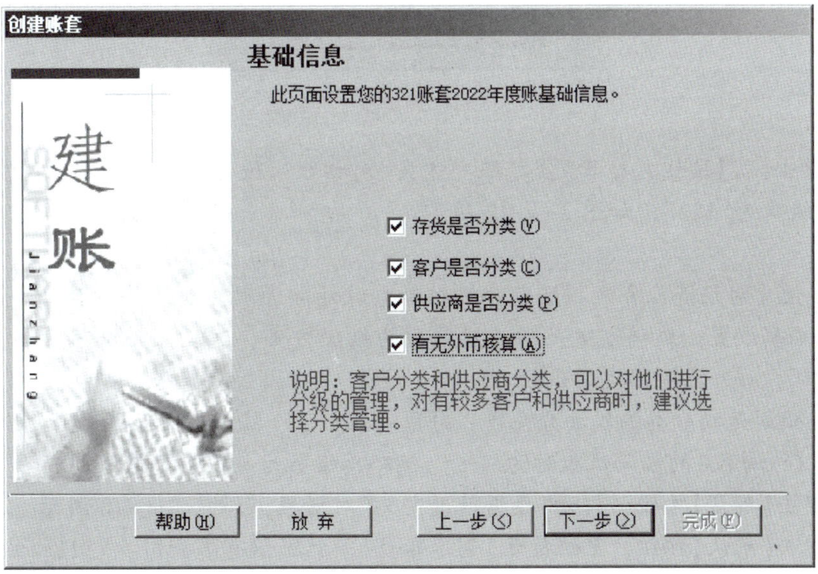

图 2-1-9 “创建账套——基础信息”对话框

(9) 单击【下一步】按钮，打开“创建账套——业务流程”对话框，如图 2-1-10 所示。

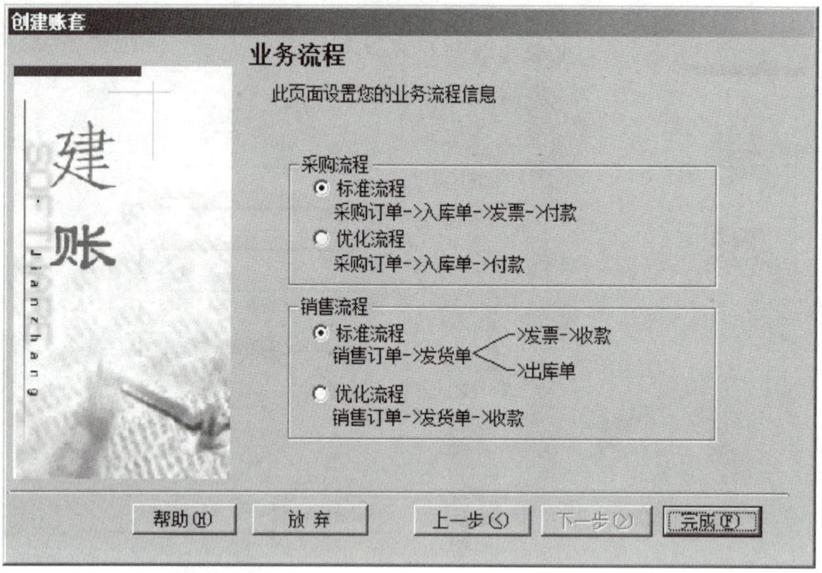

图 2-1-10 “创建账套——业务流程”对话框

(10) 单击【完成】按钮，系统弹出“可以创建账套了么?”提示框，如图 2-1-11 所示。

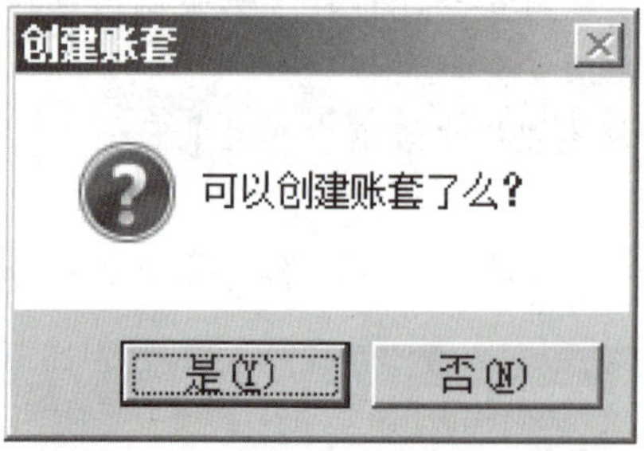

图 2-1-11 确定已创建账套

(11) 单击【是】按钮，打开“分类编码方案”对话框。设置科目编码级次为“4222”，客户分类编码级次为“122”，如图 2-1-12 所示。

补 充

◇ 为了便于对经济业务数据进行分级核算、统计和管理，软件将对会计科目、企业的部门等进行编码设置。编码方案是指设置编码的级次方案，这里采用群码方案，这是一种分段组合编码，每一段有固定的位数。

◇ 编码规则是指分类编码共分几段，每段有几位。一级至最底层的段数称为级次。

◇ 每级(或每段)的编码位数称为级长。编码总级长为每级编码级长之和。

(12) 单击【确认】按钮，打开“数据精度定义”对话框，如图 2-1-13 所示。

(13) 单击【确认】按钮，系统提示“创建账套{圣铭家俱有限公司：[321]}成功。”

(14) 单击【确定】按钮。系统提示“是否立即启用账套”，如图 2-1-14 所示。

(15) 单击【是】按钮，启用相关系统，如图 2-1-15 所示。

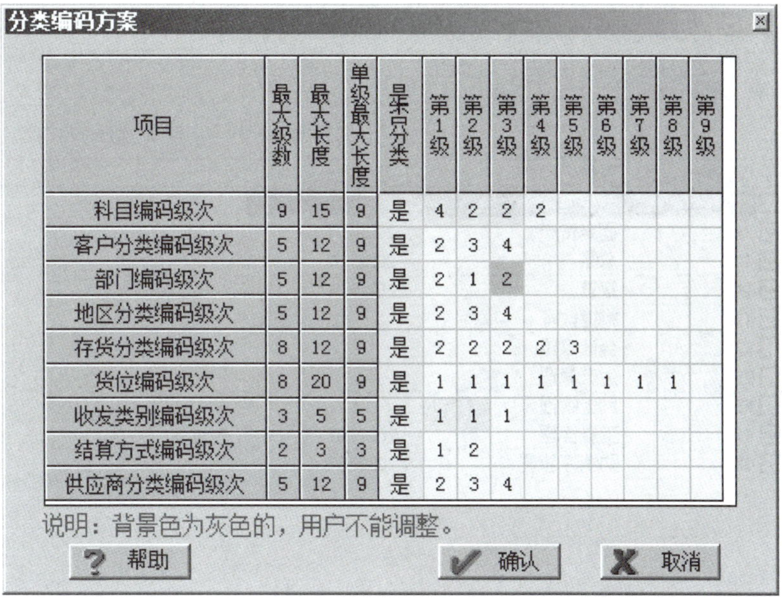

项目	最大级数	最大长度	单级最大长度	是否分类	第1级	第2级	第3级	第4级	第5级	第6级	第7级	第8级	第9级
科目编码级次	9	15	9	是	4	2	2	2					
客户分类编码级次	5	12	9	是	2	3	4						
部门编码级次	5	12	9	是	2	1	2						
地区分类编码级次	5	12	9	是	2	3	4						
存货分类编码级次	8	12	9	是	2	2	2	2	3				
货位编码级次	8	20	9	是	1	1	1	1	1	1	1	1	
收发类别编码级次	3	5	5	是	1	1	1						
结算方式编码级次	2	3	3	是	1	2							
供应商分类编码级次	5	12	9	是	2	3	4						

图 2-1-12　“分类编码方案”对话框

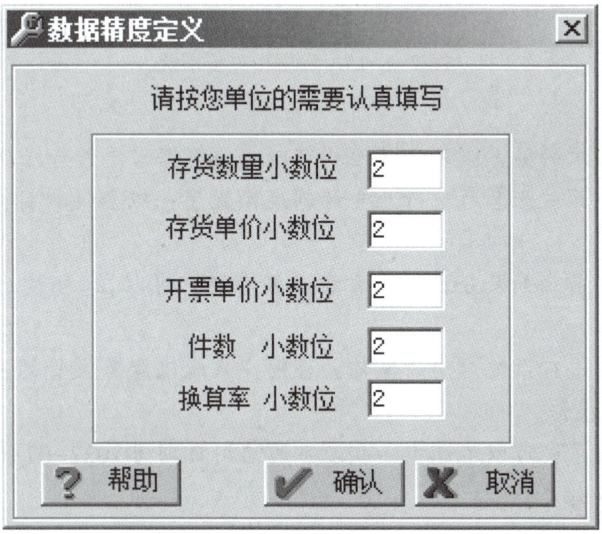

图 2-1-13　“数据精度定义”对话框

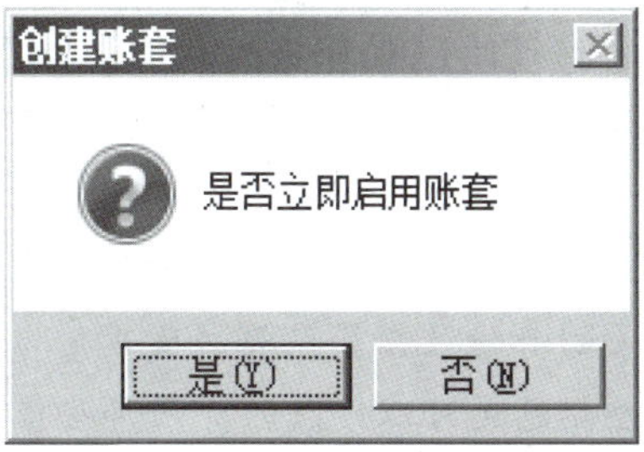

图 2-1-14　是否立即启用账套的提示

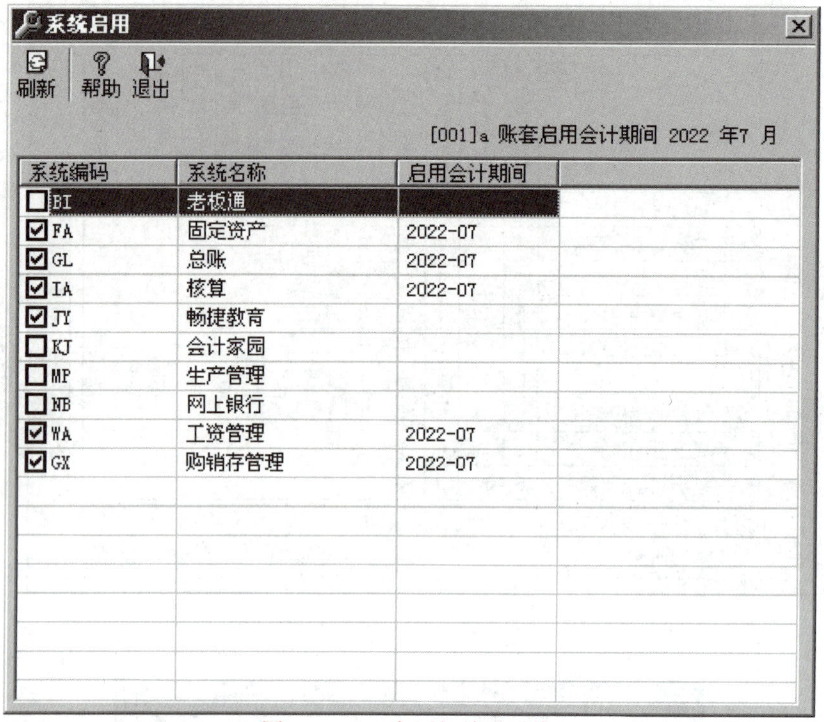

图 2-1-15　启用相关子系统

补　充

◇ 除科目编码级次的第 1 级外，其他均可以直接根据需要进行修改。

◇ 由于系统按照系统账套所选行业会计制度预置了一级会计科目，因此第 1 级科目编码级次不能修改。

◇ 在系统未使用前，如果分类编码方案设置有误，可以在“畅捷通 T3”的“基础设置”中进行修改。

◇ 此时可以直接进行系统启用的操作，否则，只能以账套主管的身份注册系统管理后进行相应系统启用的操作。

◇ 不需要启用的系统可以不选中，相应系统启用日期为 2022-07-01。

2.1.3.2　修改账套

当系统运行了一段时间后，如果发现账套的某些信息需要修改和补充，可以通过修改账套功能来完成。此功能还可以帮助用户查看某个账套的信息。

系统要求，只有账套主管才有权使用账套修改功能。如果要修改某一账套的信息，首先应在启动系统管理后，以账套主管的身份注册登录系统管理，并选择要修改的账套。

补　充

◇ 只有账套主管才有权限修改账套信息，如果当前操作员是系统管理员“admin”，则应先注销操作员，再以账套主管的身份注册登录系统管理。

◇ 在修改账套时应提示哪些信息是可以修改的，而哪些信息是不能修改的。其中，账套号和行业性质不能修改。因此，如果在建立账套时未选择正确的行业性质就只能重建账套了。

2.1.3.3 备份账套

由于计算机在运行时经常会受到来自各方面因素的干扰，如人的因素，硬件、软件或计算机病毒等因素，有时会造成会计数据被破坏。因此，“系统管理”窗口中提供了账套“备份”和账套“恢复”的功能。

账套备份(即会计数据备份)就是将财务管理软件所产生的数据备份到硬盘、软盘或光盘中。其目的是长期保存防备意外事故造成的硬盘数据丢失、非法篡改和破坏；能够利用备份数据，使系统数据得到尽快恢复以保证业务的正常进行。

账套的“备份”功能除了可以完成账套的备份操作外，还可以完成删除账套的操作。如果系统内的账套已经不需要再继续保存，则可以使用账套的“备份”功能进行账套删除。

任务 2-1-5 将 321 账套数据备份到 D 盘中的“321 账套备份”文件夹中。

操作步骤

(1) 在 D 盘中建立“321 账套备份”文件夹。

(2) 以系统管理员“admin”的身份进入“系统管理”窗口，选择【账套】【备份】选项，打开“账套备份”对话框。

(3) 选择“账套号”下拉列表框中的“[321]圣铭家俱有限公司”，如图 2-1-16 所示。

(4) 单击【确认】按钮。

(5) 经过压缩进程，系统进入“选择备份目标”对话框，双击备份文件夹“d:\321 账套备份”，如图 2-1-17 所示。

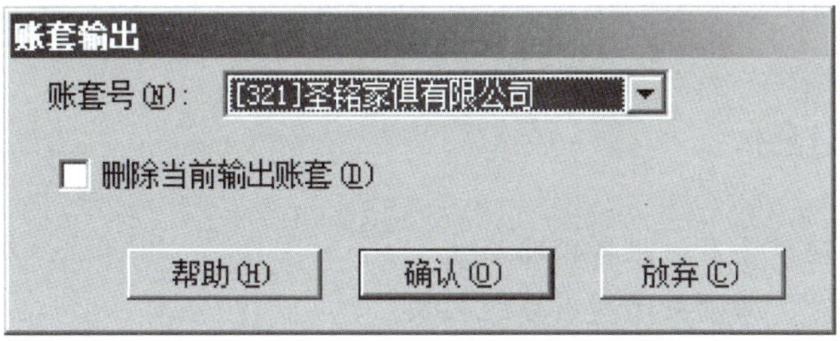

图 2-1-16 “账套备份”对话框

图 2-1-17 “选择备份目标”对话框

(6) 单击【确认】按钮，系统弹出“硬盘备份完毕!”提示对话框，如图 2-1-18 所示。

(7) 单击【确定】按钮，系统提示“备份/恢复数据”时，建议您使用用友安全通道进行杀毒”，如图 2-1-19 所示。

图 2-1-18 确定硬盘备份完毕

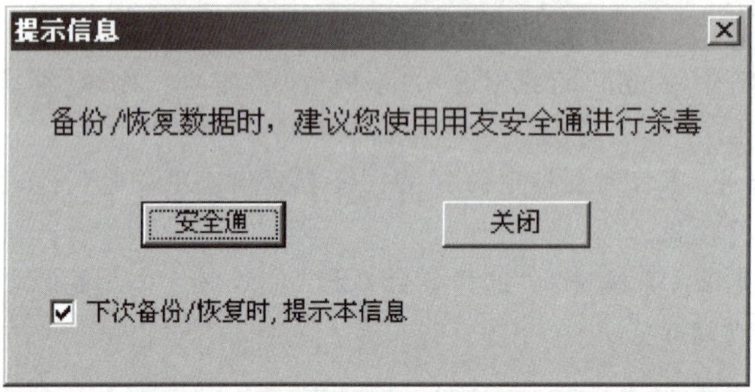

图 2-1-19 建议使用安全通道进行杀毒的提示

(8) 单击【关闭】按钮。

补　充

◇ 只有系统管理员才有权限备份账套。

◇ 在删除账套时，必须关闭所有系统模块。

◇ 建议在每次备份时都新建一个文件夹，并注明该备份文件的内容。

◇ 企业应该在每月月末结账前进行账套备份。学生在学习的过程中可以将阶段性的操作结果进行备份，以便机器出现故障或更换机器后能及时地导入备份数据继续进行操作。

2.1.3.4 恢复账套

恢复账套(即会计数据引入)是指把软盘或硬盘上的备份数据恢复到软件系统中，即利用现有数据恢复。进行账套恢复(或数据引入)的目的是：当硬盘数据被破坏时，将软件或光盘上的最新备份数据恢复到硬盘中。系统还允许将系统外某账套数据引入到本系统中，从而有利于集团公司的操作。例如，子公司的账套数据可以定期被引入到母公司系统中，以便进行有关账套数据的分析和合并工作。

任务 2-1-6 将已备份到 D 盘的“321 账套备份”文件夹中的“321 账套备份”数据恢复到硬盘中。

操作步骤

(1) 以系统管理员"admin"的身份进入"系统管理"窗口，选择【账套】【恢复】选项，出现建议使用安全通的提示。

(2) 单击【关闭】按钮，打开"恢复账套数据"对话框。

(3) 选择"d:\321 账套备份\"中的数据文件"UF2KAct. Lst"，如图 2-1-20 所示。

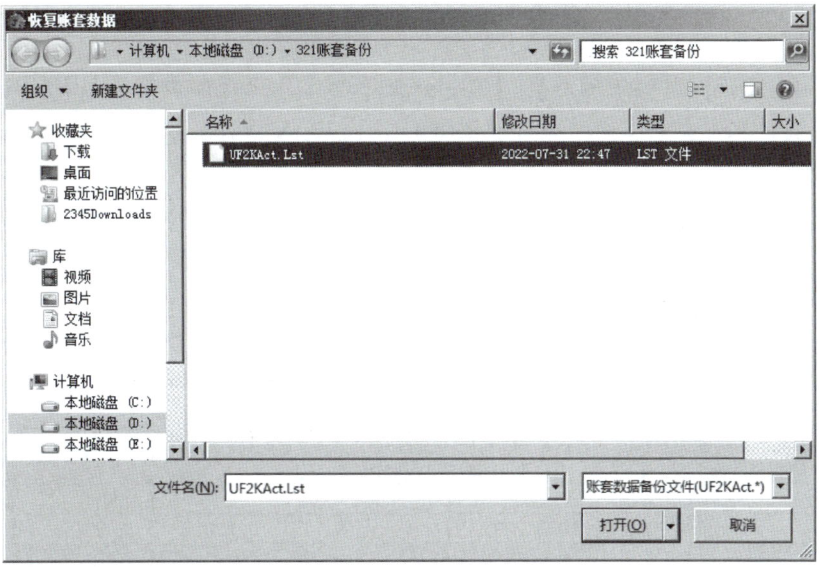

图 2-1-20 "恢复账套数据"对话框

(4) 单击【打开】按钮。系统弹出"是否覆盖"提示，如图 2-1-21 所示。

(5) 单击【是】按钮确定，系统弹出"账套[321]恢复成功!"提示，单击【确定】按钮。

图 2-1-21 恢复数据时的系统提示

补 充

◇ 备份的账套数据，只有在系统管理中进行恢复(引入)才能运行。

◇ 恢复备份数据会将硬盘中现有的数据覆盖，因此如果没有发现数据损坏，不要轻易进行数据恢复。

2.1.4 系统启用

系统启用是指设定在畅捷通 T3 应用系统中的各个子系统开始使用的日期。只有启用后的子系统才能进行登录。系统启用有两种方法：

一是在系统管理中创建账套时启用系统，即当用户创建完成一个新的账套后，系统弹

出提示信息对话框，系统管理员 admin 可以选择立即进行系统启用设置；二是在账套建立完成后，由账套主管登录到系统管理中，在【账套】|【启用】功能中进行系统启用的设置。如果 321 账套在建立账套后并未进行系统启用的设置，那么，只能由 321 账套的主管在系统管理的账套启用功能中进行 321 账套的系统启用的设置。

任务 2-1-7 2022 年 7 月 01 日，由 321 账套的账套主管 kj001（李莞，密码为"1"）注册进入系统管理，取消启用"畅捷教育"系统。

操作步骤

(1) 选择【开始】|【所有程序】|【T3-企业管理信息化软件教育专版】|【T3】|【系统管理】(或者直接双击桌面上的系统管理图标)选项，进入"畅捷通 T3-企业管理信息化软件教育专版【系统管理】"窗口。

(2) 选择【系统】|【注册】选项，打开"注册【控制台】"对话框。

(3) 在"用户名"栏中，录入 321 账套主管"kj001"，在"密码"栏录入"1"选择账套"[321]圣铭家俱有限公司"。

(4) 单击【确定】按钮。

(5) 在"【系统管理】"窗口中，选择【账套】|【启用】选项，如图 2-1-22 所示。

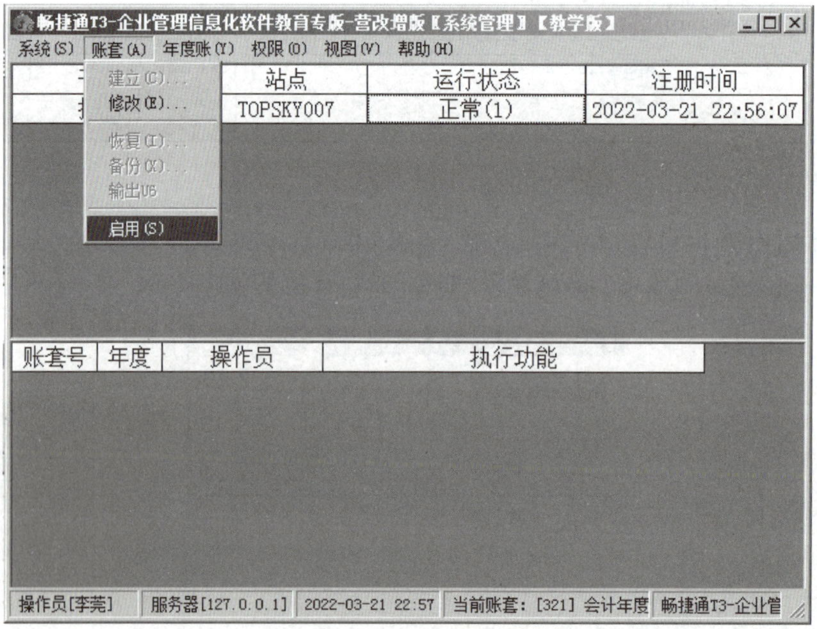

图 2-1-22 系统启用菜单

(6) 选择【账套】|【启用】选项，打开"系统启用"对话框。选择相应模块的复选框，去掉勾选，系统弹出提示信息，如图 2-1-23 所示。

(7) 单击【是】按钮。取消"畅捷教育"系统的启用。

(8) 单击【退出】按钮。

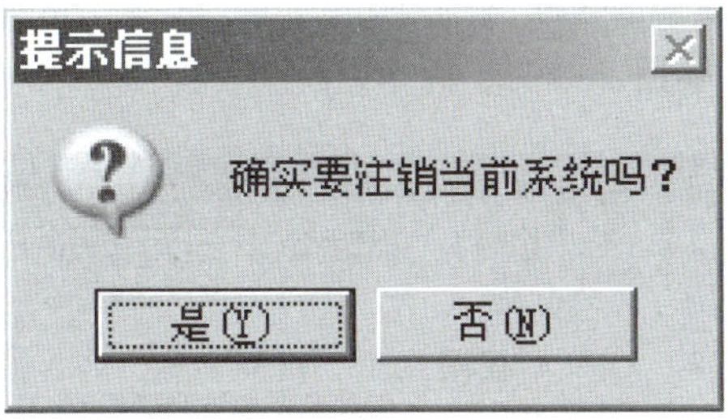

图 2-1-23　取消相应模块提示信息

2.1.5　操作员权限管理

为了保证权责清晰和企业经营数据的安全与保密，企业需要对系统中的所有操作人员进行分工，设置各自相应的操作权限。财务分工在财务管理软件中主要体现在两个功能上：系统管理中的操作员权限设置(功能权限设置)和总账模块中的明细权限设置。

操作员权限设置功能用于对已设置的操作员进行赋权。只有系统管理员和该账套的主管有权进行权限设置，但两者的权限又有所区别。系统管理员可以指定某账套的账套主管，还可以对各个账套的操作员进行权限设置。而账套主管只可以对所管辖账套的操作员进行权限指定。

明细权限设置功能用于对总账模块中各操作员的凭证审核、科目制单及明细账查询打印权限进行设定。

2.1.5.1　增加操作员权限

由于操作员权限是指某一操作员拥有某一账套某些功能的操作权限，因此，在设置操作员和建立该核算账套之后，可以在操作员权限设置功能中对操作员进行操作员权限设置。

任务 2-1-8　增加操作员的操作权限，如表 2-1-2 所示。

表 2-1-2　操作员权限明细表

编　号	姓　名	权　限
kj001	李莞	账套主管
kj002	王袂	公用目录设置，总账，工资管理，固定资产
kj003	张玉梅	现金管理，总账——出纳签字，凭证查询
kj004	朱桓	公共目录设置，应收管理，应付管理，核算，采购管理，销售管理，库存管理

操作步骤

(1) 以系统管理员“admin”身份注册进入“系统管理”窗口，选择【权限】|【权限】选项，打开“操作员权限”对话框。

(2) 选中操作员显示区中的“kj001 李莞”所在行，单机对话框右上角“账套主管”栏右侧下三角按钮，选择“[321]圣铭家俱有限公司”及“2022”选项，如图 2-1-24 所示。

(3) 选中操作员显示区中的“kj002 王袂”所在行，单击【增加】按钮，打开“增加权限—[kj002]”对话框。

(4) 双击“产品分类选择”框中的“公用目录设置”选项，系统在“明细权限选择”框中显示已增加权限，如图 2-1-25 所示。

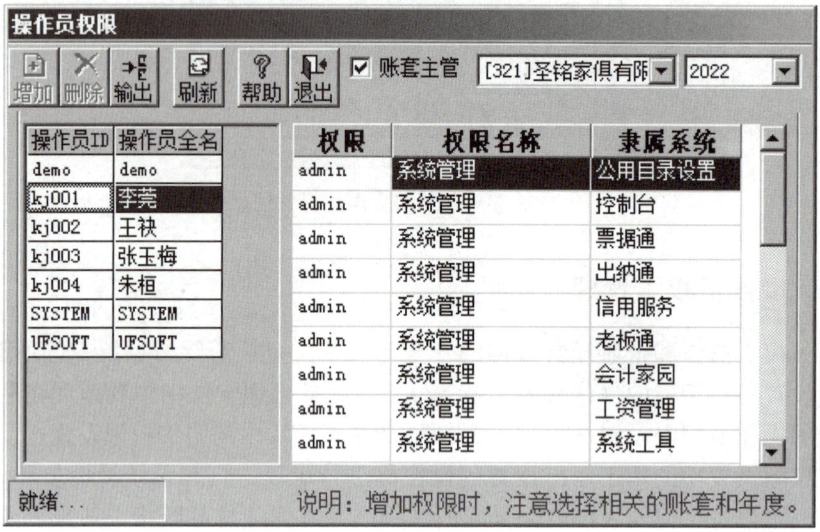

图 2-1-24　设置操作员权限

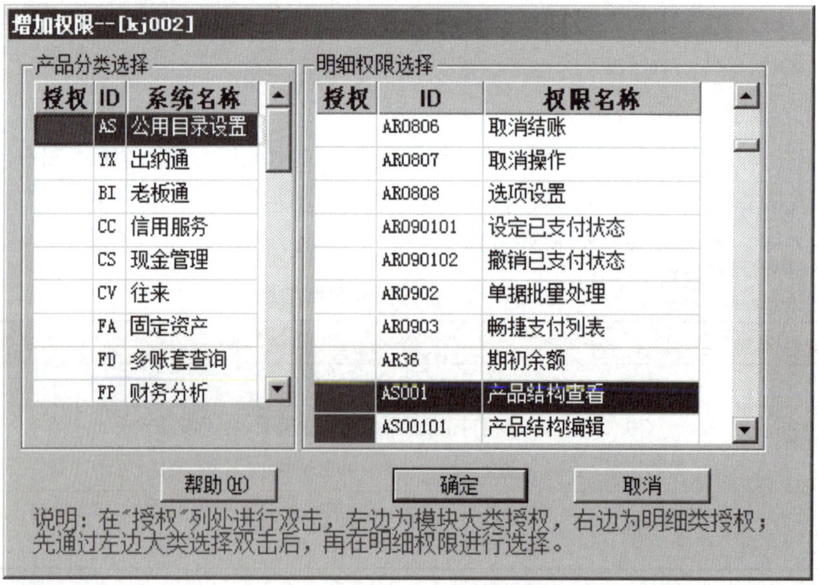

图 2-1-25　“增加权限”对话框

(5) 再分别双击“产品分类选择“框中的“总账”“固定资产”“工资管理”等选项，系统在“明细权限选择”框中分别显示已增加的权限。

(6) 单击【确定】按钮。

补　充

◇ 在“增加权限”对话框中，双击右侧明细权限选择区中的明细权限，可以根据自己的需要添加或删除已选中的明细权限。

(7) 以此类推，增加其他操作员的权限。

2.1.5.2　修改操作员权限

修改操作员的权限包括设定或取消账套主管，修改某一操作员的某一功能模块的所有及部分权限。

首先在建立账套时指定账套主管，修改时由系统管理员进行胀套主管的设定与放弃操作，首先在"操作员权限"左边窗口中选择欲设定或放弃账套主管资格的操作员，然后在对话框右上角选择账套，最后选中旁边的"账套主管"复选框。

补　充

◇ 在实际工作中一个账套可以定义多个账套主管，一个操作员也可以担任多个账套的账套主管。在设置操作员权限时，只需对非账套主管的操作员设置相应的操作权限，而系统默认账套主管自动拥有该账套的全部权限。

◇ 系统管理员或账套主管可以删除非账套主管操作员已拥有的权限。

2.2　账套基础数据设置

一个账套由若干个子系统构成，这些子系统共享公用的基础信息。基础信息是系统运行的基石。在启用新账套时，根据企业的实际情况，结合系统基础信息设置的要求，事先做好基础数据的准备工作，这样可使初始建账顺利进行。

基础设置的内容主要包括设置基础档案、会计科目、凭证类别、结算方式。

2.2.1　启用并注册账套

在建立账套后，对于该账套的所有会计核算、业务处理及有关的管理工作均应在畅捷通 T3 财务管理软件中进行，因此，在进行总账系统初始化之前应首先启动并注册畅捷通 T3-企业管理信息化软件教育专版-营改增版。

任务 2-2-1　以操作员"kj001(李莞，密码'1')"的身份在 2022 年 7 月 01 日登录注册 321 账套。

操作步骤

(1) 选择【开始】|【所有程序】|【T3-企业管理信息化软件教育专版】|【T3-企业管理信息化软件教育专版】，或者直接单击桌面上的畅捷通 T3-企业管理信息化软件教育专版的图标，打开"注册【控制台】"对话框。

(2) 在"用户名"栏录入"kj001"，在"密码"栏录入"1"，选择"账套"下拉列表中的"[321]圣铭家俱有限公司"及"会计年度"下拉列表框中的"2022"，选择"操作日期"为"2022-07-01"，如图 2-2-1 所示。

(3) 单击【确定】按钮。打开"期初档案录入"窗口，如图 2-2-2 所示。

补　充

◇ 可以在此直接选择相应的图标设置基础档案信息。

(4) 单击 × 按钮退出，打开"畅捷通 T3-企业管理信息化软件教育专版-营改增版"

窗口。

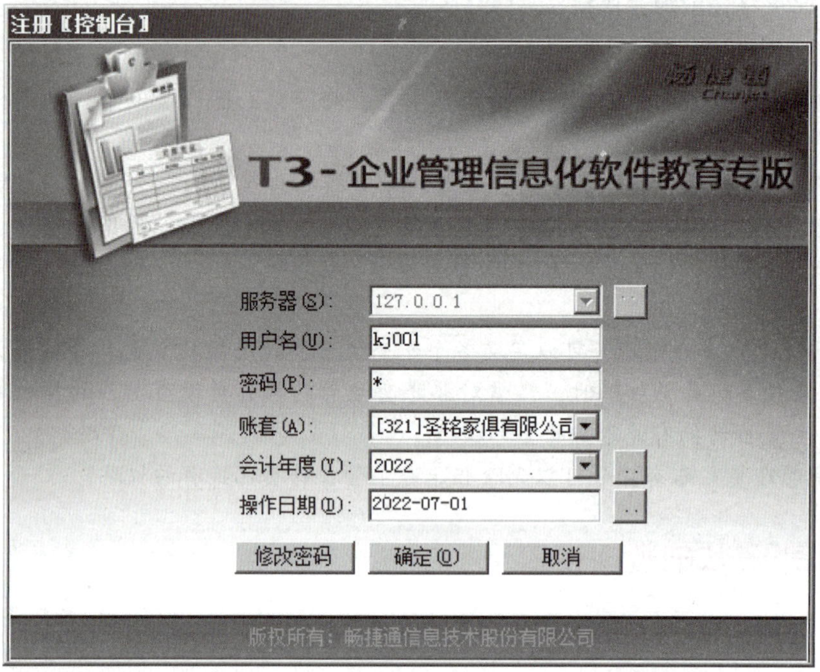

图 2-2-1 “信息平台登录”对话框

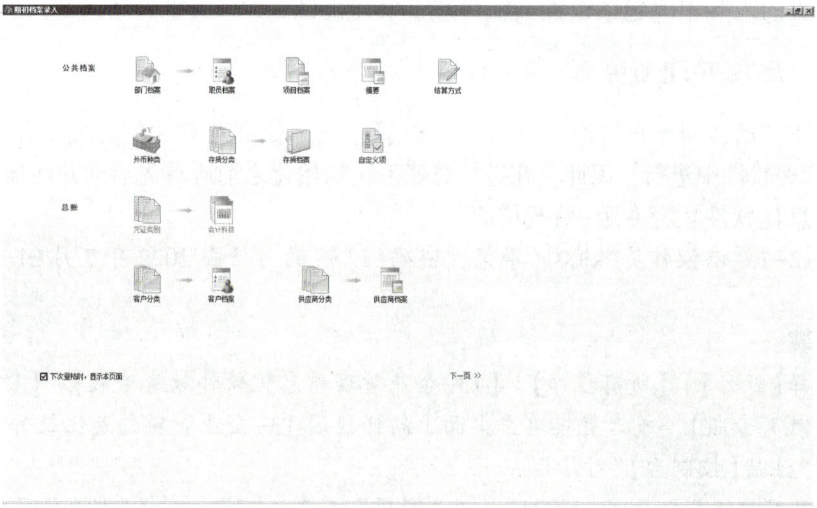

图 2-2-2 “期初档案录入”窗口

2.2.2 机构设置

2.2.2.1 部门档案设置

在会计核算中，往往需要按部门进行分类和汇总，下一级将自动向有隶属关系的上一级进行汇总。部门档案是设置会计科目中要进行部门核算的部门名称，以及要进行个人核算的往来个人所属部门。

任务 2-2-2 2022 年 7 月 01 日，由 321 账套的账套主管“kj001(李莞，密码‘1’)”，在畅捷通 T3-企业管理信息化软件教育专版-营改增版系统中设置部门档案。部门档案资料如表 2-2-1 所示。

表 2-2-1 部门档案

部门编码	部门名称	部门编码	部门名称
01	行政部	04	销售部
02	财务部	05	生产车间
03	采购部	06	研发部

操作步骤

(1) 在“畅捷通 T3-企业管理信息化软件教育专版-营改增版”窗口中，选择【基础设置】|【机构设置】|【部门档案】选项，打开“部门档案”对话框，单击【增加】按钮，输入部门编码“01”、部门名称为“行政部”。

(2) 单击【保存】按钮。

(3) 重复步骤(1)和(2)，继续录入其他部门，如图 2-2-3 所示，系统显示已录入的部门档案。

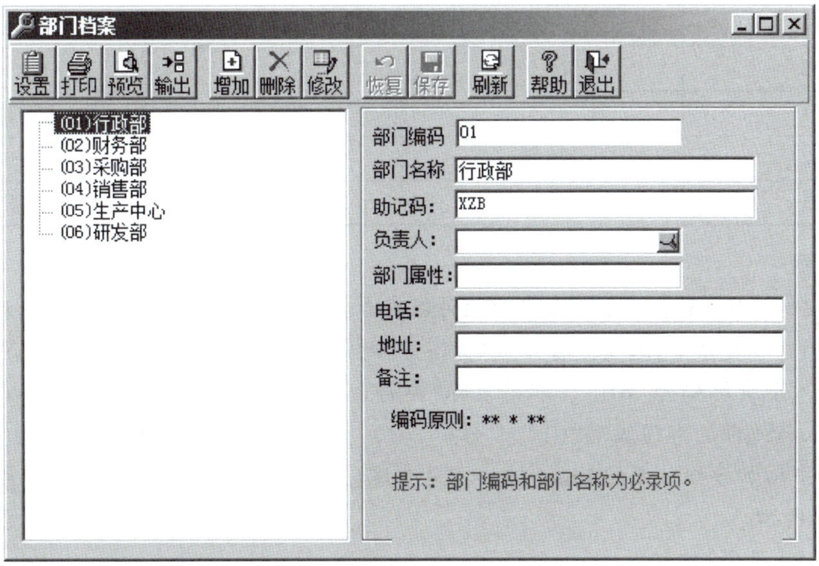

图 2-2-3 “部门档案”对话框

(4) 全部录入完成后，单击【退出】按钮。

补 充

◇ 部门编码必须符合编码原则。

◇ 由于在设置部门档案时还未设置职员档案，因此部门档案中的负责人应在设置职员档案后，回到设置部门档案中，使用修改功能补充设置。

◇ 部门档案资料一旦被使用将不能被修改或删除。

2.2.2.2 职员档案设置

职员档案主要用于登记本单位职员的信息资料，设置职员档案可以方便地进行个人往来核算和管理等操作。

任务 2-2-3 增加如表 2-2-2 所示的职员档案。

表 2-2-2 职员档案

人员编号	职员名称	所属部门	职员属性
101	赵传	行政部	部门主管
201	李莞	财务部	部门主管
202	王袂	财务部	管理人员
203	张玉梅	财务部	管理人员
204	朱桓	财务部	管理人员
301	赵阳	采购部	部门主管
302	孙琦	采购部	管理人员
401	夏芸畅	销售部	部门主管
402	王智明	销售部	营销人员
501	何晓童	生产中心	部门主管
502	黄胜烨	生产中心	生产人员
601	马云	研发部	部门主管
602	马化腾	研发部	科研人员
603	李彦宏	研发部	科研人员

操作步骤

(1) 在“畅捷通 T3-企业管理信息化软件教育专版-营改增版”窗口中，选择【基础设置】|【机构设置】|【职员档案】选项，打开“职员档案”对话框。

(2) 输入职员编码为“101”、职员名称“赵传”，单击“所属部门”栏参照按钮选择“行政部”，或输入行政部的部门编码“01”。

(3) 单击增加按钮，或按 Enter 键，重复步骤(2)，录入其他职员，直至完成全部录入，如图 2-2-4 所示。

(4) 单击【退出】按钮。

补 充

◇ 职员档案中的“所属部门”内容可以直接录入，但最好在双击“所属部门”栏后再单击参照按钮，在已录入的部门档案中选择相应的部门。

◇ 录入全部职员档案后，必须单击【增加】按钮(或 Enter 键)，增加新的空白行。否则，最后一个职员档案将无法保存。

◇ 职员档案资料一旦被使用将不能被修改或删除。

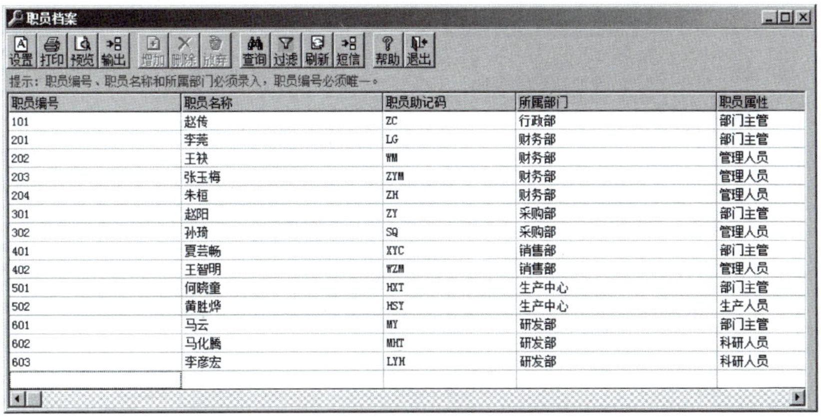

职员编号	职员名称	职员助记码	所属部门	职员属性
101	赵传	ZC	行政部	部门主管
201	李莞	LG	财务部	部门主管
202	王袂	WM	财务部	管理人员
203	张玉梅	ZYM	财务部	管理人员
204	朱桓	ZH	财务部	管理人员
301	赵阳	ZY	采购部	部门主管
302	孙琦	SQ	采购部	管理人员
401	夏芸畅	XYC	销售部	部门主管
402	王智明	WZM	销售部	管理人员
501	何晓童	HXT	生产中心	部门主管
502	黄胜烨	HSY	生产中心	生产人员
601	马云	MY	研发部	部门主管
602	马化腾	MHT	研发部	科研人员
603	李彦宏	LYH	研发部	科研人员

图 2-2-4 “职员档案”对话框

2.2.3 往来单位设置

往来单位包括供应商与客户。设置供应商信息是指对与企业有业务往来核算关系的供应商进行分类并设置其基本信息，一般包括输入供应商编码、分类、名称、开户银行、联系方式等。其目的是方便企业对采购、库存、应付账款等进行管理。设置客户信息是指对与企业有业务往来核算关系的客户进行分类并设置其基本信息，一般包括输入客户编码、分类、名称、开户银行、联系方式等。其目的是方便企业录入、统计和分析客户数据与业务数据。

2.2.3.1 客户分类

当往来客户较多时，可以对客户进行分类，对客户进行分类可以实现对客户的统计和汇总等分类管理。

任务 2-2-4 321 账套的客户分类方案如表 2-2-3 所示。

表 2-2-3 客户分类

类别编码	类别名称
01	本地客户
02	异地客户

操作步骤

(1) 在“畅捷通 T3-企业管理信息化软件教育专版-营改增版”窗口中，选择【基础设置】|【往来单位】|【客户分类】选项，打开“客户分类”对话框。

(2) 单击【增加】按钮，输入类别编码“1”、类别名称“本地客户”，如图 2-2-5 所示。

(3) 单击【保存】按钮。

(4) 重复步骤(2)和(3)，继续输入客户分类内容，系统显示已录入的客户分类。

(5) 全部录入完成后，单击【退出】按钮。

补 充

◇ 客户分类编码必须是唯一的。

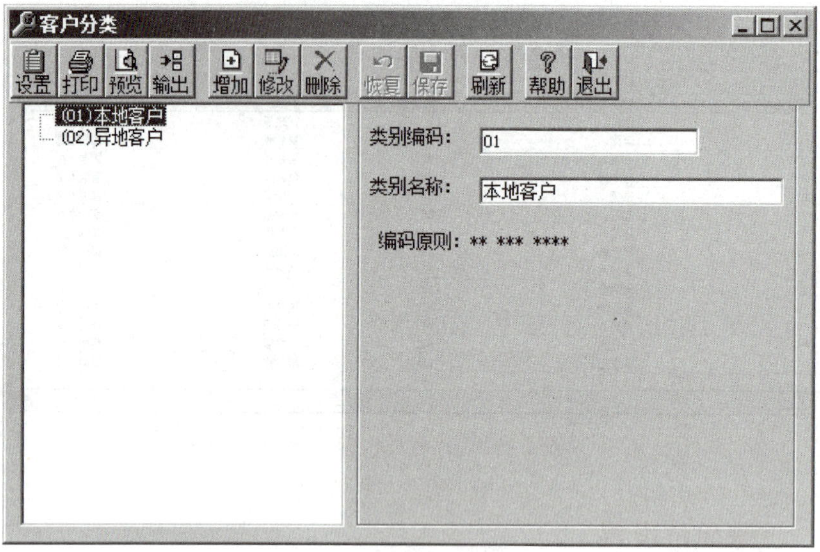

图 2-2-5 “客户分类”对话框

◇ 客户分类的编码必须符合编码原则。

◇ 供应商分类与客户分类的设置方法相同。

2.2.3.2 客户档案

企业如果需要进行往来管理，那么必须将企业中客户的详细信息录入客户档案中。建立客户档案直接关系到对客户数据的统计、汇总和查询等分类处理。在销售管理等业务中需要处理的客户档案资料，应在本功能中先行设定，平时如有变动应及时在此进行调整。

客户档案主要包括“客户编号”“开户银行”等基本信息和联系方式及信用等级等其他信息。

任务 2-2-5 增加如表 2-2-4 所示的客户档案。

表 2-2-4 客户档案

编号	客户名称	简称	纳税号	所属分类编码	开户银行	账号	分管部门	专营业务员
k01	开发区家俱城	家俱城	525378912378137	01	工商银行大明路支行	63789912389	销售部	夏芸畅
k02	乐家有限公司	乐家	538845321285496	01	工商银行海淀区支行	64355465852	销售部	夏芸畅
k03	华远有限公司	华远	548845765885238	02	工商银行西交支行	65461356434	销售部	王智明
k04	宏昌商贸有限公司	宏昌	558845231384396	02	工商银行廊坊支行	66298230213	销售部	王智明
k05	榆林商贸有限公司	榆林	568844564578918	02	工商银行开封支行	67908902345	销售部	王智明

操作步骤

(1) 在“畅捷通 T3-企业管理信息化软件教育专版-营改增版”窗口中，选择【基础设置】|【往来单位】|【客户档案】选项，打开“客户档案”对话框，如表 2-2-6 所示。

(2) 单击【增加】按钮，进行“客户档案卡片”对话框，如图 2-2-7 所示。

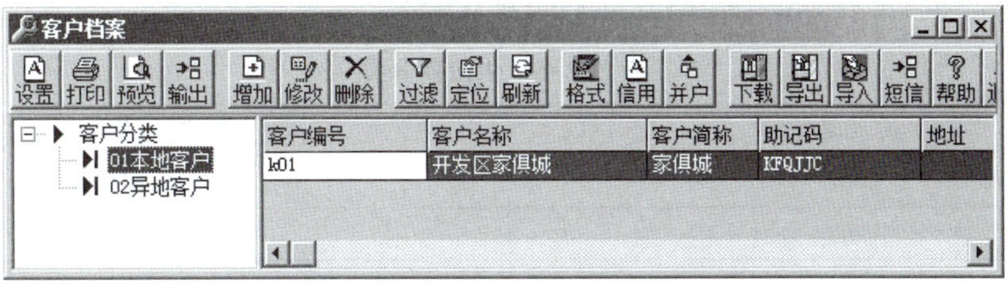

图 2-2-6 “客户档案”对话框

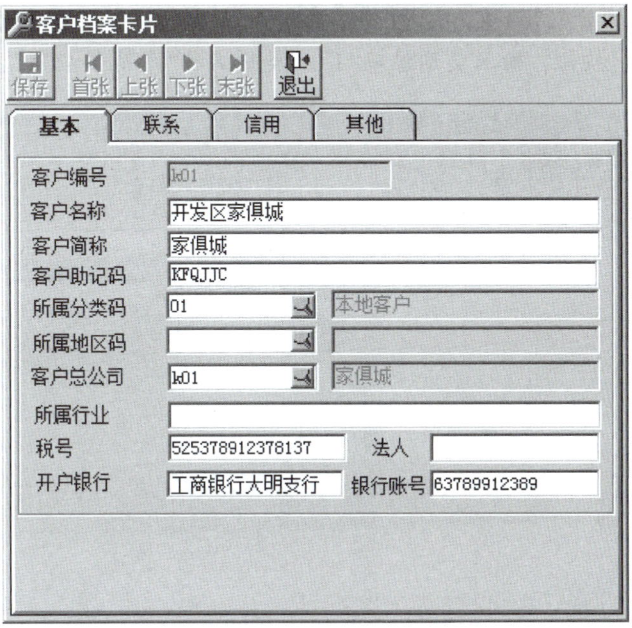

图 2-2-7 “客户档案卡片”对话框

(3) 打开“基本”选项卡，输入客户编号、客户名称等信息。

补 充

◇ 客户编码必须唯一。

◇ 必须输入客户编码、名称和简称，其余可以忽略。

◇ “联系”选项卡内容可以为空。

◇ 销售管理子系统或应收款管理子系统被启用后，应收余额由系统自动维护。

(4) 单击【保存】按钮。

(5) 重复以上步骤继续录入其他的客户档案。

补 充

◇ 输入各项内容后，必须单击【保存】按钮，否则表示放弃。

2.2.3.3 供应商分类

当往来供应商较多时，可以对供应商进行分类，对供应商进行分类可以实现对供应商的统计和汇总等分类管理。

任务 2-2-6 增加如表 2-2-5 所示的供应商分类。

表 2-2-5 供应商分类

类别编码	类别名称
01	本地供应商
02	异地供应商

操作步骤

(1) 在"畅捷通 T3-企业管理信息化软件教育专版-营改增版"窗口中，选择【基础设置】|【往来单位】|【供应商分类】选项，打开"供应商分类"对话框。

(2) 单击【增加】按钮，输入类别编码"1"、类别名称"本地供应商"，如图 2-2-8 所示。

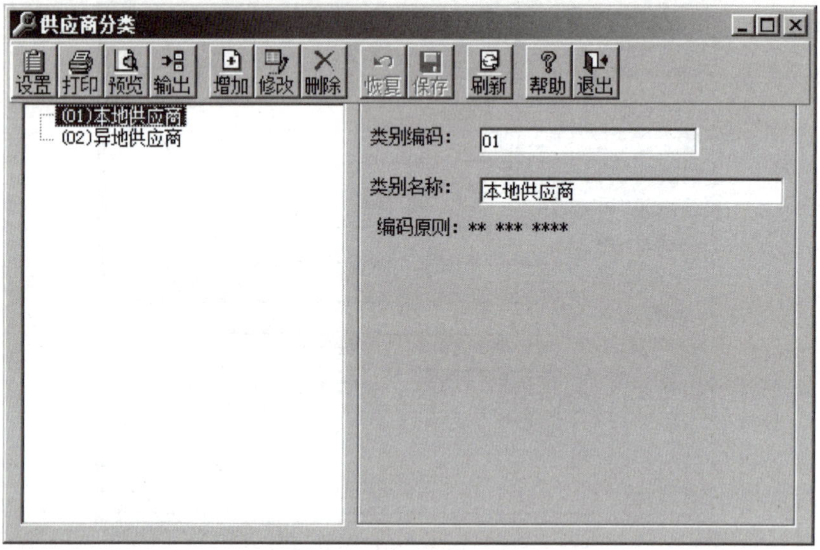

图 2-2-8 "供应商分类"对话框

(3) 单击【保存】按钮。

(4) 重复步骤(2)和(3)，继续输入供应商分类内容，系统显示已录入的供应商分类。

(5) 全部录入完成后，单击【退出】按钮。

补 充

◇ 供应商分类编码必须是唯一的。

◇ 供应商分类的编码必须符合编码原则。

◇ 客户分类与供应商分类的设置方法相同。

2.2.3.4 供应商档案

建立供应商档案直接关系到对供应商数据的统计、查询等处理。在采购管理等业务中需要调用的供应商档案资料，应先行在本功能中设定，如有变动应及时进行调整。

任务 2-2-7 增加如表 2-2-6 所示的供应商档案。

表 2-2-6 供应商档案

编号	客户名称	简称	纳税号	所属分类编码	开户银行	账号	分管部门	专营业务员
g01	永盛有限公司	永盛	320110112223142	01	工商银行西城支行	43674598797	采购部	赵阳
g02	翼腾有限公司	翼腾	338645456132197	01	工商银行东区支行	44957896542	采购部	赵阳
g03	明齐有限公司	明齐	340178951954110	02	工商银行北关支行	45666531261	采购部	孙琦
g04	多维有限公司	多维	350108756328097	02	工商银行上地支行	46674200117	采购部	孙琦
g05	孟达商贸有限公司	孟达	364908192039840	02	工商银行夏津支行	47280934878	采购部	孙琦

操作步骤

(1) 在"畅捷通 T3-企业管理信息化软件教育专版-营改增版"窗口中，选择【基础设置】|【往来单位】|【供应商档案】选项，打开"供应商档案"对话框，如图 2-2-9 所示。

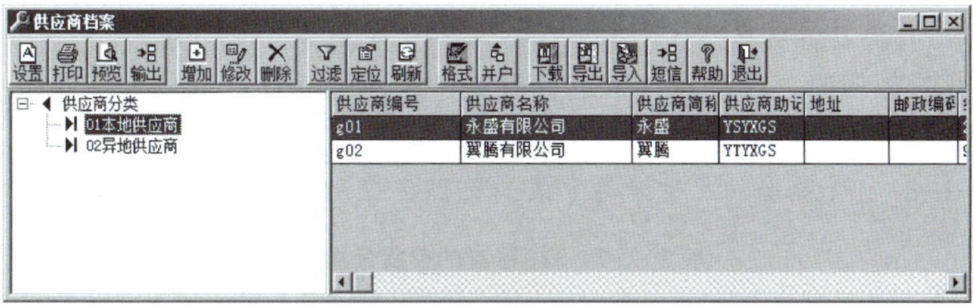

图 2-2-9 "供应商档案"对话框

(2) 单击【增加】按钮，打开"供应商档案卡片"对话框，在"基本"选项卡中，输入相关信息，如图表 2-2-10 所示。

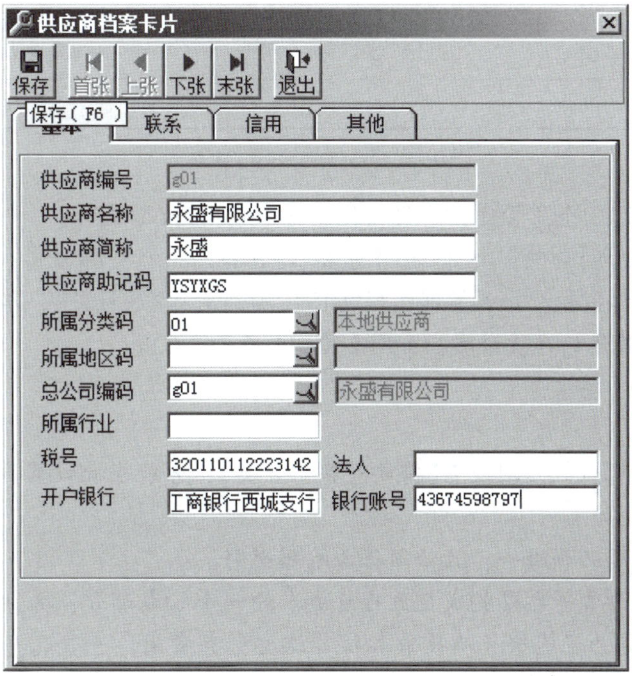

图 2-2-10 录入"供应商档案"对话框

(4) 单击【保存】按钮。

(5) 重复以上步骤继续录入其他供应商档案。

补　充

◇ 供应商档案必须在末级的供应商分类下增加。

◇ 关于设置供应商档案的详细内容请参照设置客户档案的操作步骤。

2.2.4　存货设置

存货是企业管理的重点对象，所有为了产品生产或销售，需要列入计划、控制库存、控制成本的一切不可缺少的物件都可以作为存货来管理，包括原材料、产成品、零件、组合件、半成品和包装材料等。在信息系统中，存货可以具有实物形态，也可以是非实物形态，如劳务费用也可以作为存货来管理。

2.2.4.1　存货分类设置

当企业存货较多时，可以对存货进行分类。以便对存货进行分类统计和汇总等分类管理。

任务 2-2-8　321 账套的存货分类方案如表 2-2-7 所示。

表 2-2-7　321 账套的存货分类方案

类别编码	类别名称
01	原材料
02	周转材料
03	产成品
04	运费
05	其他

操作步骤

(1) 在"畅捷通 T3 企业管理信息化软件教育专版-营改增版"窗口中，选择【基础设置】|【存货】|【存货分类】选项，打开"存货分类"对话框。

(2) 单击【增加】按钮，输入类别编码"01"、类别名称"原材料"，单击【保存】按钮。

(3) 依次输入其他的存货分类，如图 2-2-11 所示。

(4) 单击【退出】按钮。

补　充

◇ 只有在建立账套时分别设置【需要对存货分类】，才能在此设置存货分类，否则，不能设置存货分类。

◇ 存货分类编码必须唯一，且必须符合编码规则。

◇ 运输费、装卸费等也是构成企业存货成本的一个组成部分，并且他们拥有不同于一般存货的税率，也是为了能够正确反映和核算这些劳务费用，一般在存货分类中可以单独设置这类存货，如"应税劳务"或"劳务费用"。

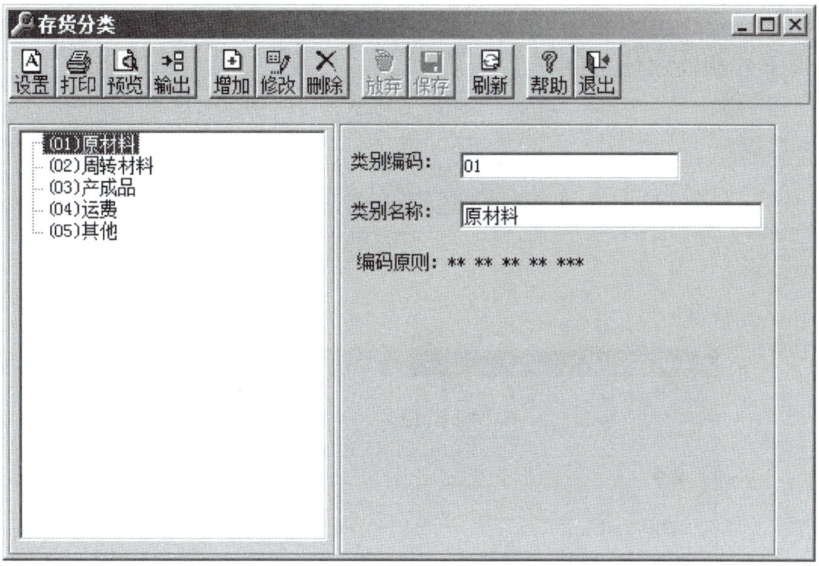

图 2-2-11　已设置的存货分类

2.2.4.2　存货档案设置

购销存系统中所有使用的存货都必须在存货基础档案中设定，然后才可以进行各种业务核算。存货的设置对整个购销存系统的运行具有相当关键的作用。

任务 2-2-9　321 账套中简化部分存货档案资料，如表 2-2-8 所示。

表 2-2-8　321 账套的部分存货档案

存货编码	代码	存货名称	所属分类编码	计量单位	税率	存货属性
0101	0101	甲材料	01	平方米	13%	外购，生产耗用
0102	0102	乙材料	01	组	13%	外购，生产耗用
0103	0103	丙材料	01	组	13%	外购，生产耗用
0201	0201	包装箱	02	套	13%	外购，生产耗用，销售
0301	0301	简约 A 系列	03	套	13%	销售，自制，生产耗用
0302	0302	简约 B 系列	03	套	13%	销售，自制，生产耗用
0401	0401	运费	04	次	9%	劳务费用

操作步骤

(1) 在“畅捷通 T3-企业管理信息化软件教育专版-营改增版”窗口中，选择【基础设置】|【存货】|“存货档案”选项，打开“存货档案”对话框，如图 2-2-12 所示。

(2) 单击该对话框左侧“存货分类”列表中的“原材料”选项，单击【增加】按钮，打开“存货档案卡片”对话框。

(3) 输入存货编码“0101”，存货代码“0101”，存货名称“甲材料”、计量单位“平方米”。

(4) 分别选中“外购”和“生产耗用”复选框，如图 2-2-13 所示。

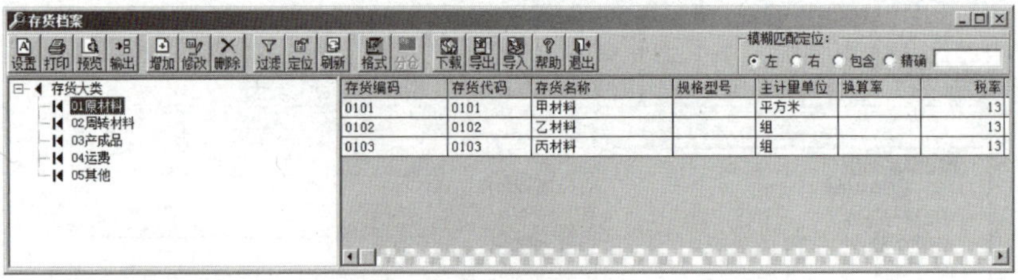

图 2-2-12 “存货档案”对话框

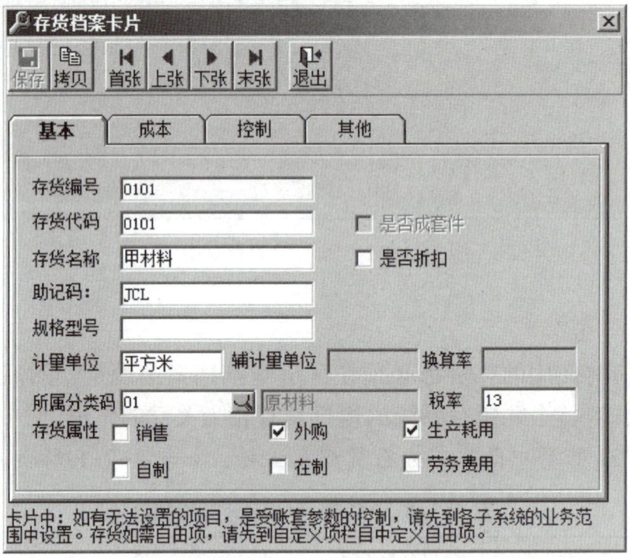

图 2-2-13 “存货档案卡片”对话框

(5) 单击【保存】按钮。

(6) 同理，依次输入其他的存货档案，完成后单击【退出】按钮。

补　充

◇ 存货档案必须在末级存货分类下增加。

◇ 若左边列表中无存货分类，则将存货归入无存货分类。

◇ 必须正确地选择存货属性，否则在填制相应的业务单据时，有可能无法参照到该存货资料。例如，如果某存货没有定义为销售属性，则在填制销售业务单据时，无法参照到该存货。

2.2.5 收付结算设置

收付结算是指单位、个人在社会经济活动中使用票据、银行卡、汇兑、托收承付、委托收款、信用证等结算方式进行货币给付及其资金清算的行为。其设置范围主要包括：结算方式、付款条件和开户银行信息录入。

2.2.5.1　结算方式

该功能用来建立和管理在经营活动中所涉及的货币结算方式。结算方式最多可以分为2级。

任务 2-2-10　设置结算方式，如表2-2-9所示。

表 2-2-9　结算方式编码及名称

结算方式编码	结算方式名称	票据管理	结算方式编码	结算方式名称
1	现金		6	网银支付
2	支票		7	信用卡支付
201	现金支票	是	8	商业汇票
202	转账支票	是	801	商业承兑汇票
3	委托收款		802	银行承兑汇票
4	银行汇票		9	其他
5	汇兑			

操作步骤

(1) 在“畅捷通T3-企业管理信息化软件教育专版-营改增版”窗口中，选择【基础设置】|【收付结算】|【结算方式】选项，打开“结算方式”对话框，如图2-2-14所示。

(2) 单击【增加】按钮，输入结算方式编码为“1”，结算方式名称为“现金”，单击【保存】按钮确认。

(3) 重复步骤(2)步，输入结算方式编码为“2”，结算方式名称为“现金支票”，单击【保存】按钮确认，系统显示已录入的结算方式。

(4) 重复以上步骤，依次录入其他结算方式。

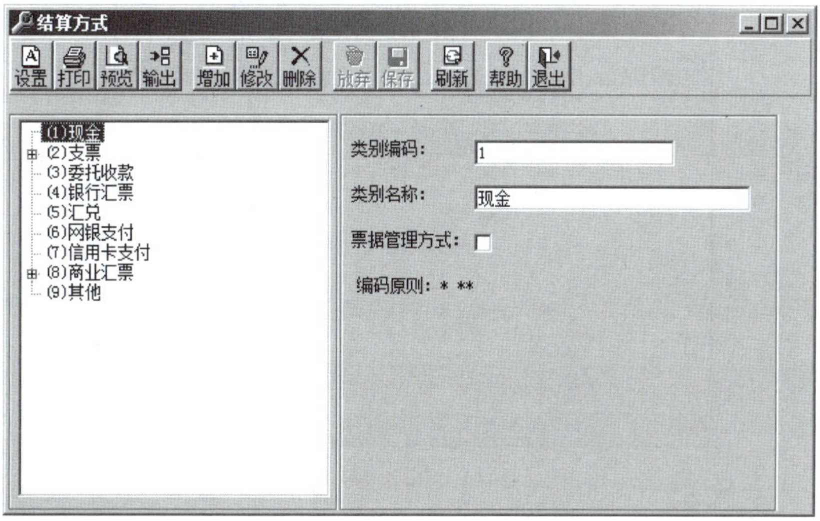

图 2-2-14　“结算方式”对话框

补　充

◇ 结算方式的编码必须符合编码原则。

◇ 结算方式的录入内容必须唯一。

◇ 可以根据实际情况选择是否需要票据管理的标志。

◇ 在不启动购销存系统的情况下，设置结算方式的主要目的是在使用有“银行账”辅助核算的会计科目时填写相应的结算方式，以便在进行银行对账时将结算方式作为对账的一个参数。

2.2.5.2 付款条件

该功能用来建立和管理在经营活动中所涉及的货币结算条件。结算条件一般可以分为4级。

任务 2-2-11 设置付款条件，如表 2-2-10 所示。

表 2-2-10 结算条件编码及名称

付款条件编码	付款条件表示
01	1/20，0.5/40，n/60
02	2/10，1/20，n/30

操作步骤

(1) 在“畅捷通 T3-企业管理信息化软件教育专版-营改增版”窗口中，选择【基础设置】|【收付结算】|【付款条件】选项，打开“付款条件”对话框，如图 2-2-15 所示。

(2) 单击【增加】按钮，输入付款条件编码为“01”，信用天数为“60”，优惠天数 1 为“20”，优惠率 1 为“1”，优惠天数 2 为“40”，优惠 2 为“0.5”，单击【增加】按钮确认。

(3) 重复步骤(2)步，依次录入其他付款条件。

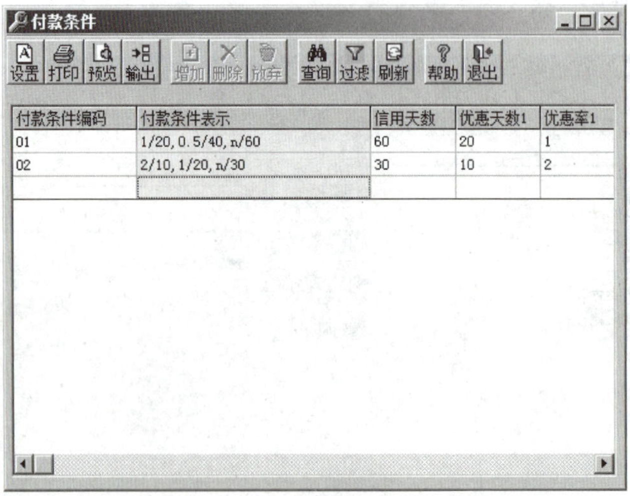

图 2-2-15 “付款条件”对话框

补 充

◇ 结算条件在优惠天数内结算，享受相应的优惠率折扣，如：20 天内结算，享受 1%的价款折扣。

◇ 增值税金额不在计算折扣范围内。

◇ 其中的“n”表示没有可享受的折扣。

2.2.5.3 开户银行

该功能用来建立和管理在经营活动中所涉及的开户银行信息。

任务 2-2-12 设置开户银行信息，如表 2-2-11 所示。

表 2-2-11 结算条件编码及名称

编号	开户银行	银行账号	暂封标志
01	中国工商银行	68420001113	否

操作步骤

(1) 在“畅捷通 T3-企业管理信息化软件教育专版-营改增版”窗口中，选择【基础设置】|【收付结算】|【开户银行】选项，打开“开户银行”对话框，如图 2-2-16 所示。

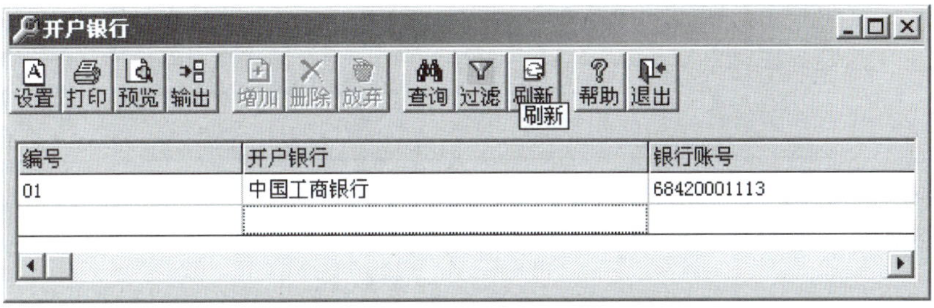

图 2-2-16 “开户银行”对话框

(2) 单击【增加】按钮，输入编号为“01”，开户银行为“中国工商银行”，银行账号为“68420001113”，暂封标志为“否”，单击【增加】按钮确认。

2.2.6 购销存设置

购销存设置涉及在填制购销存单据时必须输入的项目内容，如仓库档案、收发类别、采购类型和销售类型等。

2.2.6.1 仓库档案

存货是在仓库中进行保管的，要对存货进行核算管理，首先应对仓库进行管理。本系统中，仓库也是进行存货计价的依据。

任务 2-2-13 321 账套中的仓库信息如表 2-2-12 所示。

表 2-2-12 仓 库 信 息

编码	名称	所属部门	负责人	计价方式
c01	原材料库	生产中心	何晓童	先进先出法
c02	东区成品库	生产中心	何晓童	全月平均法
c03	西区成品库	生产中心	何晓童	先进先出法

(1) 在“畅捷通 T3-企业管理信息化软件教育专版-营改增版”窗口中，选择【基础设置】|【购销存】|【仓库档案】选项，打开“仓库档案”对话框。

（2）单击【增加】按钮，打开“仓库档案卡片”对话框。输入仓库编码为“01”、仓库名称为“原材料库”、所属部门为“生产车间”，负责人为“何晓”，选择计价方式为“先进先出法”，如图 2-2-17 所示。

（3）单击【保存】按钮。继续输入相关的信息。

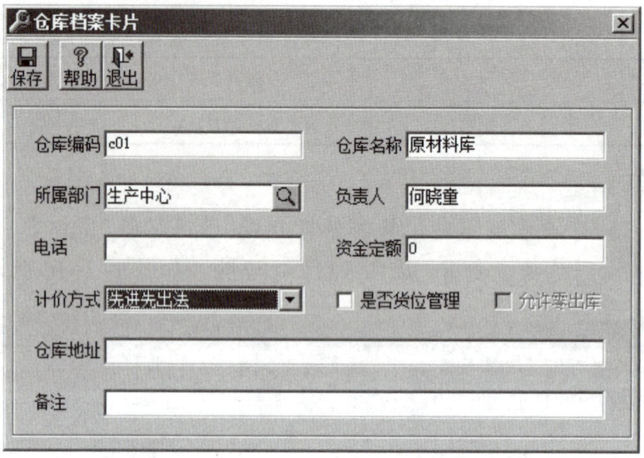

图 2-2-17 “仓库档案卡片”对话框

补　充

◇ 系统提供 6 种计价方式。工业企业有计划价法、全月平均法、移动平均法、先进先出法、后进先出法和个别计价法；商业企业有售价法、全月平均法、移动平均法、先进先出法、后进先出法和个别计价法。每个仓库必须选择一种计价方法。

2.2.6.2 产品结构

产品结构是指企业生产的产品中各类原料的比例关系。它是企业在生产过程中需要参考的重要依据，同时也影响着企业的采购计划和销售计划。

任务 2-2-14 321 账套中的产品结构信息如表 2-2-13 所示。

表 2-2-13 产品结构信息

父项编码	父项名称	生产部门	子项编码	子项名称	定额数量	存放仓库
0301	简约 A 系列	生产中心	0101	甲材料	2	原材料库
			0102	乙材料	2	原材料库
0302	简约 B 系列	生产中心	0101	甲材料	2	原材料库
			0103	丙材料	1	原材料库

操作步骤

（1）在“畅捷通 T3-企业管理信息化软件教育专版-营改增版”窗口中，选择【基础设置】|【购销存】|【产品结构】选项，打开“产品结构”对话框，如图 2-2-18 所示。

（2）单击【增加】按钮，打开“产品机构定义”对话框。选择父项编码为“0301”、选择部门编码为“05”、选择子项编码为“0101”“0102”，输入定额数量“2”，选择仓库编码为“c01”，如图 2-2-19 所示。

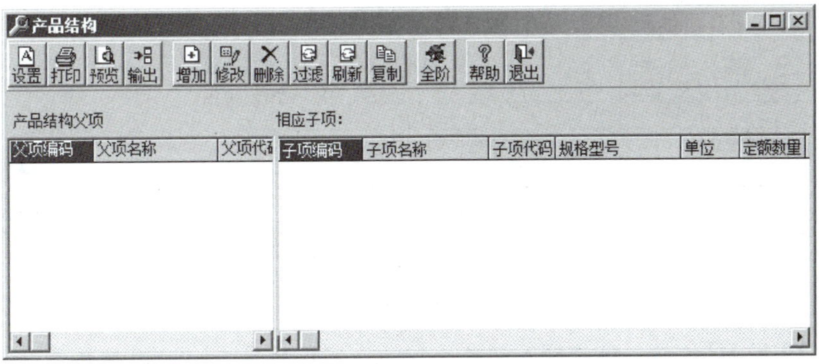

图 2-2-18 “产品结构”对话框

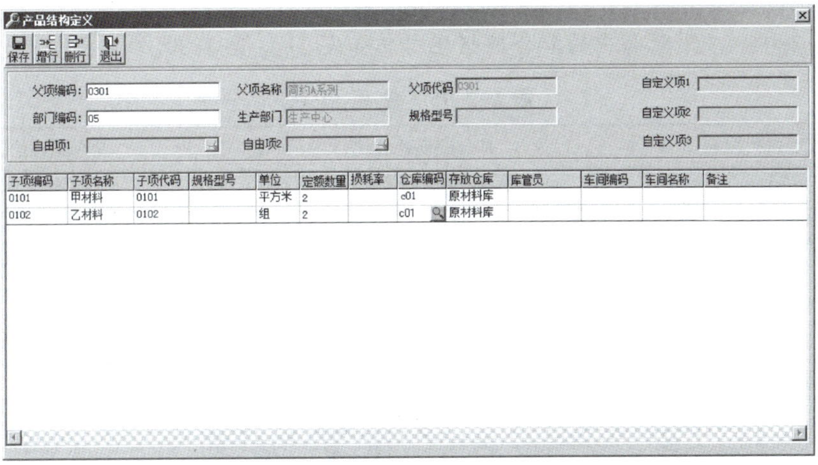

图 2-2-19 “产品结构定义”对话框

(3) 单击【保存】按钮。继续输入相关的信息。

(4) 相关的信息全部完成后，单击【退出】按钮，返回“产品结构”对话框。

2.2.6.3 费用项目

费用项目指的是费用所在的项目的名称，其实就是具体的费用名称。

任务 2-2-15 321 账套中的费用信息如表 2-2-14 所示。

表 2-2-14 费用信息

费用项目编号	费用项目名称
01	代垫运费

(1) 在“畅捷通 T3-企业管理信息化软件教育专版-营改增版”窗口中，选择【基础设置】|【购销存】|【费用项目】选项，打开“费用项目”对话框。

(2) 单击【增加】按钮，输入费用项目编号为“01”、费用项目名称为“代垫运费”，如图 2-2-20 所示。

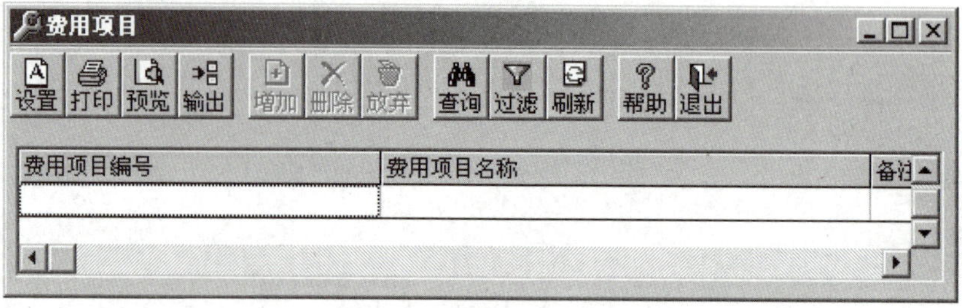

图 2-2-20 “费用项目”对话框

(3) 单击【增加】按钮。继续输入相关的信息，完成后单击【退出】按钮。

2.2.6.4 非合理损耗类型

非合理损耗是指企业在生产、经营过程中正常损耗外的损失。

任务 2-2-16 321 账套中的非合理损耗信息如表 2-2-15 所示。

表 2-2-15 费 用 信 息

非合理损耗编码	非合理损耗名称	是否默认值
01	运输不当	否

(1) 在“畅捷通 T3-企业管理信息化软件教育专版-营改增版”窗口中，选择【基础设置】|【购销存】|【非合理损耗类型】选项，打开“非合理损耗”对话框。

(2) 单击【增加】按钮，输入非合理损耗编码为“01”、非合理损耗名称为“代垫运费”、是否默认值为“否”，如图 2-2-21 所示。

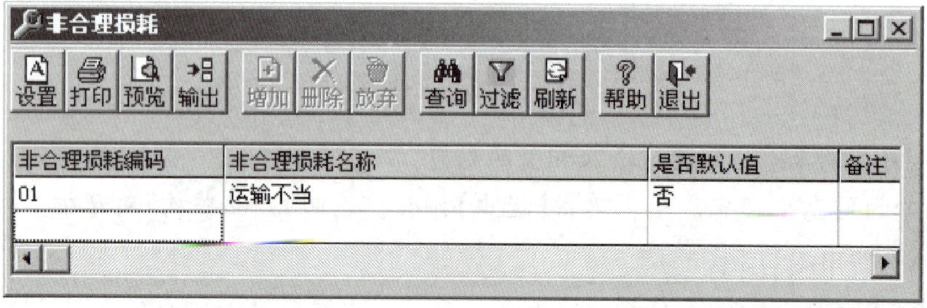

图 2-2-21 “非合理损耗”对话框

(3) 单击【增加】按钮。继续输入相关的信息，完成后单击【退出】按钮。

2.2.6.5 收发类别

收发类别是为了用户对存货的出、入库情况进行分类、汇总和统计设置的。它表示存货的出、入库类型。系统已预置，可以根据企业实际需要进行设置。

2.2.6.6 采购类型

在采购管理子系统中填制采购入库单等单据时，会涉及采购类型的选择。系统已预置，可以根据企业实际需要进行设置。

2.2.6.7 销售类型

在销售管理子系统中填制销售订单及发货单等单据时，会涉及销售类型的选择。系统已预置，可以根据企业实际需要进行设置。

2.2.7 财务信息设置

2.2.7.1 外币设置

当企业有外币核算业务时，需要设置所使用的外币币种、核算方法和具体汇率。设置外币时，需要输入的信息有币种编码、币种名称、币种小数位、汇率小数位、每日汇率和折算方式等。

任务 2-2-17 设置外币种类：港元(UKD)，固定汇率核算。

操作步骤

(1) 在"畅捷通 T3-企业管理信息化软件教育专版-营改增版"窗口中，选择【基础设置】|【财务】|【外币种类】选项，打开"外币设置"对话框。

(2) 在"外币设置"对话框中，单击【增加】按钮，输入币符为"UKD"，币名为"港币"，选择折算方式为"外币 * 汇率 = 本位币"，汇率核算方式为"固定汇率"，其他默认，单击【确定】按钮，如图 2-2-22 所示。

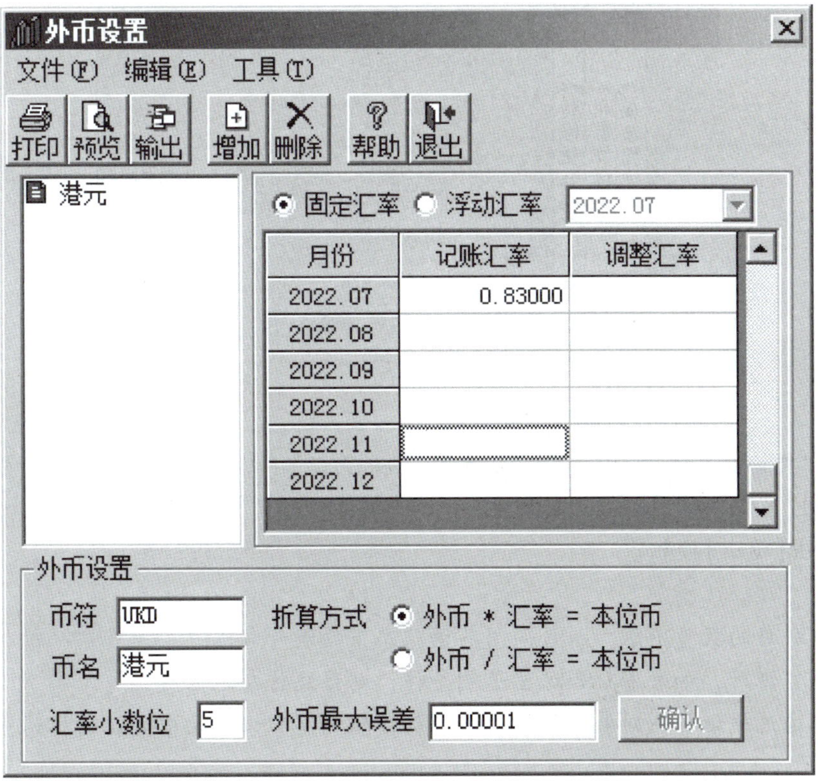

图 2-2-22 "外币设置"对话框

补　充

◇ 固定汇率是基本固定，汇率的波动幅度限制在一个规定的范围内的汇率。

◇ 浮动汇率制(floating exchange rates)是指一国货币的汇率根据市场货币供求变化，任其自由涨落，各国政府和中央银行原则上不加限制，也不承担义务来维持汇率的稳定。

2.2.7.2 记账凭证设置

在开始使用计算机录入凭证前，应根据企业的管理和核算要求在系统中设置凭证类别，以便将凭证按类别分别进行编制、管理、记账和汇总。系统提供了常用的凭证分类方式，用户可以从中进行选择，也可以根据情况进行自行定义。如果选择了“收款凭证　付款凭证　转账凭证”的分类方式，应根据凭证分类的特点进行相应限制条件设置，以便提高凭证处理的准确性。

任务 2-2-18　设置凭证类别为统一记账凭证。

操作步骤

(1) 在“畅捷通 T3-企业管理信息化软件教育专版-营改增版”窗口中，选择【基础设置】|【财务】|【凭证类别】选项，打开“凭证类别预置”对话框，如图 2-2-23 所示。

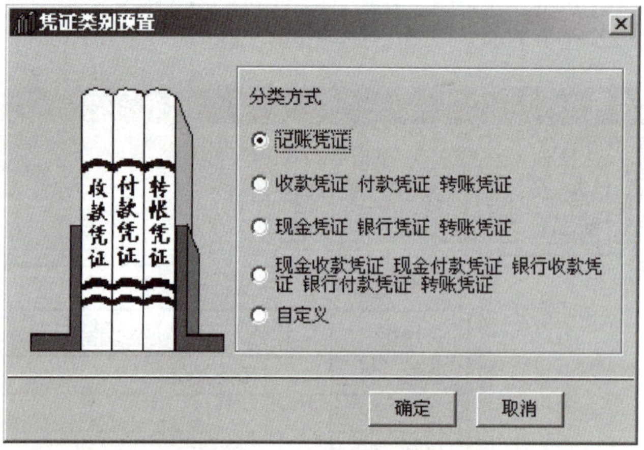

图 2-2 23　“凭证类别预置”对话框

(2) 在“凭证类别预置”对话框中，选择“记账凭证”单选按钮，再单击【确定】按钮，进入“凭证类别”窗口，如图 2-2-24 所示。

(3) 单击【退出】按钮。

补　充

◇ 限制科目的数量不限，科目间用英语状态下的逗号分隔。

◇ 填制凭证时，如果不符合这些限制条件，则系统将拒绝保存。

◇ 可以通过凭证类别列表右侧的上下箭头按钮调整凭证列表中凭证的排列顺序。

2.2.7.3 项目目录设置

当企业产品、原料种类繁多，业务比较复杂时，就需要对产品所使用的原材料进行项目区分，实现精确反映业务状态的要求。

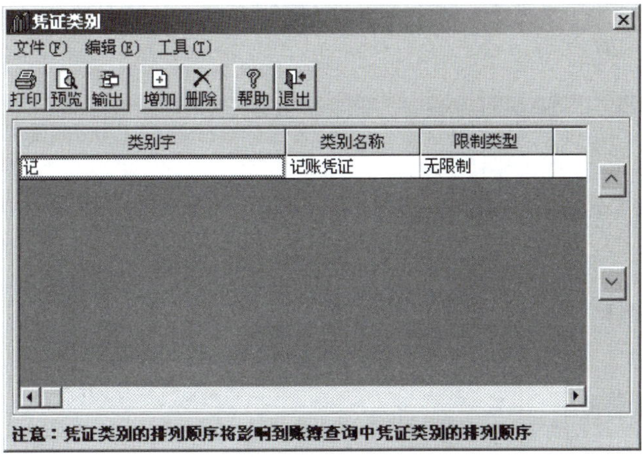

图 2-2-24　“凭证类别”窗口

任务 2-2-19　新增产品成本项目，如表 2-2-16 所示。

表 2-2-16　产品分类项目表

项目大类定义	产品成本	核算科目	400101 直接材料 400102 直接人工 400103 制造费用
项目分类定义	分类编码：1	分类名称：类别	
项目目录	项目编号	名称	所属分类
	01	简约 A 系列	1
	02	简约 B 系列	1

操作步骤

（1）在“畅捷通 T3-企业管理信息化软件教育专版-营改增版”窗口中，选择【基础设置】|【财务】|【项目目录】选项，打开“项目档案”对话框，如图 2-2-25 所示。

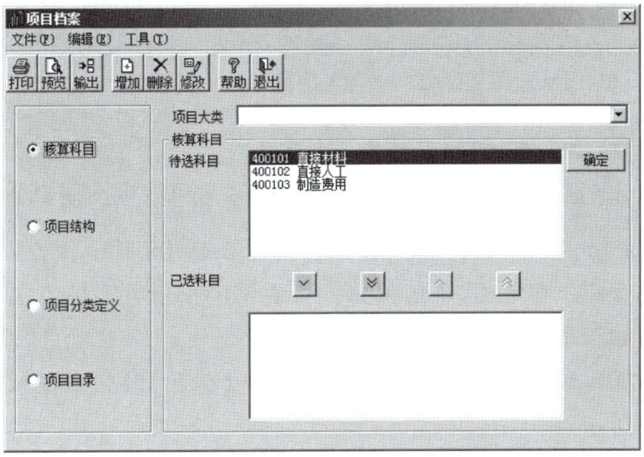

图 2-2-25　“项目档案”对话框

（2）在“项目档案”对话框中，单击【增加】按钮，在“新项目大类名称”处录入“产品分类项目”，如图 2-2-26 所示，

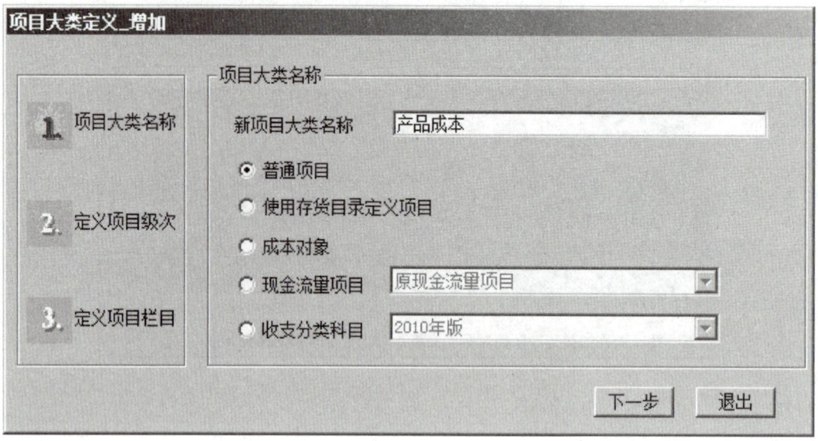

图 2-2-26 “项目大类定义”对话框

（3）单击【下一步】按钮，定义项目级次，然后单击【下一步】按钮，进入“定义项目栏目”对话框，如图 2-2-27 所示。

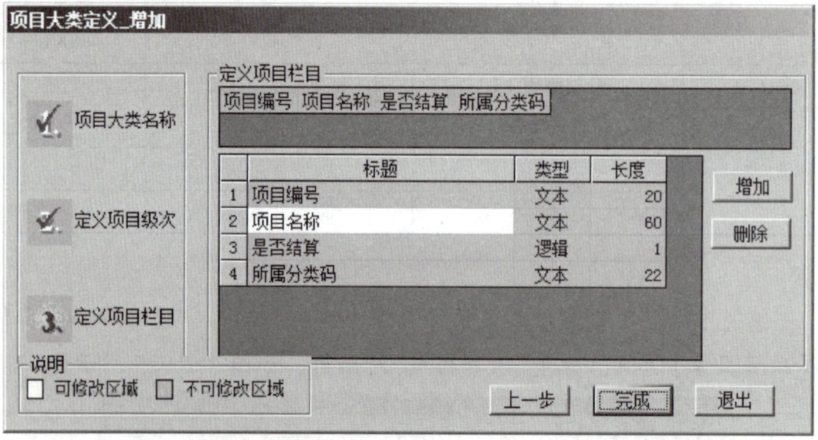

图 2-2-27 “定义项目栏目”对话框

（4）单击【完成】按钮，返回“项目档案”对话框。

（5）将“待选科目”单击 逐个导入或单击 全部导入“已选科目”，单击【确定】按钮，出现提示“保存成功！”，单击【确定】按钮，如图 2-2-28 所示。

（6）单击左侧“项目分类定义”单选按钮，在右侧输入分类编码为“1”，分类名称为“类别”，单击【确定】按钮，如图 2-2-29 所示。

（7）单击左侧“项目目录”单选按钮，再单击右侧【维护】按钮，进入“项目目录维护”对话框，如图 2-2-30 所示。

（8）单击【增加】按钮，输入项目编号为“01”，项目名称为“简约 A 系列”，所属分类码

为“1”，依次完成其他信息录入，单击【退出】按钮，返回“项目目录”对话框完成产品分类项目设置。

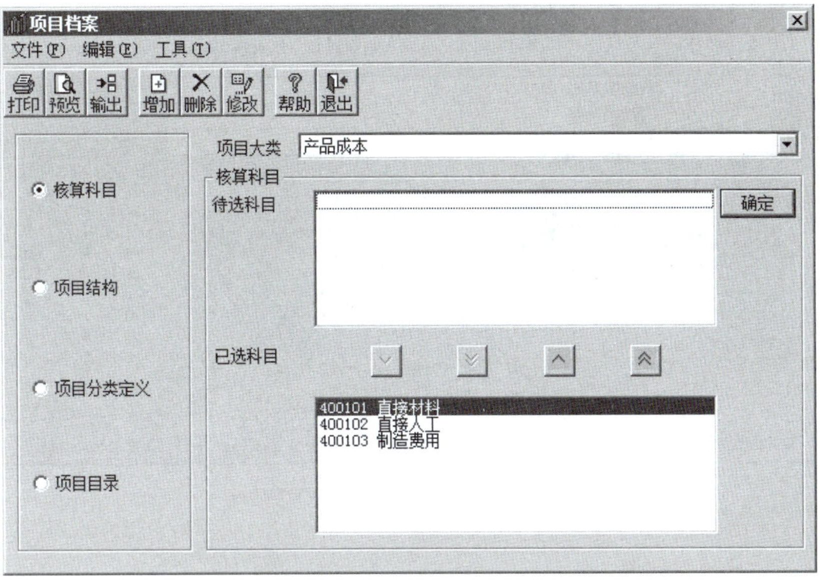

图 2-2-28 “核算科目”对话框

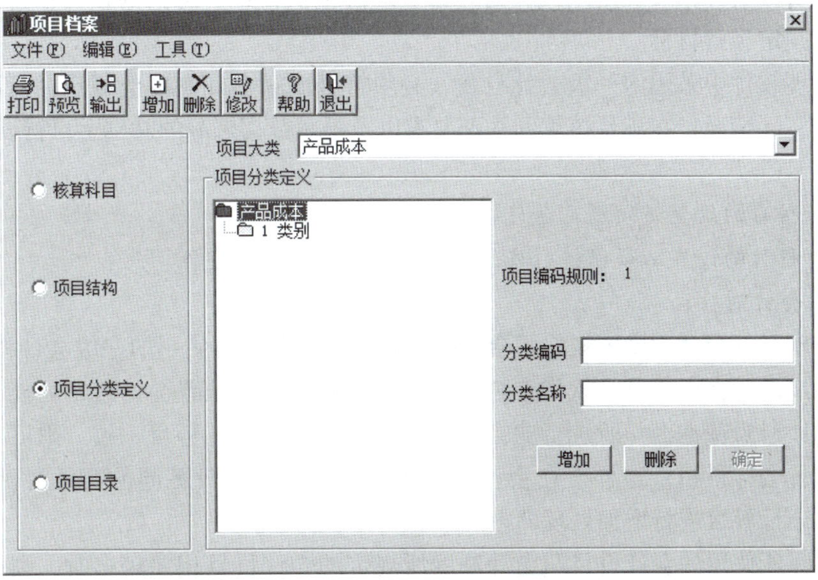

图 2-2-29 “项目分类定义”对话框

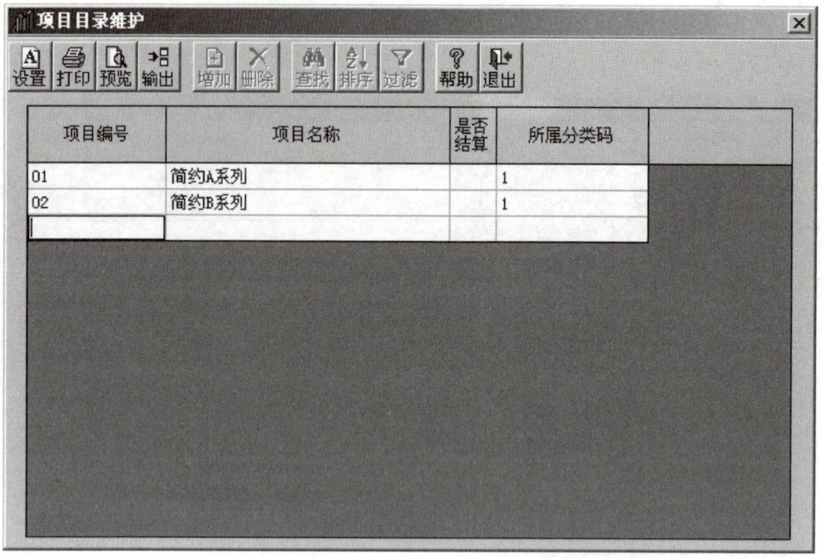

图 2-2-30 “项目目录维护”对话框

2.2.7.4 会计科目设置

设置会计科目是会计工作的重要内容之一，是用户在总账系统中将会计核算和会计管理中所需要的会计科目进行设置。它用于分门别类地反映企业经济业务核算资料，为登记账簿、编制财务会计报表奠定基础，为经营管理者提供详细、总括的核算信息，以便做出经营决策，制定经营目标。

财务管理软件中采用的一级会计科目，必须符合国家会计制度的规定，而明细科目可根据各单位实际情况，在满足核算和管理要求以及报表数据来源的基础上自行设定。

补 充

◇ 会计科目的设置必须满足会计报表编制的要求。

◇ 会计科目的设置必须保持科目间的协调性和体系的完整性。

1. 增加会计的科目

由于在现行的会计制度中规定了会计核算和会计管理中应使用的一级会计科目，因此，为了方便用户设置会计科目，软件在建立账套功能中提供了预置会计科目功能，通过用户所使用的会计科目基本上与所选行业会计制度规定的一级会计科目一致，则可以在建立账套时选择预置会计科目。这样，在会计科目初始设置时只需对不同的会计科目进行修改，并对缺少的会计科目进行增加处理即可。

如果实际所使用的会计科目与会计制度所规定的会计科目相差较多时，则可以在建立账套时不预置会计科目，这样可以根据自身的需要自行设置全部会计科目。

任务 2-2-20 增加如表 2-2-17 所示的会计科目。

表 2-2-17 会计科目

科目编码	科目名称	辅助核算	账页格式	科目属性	受控系统
100201	人民币		金额式	借	
100202	港币	外币核算	外币金额式	借	
1121	应收票据	客户往来		借	
1122	应收账款	客户往来		借	应收
1123	预付账款	供应商往来		借	应付
122101	个人	个人往来	金额式	借	
122103	其他		金额式	借	
220201	普通货款	供应商往来	金额式	贷	应付
220202	暂估款		金额式	贷	
220203	其他		金额式	贷	
2203	预收账款	客户往来			应收
22210102	转出未交增值税		金额式	贷	
22210103	转出多交增值税		金额式	贷	
224101	社会保险费		金额式	贷	
224102	住房公积金		金额式	贷	
224103	信用卡付款		金额式	贷	
224104	其他		金额式	贷	
400101	直接材料	项目核算	金额式	借	
400102	直接人工	项目核算	金额式	借	
400103	制造费用	项目核算	金额式	借	
560108	折旧费		金额式	借	
560110	福利费		金额式	借	
560111	社会保险费		金额式	借	
560112	住房公积金		金额式	借	
560113	工会经费		金额式	借	
560114	职工教育经费		金额式	借	
560115	其他		金额式	借	
560204	差旅费		金额式	借	
560212	办公费		金额式	借	
560213	福利费		金额式	借	
560214	社会保险费		金额式	借	
560215	住房公积金		金额式	借	
560216	工会经费		金额式	借	
560217	职工教育经费		金额式	借	
560218	其他		金额式	借	

续表

科目编码	科目名称	辅助核算	账页格式	科目属性	受控系统
560305	贴现费用		金额式	借	
571106	其他		金额式	借	

操作步骤

(1) 在"畅捷通T3-企业管理信息软件教育专版-营改增版"窗户中，选择【基础设置】|【财务】|【会计科目】选项，打开"会计科目"窗口。

(2) 单击【增加】按钮，打开"会计科目-新增"对话框。

(3) 输入科目编码"100201"、科目中文名称"人民币"，其他项目默认系统的设置，如图2-2-31所示。

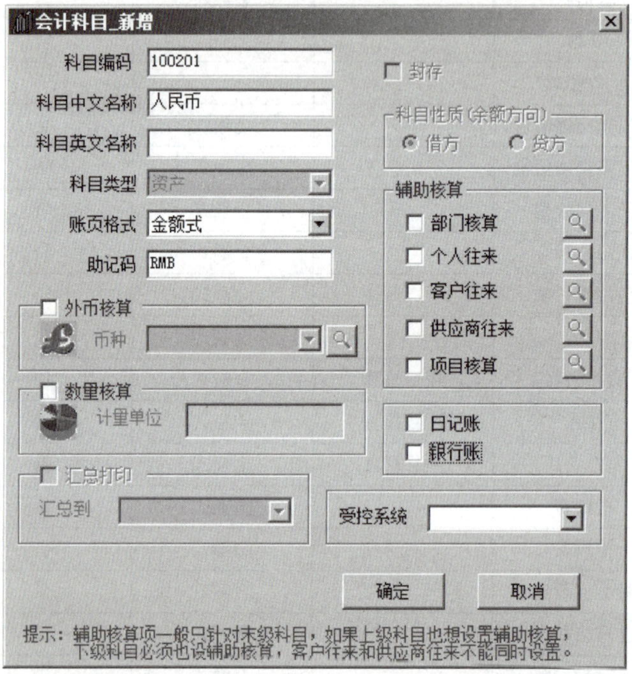

图2-2-31 "会计科目-新增"对话框

(4) 单击【确定】按钮。依此方法继续增加其他的会计科目。

(5) 单击【关闭】按钮，完成增加会计科目的操作。

为了加快建立会计科目的速度和准确性，可以通过选择【编辑】|【复制】选项对下级科目或者同级性质相近的科目进行复制，这样只需稍作改动即可完成增加工作。

补　充

◇ 增加明细账目时，系统默认其类型与上级科目保持一致。

◇ 已经使用过的末级会计科目不能再增加下级科目。

2. 修改会计科目

如果要对已经设置完成的会计科目的名称、编码及辅助项目等内容进行修改，应在会计科目未被使用之前在会计科目的修改功能中完成。

任务 2-2-21 将“1122 应收账款”科目修改为有“客户往来”辅助核算，受控于“应收”系统。

操作步骤

(1) 在“会计科目”窗口中，将光标移到“1122 应收账款”科目所在行。

(2) 单击【修改】按钮(或双击该会计科目)，打开“会计科目-修改”对话框后，单击【修改】按钮。

(3) 选中“客户往来”复选框，如图 2-2-32 所示。

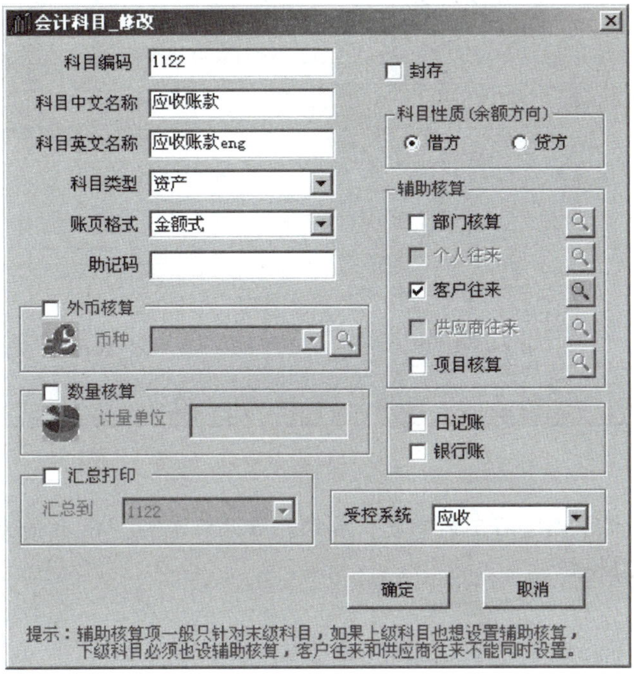

图 2-2-32 “会计科目修改”对话框

(4) 单击【确定】按钮，如图 2-2-33 所示。修改后单击【返回】按钮退出“会计科目-修改”对话框。

补 充

◇ 非末级会计科目不能再修改科目编码。

◇ 已经使用过的末级会计科目不能再修改科目编码。

◇ 已有数据的会计科目，应先将该科目及其下级科目余额清零后再修改。

◇ 被封存的科目不可以在制单时使用。

◇ 只有末级科目才能设置汇总打印，且只能汇总到该科目本身或其上级科目。

◇ 只有处于修改状态时才能设置汇总打印和封存。

3. 删除会计科目

如果某些会计科目暂时不需用或者不适合用户科目体系，可以在未使用之前将其删除。

任务 2-2-22 将“1421 消耗性生物资产”科目删除。

操作步骤

(1) 打开“全部”或“资产”选项卡，将光标移到“1421 消耗性生物资产”科目上。

(2) 单击【删除】按钮。

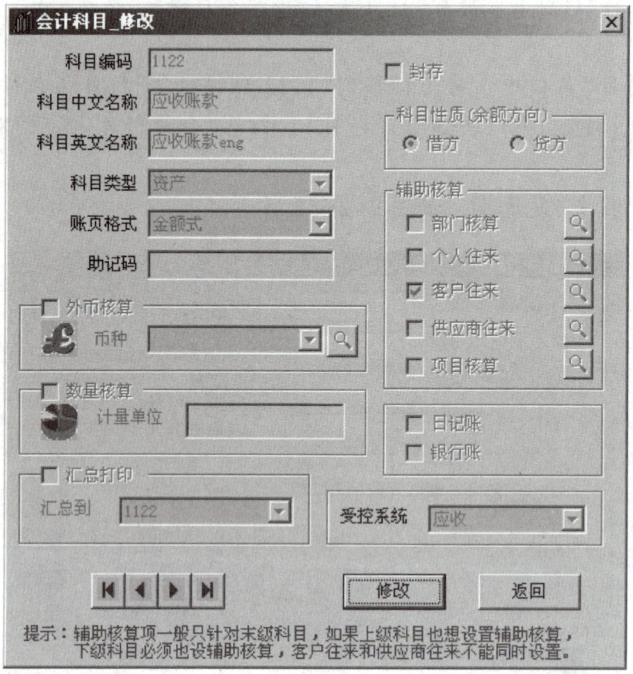

图 2-2-33　完成“1122 应收账款”修改对话框

(3) 系统弹出“记录删除后不能回复！真的删除此记录吗?”提示对话框。

(4) 单击【确定】按钮。

补　充

◇ 删除的科目不能被自动恢复，但可通过增加功能来完成。

◇ 非末级科目不能删除

◇ 已有数据的会计科目，应先将该科目及其下级科目余额清零后再删除。

◇ 被指定的会计科目不能删除。如想删除，必须先取消指定。

4. 指定会计科目

指定会计科目是指定出纳的主管科目。系统中只有指定科目后，才能执行出纳签字，从而实现库存现金、银行存款管理的保密性，并且只有指定科目才能查看库存现金、银行存款日记账。指定的现金流量科目可供编制现金流量表时取数函数使用，在录入凭证时，对指定的现金流量科目，系统的自动弹出窗口要求指定当前录入分录对应的现金流量项目。

任务 2-2-23　指定“1001 库存现金”为现金总账科目、“1002 银行存款”为银行总账科目。

操作步骤

(1) 在“会计科目”窗口中，选择【编辑】|【指定科目】选项。

(2) 打开“指定科目”对话框，选择“现金总账科目”单选按钮，在待选科目选择框中，将光标移到“1001 库存现金”所在行，单击按钮 ‹ ，系统自动将其列于已选科目框中，如图 2-2-34 所示。

(3) 选择“银行总账科目”单选按钮，在待选科目选择框中，将光标移到“1002 银行存款”所在行，单击按钮【 › 】，系统自动将其列于已选科目框中。

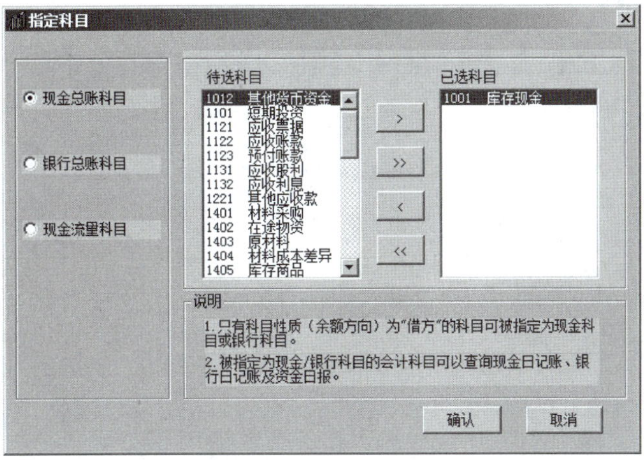

图 2-2-34 指定现金总账科目

(4)单击【确认】按钮。

补 充

◇ 若想取消已指定的会计科目。可单击按钮【 < 】

◇ 若想完成出纳签字的操作还应在总账系统的选项中设置“出纳凭证必须经由出纳签字”。

◇ 只有指定先进总账科目和银行存款总账科目才能进行出纳签字，并查询库存现金日记账和银行存款日记账。

◇ 在指定现金流量科目后，在填制凭证时若使用现金流量科目，则系统要求填写该“现金流量项目”，只有填写了现金流量项目才能由系统自动生成“现金流量表”。

2.3 工资设置

2.3.1 启用工资模块

初次进入薪资管理子系统后应根据企业的实际情况建立相应的工资模块。工资模块的建立分为四个步骤，即参数设置、扣税设置、扣领设置及人员编码设置。

任务 2-3-1 由“kj001(李莞，密码‘1’)”启用工资管理模块，将工资账套的参数设置为：多个工资类别；扣税设置为“从工资中代扣个人所得税”；不进行扣零设置；工资账套的启用日期为“2022 年 7 月 01 日”，人员编码长度为“3”位。

操作步骤

(1) 由“kj001(李莞，密码‘1’)”登录“畅捷通 T3-企业管理信息化软件教育专版-营改增版”系统。

(2) 在“畅捷通 T3-企业管理信息化软件教育专版-营改增版”窗口中，打开“建立工资账套——参数设置”对话框，如图 2-3-1 所示。

(3) 选择“多个”单项选择。然后单击【下一步】按钮，输入工资类别名称为“生产人员”，打开“建立工资套——扣税设置”对话框，选择“是否从工资中代扣个人所得税”复选框，如图 2-3-2 所示。

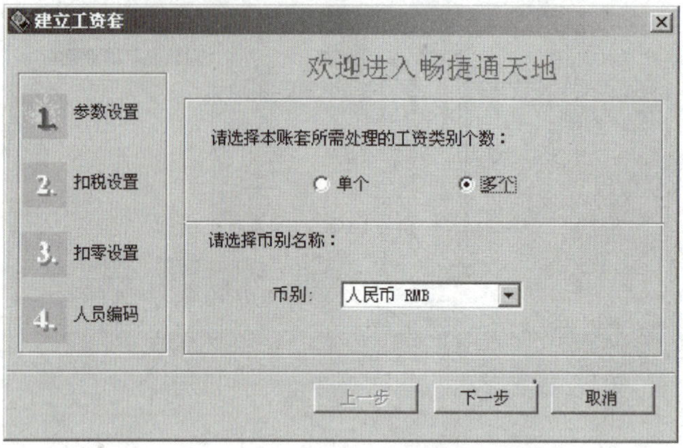

图 2-3-1　参数设置

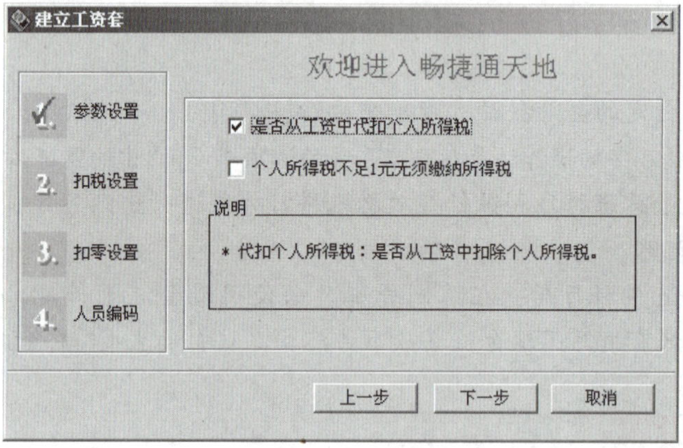

图 2-3-2　扣税设置

(4) 单击【下一步】按钮，打开“建立工资套——扣零设置”对话框，采用默认设置。

(5) 单击【下一步】按钮，打开“建立工资套——人员编码”对话框，将“人员编码长度”修改为“3”，将本账套的启用日期修改为“2022-07-01”，如图 2-3-3 所示。

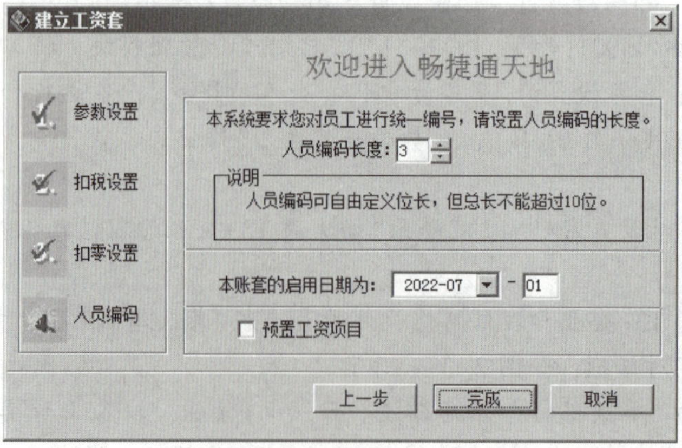

图 2-3-3　设置人员编码长度

(6) 单击【完成】按钮。

补　充

◇ 如果企业中所有员工的工资发放项目与工资计算方法都相同，那么可以对全部员工进行统一的工资核算方案，对应地选择系统提供的单工资类别应用方案。

◇ 如果企业存在下列情况之一，则需要选择系统提供的多工资类别应用方案。首先，企业存在不同类别的人员，他们的工资发放项目不同、计算公式也不相同，但需要进行统一的工资核算管理。如企业需要分别对在职人员、退休人员等进行工资核算等情况。其次，企业每月进行多次工资发放，月末需要进行统一核算。再次，企业在不同地区设有分支机构，而工资核算由总部统一管理或工资发放使用多种货币。

◇ 扣税设置即选择在工资计算中是否由单位代扣个人所得税。

◇ 扣零设置通常在发放现金工资时使用，如果单位采用银行代发工资则很少采用此设置。

◇ 人员编码即单位人员编码长度。可以根据需要自由定义人员编码长度，但总长度不能超过 10 位字符。

2.3.2　增加工资类别

工资类别是根据不同的工资分成不同的级别，一般在不同的部门，不同的级别的时候才会建立多个工资类别。

任务 2-3-2　增加工资类别：生产人员(生产车间)和管理人员(其他部门)，启用日期：7 月 01 日。

操作步骤

(1) 由"kj001(李莞，密码'1')"登录"畅捷通 T3-企业管理信息化软件教育专版-营改增版"。在"畅捷通 T3-企业管理信息化软件教育专版-营改增版"窗口中，系统提示"未建立工资类别！"，单击【确定】按钮。

(2) 进入"工资管理"对话框，选择"工资类别向导"单选按钮，单击【确定】，如图 2-3-4 所示。

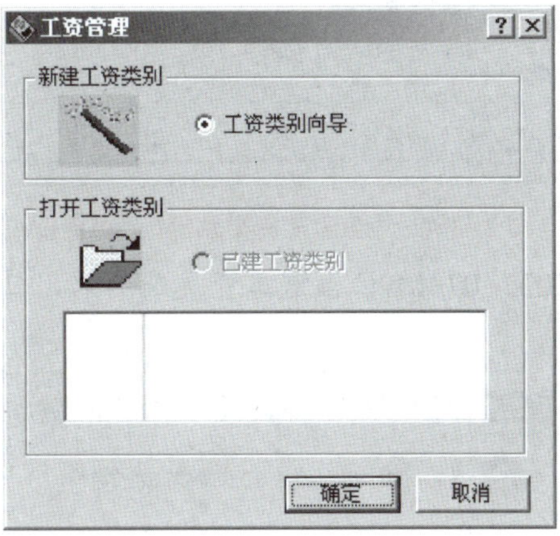

图 2-3-4　"工资管理"对话框

(2) 进入"新建工资类别"对话框，输入工资类别名称为"生产人员"，单击【下一步】按钮，如图 2-3-5 所示。

图 2-3-5 “新建工资类别名称”对话框

(3) 在“新建工资类别”对话框中，选择部门为“生产车间”，单击【完成】按钮，如图 2-3-6所示。

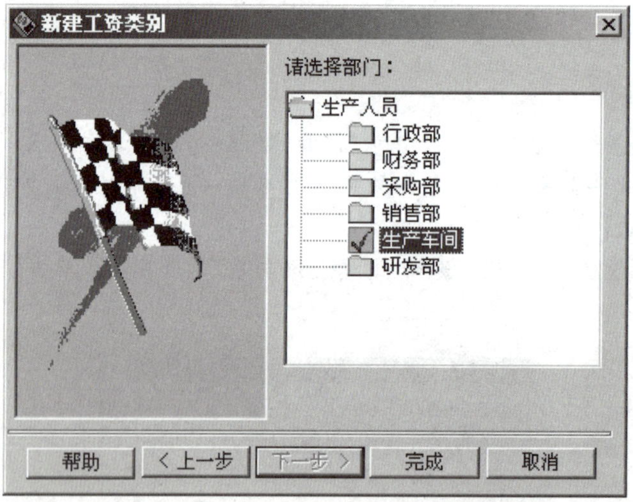

图 2-3-6 “新建工资类别部门”对话框

(4) 系统提示“是否以 2022-07-01 位当前工资类别的启用日期?”，单击【是】按钮，如图 2-3-7 所示。

图 2-3-7 “工资管理”对话框

(5) 在“畅捷通 T3-企业管理信息化软件教育专版-营改增版”窗口中，选择【工资】|【工资类别】|【关闭工资类别】选项，关闭已经打开的工资类别，

(6) 选择【工资】|【工资类别】|【新建工资类别】选项，打开“新建工资类别”对话框，重复操作步骤(2)至(4)完成“管理人员”工资类别设置，如图 2-3-8 所示。

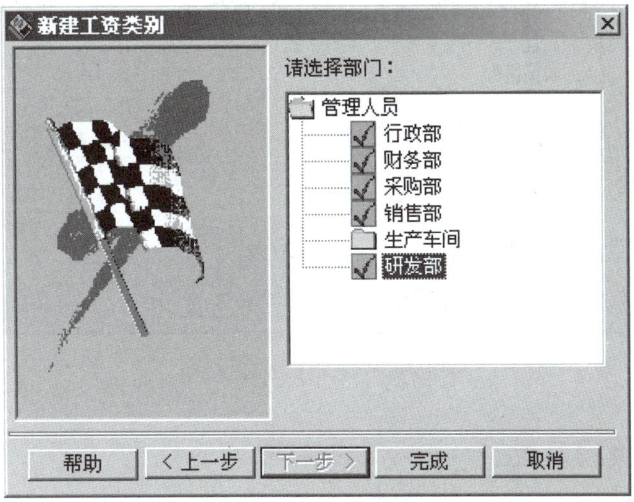

图 2-3-8 “选择部门”对话框

2.3.3 设置银行名称

当企业采用银行代发形式发放工资时，需要确定银行名称及账号长度。发放工资的银行可以按需要设置多个，这里的银行名称设置是指所有工资类别涉及的银行名称。如果同一工资类别中的人员由于在不同的工作地点，需要不同的银行代发工资，或者不同的工资类别由不同的银行代发，则需将相应的银行名称在此一并设置。

任务 2-3-3 设置银行名称为“中国工商银行”，账号长度为 11 位，录入时自动带出的账号长度位 7 位。

操作步骤

(1) 在“畅捷通 T3-企业管理信息化软件教育专版-营改增版”窗口中，选择【工资】|【设置】|【银行名称设置】选项，打开“银行名称设置”对话框，如图 2-3-9 所示。

(2) 选中“银行名称”栏中的“中国工商银行”选项，在“录入时需要自动带出的账号长度”栏中录入“7”。

(3) 单击【返回】按钮。

补 充

◇ 银行账号长度不得为空，且不能超过 30 位。

◇ 录入时需要自动带出的账号长度是指在录入“人员档案”的银行账号时，从第二个人开始，系统将根据用户在此定义的长度自动带出银行账号 ideas 相当长度，可以有效提高录入的速度。

◇ 如果删除银行名称则同银行名称有关的所有设置将一同删除，包括银行的代发文件

格式设置、磁盘输出格式的设置等。

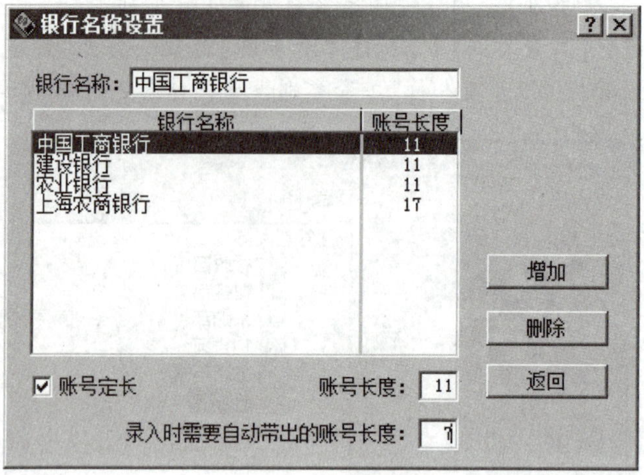

图 2-3-9　银行名称设置

2.3.4　人员类别设置

人员类别是指按某种特定的分类方式将企业职工分成若干类，不同类别的人员工资水平可能不同，从而有助于实现工资的多级管理。人员类别的设置还与工资费用的分配、分摊有关，合理设置便于按人员类别进行工资的汇总计算，为企业提供不同人员类别的工资信息。

任务 2-3-4　设置本企业的人员类别为“部门主管”“管理人员”“营销人员”“生产人员”和“科研人员”。

操作步骤

(1) 在“畅捷通 T3-企业管理信息化软件教育专版-营改增版”窗口中，选择【工资】|【设置】|【人员类别设置】选项，打开“类别设置”对话框，如图 2-3-10 所示。

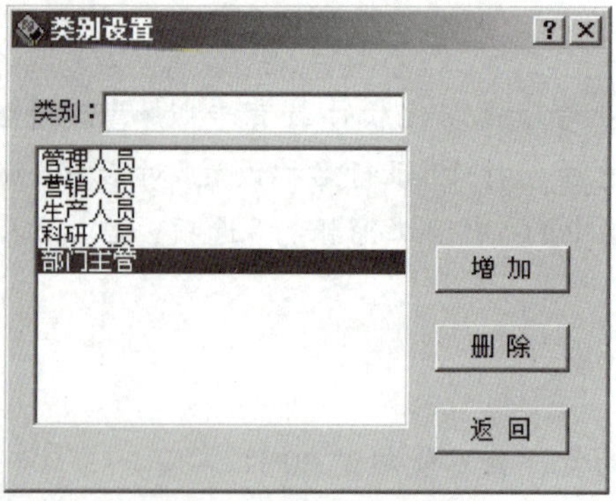

图 2-3-10　类别设置

(2) 单击【增加】按钮，在类别栏录入“管理人员”，然后单击【增加】按钮，录入“营销人员”等，最后单击【增加】按钮。

(3) 单击【返回】按钮。

补 充

◇ 人员类别名称可以随时修改。已经使用的人员类别不允许删除。

◇ 人员类别只剩下一个时不允许删除。

◇ 人员类别设置的目的是为"工资分摊"设置入账科目时使用。

2.3.5 工资项目设置

工资数据最终由各个工资项目体现。工资项目设置即定义工资核算所涉及的项目名称、类型和长度等。薪资管理子系统中提供了固定的工资项目，他们是工资账中不可缺少的内容，主要包括"应发合计""扣款合计"和"实发合计"。若选择了"扣税处理"则在系统工资项目中自动生成"代扣税"项目，这些项目不能删除和重命名。其他项目可以依据实际进行定义或参照增加，如基本工资和奖金等。在此设置的工资项目对于多个工资类别的工资账套而言，是针对所有工资类别所需要使用的全部工资项目；对于单个工资类别而言，就是此工资账套所使用的全部工资项目。

任务 2-3-5 设置如表 2-3-1 和表 2-3-2 所示的本企业的工资项目。

表 2-3-1 生产人员工资项目

工资项目	项目类别	长　度	小　数	增减项
基本工资	数字	8	2	增项
日工资	数字	8	2	其他
岗位工资	数字	8	2	增项
应发合计	数字	10	2	增项
事假天数	数字	8	0	其他
事假扣款	数字	8	2	减项
病假天数	数字	8	0	其他
病假扣款	数字	8	2	减项
社会保险费	数字	8	2	减项
住房公积金	数字	8	2	减项
扣款合计	数字	10	2	减项
税前工资	数字	8	2	增项
代扣税	数字	10	2	减项
实发合计	数字	10	2	增项

表 2-3-2 管理人员工资项目

工资项目	项目类别	长　度	小　数	增减项
基本工资	数字	8	2	增项
日工资	数字	8	2	其他
应发合计	数字	10	2	增项

续表

工资项目	项目类别	长度	小数	增减项
事假天数	数字	8	0	其他
事假扣款	数字	8	2	减项
病假天数	数字	8	0	其他
病假扣款	数字	8	2	减项
社会保险费	数字	8	2	减项
住房公积金	数字	8	2	减项
扣款合计	数字	10	2	减项
税前工资	数字	8	2	增项
代扣税	数字	10	2	减项
实发合计	数字	10	2	增项

操作步骤

(1) 在“畅捷通T3-企业管理信息化软件教育专版-营改增版”窗口中，选择【工资】|【设置】|【工资项目设置】选项，打开"工资项目设置"对话框，如图2-3-11所示。

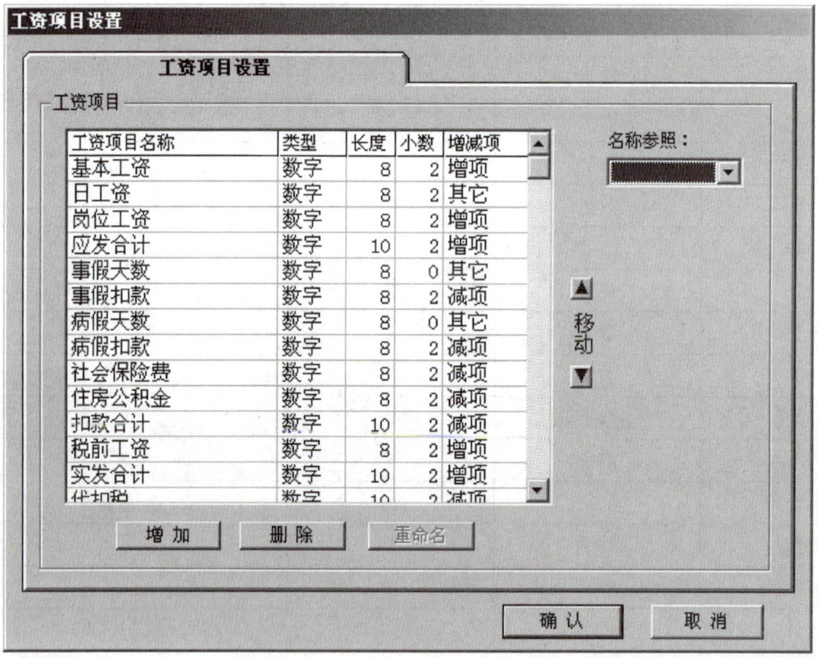

图2-3-11 设置工资项目

(2) 单击【增加】按钮，录入工资项目名称为“基本工资”，或单击“名称参照”栏后的下三角按钮选择相应名称，选择类型为“数字”，长度为“8”，小数为“2”，增减项为“增项”，依此方法继续增加其他的工资项目。

(3) 单击“移动”上下三角按钮，将每个工资项目按数据逻辑关系移动到合适的位置。

(4) 单击【确认】按钮。

(5) 选择【工资】|【工资类别】|【打开工资类别】选项，打开“打开工资类别”对话框，选择“生产人员”，单击【确认】按钮，打开“生产人员”工资类别。

(6) 选择【工资】|【设置】|【工资项目管理】选项，打开“工资项目设置”对话框，单击【增加】按钮，单击“名称参照”栏后的下三角按钮选择相应名称，将每个工资项目按数据逻辑关系移动到合适的位置，单击【确认】按钮，如图 2-3-12 所示。

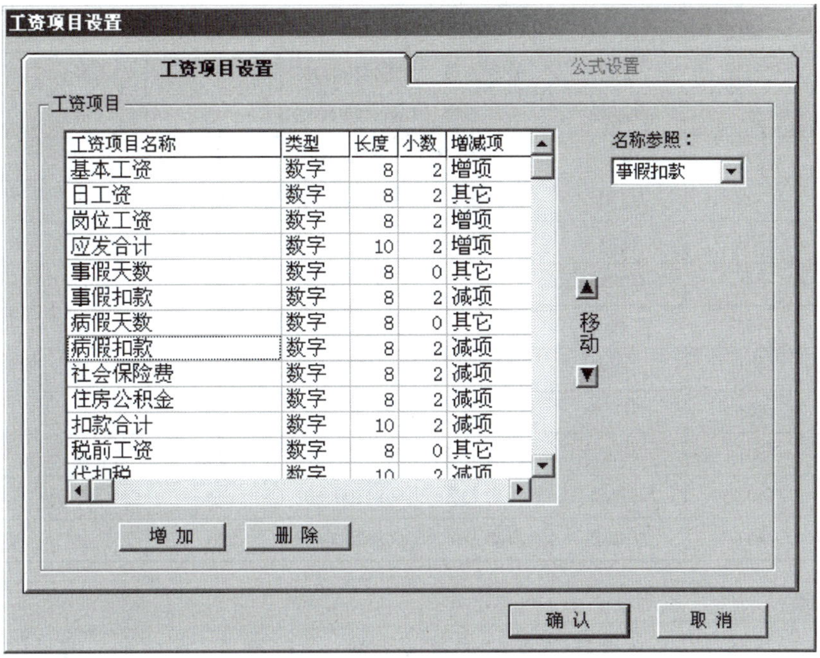

图 2-3-12　“生产人员”工资项目设置

(7) 参照步骤(5)、(6)，完成“管理人员”工资设置。

补　充

◇ 多个工资类别的工资项目要在关闭类别后，全部增加。然后打开工资类别，进行具体设置。

◇ 如果建账时选择了“代扣个人所得税”选项，则系统提供代扣税项目。

◇ 如果建账时选择了“扣零”处理，则系统提供“本月扣零”和“上月扣零”两个工资项目。

◇ 工资项目名称必须唯一。

◇ 已使用的工资项目不可删除，也不能修改其数据类型。

◇ 系统提供的固定资产项目不能修改。

2.3.6　建立人员档案

2.3.6.1　增加人员档案

设置人员档案用于登记工资发放人员的姓名、职工编号、所在部门以及人员类别等信息，此外，人员的增减变动都必须先在本功能中处理。在单工资类别情况下，可以直接进入“人员档案”功能中设置人员信息，在多工资类型别下，人员档案的操作是针对某个工资类别的，即应先打开相应的工资类别才能进行人员档案的设置。

任务 2-3-6 在不同工资类别下设置如表 2-3-3 所示的人员档案。

表 2-3-3 人员档案

部门	人员编号	姓名	人员类别	账号	中方人员	是否计税	工资停发
行政部	101	赵传	部门主管	66842000101	是	是	否
财务部	201	李莞	部门主管	66842000201	是	是	否
财务部	202	王袂	管理人员	66842000202	否	是	否
财务部	203	张玉梅	管理人员	66842000203	是	是	否
财务部	204	朱桓	管理人员	66842000204	是	是	否
采购部	301	赵阳	部门主管	66842000301	是	是	否
采购部	302	孙琦	管理人员	66842000302	是	是	否
销售部	401	夏芸畅	部门主管	66842000401	是	是	否
销售部	402	王智明	营销人员	66842000402	是	是	否
生产车间	501	何晓童	部门主管	66842000501	否	是	否
生产车间	502	黄胜烨	生产人员	66842000502	是	是	否
研发部	601	马云	部门主管	66842000601	是	是	否
研发部	602	马化腾	科研人员	66842000602	是	是	否
研发部	603	李彦宏	科研人员	66842000603	是	是	否

操作步骤

(1) 在"畅捷通 T3-企业管理信息软件教育专版-营改增版"窗口中，选择【工资】|【设置】|【人员档案】选项，打开"人员档案"窗口，如图 2-3-13 所示。

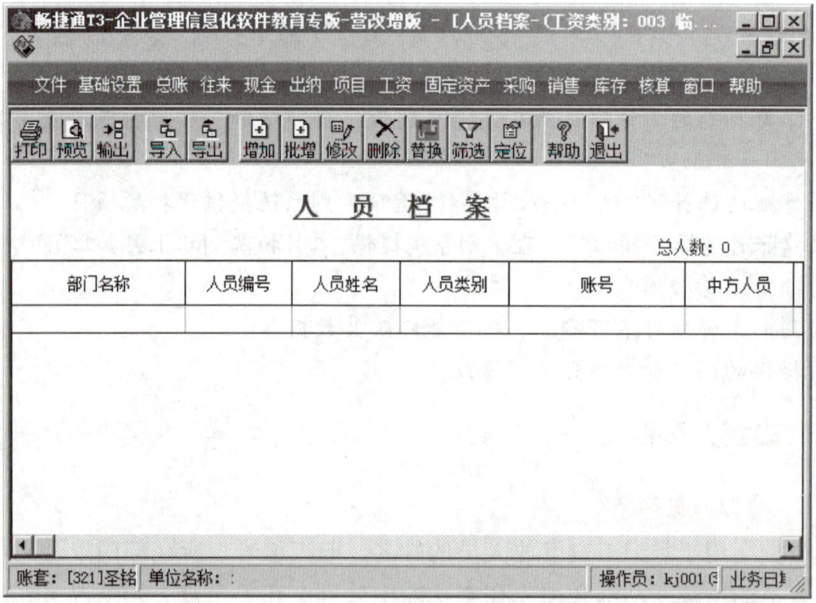

图 2-3-13 "人员档案"对话框

(2) 在“人员档案”窗口中，单击“批增”图标（批量从职员档案中引入人员），打开“人员批量增加”对话框。

(3) 部门选中“生产车间”，单击【全选】按钮，如图 2-3-14 所示。

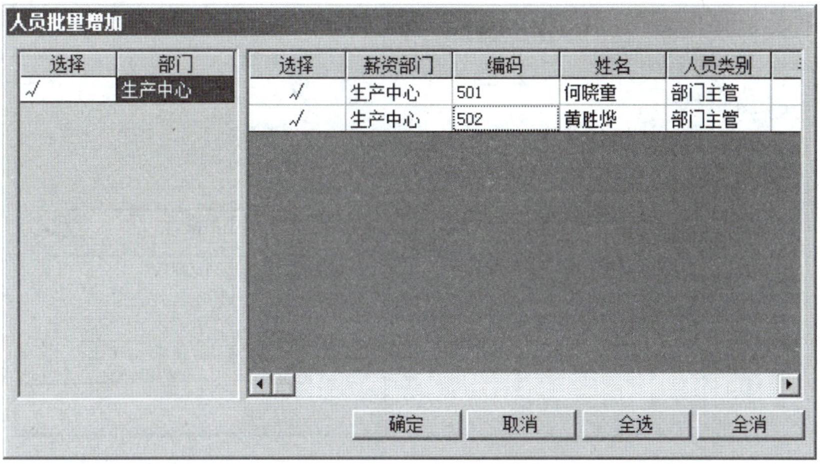

图 2-3-14　设置人员档案

(4) 单击【确定】按钮，返回“人员档案”对话框，如图 2-3-15 所示。

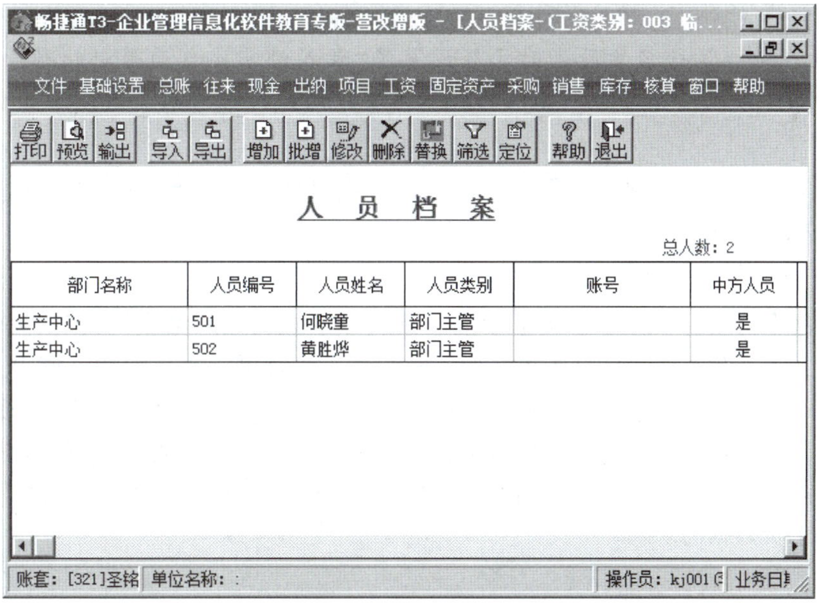

图 2-3-15　全部人员档案

(4) 选中人员编号为“501”的记录行，单击【修改】按钮，如图 2-3-16 所示。

(5) 在“人员档案”对话框中，选择银行名称为“中国工商银行”，银行账号为“66842000501”，单击【确认】按钮，单击【下一人】修改其他人员档案直至完成。

(6) 参照步骤(1)～(5)，完成“管理人员”档案设置。

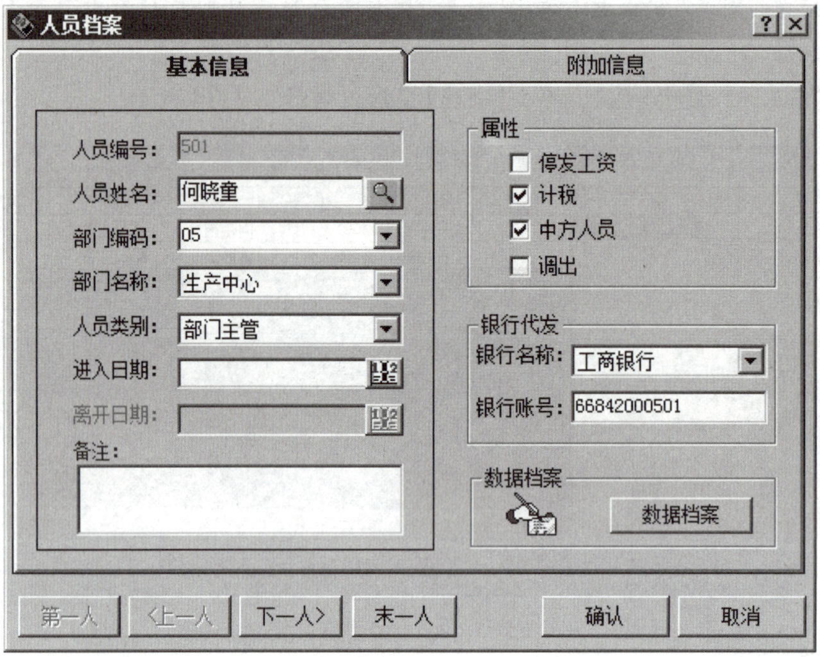

图 2-3-16 “人员档案”对话框

补 充

◇ 由于在进行银行名称设置时已经设置了“录入时需要自动带出的账号长度”，因此，在录入第 1 个人员档案后，其他的人员档案中的银行账号则会自动带出相应账号的位数。

◇ 在增加人员档案对话框中“停发工资”“调出”和“数据档案”选项不可选，只有在修改状态下才能进行编辑。

2.3.6.2 修改人员档案

人员档案在修改的状态下可以进行“停发工资”、“调出”和“数据档案”的编辑。已做调出的标志的人员，所有档案信息不可修改，其编号下个月可以再次使用。调出人员可在当月末处理前，取消调出标志。有工资停发标志的人员不再对其发放工资，但保留人员档案以后可恢复发放。标志为停发或调出人员，将不再参与工资的发放和汇总。如果在人员档案中直接输入职工工资，可以单击“数据档案”按钮进入“工资数据录入—页编辑”对话框，在其中进行工资数据的录入。

2.3.7 工资公式设置

设置计算公式即定义工资项目之间的运算关系，计算公式设置的正确与否关系到工资核算的最终结果。定义公式可以通过选择工资项目、运算符、关系符以及函数等组合完成。

任务 2-3-7 设置如表 2-3-4 和表 2-3-5 所示的本企业的工资项目公式定义。

表 2-3-4 生产人员工资项目

工资类别	公式定义条件
基本工资	生产车间：5000
日工资	基本工资/21
岗位工资	部门主管：2500 生产人员：2000
应发合计	基本工资+岗位工资
事假扣款	日工资 * 事假天数
病假扣款	日工资 * 病假天数 * 0.5
社会保险费	基本工资 * 0.11
住房公积金	基本工资 * 0.12
扣款合计	事假扣款+病假扣款+社会保险费+住房公积金
税前工资	应发合计-扣款合计
实发合计	税前工资-代扣税

表 2-3-5 管理人员工资项目

工资类别	公式定义条件
基本工资	部门主管：8000 营销人员：7500 科研人员：7800 管理人员：6800
应发合计	基本工资
日工资	基本工资/21
事假扣款	日工资 * 事假天数
病假扣款	日工资 * 病假天数 * 0.5
社会保险费	基本工资 * 0.11
住房公积金	基本工资 * 0.12
扣款合计	事假扣款+病假扣款+社会保险费+住房公积金
税前工资	应发合计-扣款合计
实发合计	税前工资-代扣税

操作步骤

(1) 在工资系统中，选择【工资】|【工资类别】|【打开工资类别】选项，打开“打开工资类别”对话框，选择“生产人员”，单击【确认】，打开“生产人员”工资类别。

(2) 选择【工资】|【设置】|【工资项目设置】选项，打开“工资项目设置”对话框。单击“公式设置”选项卡，如图 2-3-17 所示。

(3) 单击左上方“工资项目”的【增加】按钮，再单击工资项目栏后下三角按钮，选择“岗位工资”选项，在“岗位工资公式定义”栏录入“iff(人员类别=“部门主管”，2500，2000)”。

(4) 单击【公式确认】按钮，如图 2-3-17 所示。

(5) 依次增加其他工资项目公式，完成后单击【确认】按钮。

补 充

◇ 函数公式向导只支持系统提供的函数。

◇ 工资公式可以手工输入，但要注意符号是在英文半角状态下完成，同时注意空格。

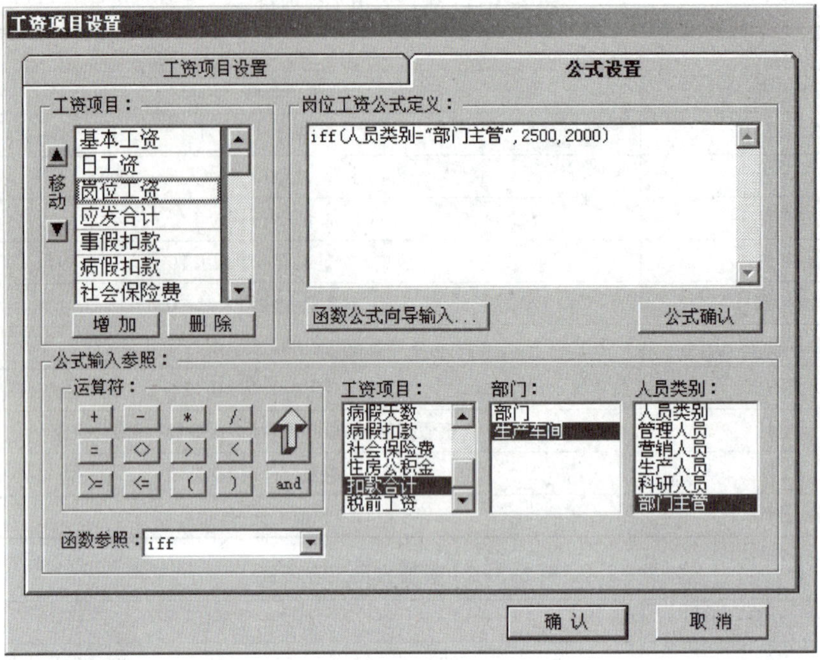

图 2-3-17　设置“岗位工资”的计算公式

◇ 工资项目要根据数据处理顺序调整先后。

2.3.8　设置工资类别主管

设置工资类别主管，利用此功能可实现将操作员的权限分部门按工资项目来设置。

任务 2-3-8　由“kj001(李莞，密码‘1’)”启用工资管理模块，授权 kj002 工资管理权限。

操作步骤

(1) 由“kj001(李莞，密码‘1’)”登录“畅捷通 T3-企业管理信息化软件教育专版-营改增版”窗口中，单击【工资管理】，打开“工资管理对话框”，如图 2-3-18 所示，单击【取消】按钮。

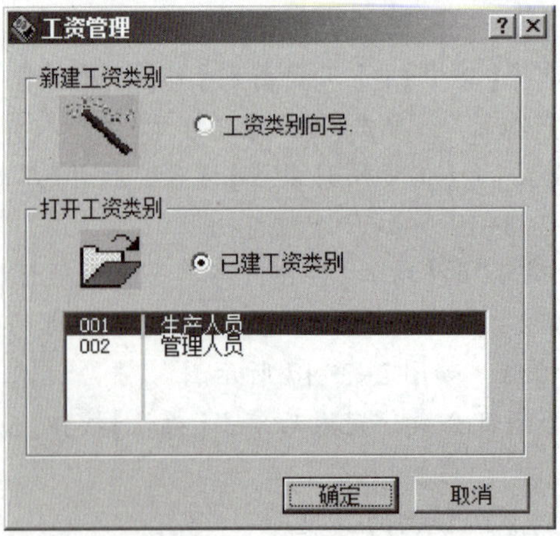

图 2-3-18　“工资管理”对话框

(2) 选择【工资】|【设置】|【权限设置】，打开“权限设置”对话框，单击【修改】按钮，授权“kj002 王袂”对“生产人员”的工资管理权限，如图 2-3-19 所示，单击【保存】按钮。同理，完成“管理人员”工资权限设置，如图 2-3-20 所示，单击【退出】按钮。

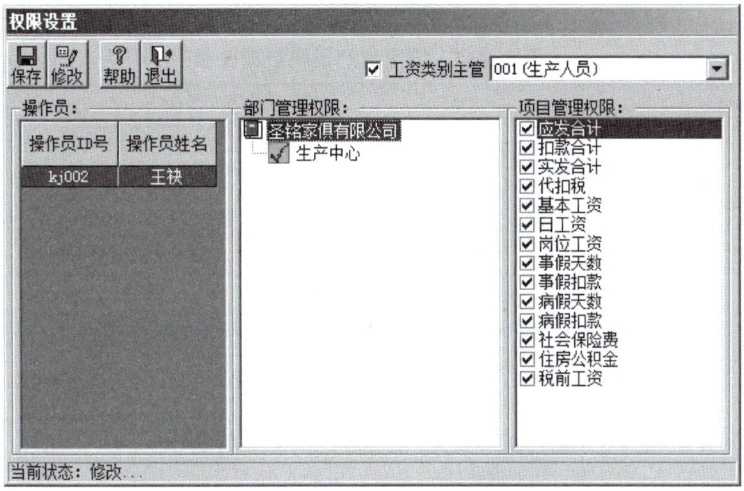

图 2-3-19　设置“生产人员”类别主管

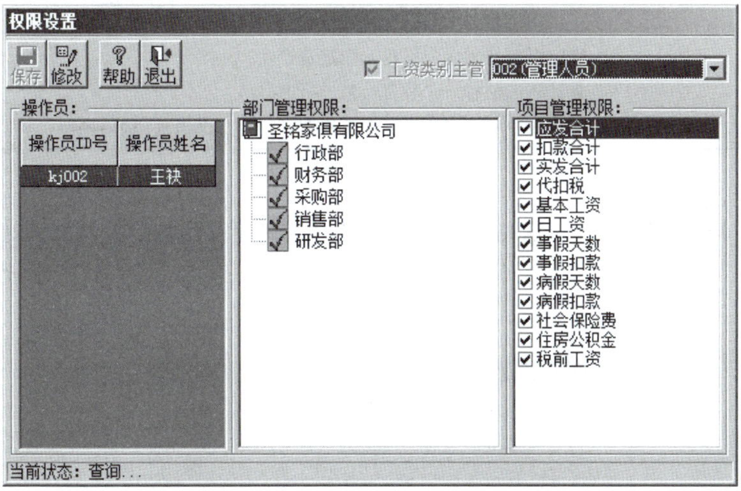

图 2-3-20　设置“管理人员”类别主管

2.4　固定资产模块设置

固定资产管理子系统初始设置是根据企业的具体情况，建立一个适合本单位需要的固定资产账套、基础设置和录入原始卡片。

2.4.1　启用固定资产模块

建立固定资产模块是根据企业的具体情况，在已经建立会计核算账套的基础上建立一个适合企业实际需要的固定资产模块的过程。建立账套需要设置的内容主要包括：约定及说明、启用月份、折旧信息、编码方式、账务接口和完成设置六部分。

任务 2-4-1 以操作员“kj001(李莞，密码‘1’)”的身份启用固定资产模块，进行如下设置，如表 2-4-1 所示：

表 2-4-1 固定资产模块参数设置

参数控制	设置参数
折旧信息	本账套计提折旧 主要折旧方法：平均年限法(一) 折旧汇总分配周期：1 个月 当(月初以计提月份=可使用月份-1)时，将剩余折旧全部提足
编码方式	资产类别编码方式：2，1，1，2 固定资产编码方式：自动编码(类别编码+部门编码+序号) 序号长度：3
财务接口	与对账系统进行对账 对账科目：固定资产对账科目：1601，固定资产 累计折旧对账科目：1602，累计折旧 对账不平情况下，不允许进行结账 月末结账前一定要完成制单登账业务 可纳税调整的增加方式：直接购入 固定资产缺省入账科目：固定资产 累计折旧缺省入账科目：累计折旧 可抵扣税额入账科目：应交税费——应交增值税(进项税额)

操作步骤

(1) 在“畅捷通 T3-企业管理信息化软件教育专版-营改增版”窗口中，选择“固定资产”选项。系统提示“这是第一次打开此账套，还未进行过初始化，是否进行初始化?”，如图 2-4-1所示。

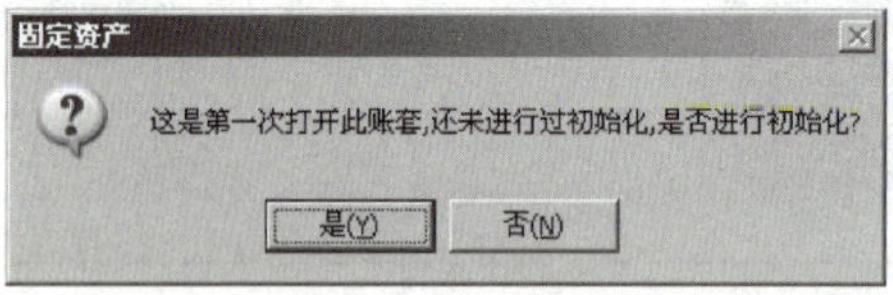

图 2-4-1 是否进行初始化的提示

(2) 单击【是】按钮，打开“固定资产初始化向导——约定及说明”窗口。如图 2-4-2 所示。

(3) 选择“我同意”单选按钮，单击【下一步】按钮，打开“固定资产初始化向导——启用月份”窗口，如图 2-4-3 所示。

(4) 单击【下一步】按钮，打开“固定资产初始化向导——折旧信息”窗口，如图 2-4-4 所示。

(5) 单击【下一步】按钮，打开“固定资产初始化向导——编码方式”窗口，修改编码长度为“2112”，如图 2-4-5 所示。

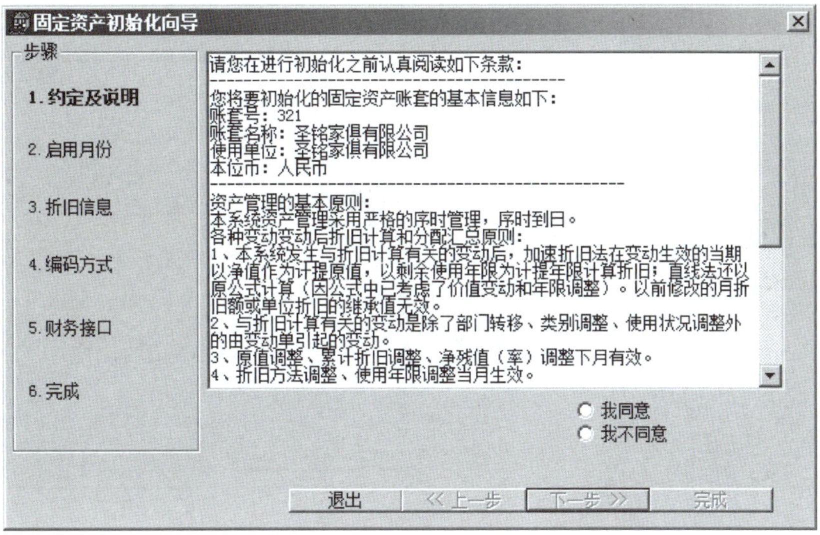

图 2-4-2　固定资产初始化向导——约定及说明

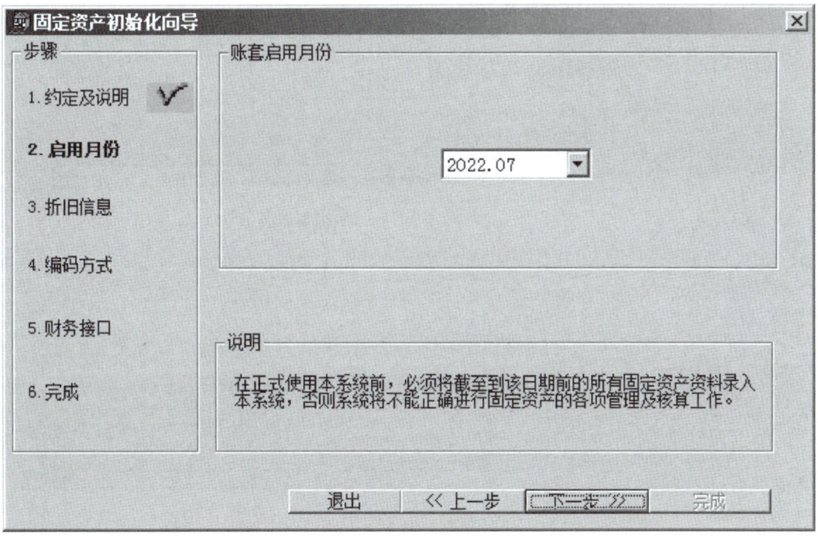

图 2-4-3　固定资产初始化向导——启用月份

(6) 单击【下一步】按钮，打开“固定资产初始化向导——账务接口”窗口，如图 2-4-6 所示。

(7) 单击“固定资产对账科目”栏后的参照按钮，选择“1601 固定资产”，再单击“累计折旧对账科目”栏后的参照按钮，选择“1602 累计折旧”，取消选择“在对账不平情况下允许固定资产月末结账”复选框。单击【下一步】按钮，打开“固定资产初始化向导——完成”窗口，如图 2-4-7 所示。

(8) 单击【完成】按钮，系统提示“已经完成了新建账套的所有设置工作，是否确定所设

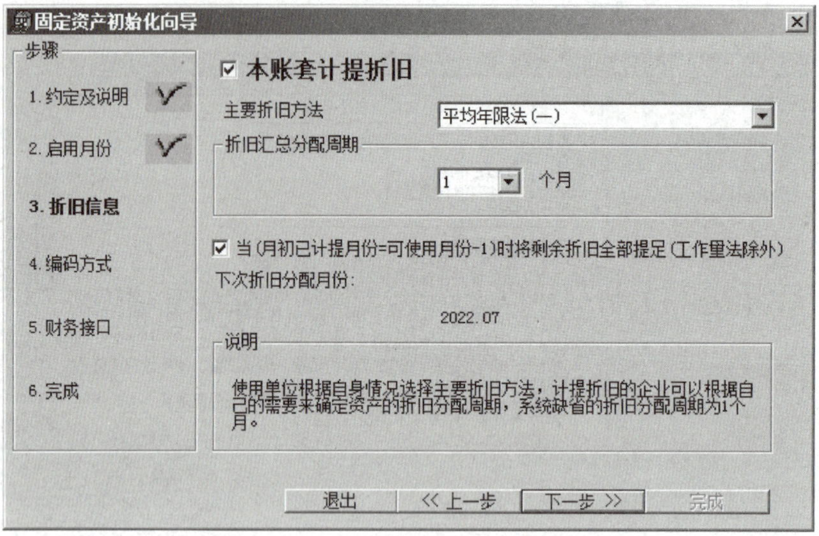

图 2-4-4　固定资产初始化向导——折旧信息

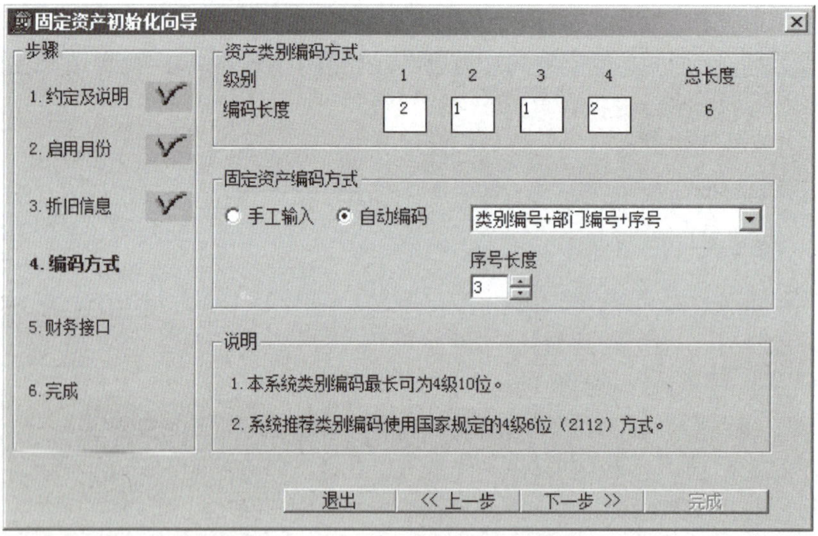

图 2-4-5　固定资产初始化向导——编码方式

置的信息完全正确并保存对新账套的所有设置?”。

(9) 单击【是】按钮，系统提示“已成功初始化本固定资产账套”。

(10) 单击【确定】按钮，进入固定资产管理子系统。

(11) 单击【固定资产】|【设置】|【选项】，打开“选项”窗口，单击“与账务系统接口”页签，如图 2-4-8 所示。

(12) 分别选择各项缺省入账科目，单击【确定】按钮。

补　充

◇ 在“固定资产初始化向导——折旧信息”窗口中，“本账套计提折旧”选项的作用是需

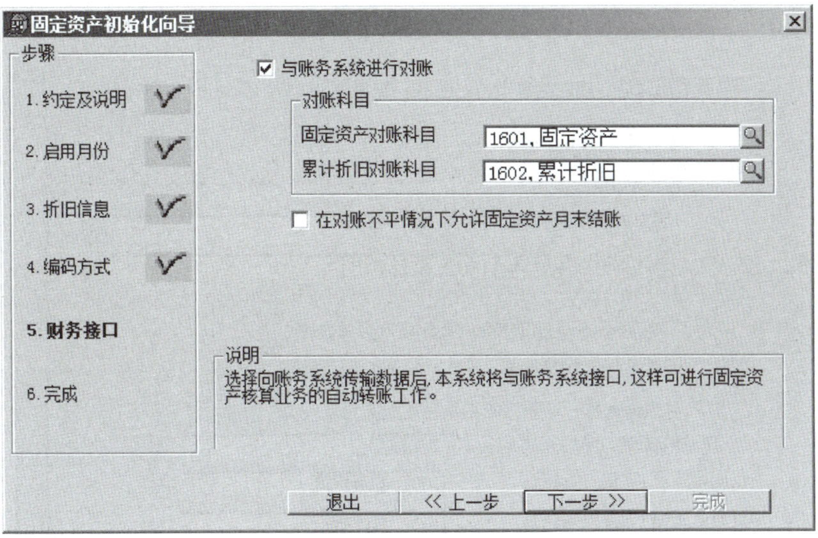

图 2-4-6　固定资产初始化向导——账务接口

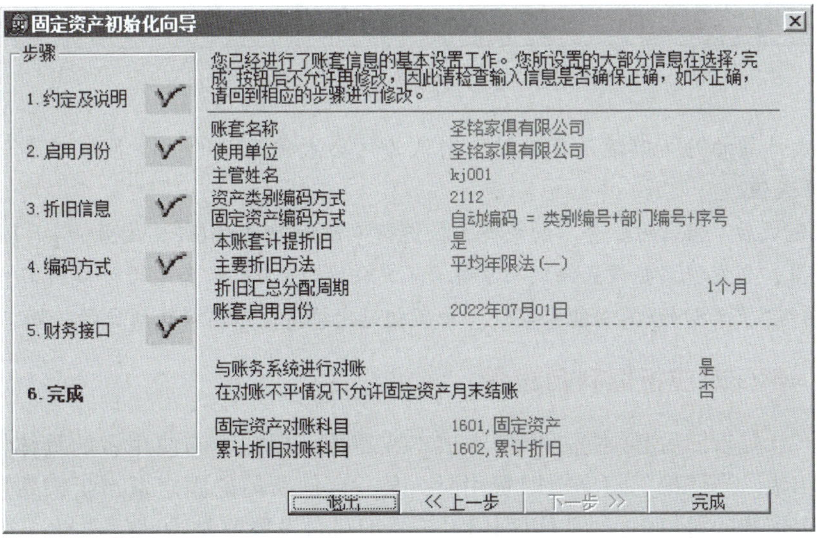

图 2-4-7　固定资产初始化向导——完成

要选定本账套是否计提折旧。按照制度规定，行政事业单位的固定资产不计提折旧，而企业的固定资产则应计提折旧，一旦选择了不计提折旧，则账套内所有与折旧有关的功能均不能操作，该选项在初始化设置完成后不能修改。

◇ 系统设置了六种常用的折旧方法，选择其中一种方法以便在资产类别设置时自动带出。对具体的固定资产可以重新定义折旧方法。

◇ 当"月初已提月份=可使用月份-1"时，将提取全部剩余的折旧(工作量法除外)，如果选中该项，则除工作量法外，只要满足上述条件，则该月月折旧额=净值-净残值，并且不能手工修改。如果不选该项，则该月不提取剩余折旧并且可以手工修改，但是如果以后

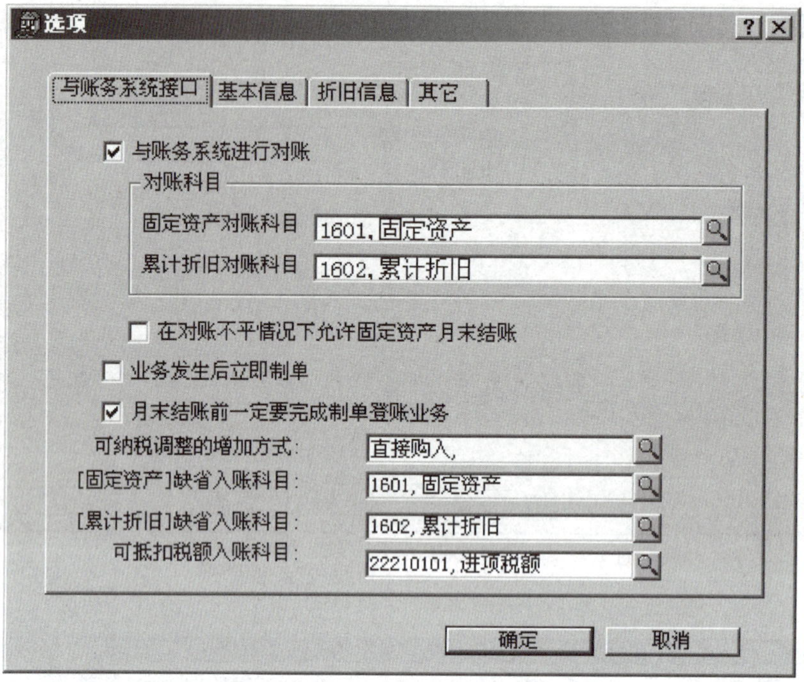

图 2-4-8　与账务系统接口选项

各月按照公式计算的月折旧额是负数时，则认为该公式是无效的，令月折旧率=0，月折旧额=净值=净残值。

◇ 建账完成后，当需对账套中的某些参数进行修改时，可以在【固定资产】|【设置】|【选项】中重新设置；当发现某些设置错误而系统又不允许修改(如本账套是否计提折旧)但必须纠正时，则只能通过“重新初始化”功能来实现。重新初始化将清空对该模块所做的一切工作。

2.4.2　部门对应折旧科目设置

固定资产计提折旧后必须把折旧归入成本或费用，根据不同使用者的具体情况按照部门或类别来归集。当按部门归集折旧费用时，某一部门所属的固定资产折旧费用将归集到一个比较固定资产的科目中，所以以部门对应折旧科目设置就是给部门选择一个折旧科目，录入卡片时，该科目自动显示在卡片中，不必逐个输入，这样可以提高工作效率。然后在生成部门折旧分配表时每一部门按折旧科目汇总，生成记账凭证。

任务 2-4-2　设置 321 账套对应的折旧科目，如表 2-4-2 所示。

表 2-4-2　对应折旧科目

部门编码	名　称	折旧科目	
01	行政部	560210	折旧费
02	财务部	560210	折旧费
03	采购部	560210	折旧费
04	销售部	560108	折旧费

续表

部门编码	名　称	折旧科目	
05	生产车间	4101	折旧费
06	研发部	560210	折旧费

操作步骤

(1) 选择【固定资产】|【设置】|【部门对应折旧科目】选项。打开"部门编码表"窗口，如图 2-4-9 所示。

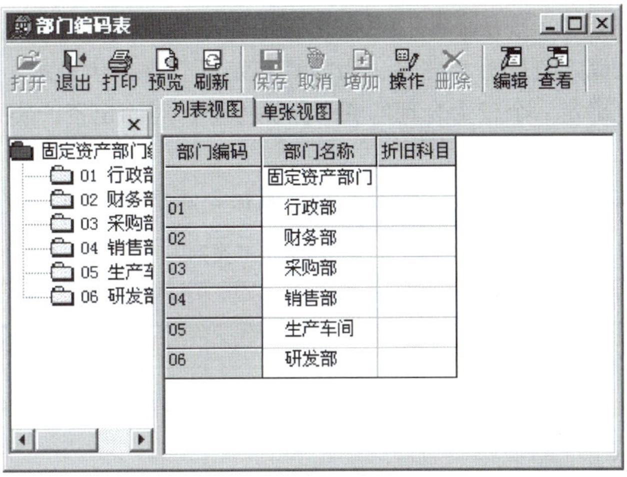

图 2-4-9 "部门编码表"窗口

(2) 单击"行政部"所在行，再单击【操作】按钮。打开"行政部"单张视图对话框，如图 2-4-10 所示。

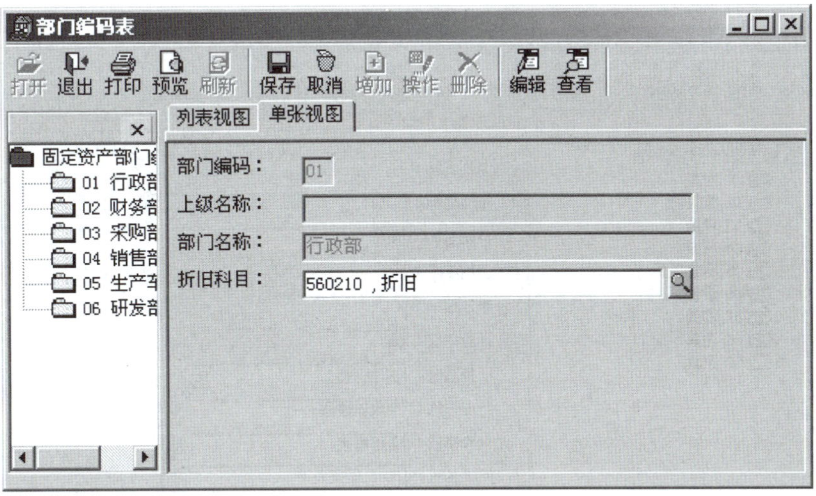

图 2-4-10 部门编码表"单张视图"

(3) 单击"折旧科目"栏后的对照按钮，选择"560210 管理费用——折旧费"。

(4) 单击【保存】按钮。

(5) 重复步骤(2)至(4)，完成“财务部”“采购部”等部门的折旧对应科目设置。

(6) 完成后，单击【退出】按钮。

补 充

◇ 在使用部门的折旧科目功能前，必须已建立好部门档案。

◇ 设置了上级部门的折旧科目，则下级部门可以自动继承，下级部门也可以选择与上级部门不同的会计科目。

2.4.3 资产类别设置

固定资产的种类繁多，规格不一，要强化固定资产管理，及时准确地做好固定资产核算，必须建立科学的固定资产分类体系，为核算和统计管理提供依据。企业可以根据自身的特点和管理要求，确定一个较为合理的资产分类方法。对固定资产类别进行增加、修改、删除的操作。

任务 2-4-3 设置 321 账套固定资产类别，如表 2-4-3 所示。

表 2-4-3 固定资产类别

类别编码	类别名称	使用年限	净残值率(%)	计量单位
01	房屋	20	4	间
02	生产设备	10	4	台
05	运输工具	10	4	辆
06	办公设备	5	4	台

操作步骤

(1) 选择【固定资产】|【设置】|【资产类别】选项，打开“固定资产分类编码表”窗口。

(2) 单击【增加】按钮，打开“类别编码表——单张视图”对话框，如图 2-4-11 所示。

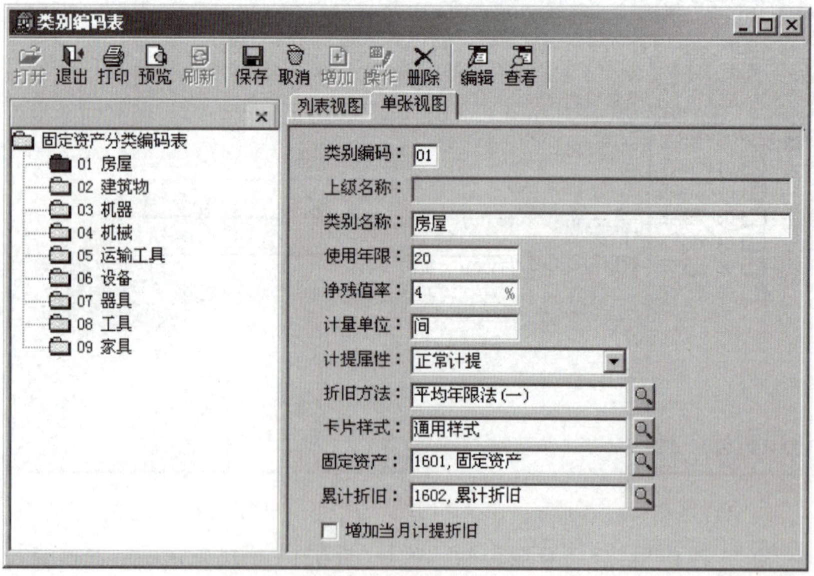

图 2-4-11 类别编码表——单张视图

(3) 录入类别名称为“房屋”，使用年限为“20”净残值率为“4”，计量单位为“间”。

(4) 单击【保存】按钮。

(5) 依次方法继续其他的资产类别，完成后单击【退出】按钮。

补　充

◇ 只有在最新的会计期间才可以增加资产类别，月末结账后则不能增加。

◇ 资产类别编码不能重复，同级的类别名称不能相同。

◇ 类别编码、类别名称、计提属性及卡片样式不能为空。

◇ 非明细类别编码不能被修改和删除，明细类别编码修改时只能修改本级的编码。使用过的类别计提属性不允许删除或增加下级类别。

2.4.4　原始卡片录入

固定资产卡片是固定资产核算和管理的依据，为了保持历史资料的连续性，在使用固定资产核算前，除了要进行基础设置的工作外，必须将建账日期以前的数据录入系统中，使固定资产系统中有一个完整的数据资料。任何时候都可以录入原始卡片。

任务 2-4-4　录入 321 账套固定资产的原始卡片如表 2-4-4 所示。

表 2-4-4　固定资产原始卡片

编号	名称	资产类别	领用部门	转入方式	状态	年限	使用日期	原值	累计折旧
00001	大厂房	01	生产中心	在建工程转入	在用	20 年	2012-12-23	4000000	1824000
00002	小厂房	01	生产中心	在建工程转入	在用	20 年	2020-02-20	560000	62720
00003	机床	02	生产中心	直接购入	在用	10 年	2019-06-30	360000	103680
00004	汽车	05	采购部	直接购入	在用	5 年	2021-4-15	220000	49280
00005	联想电脑	06	销售部	直接购入	在用	5 年	2021-10-20	10020	1282.56

操作步骤

(1) 选择【固定资产】|【卡片】|【录入原始卡片】选项，打开“资产类别参照”窗口，如图 2-4-12 所示。

(2) 单击选中“房屋”选项，单击【确认】按钮，打开“固定资产卡片【录入原始卡片：0001 号卡片】”对话框，如图 2-4-13 所示。

(3) 在“固定资产名称”栏中录入“大厂房”。单击“部门名称”，出现“部门名称”按钮，再单击“部门名称”按钮，出现“部门参照”对话框。单击选中“生产车间”，如图 2-4-14 所示。

(4) 单击【确认】按钮后，单击“增加方式”，出现“增加方式”按钮，再单击“增减方式”按钮，出现“增减方式参照”对话框，单击选中“直接购入”如图 2-4-15 所示。

(5) 单击【确认】按钮后，单击“使用状况”，出现“使用状况”按钮，再单击“使用状况”按钮，出现“使用状况参照”对话框，如图 2-4-16 所示。

(6) 单击【确认】按钮后，单击“开始使用日期”，在“开始使用日期”栏中录入“2012-12-23”。

(7) 单击“原值”，在“原值”栏中录入“4000000”。

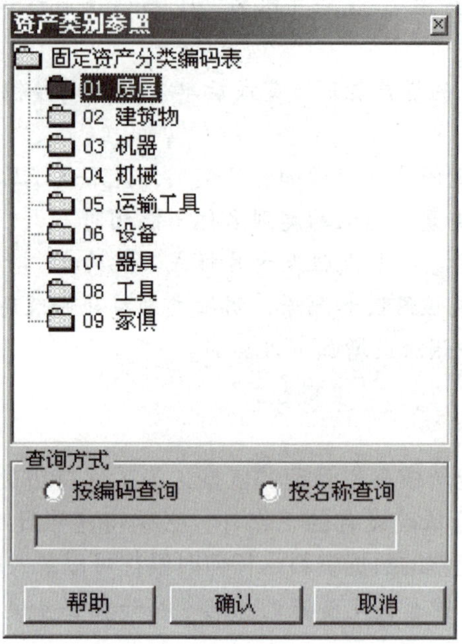

图 2-4-12 “资产类别参照”窗口

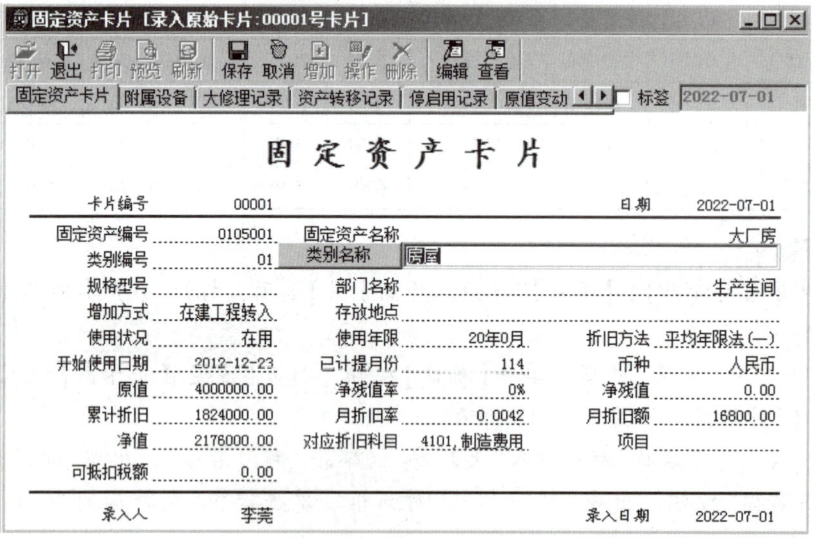

图 2-4-13 新增固定资产卡片

(8) 单击“累计折旧”，在“累计折旧”栏中录入“1824000”。

(9) 单击【保存】按钮。系统提示“数据保存成功!”，如图 2-4-17。

(10) 单击【确定】按钮。依此方法继续录入其他的原始卡片。

补 充

◇ 卡片中的固定资产编号根据初始化或选项设置中的编码方式，自动编码或需要用户手工录入。

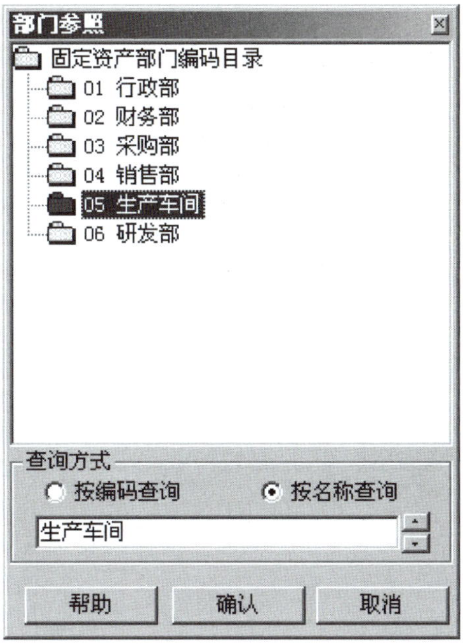

图 2-4-14 “部门参照”对话框

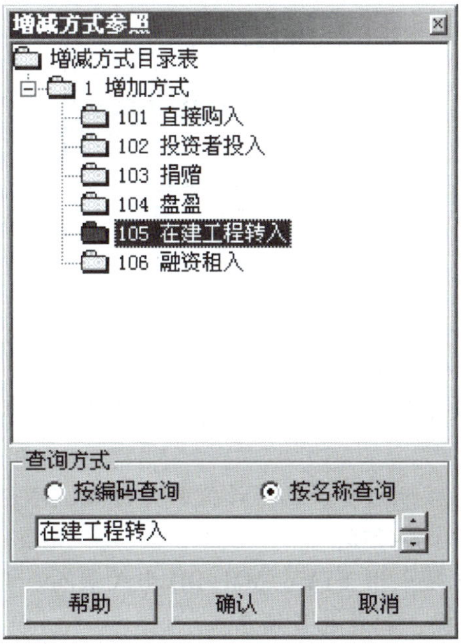

图 2-4-15 “增减方式参照”对话框

◇ 录入人自动显示为当前操作员，录入日期为当前登录日期。

◇ 录入与计算折旧有关的项目后，系统会按照输入的内容将本月应提的折旧额显示在“月折旧额”项目内，可将该值与手工计算的值进行比较，看是否有录入错误。其他页签录入的内容只是为管理卡片设置，不参与计算。并且除附属设备外，其他内容在月结账后除

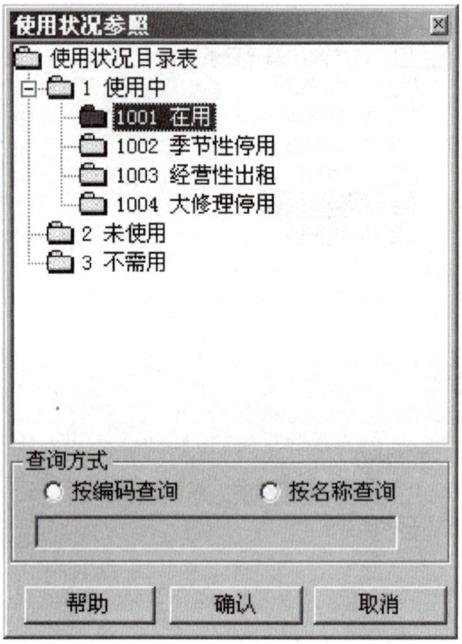

图 2-4-16 “使用状况参照”对话框

图 2-4-17 数据成功保存提示

“备注”外不能修改和输入，而是由系统自动生成。

◇ 原值、累计折旧以及累计工作量的录入一定要是卡片录入月月初的价值，否则将会出现计算错误。

◇ 已计提月份必须严格按照该资产已经计提的月份数，不包括使用期间停用等不计提折旧的月份，否则不能正确计算折旧。

◇ 开始使用的日期，必须采用 YYYY-MM-DD 形式录入。其中的年和月对折旧计提有影响，日不会影响折旧的计提，但是也必须录入。

◇ 如果输入原值和净值，可自动计算累计折旧。

◇ 对应折旧科目，可根据所选择的使用部门自动带出。

2.4.5 增减方式设置

增减方式包括增加方式和减少方式两类。增加地方式主要有：直接购入、投资者投入、捐赠、盘盈、在建工程转入以及融资租入。减少的方式主要有：出售、盘亏、投资转出、捐赠转出、报废、毁损和融资租出等。设置资产的增加和减少方式主要是用以确定资产计价和处理原则以及对资产的汇总管理。

2.4.6 使用状况设置

从固定资产核算和管理的角度而言，需要明确资产的使用状况，一方面可以正确地计算和计提折旧，另一方面便于系统固定资产的使用情况，提高资产的利用率。系统预置的使用状况有：使用中、再用、季节性停用、经营性出租、大修理停用、未使用及不需要。321 账套默认系统预置的使用状况。

补　充

◇ 修改某一使用状况的“是否计提折旧”选项后，对折旧计算的影响将从当前开始，不调整以前的折旧计算。

◇ “在用”状况下默认的内容因涉及卡片的大修理记录和停用记录表的自动填写，因此不能删除，但名称可以修改。

2.4.7 折旧方法设置

折旧方法设置是系统自动计算折旧的基础。系统给出了常用的六种方法：不计提折旧、平均年限法(一)、平均年限法(二)、工作量法、年数总和法与双倍余额递减法。这些方法是系统设置的折旧方法，只能选用，不能删除和修改。另外，如果这几种方法不能满足企业的使用需要，系统提供了折旧方法的自定义功能，用户可以定义自己合适的折旧方法的名称和计算公式。默认系统预置的折旧方法，如图 2-4-18 所示。

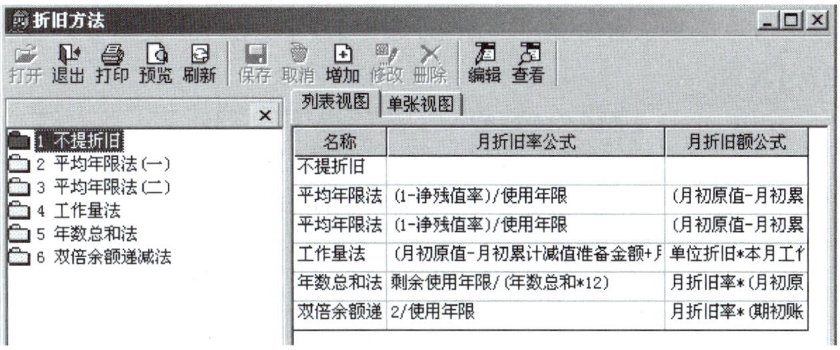

图 2-4-18 “折旧方法”窗口

补　充

◇ 自定义公式中包含的项目只能是系统给定的项目。

◇ 月折旧额和月折旧率公式定义时必须有单项包含关系，但不能同时互相包含。

◇ 计算折旧时，若自定义折旧方法的月折旧额或月折旧率出现负数时，自动终止折旧计提。

◇ 修改卡片中已使用折旧方法的公式，将使所有该方法的资产折旧的计提按修改过的公式计算折旧。但以前各期间已经计提的折旧不变。

2.5 购销存模块设置

2.5.1 采购模块期初设置

采购管理子系统初始化的内容主要包括，根据企业的实际需要，具体设置采购业务的业务范围，录入有关的期初数据并进行期初记账处理。

2.5.1.1 设置业务处理控制参数

为使用软件能适应不同的业务需要，在初始化时可以对采购业务处理进行限定，进行业务处理控制参数的设置，主要包括控制参数、公共参数、结算控制参数及应付控制参数的设置。

任务 2-5-1 由账套主管“kj001(李莞，密码‘1’)”在 2022 年 7 月 01 日启动系统，将采购业务范围设置的业务控制页签中专用发票默认税率修改为：13，应付参数页签中选择“显示现金折扣”。

操作步骤

(1) 由“kj001(李莞，密码‘1’)”登录“畅捷通 T3-企业管理信息化软件教育专版-营改增版”系统。

(2) 选择【采购】|【采购业务范围设置】选项，打开“采购系统选项设置”对话框。

(3) 选择“业务控制”页签，修改专用发票默认税率为：13。

(4) 选择“应付参数”页签，选中“显示现金折扣”复选框，如图 2-5-1 所示。

(5) 在弹出的系统提示对话框中，单击【确定】按钮，返回“采购系统选项设置”对话框，单击【确认】按钮。

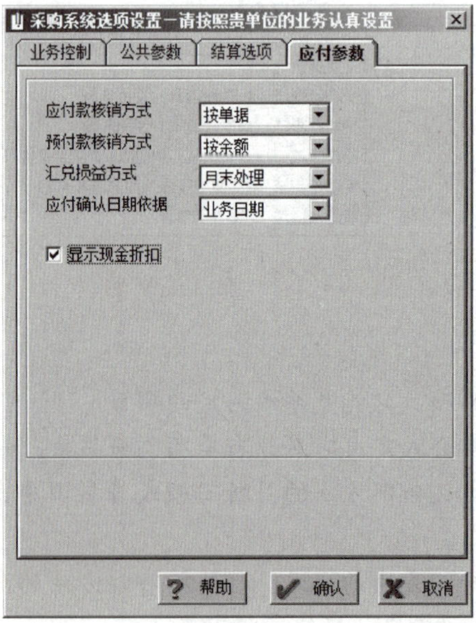

图 2-5-1 “采购系统选项设置”窗口

补　充

◇ 在使用采购系统前应仔细了解采购管理子系统的控制参数，如果不需要另行设置，则可以默认系统已经设置好的控制参数。

2.5.1.2　录入期初采购入库单

期初采购入库单是初始化期间特殊的采购入库单，用于记录系统初始化前已经入库但未开发票的入库单数据，期初采购入库单可以生成应付单，用于期初暂估处理。

任务 2-5-2　录入期初采购入库单，如表 2-5-1 所示。

表 2-5-1　期初采购入库单

编号	入库日期	供应单位	仓库	存货名称	数量	单价	金额
0000000001	2022-06-11	明齐有限公司	原材料库	丙材料	500	15	7500

操作步骤

(1) 由“kj001(李莞，密码‘1’)”登录“畅捷通 T3-企业管理信息化软件教育专版-营改增版”系统。

(2) 选择【采购】|【采购入库单】选项，打开“采购入库”对话框。

(3) 单击【增加】按钮，输入入库日期为“2022-06-11”，供应单位为“明齐”，仓库为“原材料库”，存货编码选中“0103”，数量为“500”，单价为“15”，如图 2-5-2 所示。

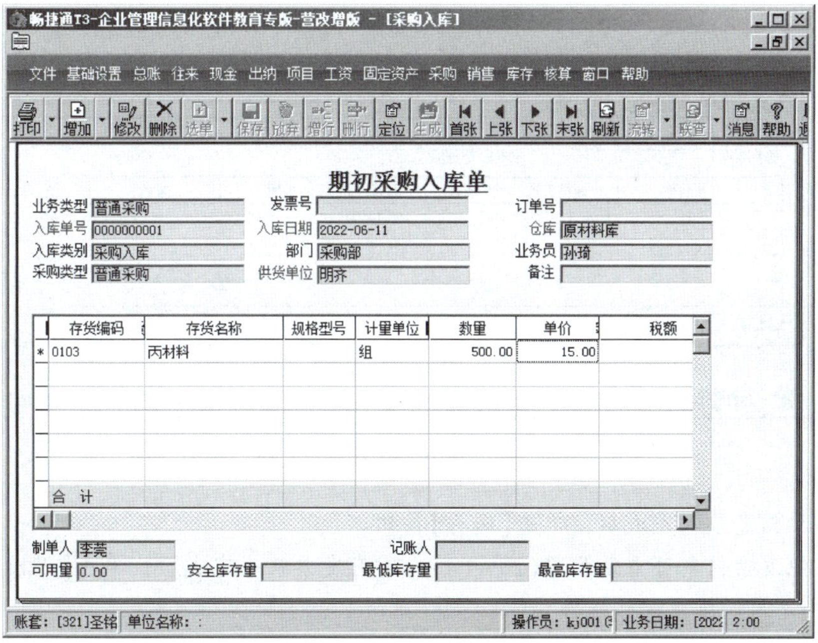

图 2-5-2　“期初采购入库单”窗口

(4) 单击【保存】按钮，完成期初采购入库单的录入。

2.5.1.3　录入期初采购发票

任务 2-5-3　录入期初采购发票信息，如表 2-5-2 所示。

表 2-5-2 期初采购发票

单据类型	发票号	时间	供应商	部门名称	科目编号	存货	数量	单价	税率	金额
采购专用发票	0620008	2022-06-20	翼腾有限公司	采购部	220201	乙材料	1500	26	13%	44070

操作步骤

(1) 由"kj001(李莞，密码'1')"登录"畅捷通 T3-企业管理信息化软件教育专版-营改增版"系统。

(2) 选择【采购】|【采购发票】选项，打开"采购发票"对话框，单击【增加】右侧 ▾ 按钮，选择"专用发票"，出现"期初采购专用发票"对话框，如图 2-5-3 所示。

(3) 输入发票号为"2187008"，入库日期为"2022-06-20"，供应单位为"翼腾"，部门名称为"采购部"，存货编码选中"0102"，数量为"1500"，单价为"26"，检查税率是否为13%，如果不是，可从表头信息修改。

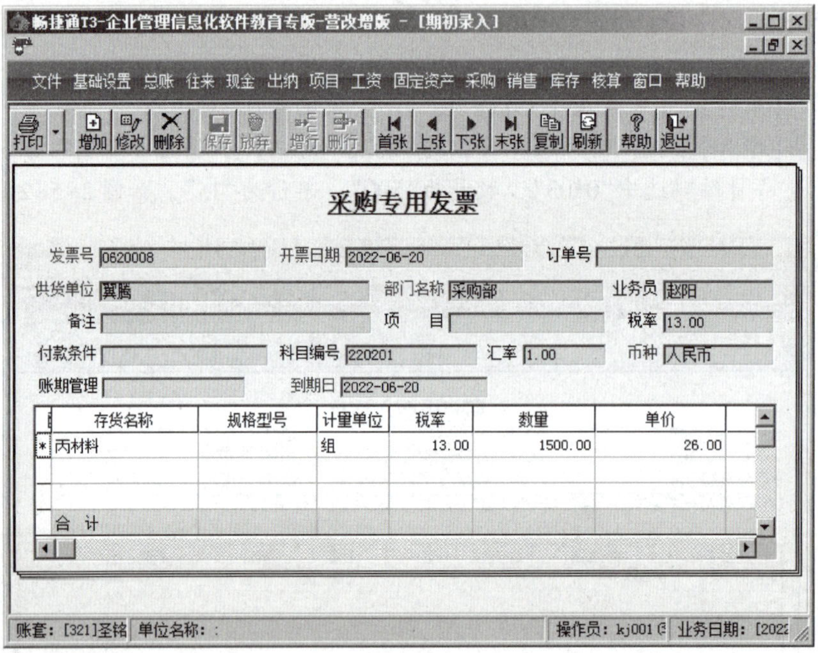

图 2-5-3 "期初采购入库单"窗口

(4) 发票信息录入完成后，单击【保存】按钮。

(5) 其他发票信息可重复步骤(2)~(4)，所有发票录入完成后，单击【退出】按钮。

2.5.1.4 录入供应商往来期初余额

供应商往来的期初余额是指企业已形成的应付款项到目前为止尚未支付的余额。为了便于以后核销账务，在初次使用采购管理子系统时，应将未处理完的单据全部录入本系统中。由于应付款项业务形成的原因不同，使得形成应付款项的原始单据也有所不同。形成应付款项的单据主要有采购专用发票、采购普通发票、预付单等。当完成全部应付款期初余额录入后，通过对账功能可将采购系统的应付款与总账系统期初余额进行核对。

任务 2-5-4 321 账套应付款的期初余额如表 2-5-3 所示。

表 2-5-3 应付账款的期初余额

单据类型	单据号	时间	供应商	部门名称	科目编号	存货	金额
其他应付单	0000000001	2022-06-11	多维有限公司	采购部	220201	丙材料	30000

操作步骤

(1) 由“kj001(李莞，密码‘1’)”登录“畅捷通 T3-企业管理信息化软件教育专版-营改增版”系统。

(2) 选择【采购】【供应商往来】【供应商往来期初】选项，打开“期初余额——查询”对话框。

(3) 单击【确认】按钮打开期初余额明细表窗口。

(4) 单击【增加】按钮，打开“单据类别”对话框，选择单据类型为“其他应付单”。

(5) 单击【确认】按钮打开“其他应付单”对话框，输入单据日期为“2022-06-11”，科目编号为“220201”，供应商为“多维”，部门为“采购部”，金额为“30000”，如图 2-5-4 所示。

(6) 单击【保存】按钮，再单击【退出】按钮返回上一级。

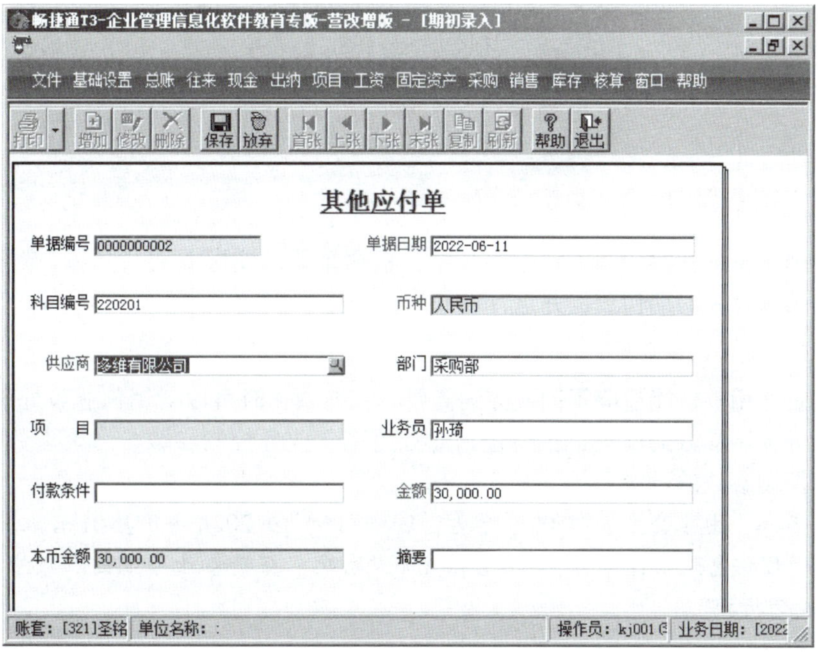

图 2-5-4 “其他应付单”对话框

补 充

◇ 在期初余额对话框中，单击【增加】按钮，可以继续录入另一张采购发票并保存。

(7) 在“期初余额明细表”窗口中，单击【对账】按钮，系统显示对账结果。

2.5.1.5 期初记账

采购期初数据输入完成后，计算机将把期初输入所有数据进行期初记账。期初记账是将期初数据记入采购余额一览表。采购期初记账后才能进行日常采购业务处理，而期初记账以后便不允许再输入期初数据了。如果期初记账后发现有期初数据没有输入计算机，可以取消记账，再输入期初数据。

任务 2-5-5 采购模块期初记账。

操作步骤

(1) 由"kj001(李莞，密码'1')"登录"畅捷通 T3-企业管理信息化软件教育专版-营改增版"系统。

(2) 选择【采购】|【期初记账】选项，打开"期初记账"对话框，如图 2-5-5 所示。

(3) 单击【记账】按钮，完成采购模块期初记账。

(4) 单击【退出】按钮，返回上一级。

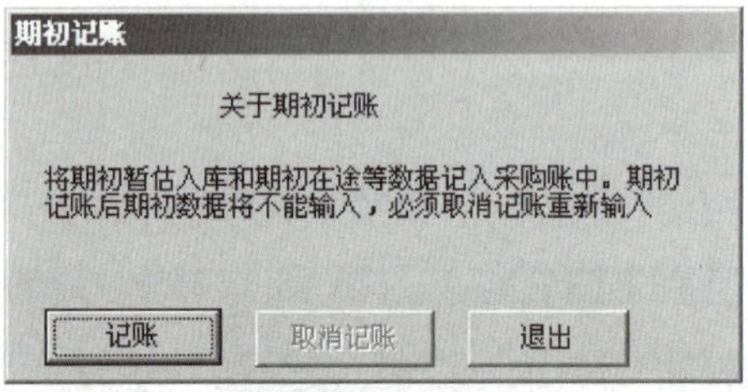

图 2-5-5 "期初记账"对话框

2.5.2 销售管理模块期初设置

销售管理子系统初始化的内容主要包括，根据企业的实际需要，具体设置销售业务的业务范围，录入有关的期初数据并进行对账。

2.5.2.1 设置销售业务控制参数

为了满足通用软件能适应不同业务的需要，在初始化时可以对销售业务处理进行限定，进行业务处理控制参数的设置，主要包括业务范围、业务控制参数、系统参数、价格管埋和应收核销控制参数的设置。

任务 2-5-6 由账套主管"kj001(李莞，密码'1')"在 2022 年 7 月 01 日注册启动"畅捷通 T3-企业管理信息化软件教育专版-营改增版"系统，在销售业务范围参数应收核销中设置为"显示现金折扣"。

操作步骤

(1) 由"kj001(李莞，密码'1')"登录"畅捷通 T3-企业管理信息化软件教育专版-营改增版"系统。

(2) 选择【销售】|【销售业务范围设置】选项，打开"销售系统选项设置"对话框。

(3) 选择"应收核销"页签，选中"显示现金折扣"复选框，如图 2-5-6 所示。

(4) 在弹出的系统提示对话框中，单击【确定】按钮，返回"销售系统选项设置"对话框，单击【确认】按钮。

补 充

◇ 在使用销售管理子系统前应仔细了解销售管理系统的控制参数，如果不需要另行设置，则可以使用默认值。

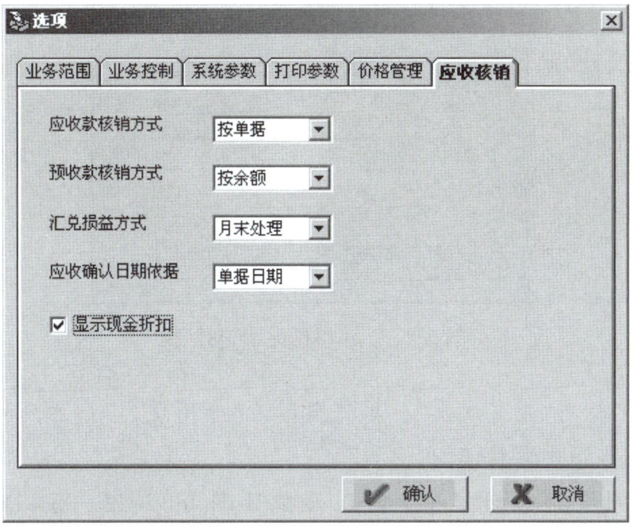

图 2-5-6 “应收核销”参数设置

2.5.2.2 录入客户往来期初余额

客户往来的期初余额，是指企业已形成的应收款到目前为止尚未收到的余额。为了便于以后核销账务，在初次使用销售管理子系统时，应将未处理完的单据全部录入本系统中。由于应收款项业务形成的原因不同，使得形成应收款项的原始单据也有所不同。形成应收款项的单据主要有销售专用发票、销售普通发票、预收单及其他应收单等。当完成全部应收款项期初余额录入后，通过对账功能可将销售管理子系统的应收款余额与总账管理子系统期初余额进行核对。

任务 2-5-7 321 账套应收款的期初余额如表 2-5-4 所示。

表 2-5-4 321 账套客户往来期初余额

单据类型	发票号	开票日期	凭证号	摘要	客户	科目	存货	数量	单价	税率	金额
专用发票	0612009	2022-06-12	记-31	销售简约 A 系列	宏昌有限公司	1122	简约 A 系列	1	2000	13	2260

操作步骤

(1) 由“kj001(李莞，密码‘1’)”登录“畅捷通 T3-企业管理信息化软件教育专版-营改增版”系统。

(2) 选择【销售】|【客户往来】【客户往来期初】选项，打开“期初余额——查询”对话框，单击【确认】按钮，打开“期初余额明细表”窗口。

(3) 在“期初余额明细表”窗口中，单击【增加】按钮，出现的“打开单据类别”对话框，如图 2-5-7 所示。

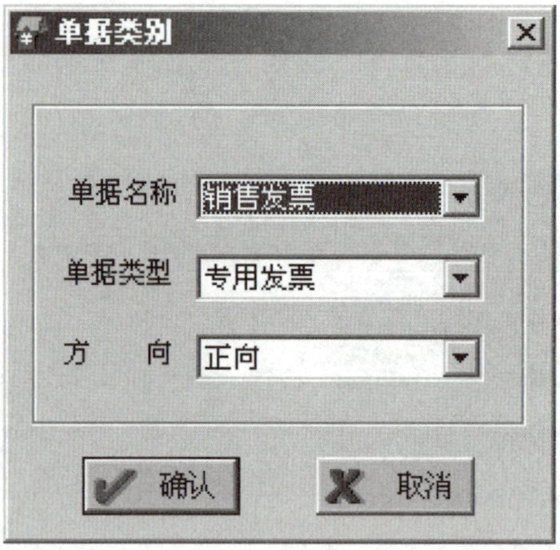

图 2-5-7 “单据类别”对话框

（4）选择单据名称为“销售发票”，单据类型为“专用发票”，方向为“正向”，单击【确认】按钮，打开销售专用发票对话框。

（5）在销售专用发票对话框中，修改开票日期为“2022－06－12”，录入发票号为“0612009”，单击客户名称栏的参照按钮，选择“宏昌”，单击科目编号栏的参照按钮，选择1122选项，在税率文本框中输入13，单击销售部门栏的参照按钮，选择“销售部”，单击货物名称栏的参照按钮，选择“简约A系列”，在数量列输入“1”，在单价列输入“2000”，如图2-5-8所示。

（6）单击【保存】按钮。

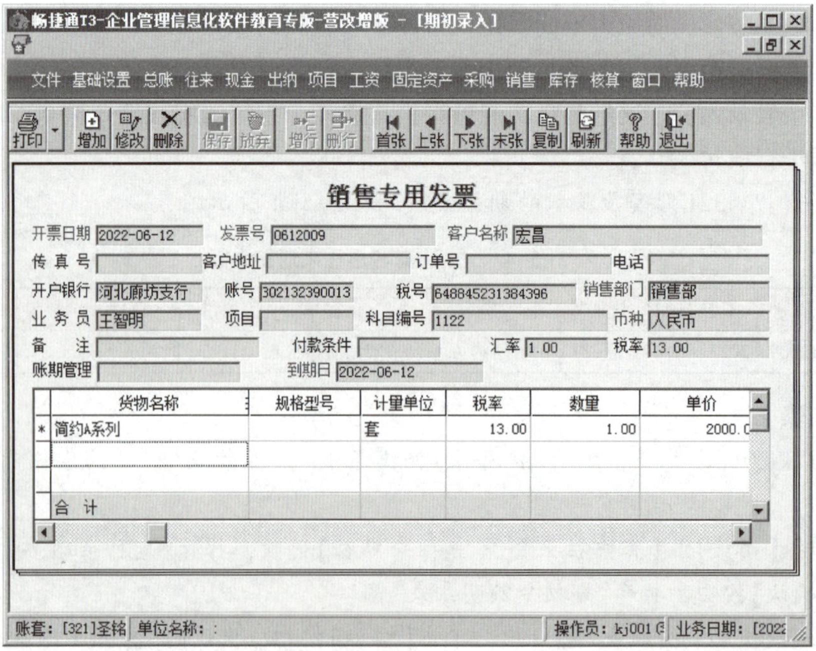

图 2-5-8 期初销售专用发票

补　充

◇ 期初销售专用发票保存完毕后，系统自动在“制单人”和“审核人”栏上签字，该发票不需要单独审核。

(7) 单击【退出】按钮，返回“期初余额明细表”窗口。显示已录入的期初余额。

(8) 依此方法继续录入另一张销售发票并保存。

(9) 在“期初余额明细表”窗口中，单击【对账】按钮，系统显示对账结果。

补　充

◇ 如果应收期初和总账期初的差额不为0，则说明销售管理子系统和总账管理子系统的期初数据不一致，需要查找差距，修改至平衡为止，然后才能展开销售日常业务。

◇ 由于应收票据不受控于应收系统，因在录入总账期初余额后，会显示差额。

2.5.3 库存管理模块期初设置

库存管理子系统初始化的内容主要包括，根据企业的实际需要，具体设置库存业务的业务范围，录入有关的期初数据并进行期初记账处理。

2.5.3.1 设置库存业务控制参数

为了满足通用软件能够适应不同业务的需要，在初始化时可以对库存业务处理进行限定，进行业务处理控制参数的设置，主要包括是否允许零出库、是否由库存系统生成销售出库单及最高最低库存是否报警等。

任务 2-5-8 由账套主管“kj001(李莞，密码‘1’)”在2022年7月01日，启动“畅捷通T3-企业管理信息化软件教育专版-营改增版”，设置库存系统的控制参数为“有组装拆卸业务”。

操作步骤

(1) 由“kj001(李莞，密码‘1’)”登录“畅捷通T3-企业管理信息化软件教育专版-营改增版”系统。

(2) 选择【库存】|【库存业务范围设置】选项，打开“库存系统参数设置”对话框。

(3) 选择“系统参数设置”页签，选中“有组装拆卸业务”复选框，如图2-5-9所示。

(4) 在弹出的系统提示对话框中，单击【确定】按钮，返回“库存系统参数设置”对话框，单击【确认】按钮。

2.5.3.2 录入库存期初数据

在完成库存管理子系统的参数设置后，可以根据企业的实际情况录入有关的期初数据并进行期初记账。如果库存管理子系统和存货管理子系统同时使用，第一次录入期初数据之前，应将库存的结存数与存货核算的结存数核对一致后，统一录入，通常库存管理子系统中期初数据是与存货核算管理子系统共用的。

任务 2-5-9 2022年7月01日，由账套主管“kj001(李莞，密码‘1’)”，输入如表2-5-5所示的库存期初数据。

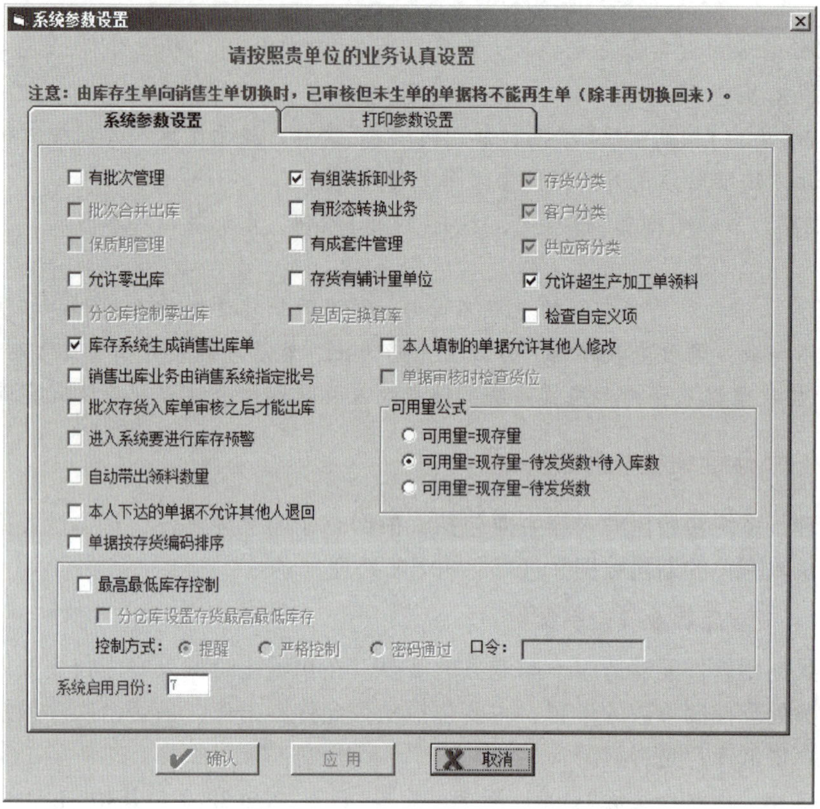

图 2-5-9 “库存系统参数设置”对话框

表 2-5-5 库存期初余额数据

编号	仓库名称	编码	存货名称	计量单位	数量	单价	金额	存货科目	入库日期
01	原材料库	0101	甲材料	平方米	4590	45	206550	1403	2022-06-21
01	原材料库	0102	乙材料	组	3234	26	84084	1403	2022-05-30
01	原材料库	0103	丙材料	组	5643	15	84645	1403	2022-06-03
02	东区成品库	0301	模组 A	套	1731	1780	3081180	1405	2022-06-26

操作步骤

（1）由“kj001（李莞，密码‘1’）”登录“畅捷通 T3-企业管理信息化软件教育专版-营改增版”系统，选择【库存】|【期初数据】|【库存期初】选项，打开“期初余额”对话框。

（2）从“仓库”下拉列表中，选择“原材料”选项，输入原材料的期初数据，如图 2-5-10 所示。

（3）单击【保存】按钮。

（4）参照步骤(2)~(3)，完成其他仓库存货信息录入。

补 充

◇ 期初数据记账是针对所有仓库的期初数据进行记账操作。因此在进行期初数据记账

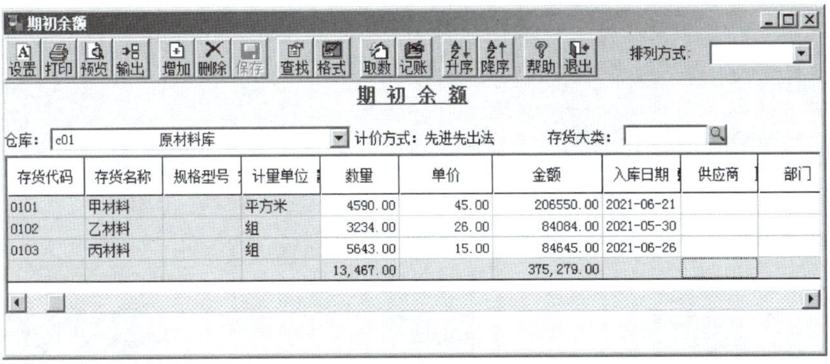

图 2-5-10　原料库期初余额

前，必须确认各仓库的所有期初数据全部录入完毕并且正确无误，然后再进行期初记账。

◇ 通常库存管理子系统与存货核算管理子系统的初始数据完全一致，既可以在库存管理子系统中设置，也可以在存货核算管理子系统中设置。存货核算管理子系统全部共享库存管理子系统的数据，不需重新设置。

2.5.4　核算管理模块期初设置

核算管理模块的初始设置主要包括核算业务范围设置、科目设置和录入期初余额。由于存货核算管理子系统是连接总账管理子系统与业务处理系统(采购管理、销售管理、库存管理)的桥梁和纽带，因此，存货核算管理子系统的初始化设置应既满足业务处理的需要，还要满足会计核算的需要。

2.5.4.1　设置核算系统控制参数

核算业务范围设置的内容主要包括核算方式、控制方式、最高最低控制、供应商/客户往来。核算业务范围决定了存货核算管理子系统的日常业务处理流程。

任务 2-5-10　由账套主管“kj001(李莞，密码‘1’)”在 2022 年 7 月 01 日，启动“畅捷通 T3-企业管理信息化软件教育专版-营改增版”，设置核算系统的控制参数暂估方式为“月初回冲”。

操作步骤

(1) 由“kj001(李莞，密码‘1’)”登录“畅捷通 T3-企业管理信息化软件教育专版-营改增版”系统。

(2) 选择【核算】|【核算业务范围设置】选项，打开“核算系统基本设置”对话框。

(3) 选择“核算方式”页签，暂估方式选中“月初回冲”单选钮，如图 2-5-11 所示。

(4) 在弹出的系统提示对话框中，单击【确定】按钮，返回“核算系统基本设置”对话框，单击【确定】按钮。

2.5.4.2　科目设置

科目设置用于设置本系统中生成凭证所需要的存货相关会计科目，设置科目后，系统在制单时会自动将设置的会计科目带入相应的记账凭证。在制单之前应先在此模块中将相

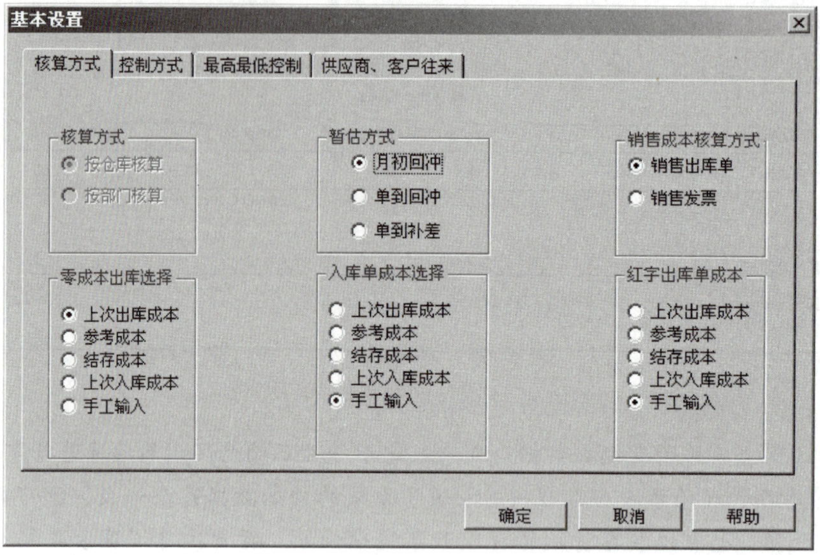

图 2-5-11 “核算基本设置”对话框

关科目设置正确、完整，否则，无法正确生成科目完整的记账凭证。科目设置主要包括存货科目设置、存货对方科目设置、客户往来科目设置和供应商往来科目设置。

1）存货科目设置

此功能用于设置本系统中生成凭证所需要的各种存货科目及差异科目。存货科目设置后，系统以后根据各单据生成与存货相关的凭证时，会自动取该设置的科目作为存货借或贷方的会计科目。

任务 2-5-11 圣铭公司存货科目设置如表 2-5-6 所示。

表 2-5-6 存货科目设置

仓库名称	科目编码	存货科目
原料库	1403	原材料
东区成品库	1405	库存商品
西区成品库	1411	周转材料

操作步骤

(1) 在“畅捷通 T3-企业管理信息化软件教育专版”窗口中，选择【核算】|【科目设置】|【存货科目】选项。

(2) 单击【增加】按钮，选择仓库为“原料库”，输入存货编码“1403，原材料”。

(3) 重复步骤(2)，完成其他存货科目设置。如图 2-5-12 所示。

(4) 单击【保存】按钮，设置完毕，单击【退出】按钮。

2）存货对方科目设置

“存货对方科目”主要用于在生成存货核算的记账凭证时，由系统直接生成和存货科目对应的会计科目。

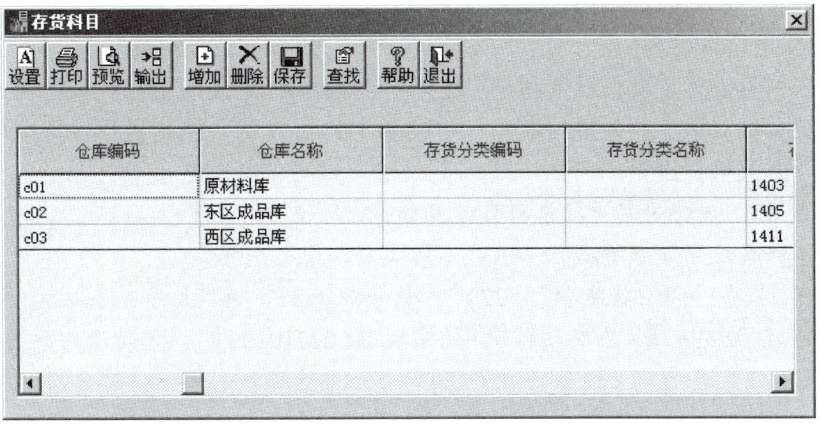

图 2-5-12　设置后的存货科目

任务 2-5-12　圣铭公司存货对方科目设置如表 2-5-7 所示。

表 2-5-7　存货对方科目设置

收发类别编码	类别名称	科目编码	存货对方科目	暂估科目编码	暂估科目名称
11	采购入库	1402	在途物资	220202	暂估款
12	产成品入库	400101	直接材料		
21	销售出库	5401	主营业务成本		
21	销售出库 存货(包装箱)	5402	其他业务成本		
22	材料领用出库	400101	直接材料		

操作步骤

(1) 在“畅捷通 T3-企业管理信息化软件教育专版”窗口中，选择【核算】|【科目设置】|【对方科目】选项，打开“对方科目设置”对话框。

(2) 单击【增加】按钮，根据案例资料设置存货对方科目，如图 2-5-13 所示。

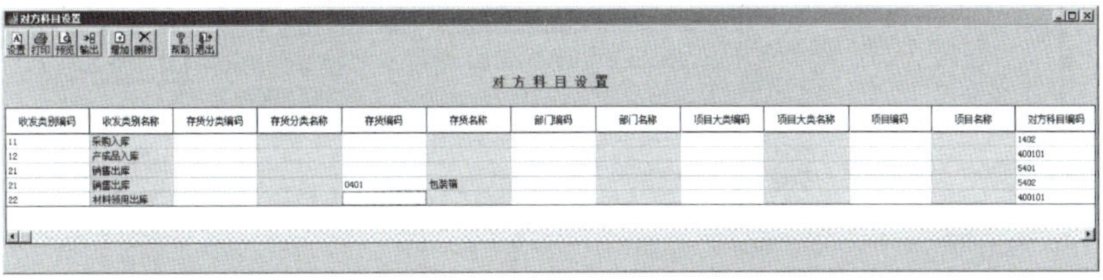

图 2-5-13　设置后的存货对方科目

(3) 设置完毕后，单击【退出】按钮。

补　充

◇ 对方科目不能为空，且必须是末级科目，对方科目可根据收发类别、存货类别、部门、成本对象和存货设置。

◇ 对于采购结算单生成凭证时，需要进行税金科目、运费科目、结算科目、应付科目的设置，分别在“供应商往来科目”进行设置。

3）客户往来科目设置

客户往来科目设置主要是设置和客户往来（应收款项）相关的记账凭证所需要的会计科目，便于系统自动对该类业务进行制单，包括基本科目设置、控制科目设置、存货销售科目设置、结算方式科目设置。

任务 2-5-13 该公司客户往来科目设置如下。

（1）基本科目设置如下所述。

应收科目（本币）为“应收账款（1122）”，销售收入科目为“主营业务收入（5001）”，应交增值税科目为“应交税费－应交增值税－销项税额（22210106）”，销售退回科为“主营业务收入（6001）”，预收科目为“预收账款（2203）”，现金折扣科目为“财务费用－现金折扣（560303）”，汇兑损失入账科目为“财务费用－汇兑损失（560304）”，汇兑收益入账科目为“营业外收入－汇兑收益（530103）”。

操作步骤

（1）在“畅捷通 T3－企业管理信息化软件教育专版－营改增版”窗口中，选择【核算】|【科目设置】|【客户往来科目】选项，打开“客户往来科目设置”对话框。

（2）在“基本科目设置”选项区域中设置基本客户往来科目，如图 2-5-14 所示。

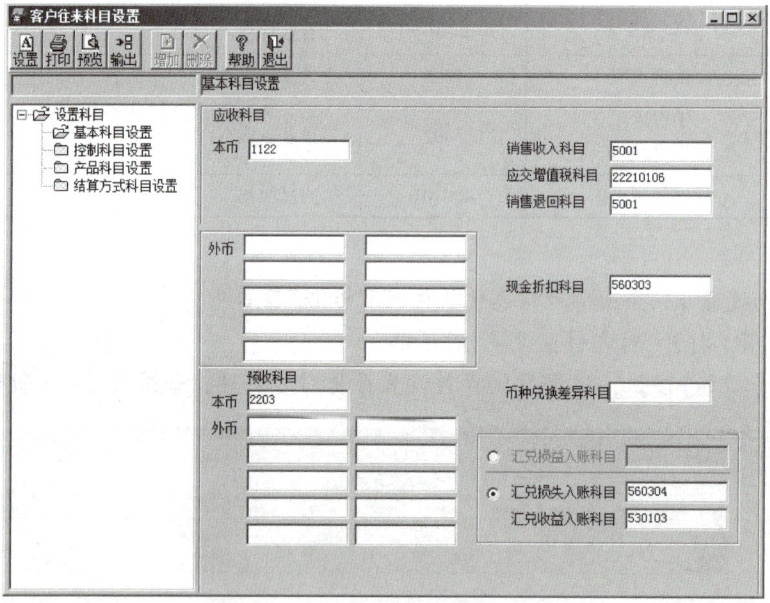

图 2-5-14 设置完的客户往来科目

（3）设置完毕，单击【退出】按钮。

4）供应商往来科目设置

供应商往来科目设置主要是设置和供应商往来（应付款项）相关的记账凭证所需要的会计科目，便于系统自动对该类业务进行制单。包括基本科目设置、控制科目设置、存货采购科目设置、结算方式科目设置。

任务 2-5-14 该公司供应商往来科目设置如下。

(1) 基本科目设置如下所述。

应付科目(本币)为"应付账款(2202)"，采购科目为"在途物资(1402)"，采购税金科目为"应交税费-应交增值税-进项税额(22210101)"，预付科目为"预付账款(1123)"，现金折扣科目为"财务费用-现金折扣(560303)"，汇兑损失入账科目为"财务费用-汇兑损失(560304)"，汇兑收益入账科目为"营业外收入-汇兑收益(530103)"。

操作步骤

(1) 在"畅捷通 T3-企业管理信息化软件教育专版-营改增版"窗口中，选择【核算】|【科目设置】|【供应商往来科目】选项，打开"供应商往来科目设置"对话框。

(2) 在"基本科目设置"选项区域中设置基本供应商往来科目，如图 2-5-15 所示。

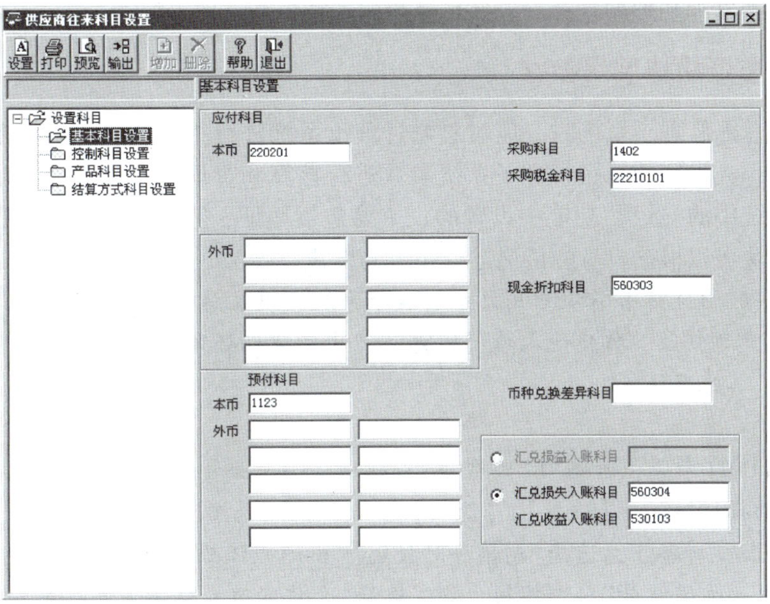

图 2-5-15 设置完的供应商往来科目

(3) 设置完毕，单击【退出】按钮。

5) 存货期初记账

存货的期初数据由存货核算管理子系统和库存管理子系统共享，库存管理子系统输入期初数据并记账之后，核算管理子系统不需要重复输入和记账。如果库存管理子系统和存货管理子系统同时使用，录入期初数据之前，应将库存的数与存货核算的结存数核对一致后，统一录入。

任务 2-5-15 2022 年 7 月 01 日，由账套主管"kj001(李莞，密码'1')"完成存货期初记账。

操作步骤

(1) 在畅捷通 T3-企业管理信息化软件教育专版-营改增版窗口中，选择【核算】|【期初数据】|【期初余额】选项，打开"期初余额"对话框。

(2) 单击【记账】按钮，系统提示"期初记账成功!"，单击【确定】。

(3) 单击【退出】按钮，完成存货期初记账。

补　充

◇ 期初数据录入完毕，必须期初记账后，才能开始日常业务。

◇ 没有期初数据的用户，可以不录入期初数据，但也必须执行期初记账操作，否则无法开始日常业务。

2.6　总账模块设置

总账管理是企业会计核算和会计管理的核心内容，是企业会计信息的科学化和标准化的关键。总账管理适用于各类企业、行政事业单位，可以完成从建立账簿资料、凭证管理、标准账表到月末处理和辅助管理等会计核算和会计管理的各项工作。

2.6.1　总账模块启用参数

初次进入总账管理子系统时，应对总账管理子系统进行参数设置，以便在今后的日常业务处理中按预先设置的总账管理子系统参数进行核算和管理。总账管理子系统参数是在总账管理子系统中的“选项”功能中设置的，主要包括凭证、账簿、会计日历和其他四个选项的参数。企业可以根据自身的情况进行相应的设置。

任务 2-6-1　321 账套首次启用总账管理子系统，设置总账管理子系统的参数为“制单序时控制”“不允许修改、作废他人填制的凭证”“出纳凭证必须经由出纳签字”“凭证编号采用系统编号”，其他默认。

操作步骤

(1) 由“kj001(李莞，密码‘1’)”登录“畅捷通 T3-企业管理信息化软件教育专版-营改增版”系统，选择【总账】|【设置】|【选项】选项，打开“选项”对话框。

(2) 在“凭证”标签下，选择“制单序时控制”“出纳凭证必须经由出纳签字”复选框，选择“凭证编号采用系统编号”单选按钮，取消选择“允许修改、作废他人填制的凭证”复选框(即取消复选框中的“√”)，如图 2-6-1 所示。

(3) 单击【确定】按钮。

补　充

◇ 在“总账”系统的“选项”中可以进行相应的总账管理子系统运行参数的设置。

◇ 总账管理子系统的运行参数直接影响日常业务处理的规则，所以在设置时应充分考虑日常业务的特点和管理要求，正确设置每一项参数。

◇ 总账管理子系统的启用日期不能超过计算机的系统日期。

2.6.2　录入期初余额

为了保证会计数据连续完整，并与手工账簿数据连接，账务系统在第一次投入使用前还需要将各种数据录入系统。这种基础数据主要是各明细科目的年初余额和系统启用前各月的发生额，其上级科目的余额和发生额由系统自动进行汇总。一般情况下，资产类科目余额在借方，负债、所有者权益及利润类科目余额在贷方。如果是数量金额类科目，还应输入相应的数量和单价；如果是外币科目，还应输入相应的外币金额。

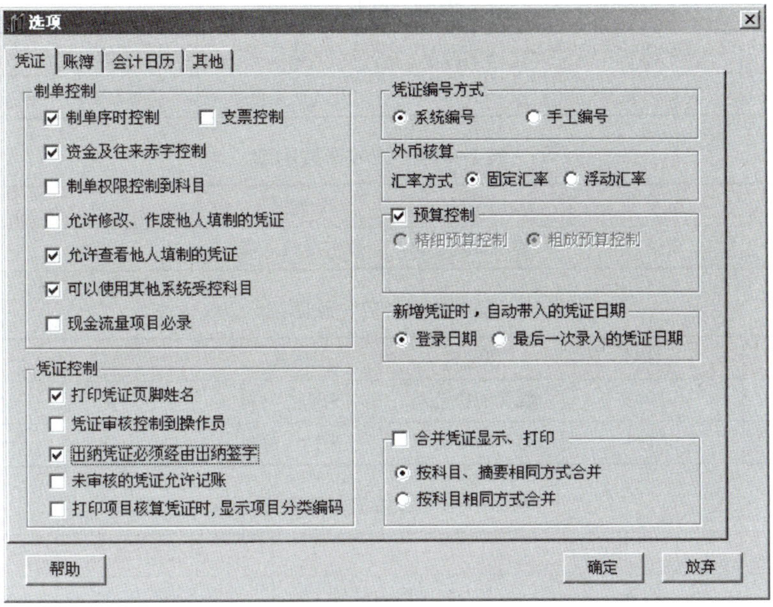

图 2-6-1 “总账管理子系统选项”对话框

在输入期初数据时，如果某一科目中设置了辅助核算类别，还应输入辅助核算类别的有关初始余额。数据录入完毕后，为了保证数据的准确性，满足数据间的平衡关系，还需要对数据进行校验。

任务 2-6-2 2022 年 7 月，321 账套基本科目的期初余额如表 2-6-1～表 2-6-5 所示。

表 2-6-1 基本科目期初余额

科目编码	科目名称	方向	期初余额	科目编码	科目名称	方向	期初余额
1001	库存现金	借	152820	221101	应付职工工资	贷	104800
1002	银行存款	借	590718	221104	应付社会保险费	贷	32096
100201	人民币	借	590718	221105	应付住房公积金	贷	12036
1121	应收票据	借	90400	2221	应交税费	贷	141600
1122	应收账款	借	2260	222102	未交增值税	贷	56000
1402	在途物资	借	39000	222106	应交所得税	贷	80000
1403	原材料	借	375279	222108	应交城建税	贷	3920
1405	库存商品	借	3081180	222113	教育费附加	贷	1680
1601	固定资产	借	5150020	2231	应付利息	贷	12000
1602	累计折旧	贷	2040962. 56	2501	长期借款	贷	2400000
1701	无形资产	借	200000	3001	实收资本	贷	3600000
1702	累计摊销	贷	100000	3002	资本公积	贷	819136
2202	应付账款	贷	81570	3101	盈余公积	贷	259720
220201	应付款	贷	74070	310101	法定盈余公积	贷	259720
220202	暂估应付款	贷	7500	3104	利润分配	贷	77756. 44
2211	应付职工薪酬	贷	148932	310415	未分配利润	贷	77756. 44

表 2-6-2　应收票据明细

出票日	到期日	凭证号	客户	摘要	金额
2022-5-31	2022-10-31	记-14	开发区家俱城	业务收款	90400

表 2-6-3　应收账款明细

日期	凭证号	客户	摘要	金额	发票号
2022-06-12	记-31	宏昌有限公司	销售简约 A 系列	2260	0612073

表 2-6-4　应付款明细

日期	凭证号	供应商	摘要	方向	金额
2022-06-25	记-42	翼腾有限公司	采购乙材料	贷	44070
2022-06-11	记-25	多维有限公司	采购丙材料	贷	30000

表 2-6-5　暂估应付账款明细

日期	供应商	摘要	方向	金额
2022-06-21	明齐有限公司	采购丙材料	贷	7500

操作步骤

(1) 在“畅捷通 T3-企业管理信息化软件教育专版”窗口中，选择【总账】|【设置】|【期初余额】选项，打开“期初余额录入”对话框。

(2) 将光标定在“1001 库存现金”科目的期初余额栏，输入期初余额“152820”，如图 2-6-2所示。

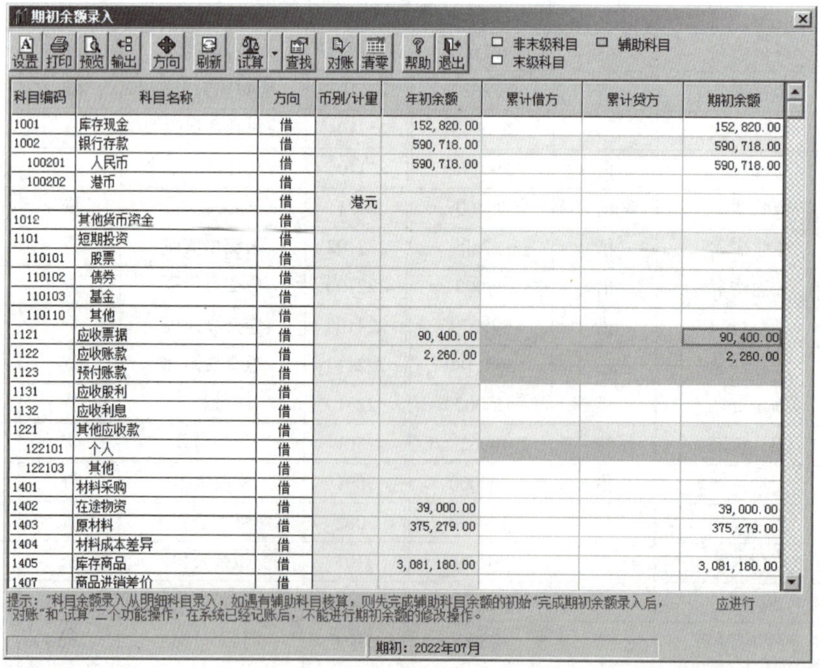

图 2-6-2　“期初余额录入”对话框

(3) 将光标定在“1121 应收票据”科目的期初余额栏双击，出现“客户往来期初”对话框，单击【增加】按钮，输入对应信息，如图 2-6-3 所示。

(4) 单击【退出】按钮，返回“期初余额录入”对话框，继续录入其他科目余额。

(5) 录入完成后，单击“试算”按钮，查验是否试算平衡，如图 2-6-4 所示。

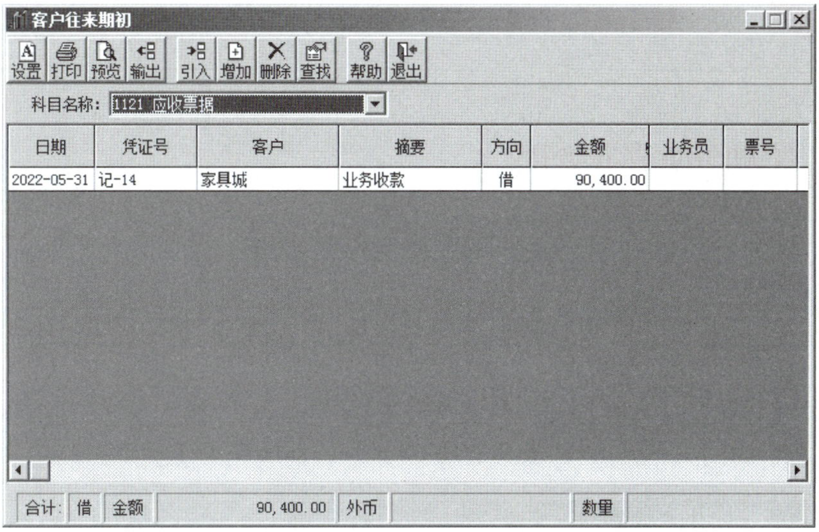

图 2-6-3 “应收票据录入”对话框

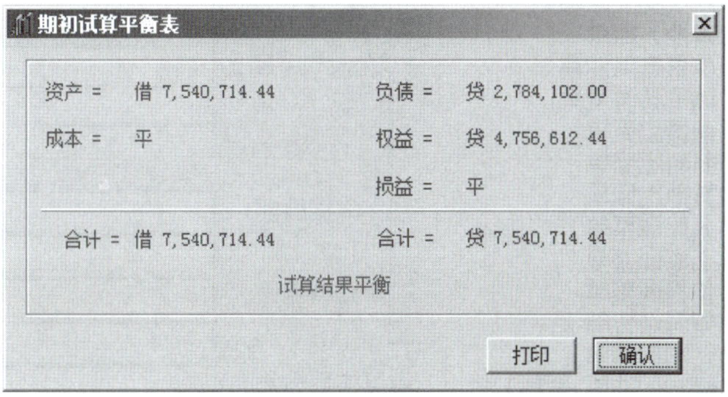

图 2-6-4 “试算平衡”对话框

补 充

◇ 如果某科目为数量、外币核算，应录入期初数量、外币余额，而且必须先录入本币额，再录入数量、外币余额。

◇ 非末级会计科目余额不用录入，系统将根据其下级明细科目自动汇总计算填入。

◇ 出现红字余额用负号输入。

◇ 修改余额时，直接输入正确数据即可。

◇ 凭证记账后，期初余额变为浏览只读状态，不能再进行修改。

◇ 如果期初余额试算不平衡，则可以填制凭证但不能记账。已经记过账，则不能再录入和修改期初余额，也不能执行“结转上年余额”功能。

3 日常业务处理

3.1　月初回冲业务处理

任务 3-1　2022 年 7 月 01 日，由“kj004”登录信息平台，进行月初回冲。

操作步骤

(1) 2022 年 7 月 01 日，由“kj004(朱桓，密码‘4’)”登录“畅捷通 T3-企业管理信息化软件教育专版-营改增版”系统。

(2) 选择【核算】|【凭证】|【购销单据制单】选项，打开“生成凭证”对话框。

(3) 单击【选择】按钮，出现“查询条件”对话框，如图 3-1-1 所示。

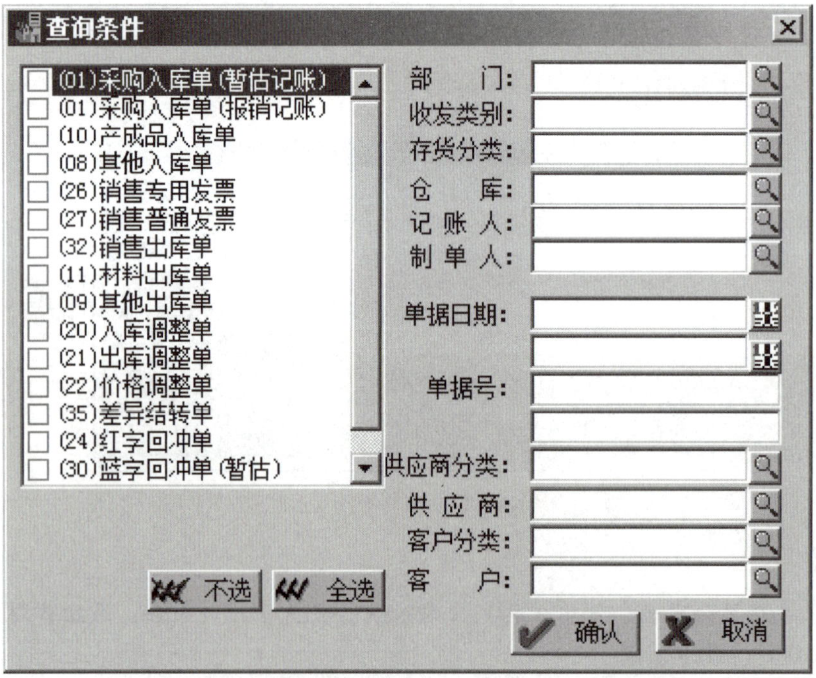

图 3-1-1　“查询条件”对话框

(4) 单击【全选】按钮，或选择“红字回冲单”复选框。

(5) 单击【确认】按钮，出现“选择单据”对话框，如图 3-1-2 所示。

(6) 单击【全选】按钮，或单击对应的记录选择。

(7) 单击【确定】按钮，返回“生成凭证”对话框，如图 3-1-3 所示。

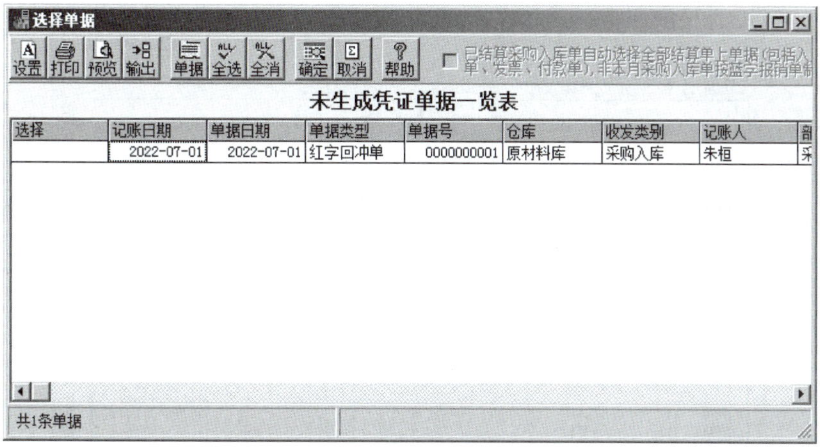

图 3-1-2 “选择单据”对话框

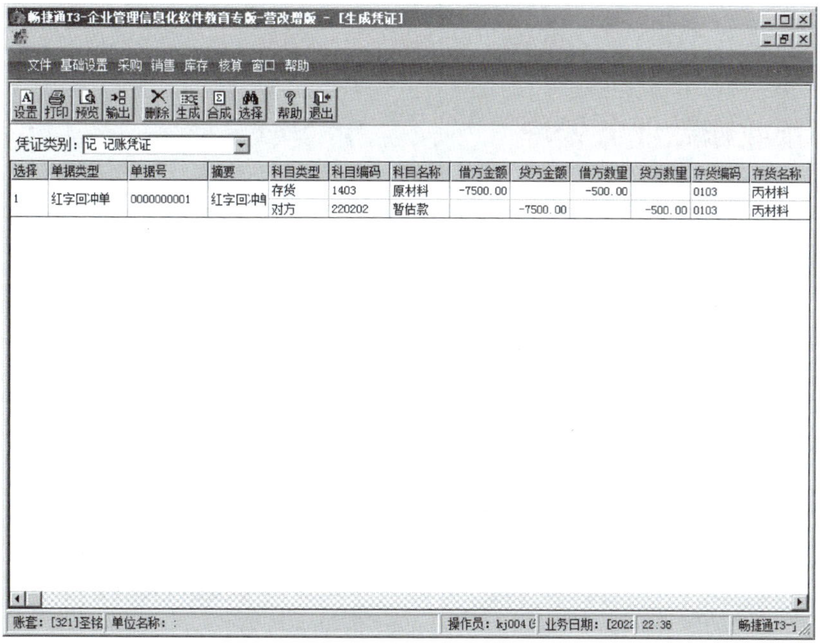

图 3-1-3 “生成凭证”对话框

(8) 单击【生成】按钮，生成记账凭证，如图 3-1-4 所示。

(9) 单击“填制凭证”对话框中的【保存】按钮，保存凭证，单击【退出】，退出相应对话窗口。

补 充

◇ 月初回冲，就是把上个月的暂估业务进行红字冲销，是暂估入库的反向操作。

◇ 月初回冲一般在当月的 1 日进行。

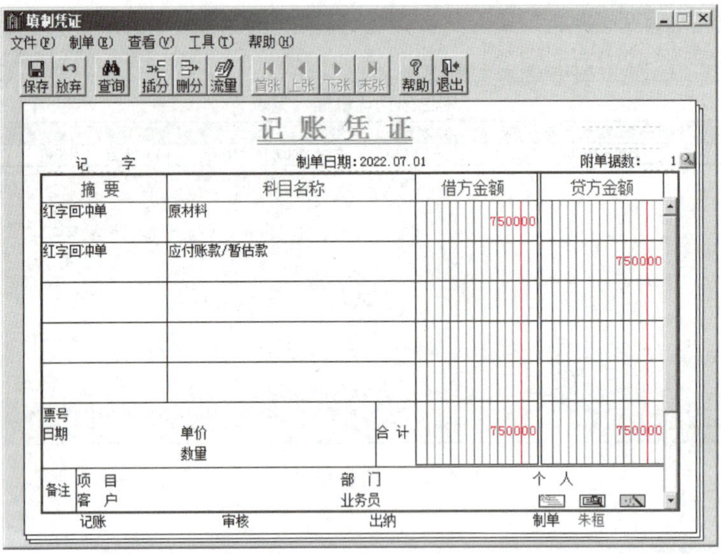

图 3-1-4 “填制凭证”对话框

3.2 预收账款业务处理

任务 3-2 2022 年 7 月 01 日，收到乐家有限公司转账支票(zz070101)商品款(进账单)40000 元。如图 3-2-1 所示，由“kj004”登录信息平台进行业务处理。

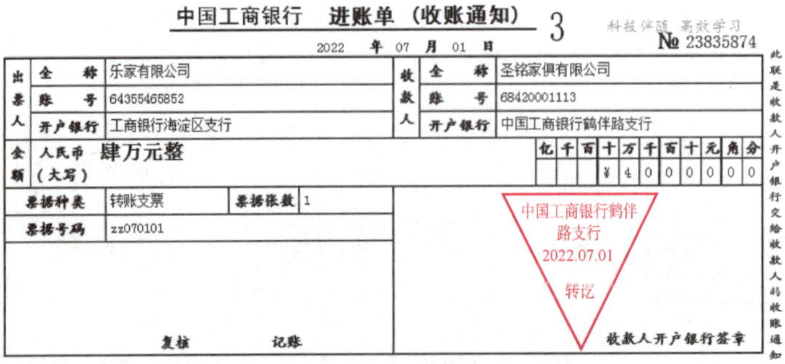

图 3-2-1 工商银行进账单

操作步骤

(1) 2022 年 7 月 01 日，由“kj004(朱桓，密码‘4’)”登录“畅捷通 T3-企业管理信息化软件教育专版-营改增版”系统。

(2) 选择【销售】|【客户往来】|【收款结算】选项，打开“单据结算”对话框。

(3) 单击客户后面的“查找”按钮，选择“乐家有限公司”选项，单击【返回】按钮，返回“单据结算”对话框。

(4) 单击【增加】按钮，填制结算方式为“202 转账支票”、结算科目为“100201 人民币”、金额为“40000”等信息。

(5) 单击【保存】按钮，如图 3-2-2 所示。

(6) 单击【预收】按钮，在“预收合计”栏出现录入金额“40000”元，如图 3-2-3 所示

图 3-2-2　收款单“单据结算”对话框

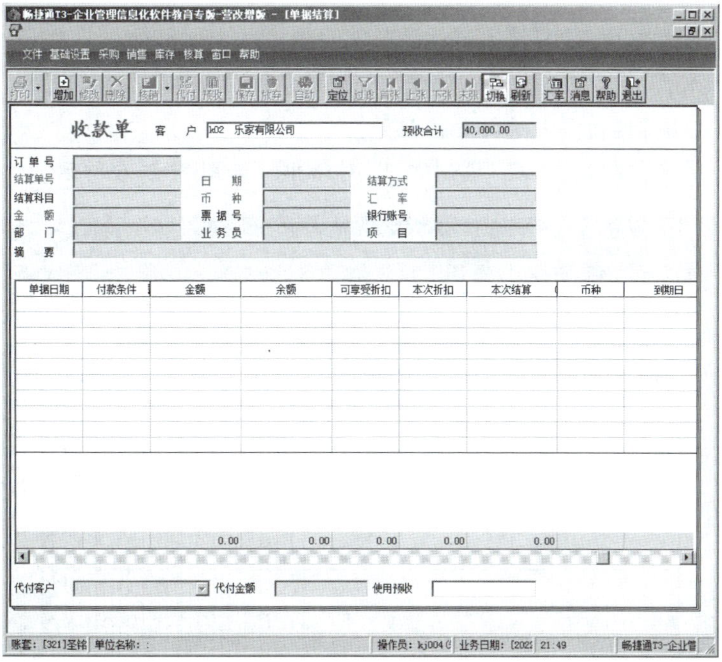

图 3-2-3　完成预收对话框

(7) 单击【退出】按钮，完成预收账款录入。

(8) 选择【核算】|【凭证】|【客户往来制单】选项，打开“客户制单查询”对话框，如图

3-2-4 所示。

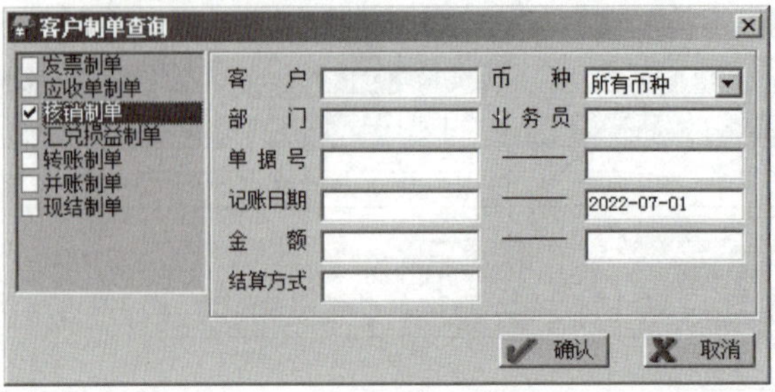

图 3-2-4　“客户制单查询”对话框

(9) 选择“核销制单”复选框，单击【确认】按钮，出现“客户往来制单”对话框，如图 3-2-5所示。

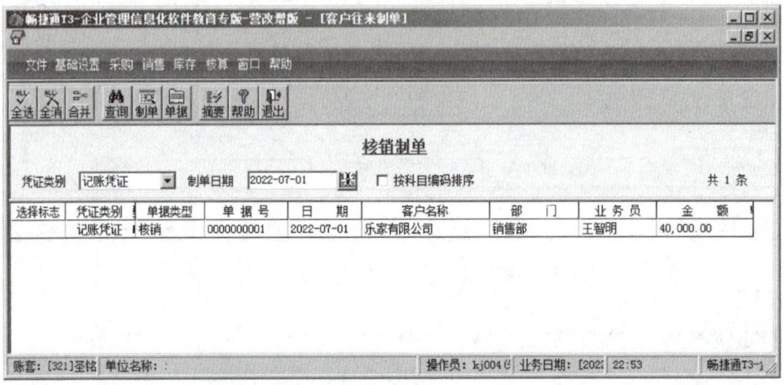

图 3-2-5　“客户往来制单”对话框

(10) 单击【全选】按钮，或选择相应记录。

(11) 单击【制单】按钮，出现“填制凭证”对话框，如图 3-2-6 所示。

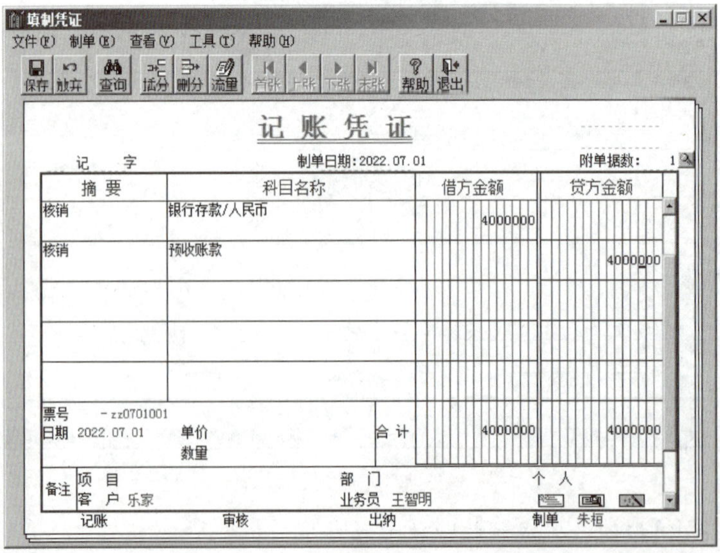

图 3-2-6　“填制凭证”对话框

(12) 单击“填制凭证”对话框中的【保存】按钮，保存凭证，单击【退出】，退出相应对话窗口。

3.3 预借差旅费业务处理

任务 3-3 2022 年 7 月 02 日，采购部孙琦出差借款 1000 元，如图 3-3-1 所示，。由“kj002”登录信息平台进行业务处理。

科技伴随 高效学习

借 款 单

资金性质 现金　　2022 年 07 月 02 日

借款单位	采购部孙琦　现金付讫		
借款理由	出差借款		
借款数额	人民币（大写）壹仟元整　¥ 1,000.00		
本单位负责人意见	同意	借款人（签章）	孙琦
领导指示：同意	会计主管人员核批：同意	付款记录：2022 年 07 月 02 日 以第 01 号 支票或现金支出凭单付给	

图 3-3-1 借款单

操作步骤

(1) 2022 年 7 月 02 日，由“kj002(王袂，密码‘2’)”登录“畅捷通 T3-企业管理信息化软件教育专版-营改增版”系统。

(2) 选择【总账】|【凭证】|【填制凭证】选项，打开“填制凭证”对话框，单击【增加】按钮，如图 3-3-2 所示。

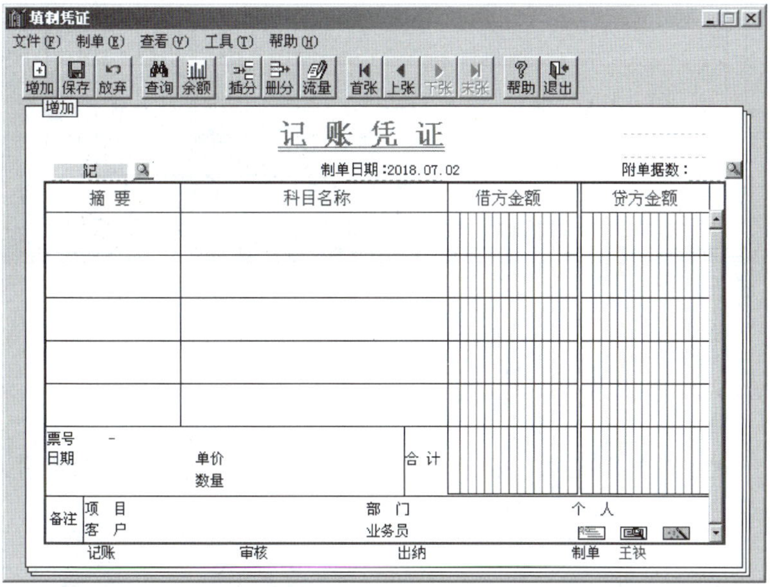

图 3-3-2 “填制凭证”对话框

(3) 附单据数为“1”，在摘要栏输入摘要“预借差旅费”。

(4) 单击科目名称栏，输入“122101”或“其他应收款-个人”，按回车键。

(5) 在出现的“辅助项”对话框中，选择部门为“采购部”，个人为“孙琦”，其他默认，如图3-3-3所示，单击【确认】按钮。

(6) 在“借方金额”栏输入“1000”元，按回车键。

(7) 摘要默认与上一行相同，按回车键，输入科目名称为“1001”或“库存现金”，在贷方金额栏输入“1000”或按“=”键借贷补差。

(8) 单击“填制凭证”对话框中的【保存】按钮，保存凭证，如图3-3-4所示。单击【退出】，退出相应对话窗口。

图3-3-3　凭证“辅助项”对话框

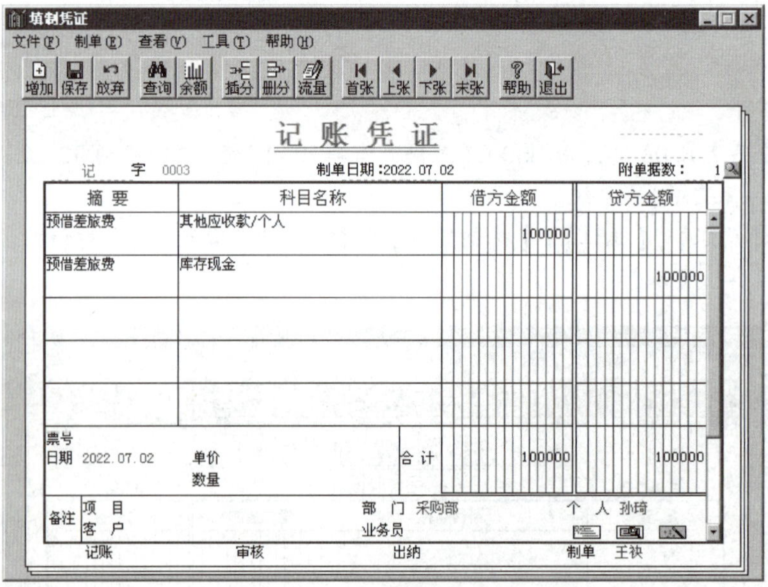

图3-3-4　“填制凭证”对话框

3.4　应付款坏账业务处理

任务3-4　2022年7月02日，由于宏昌商贸有限责任公司破产，该公司无法支付其欠款2260元。如图3-4-1所示，由“kj004”登录信息平台进行业务处理。

操作步骤

(1) 2022年7月02日，由“kj004(王袂，密码‘4’)”登录“畅捷通T3-企业管理信息化

审批单		
事由	因宏昌商贸有限责任公司破产，无法支付其欠款 2260 元，按公司业务流程处理。	
审批流程	财务部门意见	同意
	总经理意见	同意
备注	转作营业外支出处理。	

图 3-4-1 审批单

软件教育专版–营改增版”系统。

(2) 选择【销售】|【客户往来】|【收款结算】选项，打开“单据结算”对话框。

(3) 单击客户后面的“查找”按钮，选择“k04 宏昌商贸有限公司”选项，单击【返回】按钮，返回“单据结算”对话框。

(4) 单击【增加】按钮，填制结算方式为“9 其他”，结算科目为“571101 坏账损失”、金额为“2260”等信息，如图 3-4-2 所示。

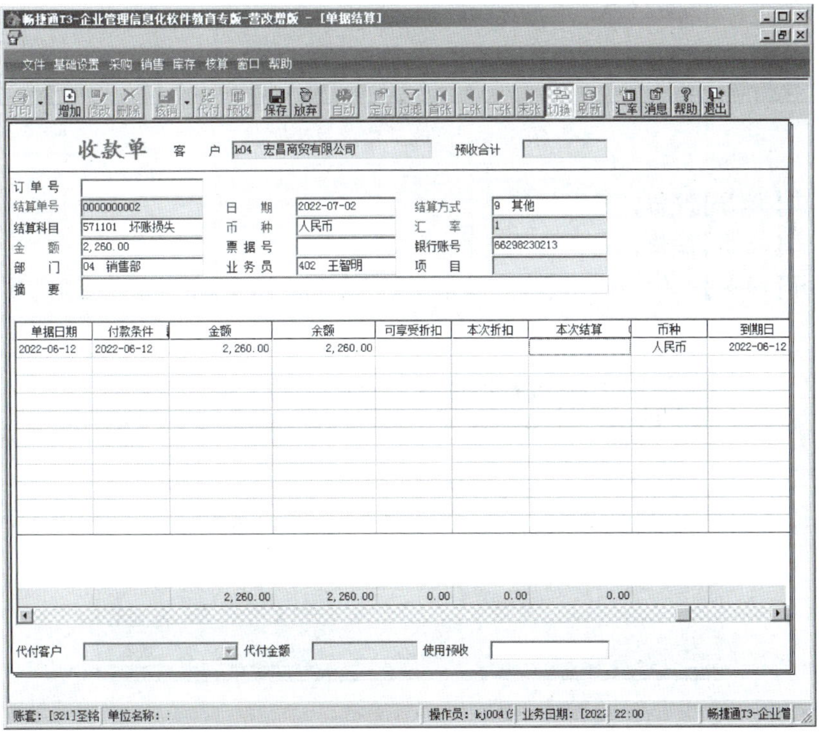

图 3-4-2 收款单“单据结算”对话框

(5) 单击【保存】按钮。

(6) 单击【核销】按钮，表体出现待核销的应付账款记录，在“本次结算”栏出现录入金额“2260”元，如图 3-4-3 所示

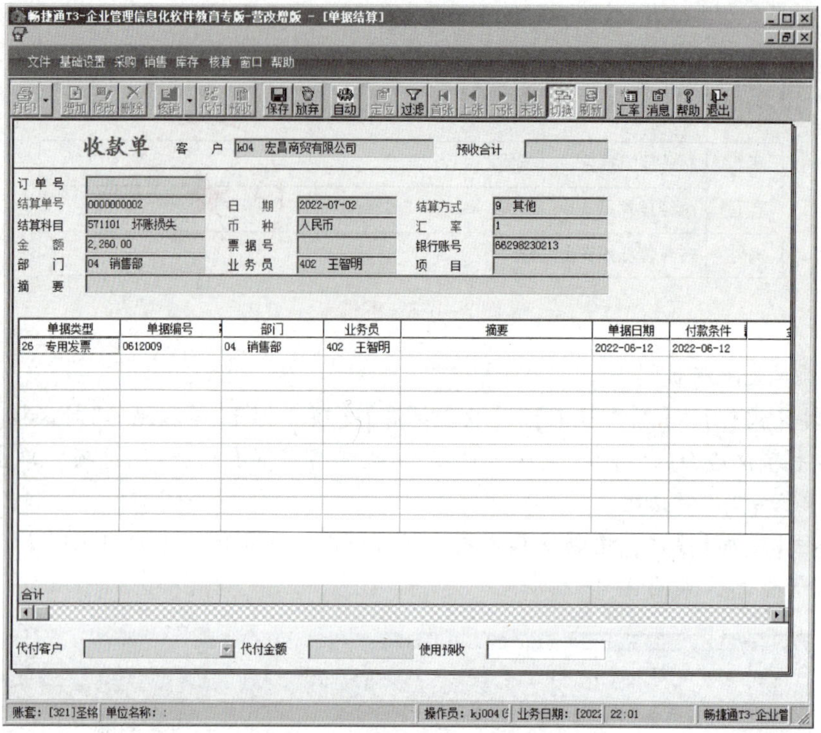

图 3-4-3　收款核销对话框

(7) 单击【保存】按钮，完成核销。

(8) 单击【退出】按钮，完成收款结算。

(9) 选择【核算】|【凭证】|【客户往来制单】选项，打开“客户制单查询”对话框，如图 3-4-4 所示。

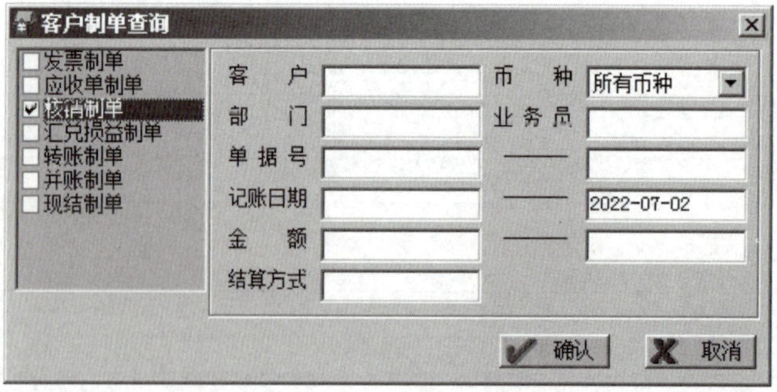

图 3-4-4　“客户制单查询”对话框

(10) 选择“核销制单”复选框，单击【确认】按钮，出现“客户往来制单”对话框，如图 3-4-5所示。

(11) 单击【全选】按钮，或选择相应记录。

(12) 单击【制单】按钮，出现“填制凭证”对话框，如图 3-4-6 所示。

(13) 单击“填制凭证”对话框中的【保存】按钮，保存凭证，单击【退出】按钮，退出相应对话窗口。

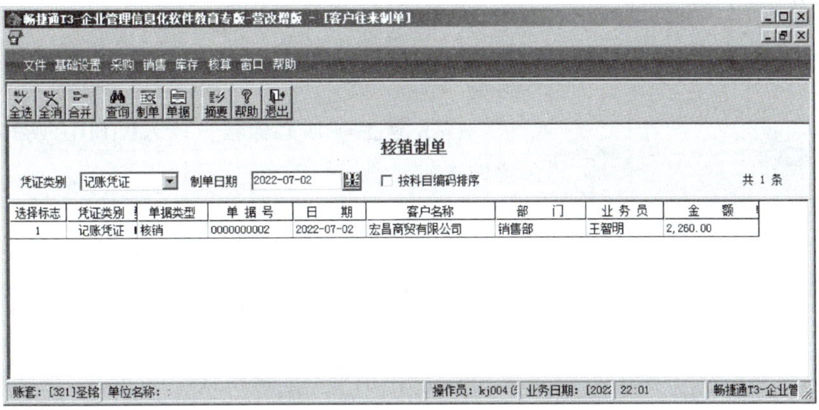

图 3-4-5 “客户往来制单”对话框

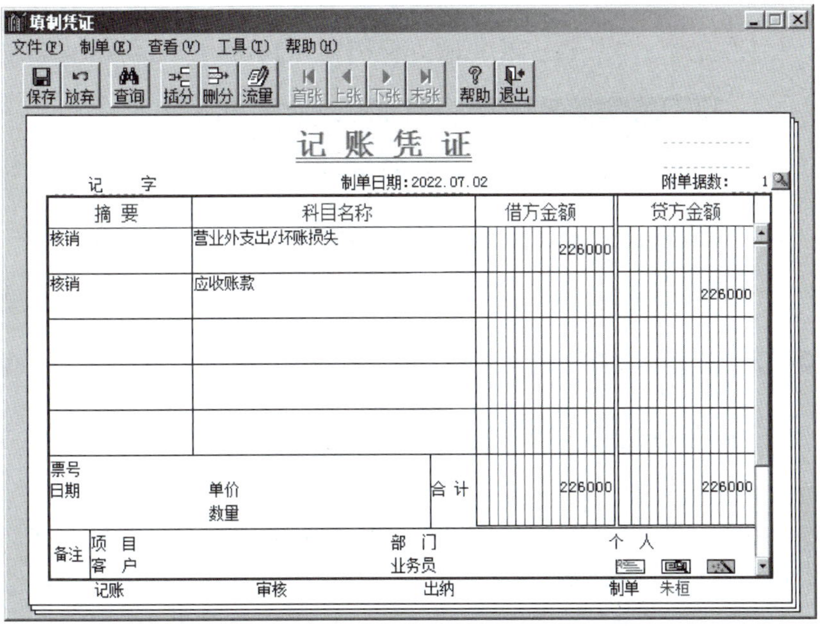

图 3-4-6 “填制凭证”对话框

3.5 提取备用金业务处理

任务 3-5 2022 年 7 月 03 日，财务部填写现金支票（票据号 xj070301）提取备用金 20000 元，如图 3-5-1 所示。由“kj002”登录信息平台进行业务处理。

操作步骤

(1) 2022 年 7 月 03 日，由“kj002（王袂，密码‘2’）”登录“畅捷通 T3-企业管理信息化软件教育专版-营改增版”系统。

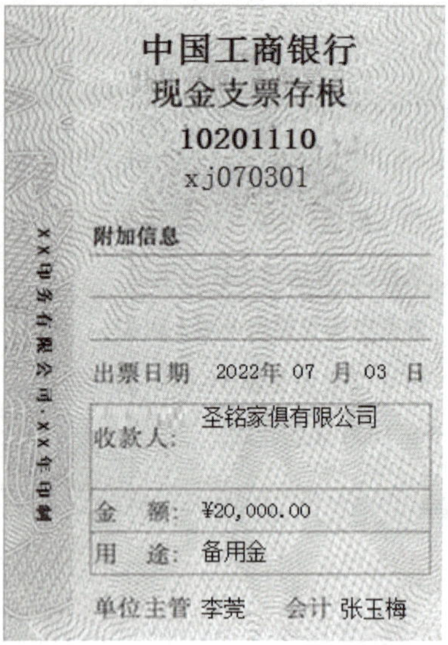

图 3-5-1 工商银行现金支票存根

（2）选择【总账】|【凭证】|【填制凭证】选项，打开“填制凭证”对话框，单击【增加】按钮。

（3）附单据数为“1”，在摘要栏输入摘要“提现备用金”。

（4）单击科目名称栏，输入“1001”或“库存现金”，按回车键。

（5）在“借方金额”栏输入“20000”元，按回车键。

（6）摘要默认与上一行相同，按回车键，输入科目名称为“100201”或“银行存款-人民币”，按回车键，在出现的“辅助项”对话框中，选择结算方式为“201”，票号为“xj070301”，其他默认，如图 3-5-2 所示，单击【确认】按钮。在贷方金额栏输入“20000”或按“=”键借贷补差，按回车键，如图 3-5-3 所示。

（7）单击“填制凭证”对话框中的【保存】按钮，保存凭证，单击【退出】按钮，退出相应对话窗口。

图 3-5-2 “辅助项”对话框

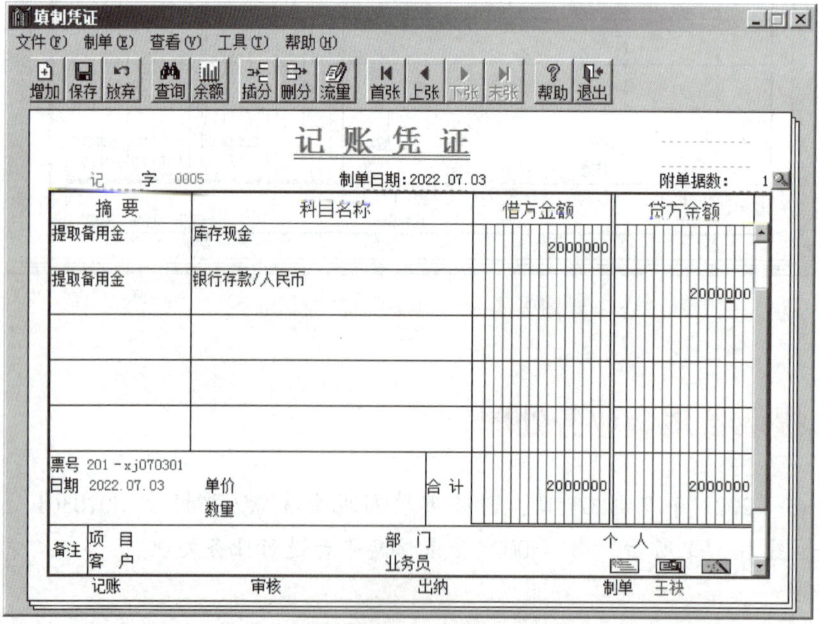

图 3-5-3 “填制凭证”对话框

3.6 票据贴现业务处理

任务 3-6 2022 年 7 月 03 日，财务部将已收开发区家俱城的应收票据(银行承兑票据，出票日：2022 年 5 月 31 日，到期日：2022 年 10 月 31 日，年贴现率：12%，金额：90400 元)到银行贴现。此票据不附带追索权，在同一票据交换区，如图 3-6-1 所示。由“kj002”登录信息平台进行业务处理。

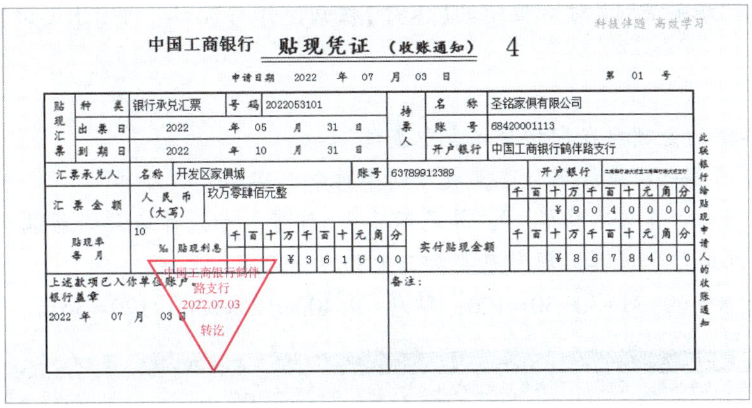

图 3-6-1 贴现凭证

操作步骤

(1) 2022 年 7 月 03 日，由“kj002(王袂，密码‘2’)”登录“畅捷通 T3-企业管理信息化软件教育专版-营改增版”系统。

(2) 选择【总账】|【凭证】|【填制凭证】选项，打开“填制凭证”对话框，单击【增加】按钮。

(3) 附单据数为“1”，在摘要栏输入摘要“贴现”。

(4) 单击科目名称栏，输入“100201”或“银行存款-人民币”，按回车键，在出现的“辅助项”对话框，如图 3-6-2 所示。

(5) 选择结算方式为“802 银行承兑汇票”，其他默认，单击【确认】按钮。

图 3-6-2 银行存款“辅助项”对话框

(6) 在“借方金额”栏输入“86784”元，按回车键转到下一行。

(7) 摘要默认与上一行相同，按回车键，输入科目名称为“560305”或“财务费用-贴现费用”，在借方金额栏输入“3616”元，按回车键。

(9) 参照步骤(7)输入第三行科目名称为“1121”或“应收票据”，辅助项客户选择为“家俱城”，其他默认，如图 3-6-3 所示，单击【确认】按钮。贷方金额栏输入“90400”或按“=”

进行借贷补差，如图3-6-4所示。

图3-6-3　应收票据“辅助项”对话框

(10) 单击“填制凭证”对话框中的【保存】按钮，保存凭证，单击【退出】按钮，退出相应对话窗口。

补　充

◇ 应收票据的金额要在期初余额表中查询。

◇ 利息费用要求换先将年利率算成日利率再乘以实际天数计算

◇ 实际天数按“算头不算尾”或“算尾不算头”计量。如果异地票据到银行贴现，流程是一样的，只是异地票据计算贴现利息要加三天的在途天数。

◇ 实际天数＝29+31+30+30＝120；贴息＝90400×12%÷360×120＝3616。

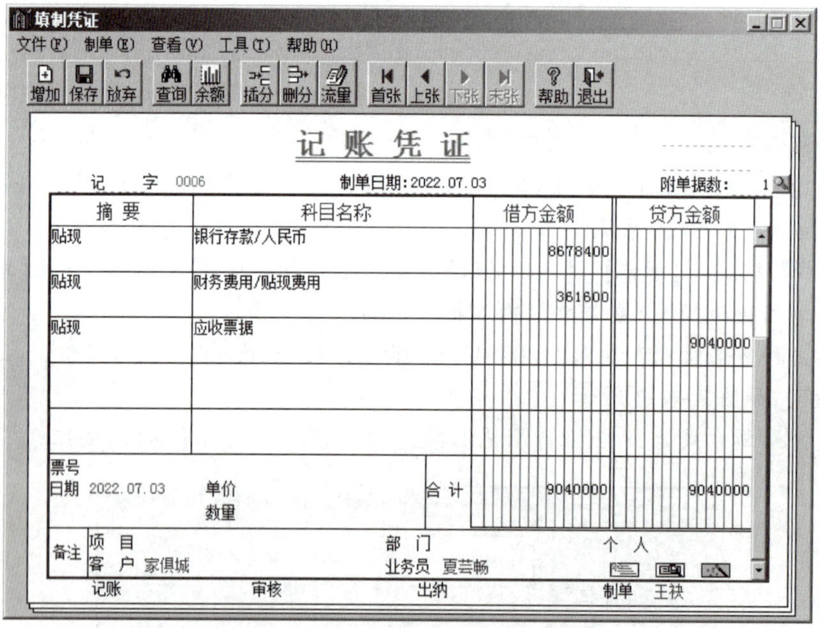

图3-6-4　贴现“填制凭证”对话框

3.7　部分暂估调整业务处理(一)

任务3-7　2022年7月04日，收到明齐有限公司6月21日采购丙材料发票，款项未付。专用发票：250(组)、16(单价)、4000(金额)、13%(税率)、520(税额)，发票号：

0704001，如图 3-7-1 所示。由“kj004”登录信息平台进行业务处理。

3700221140
山东增值税专用发票
№ 0704001
3700221140
0704001
发票联
机器编号：982888812388
开票日期：2022年07月04日
购买方 名称：圣铭家具有限公司
纳税人识别号：371626494720664
地址、电话：
开户行及账号：中国工商银行鹤伴路支行68420001113
密码区 92%18—#007-00#04—0053*34#5 *87-0%345>80458731*165906329 >9870#149*-4-3>5%>*%90-%87>5 00447>5%0906286#%-*#0*5#%509

货物或应税劳务、服务名称	规格型号	单位	数量	单价	金额	税率	税额
丙材料		组	250	16.00	4,000.00	13%	520.00
合计					¥4,000.00		¥520.00
价税合计（大写）	⊗肆仟伍佰贰拾元整				（小写）¥4,520.00		

销售方 名称：明齐有限公司
纳税人识别号：340178951954110
地址、电话：
开户行及账号：工商银行北关支行45666531261
备注 校验码 52118 02818 08248 65199
收款人： 复核： 开票人： 销售方：（章）
第三联：发票联 购买方记账凭证

图 3-7-1　增值税专用发票

操作步骤

(1) 2022 年 7 月 04 日，由“kj004(朱桓，密码‘4’)”登录“畅捷通 T3-企业管理信息化软件教育专版-营改增版”系统。

(2) 选择【采购】|【采购发票】选项，打开“采购发票”对话框。

(3) 单击【增加】按钮右侧下箭头，选择“专用发票”选项，打开“采购专用发票”对话框。

(4) 填写发票号为“0704001”，开票日期为“2022-07-04”，选择供货单位为“明齐”，税率为“13”，其他默认。

(5) 选择存货编码为“0103”，数量为“250”，原币单价为“16”，其他默认，完成发票信息录入，如图 3-7-2 所示。

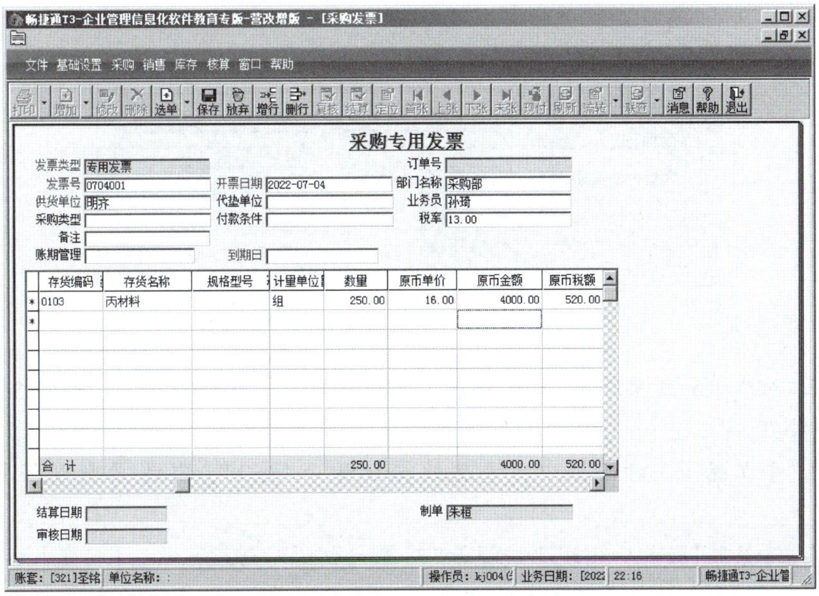

图 3-7-2　“采购发票”对话框

(6) 单击【保存】按钮。

(7) 单击【复核】按钮，出现系统提示，如图 3-7-3 所示，单击【是(Y)】按钮，完成复核，然后单击【退出】按钮。

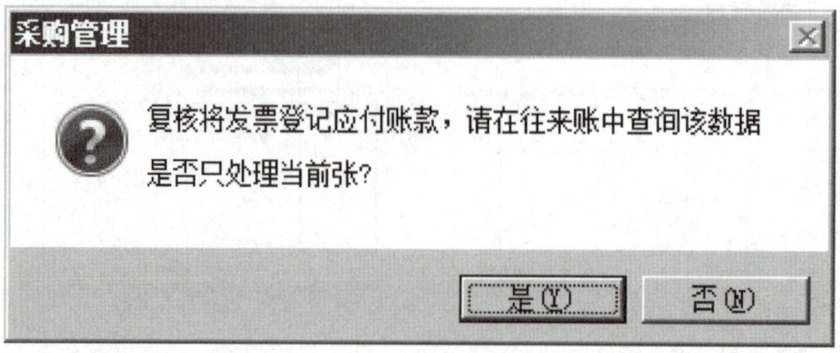

图 3-7-3 “采购管理”对话框

(8) 选择【采购】|【采购结算】|【手工结算】选项，打开“手工结算-条件输入”对话框。

(9) 在条件过滤栏，录入左侧日期为“2022-06-11”，其他默认，如图 3-7-4 所示，单击【确定】按钮。

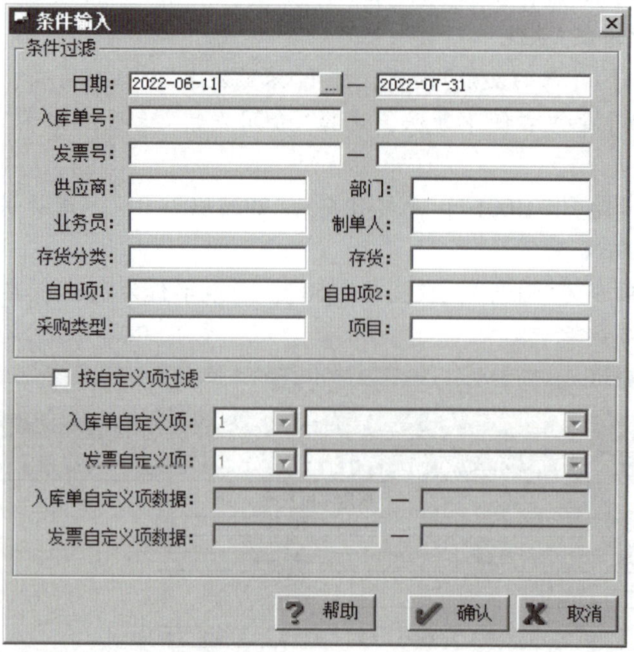

图 3-7-4 “条件输入”对话框

(10) 在“入库单和发票选择”对话框中，选择对应的入库单和发票，如图 3-7-5 所示，单击【确认】按钮。

(11) 在“手工结算”对话框中，修改结算数量为“250”，与发票数量保持一致，如图 3-7-6所示。

(12) 单击【结算】按钮，出现系统提示“结算完成！”对话框，单击【确定】按钮，完成结算，单击【退出】按钮，退出相应对话窗口。

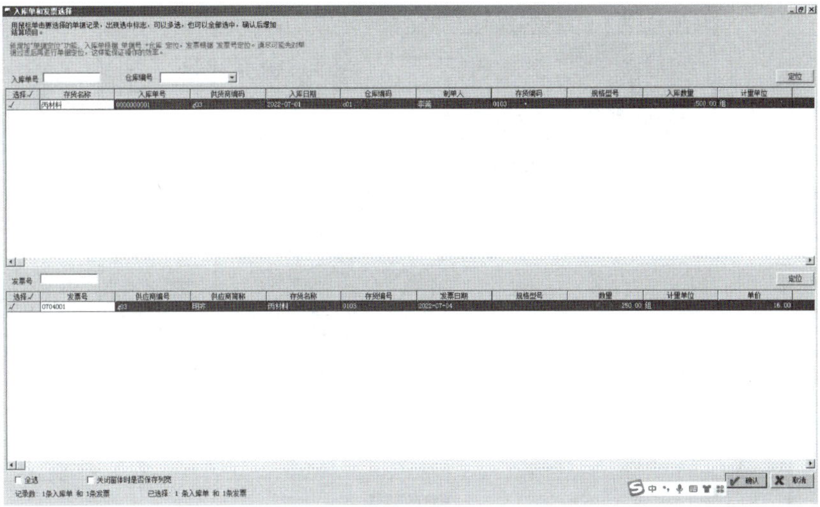

图 3-7-5 “入库单和发票选择”对话框

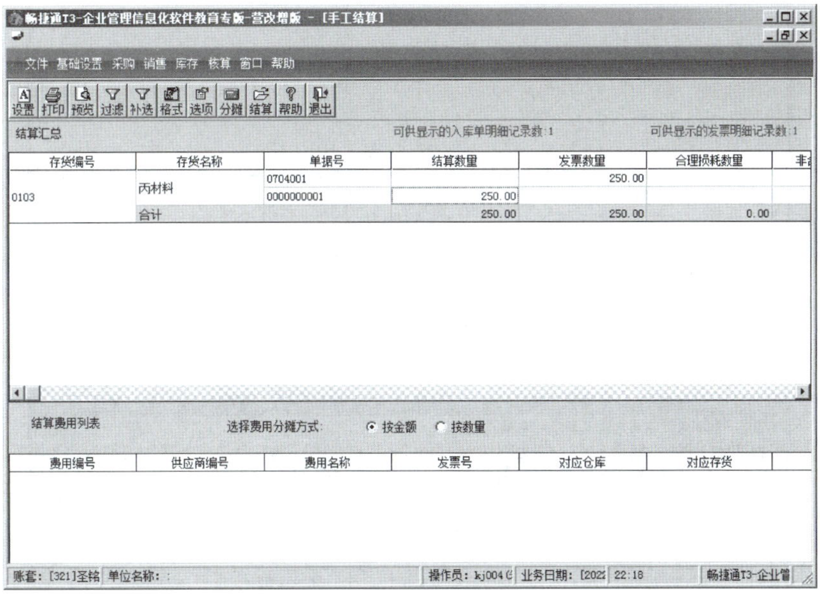

图 3-7-6 “手工结算”对话框

(13) 选择【核算】|【凭证】|【供应商往来制单】选项，打开“供应商制单查询”对话框，如图 3-7-7 所示。

(14) 选择“发票制单”复选框，单击【确认】按钮，出现“供应商往来制单”对话框，如图 3-7-8 所示。

(15) 单击【全选】按钮，或选择相应记录。

(16) 单击【制单】按钮，出现“填制凭证”对话框，如图 3-7-9 所示。

(17) 单击“填制凭证”对话框中的【保存】按钮，保存凭证，单击【退出】按钮，退出相应对话窗口。

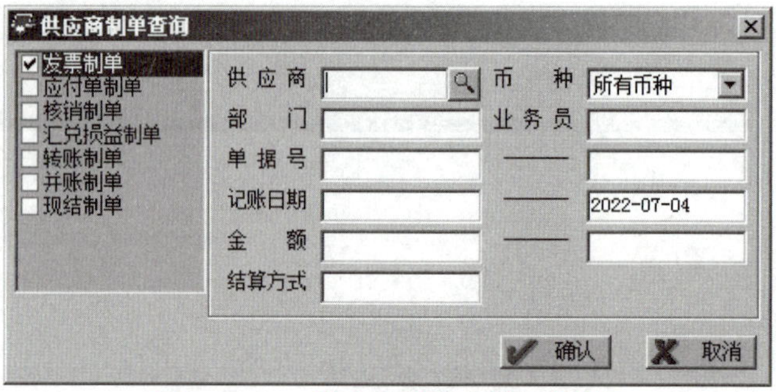

图 3-7-7 “供应商制单查询”对话框

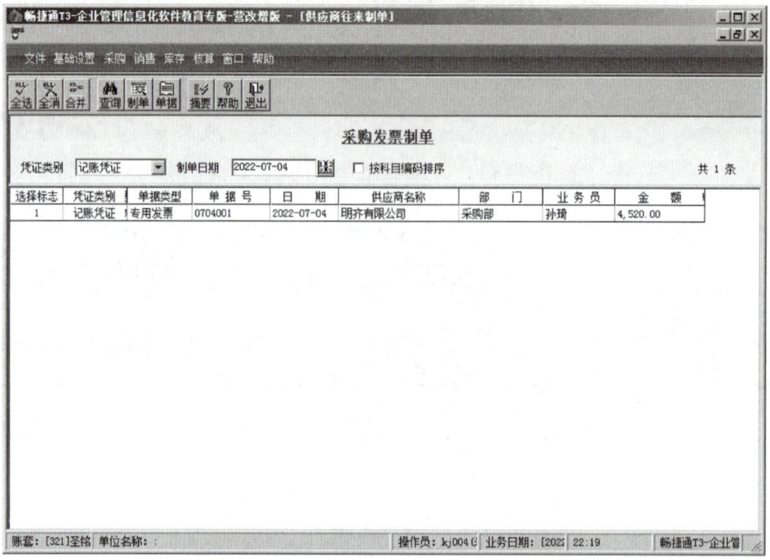

图 3-7-8 “供应商往来制单”对话框

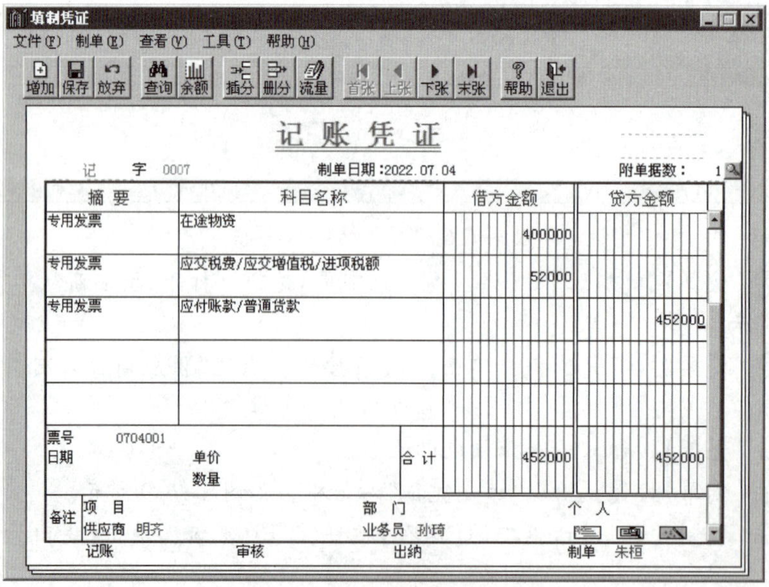

图 3-7-9 “填制凭证”对话框

3.8　发放工资业务处理

任务 3-8　2022 年 7 月 04 日，财务部为职工发放工资，如图 3-8-1 所示。网银支付金额：81379.07，如图 3-8-2 所示。由“kj002”登录信息平台进行业务处理。

基本工资	日工资	岗位工资	应发合计	事假天数	事假扣款	病假天数	病假扣款	社会保险费	住房公积金	扣款合计	税前工资	代扣税	实发合计
8000	380.95		8000	0	0	0	0	880	960	1840	6160	34.8	6125.2
8000	380.95		8000	0	0	0	0	880	960	1840	6160	34.8	6125.2
6800	323.81		6800	0	0	0	0	748	816	1564	5236	7.08	5228.92
6800	323.81		6800	0	0	0	0	748	816	1564	5236	7.08	5228.92
6800	323.81		6800	0	0	0	0	748	816	1564	5236	7.08	5228.92
8000	380.95		8000	0	0	0	0	880	960	1840	6160	34.8	6125.2
6800	323.81		6800	0	0	0	0	748	816	1564	5236	7.08	5228.92
8000	380.95		8000	0	0	0	0	880	960	1840	6160	34.8	6125.2
7500	357.14		7500	0	0	0	0	825	900	1725	5775	23.25	5751.75
8000	380.95		8000	0	0	0	0	880	960	1840	6160	34.8	6125.2
7800	371.43		7800	0	0	0	0	858	936	1794	6006	30.18	5975.82
7800	371.43		7800	0	0	0	0	858	936	1794	6006	30.18	5975.82
5000	238.1	2500	7500	0	0	0	0	550	600	6350	1150	40.5	6309.5
5000	238.1	2000	7000	0	0	0	0	550	600	5850	1150	25.5	5824.5
100300	4776.19	4500	104800	0	0	0	0	11033	12036	32969	71831	351.93	81379.07

图 3-8-1　工资明细表

图 3-8-2　网银支付流水单

操作步骤

(1) 2022 年 7 月 04 日，由“kj002(王袂，密码‘2’)”登录“畅捷通 T3-企业管理信息化软件教育专版-营改增版”系统。

(2) 选择【总账】|【凭证】|【填制凭证】选项，打开“填制凭证”对话框，单击【增加】按钮。

(3) 附单据数为“1”，在摘要栏输入摘要“发放工资”。

(4) 单击科目名称栏，输入“221101”或“应付职工薪酬-应付职工工资”，按回车键。

(5) 在“借方金额”栏输入“104800”元，按回车键。

(6) 重复步骤(3)至(5)，填制其他分录行为：“其他应付款-社保保险费”为“11033”；“其他应付款-住房公积金”为“12036”；“应交税费-应交个人所得税”为“351.93”。

(7) 填制“银行存款-人民币”行，在出现的“辅助项”对话框中，如图所示，选择结算方式为“6”，其他默认，如图 3-8-3 所示。

图 3-8-3 凭证“辅助项”对话框

(8) 单击【确认】按钮，在“银行存款-人民币”贷方金额栏输入“81379.07”元，如图3-8-4所示。

(9) 单击“填制凭证”对话框中的【保存】按钮，保存凭证，单击【退出】按钮，退出相应对话窗口。

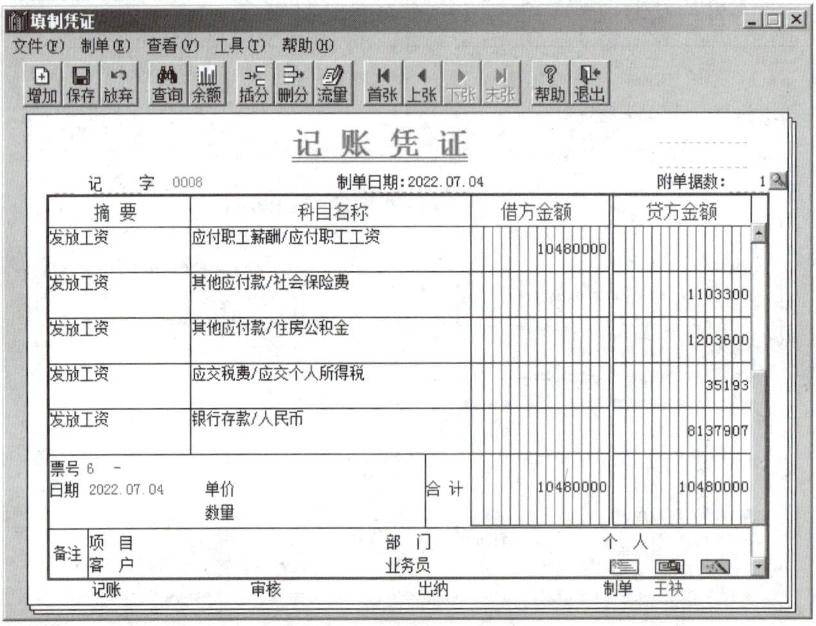

图 3-8-4 “填制凭证”对话框

补 充

◇ 其他应付款项是核算企业先扣后交的个人应承担的社会保险费和住房公积金。

◇ 发放工资中银行存款金额为实发工资合计。

◇ 社会保险费和住房公积金项目属于个税税前扣除项，计税基数要按税前工资计提。

3.9 购买办公用品业务处理

任务3-9 2022年7月05日，行政部购买办公用品，收到增值税普通发票一张，价税合计339元，现金付讫，如图3-9-1所示。由“kj002”登录信息平台进行业务处理。

操作步骤

(1) 2022年7月05日，由“kj002(王袂，密码‘2’)”登录“畅捷通T3-企业管理信息化

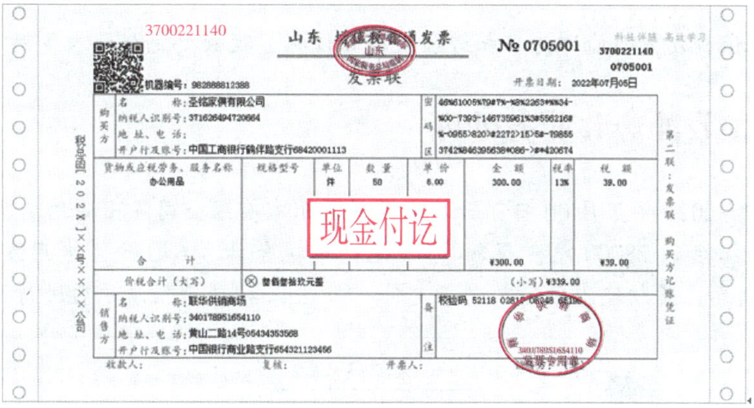

图 3-9-1　普通发票

软件教育专版-营改增版”系统。

（2）选择【总账】|【凭证】|【填制凭证】选项，打开“填制凭证”对话框，单击【增加】按钮。

（3）附单据数为“1”，在摘要栏输入摘要“购买办公用品”。

（4）单击科目名称栏，输入“560212”或“管理费用-办公费”，按回车键。

（5）在“借方金额”栏输入“339”元，按回车键。

（6）摘要默认与上一行相同，按回车键，输入科目名称为“1001”或“库存现金”，在贷方金额栏输入“339”或按“=”键借贷补差，按回车键，如图 3-9-2 所示。

（7）单击“填制凭证”对话框中的【保存】按钮，保存凭证，单击【退出】按钮，退出相应对话窗口。

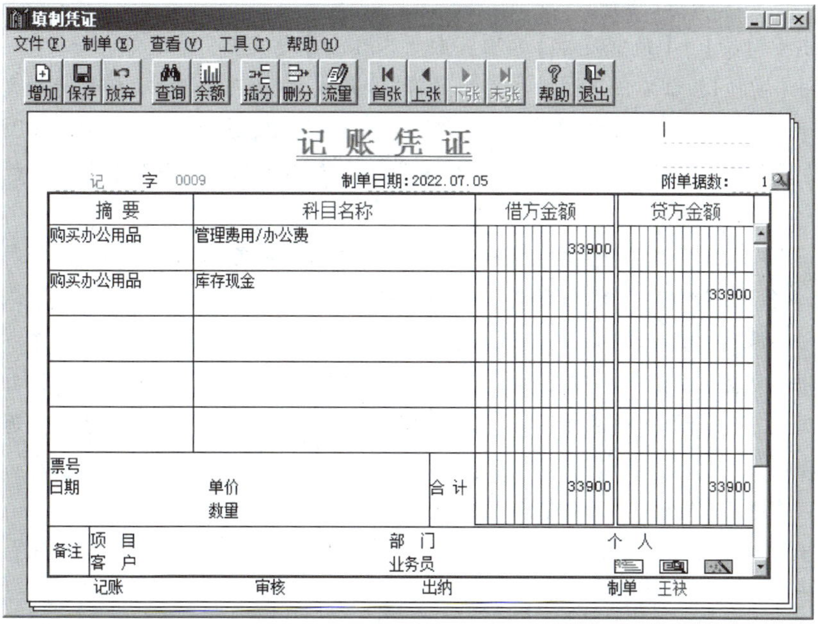

图 3-9-2　“填制凭证”对话框

补 充

◇ 普通增值税发票不能作为抵扣进项税额的依据，税额要完全计入费用。

3.10 预收冲应收业务处理

任务 3-10 2022 年 7 月 06 日，开具发票并向乐家有限公司发出简约 A 系列 10 套，无税单价 2800 元，金额 28000 元，税额 3640 元，价税合计 31640 元，专用发票：0706001，如图 3-10-1 所示，货款使用预付款进行支付。由“kj004”登录信息平台进行业务处理。

3700221140

山东 增值税专用发票

№ 0706001

3700221140

0706001

此联不作报销、扣税凭证使用

机器编号：982888812388

开票日期：2022年07月06日

购买方 名称：乐家有限公司

纳税人识别号：538845321285496

地址、电话：

开户行及账号：工商银行海淀区支行64355465852

密码区 35##57->>0>4#>24120*05-*6967 %#75*43-860>%3>53#6-9374*#58 %*8913275785148--##70%*37450 4541>08>3--%1-1*07469997 1741

货物或应税劳务、服务名称	规格型号	单位	数量	单价	金额	税率	税额
简约A系列		套	10	2,800.00	28,000.00	13%	3,640.00
合计					¥28,000.00		¥3,640.00
价税合计（大写）	⊗叁万壹仟陆佰肆拾元整				（小写）¥31,640.00		

销售方 名称：

纳税人识别号：371626494720664

地址、电话：

开户行及账号：中国工商银行鹤伴路支行68420001113

备注 校验码 52118 02947 08849 65589

收款人： 复核： 开票人： 销售方：（章）

第一联：记账联 销售方记账凭证

图 3-10-1 销售专用发票

操作步骤

(1) 2022 年 7 月 06 日，由“kj004(朱桓，密码‘4’)”登录“畅捷通 T3-企业管理信息化软件教育专版-营改增版”系统。

(2) 选择【销售】|【销售发票】选项，打开“销售普通发票”对话框。

(3) 单击【增加】按钮右侧下箭头按钮，选择“专用发票”选项，变成“销售专用发票”对话框。

(4) 在表头部分，录入开票日期为“2022-07-06”，发票号为“20220706001”，销售类型选择为“普通销售”，客户名称选择为“乐家”，销售部门选择为“销售部”，税率为“13”，其他默认。

(5) 在表体部分，选择仓库为“东区成品库”，货物名称为“简约 A 系列”，数量为“10”，无税单价为“2800”，其他默认，如图 3-10-2 所示。

(6) 单击【保存】按钮。

(7) 单击【复核】按钮，出现系统提示，如图 3-10-3 所示，单击【是 Y】按钮。

(8) 出现系统提示“复核成功!”，单击【确定】按钮，如图 3-10-4 所示，返回“销售专用发票”对话框。

(9) 单击【退出】按钮，完成发票复核。

(10) 选择【核算】|【凭证】|【客户往来制单】选项，打开“客户制单查询”对话框，如图 3-10-5 所示。

(11) 选择“发票制单”复选框，单击【确认】按钮，出现“客户往来制单”对话框，如

图 3-10-6所示。

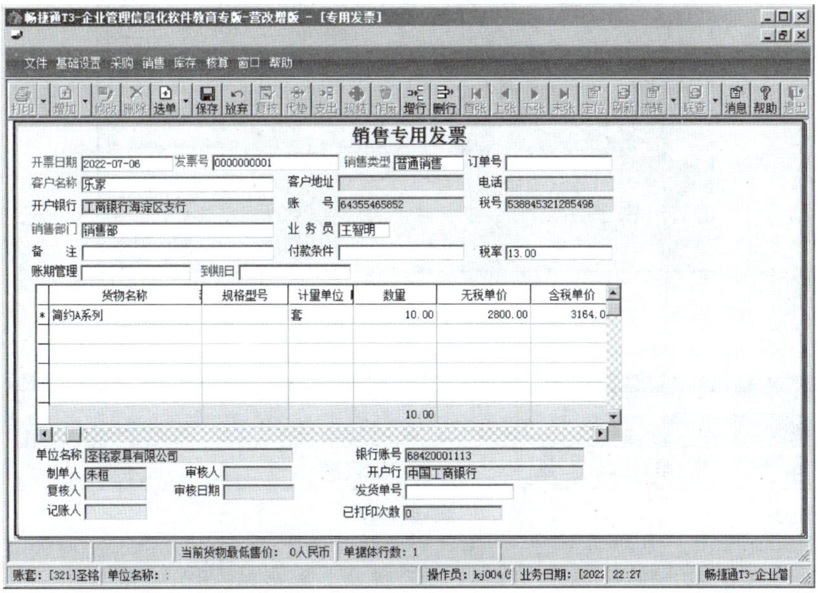

图 3-10-2　“销售专用发票”对话框

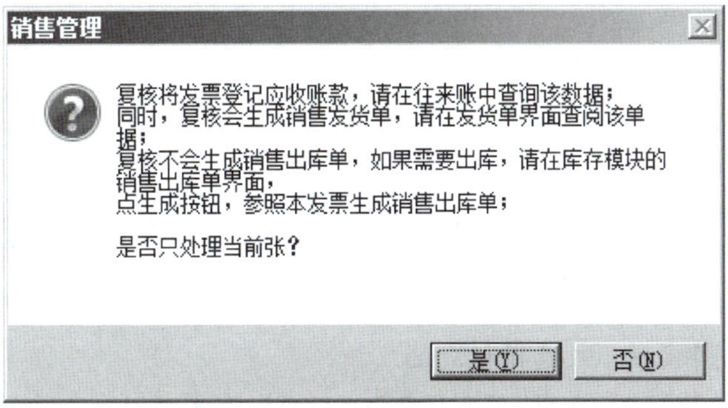

图 3-10-3　“销售管理”对话框

图 3-10-4　“复核成功！”对话框

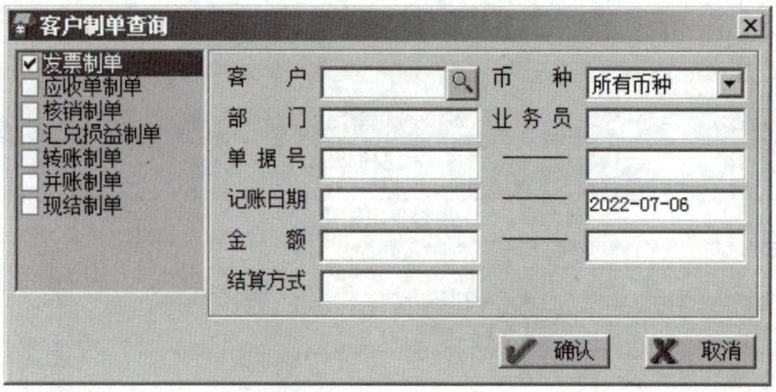

图 3-10-5 “客户制单查询”对话框

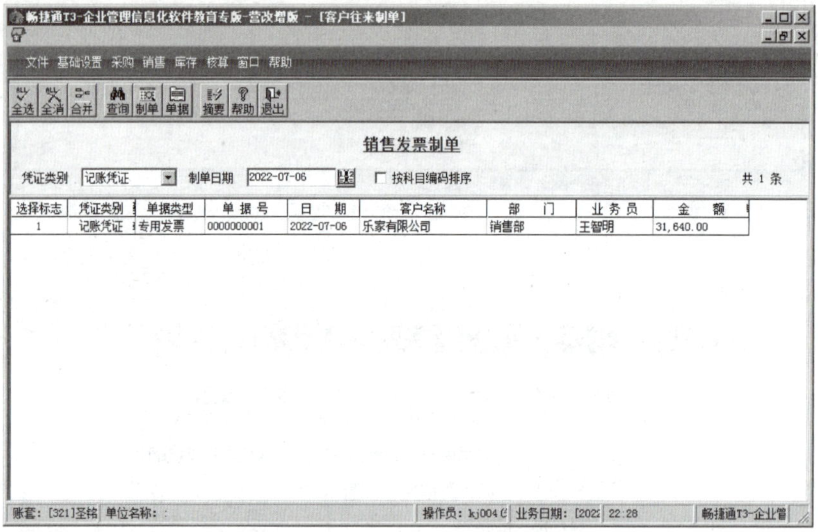

图 3-10-6 “客户往来制单”对话框

(12) 单击【全选】按钮，或选择相应记录。

(13) 单击【制单】按钮，出现“填制凭证”对话框，如图 3 10-7 所示。

(14) 单击“填制凭证”对话框中的【保存】按钮，保存凭证。

(15) 在“填制凭证”对话框中单击【退出】按钮，然后在“客户往来制单”对话框中单击【退出】按钮，关闭无关窗口。

(16) 选择【库存】|【销售出库单生成/审核】选项，出现“销售出库单”对话框。

(17) 单击【生成】按钮，出现“发货单或发票参照”对话框，如图 3-10-8 所示。

(18) 单击【刷新】按钮。

(19) 单击【全选】按钮，或选择相应记录。

(20) 单击【确认】按钮，系统提示“操作完毕”，单击【确定】，返回“销售出库单”对话框。

(21) 单击【审核】按钮，完成审核，然后单击【退出】按钮。

(22) 选择【核算】|【核算】|【正常单据记账】选项，出现“正常单据记账条件”对话框，

如图 3-10-9 所示。

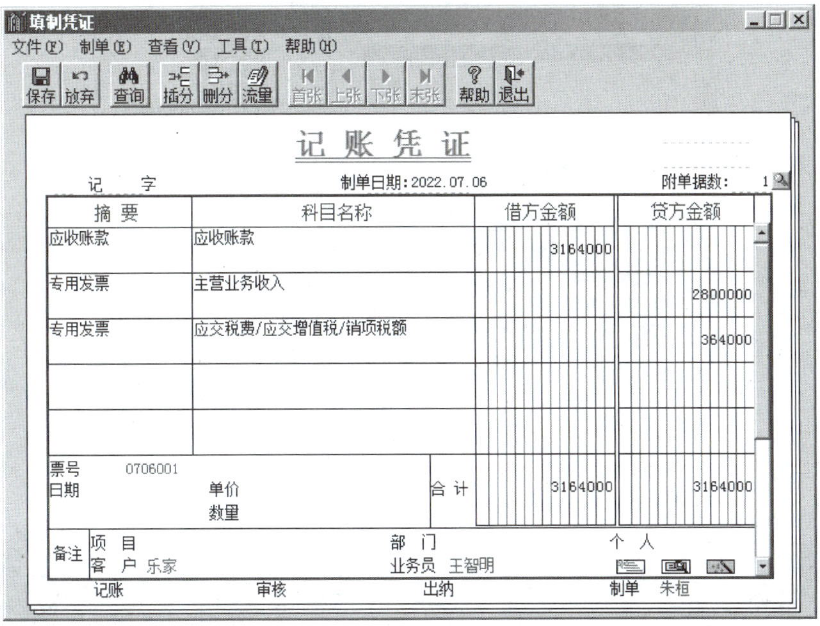

图 3-10-7　“填制凭证”对话框

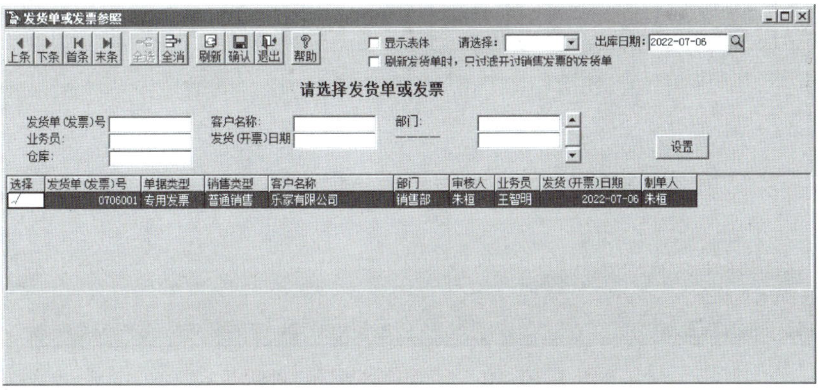

图 3-10-8　“发货单或发票参照”对话框

（23）在仓库栏选择“东区成品库”或单击【全选】按钮，然后单击【确定】按钮，出现“正常单据记账”对话框，如图 3-10-10 所示。

（24）单击【全选】按钮。

（25）单击【记账】按钮，完成出库单记账，单击【退出】按钮。

（26）选择【销售】|【客户往来】|【预收冲应收】选项，出现“预收冲应收”对话框。

（27）选择客户为“乐家”，单击【过滤】按钮，出现预收款项，如图 3-10-11 所示。

（28）选择“应收款”页签，单击【过滤】按钮，出现应收款项。

（29）输入转账金额为“31640”，或双击“余额”处的金额，如图 3-10-12 所示。

（30）同样地在“预收款”页签中，输入转账金额为“31640”

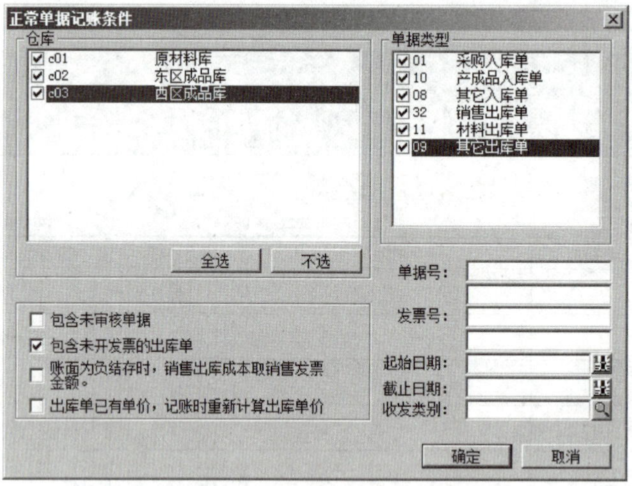

图 3-10-9 “正常单据记账条件”对话框

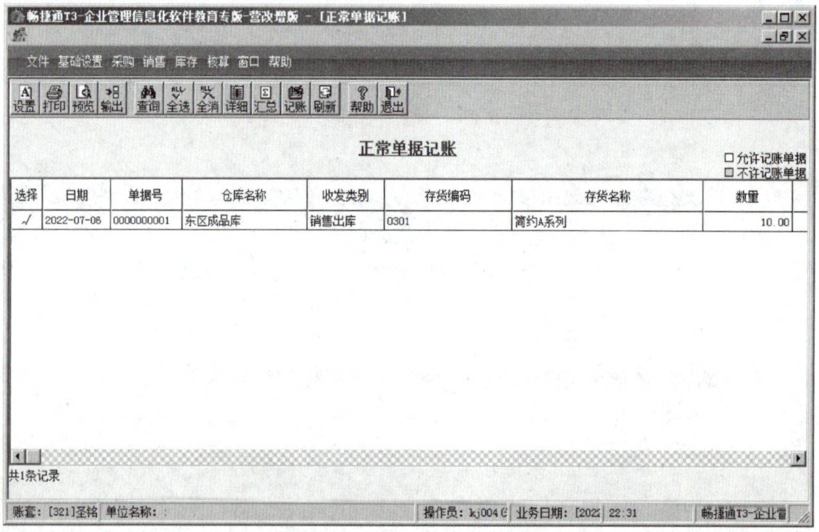

图 3-10-10 “正常单据记账”对话框

（31）单击【确认】按钮，系统提示“操作成功！”，单击【确定】按钮并关闭“预收冲应收”对话框。

（32）选择【核算】|【凭证】|【客户往来制单】选项，出现“客户制单查询”对话框，如图 3-10-13 所示。

（33）选择“转账制单”复选框，单击【确认】按钮，出现“客户往来制单”对话框，如图 3-10-14所示。

（34）单击【全选】按钮，或选择相应记录。

（35）单击【制单】按钮，出现“填制凭证”对话框，如图 3-10-15 所示。

（36）单击“填制凭证”对话框中的【保存】按钮，保存凭证，单击【退出】按钮，退出相应对话窗口。

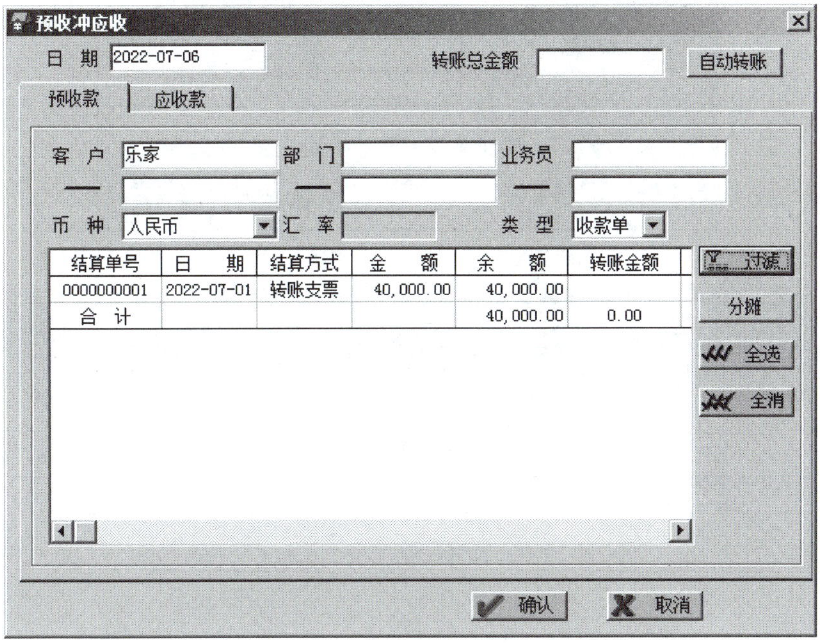

图 3-10-11 “预收冲应收”对话框

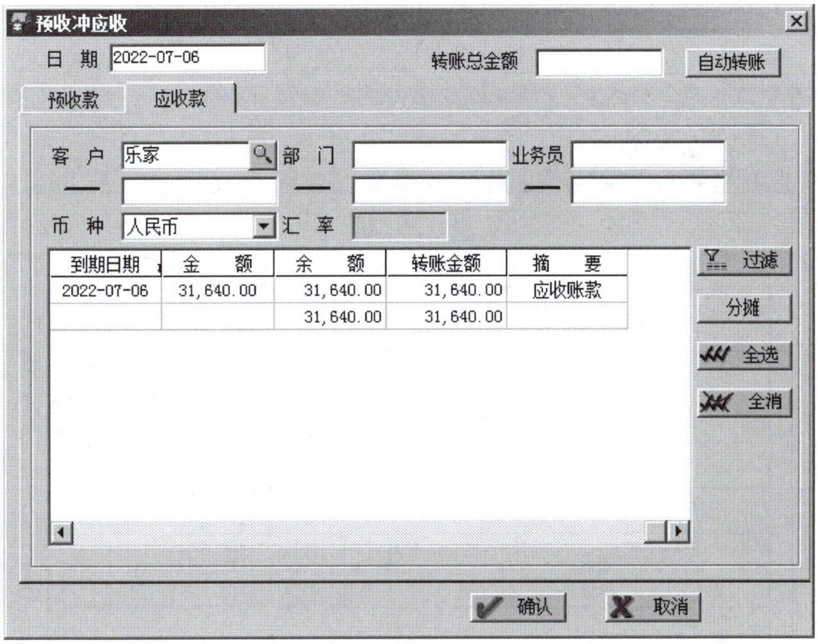

图 3-10-12 “填写转账金额”对话框

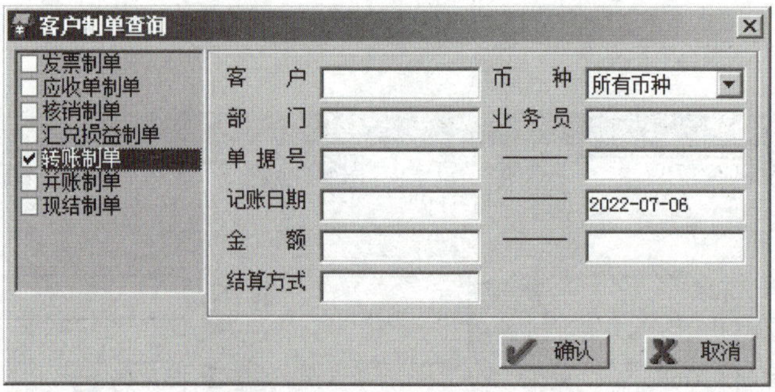

图 3-10-13 “转账制单查询”对话框

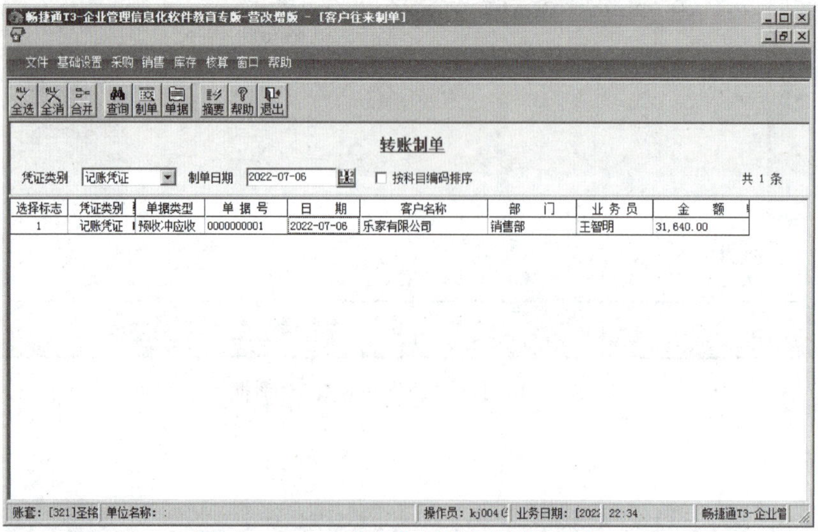

图 3-10-14 “客户往来转账制单”对话框

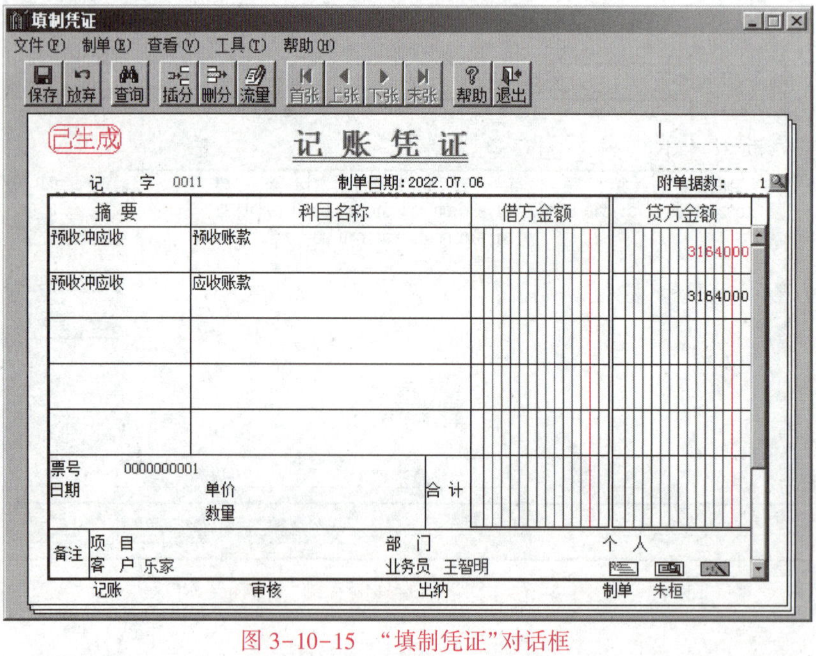

图 3-10-15 “填制凭证”对话框

补 充

◇ 应收账款记录只有一条时，可以通过自动转账功能实现预收冲应收。

3.11 短期借款业务处理

任务 3-11 2022 年 7 月 07 日，企业向银行借入三个月期短期借款 500000 元，借款利率 3%，如图 3-11-1 所示。由“kj002”登录信息平台进行业务处理。

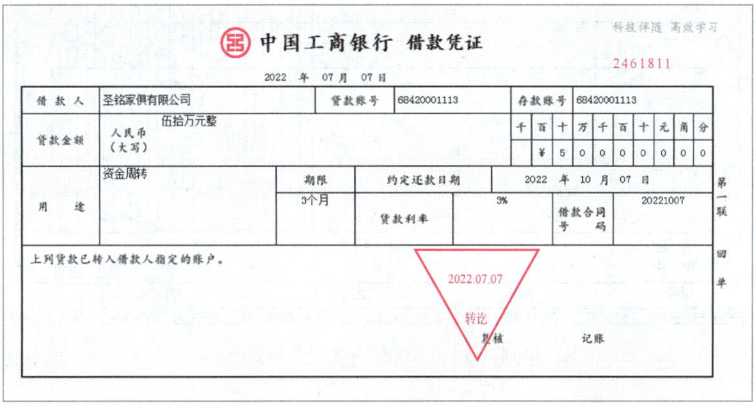
中国工商银行 借款凭证

科技保随 高效学习

2461811

2022 年 07 月 07 日

借款人	圣铭家俱有限公司	贷款账号	68420001113	存款账号	68420001113
贷款金额	人民币（大写） 伍拾万元整			千 百 十 万 千 百 十 元 角 分	¥ 5 0 0 0 0 0 0 0
用途	资金周转	期限	3个月	约定还款日期	2022 年 10 月 07 日
		贷款利率	3%	借款合同号码	20221007

上列贷款已转入借款人指定的账户。

2022.07.07 转讫

复核 记账

第一联 回单

图 3-11-1 借款凭证

操作步骤

(1) 2022 年 7 月 07 日，由“kj002(王袂，密码‘2’)”登录“畅捷通 T3-企业管理信息化软件教育专版-营改增版”系统。

(2) 选择【总账】|【凭证】|【填制凭证】选项，打开“填制凭证”对话框，单击【增加】按钮。

(3) 附单据数为“1”，在摘要栏输入摘要“借短期借款”。

(4) 单击科目名称栏，输入“100201”或“银行存款-人民币”，按回车键，出现“辅助”项对话框，如图 3-11-2 所示。

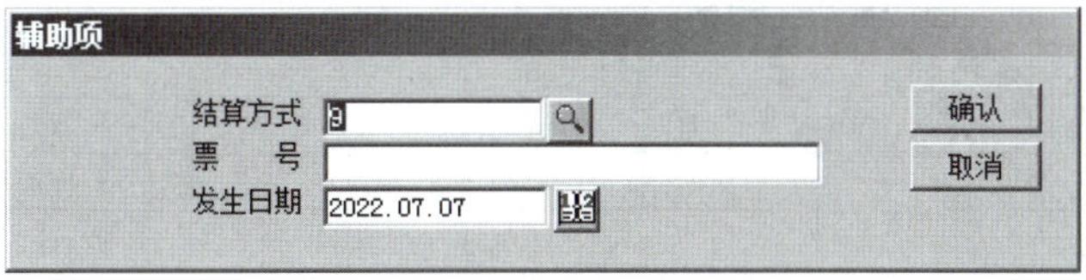

图 3-11-2 “辅助项”对话框

(5) 选择结算方式为“9”，其他默认，单击【确认】按钮。

(6) 在“借方金额”栏输入“500000”元，按回车键

(7) 摘要默认与上一行相同，按回车键，输入科目名称为“2001”或“短期借款”，在贷方金额栏输入“500000”或按“=”键借贷补差。

(9) 单击“填制凭证”对话框中的【保存】按钮，保存凭证，如图 3-11-3 所示，单击【退出】按钮，退出相应对话窗口。

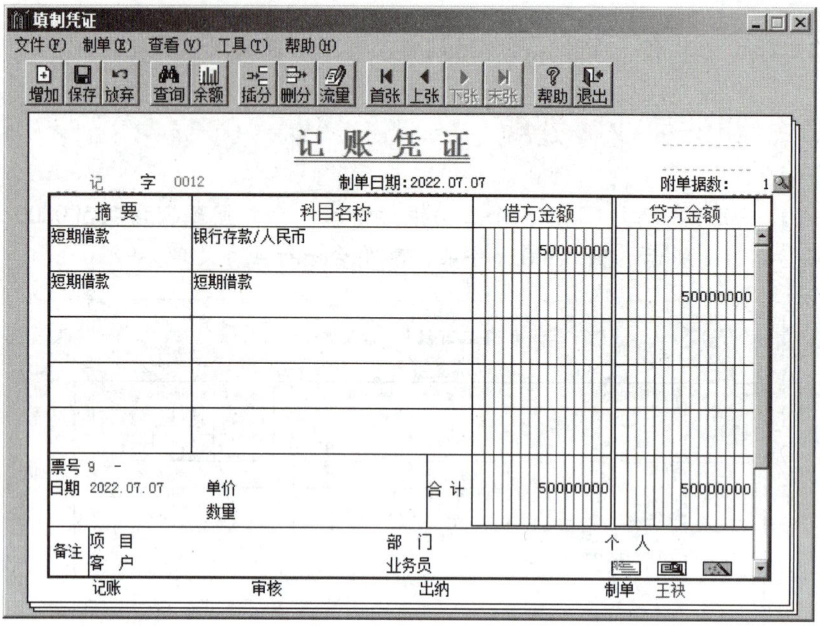

图 3-11-3 “填制凭证”对话框

3.12 报销差旅费业务处理

任务 3-12 2022 年 7 月 07 日，采购部孙琦报销差旅费 970 元，余款 30 元，交还财务部。其中火车票金额为 262 元(可抵进项税额为 21.64 元)，住宿费专用发票金额为 689 元(含税额 39 元)，如图 3-12-1 ~图 3-12-4 所示。由“kj002”登录信息平台进行业务处理。

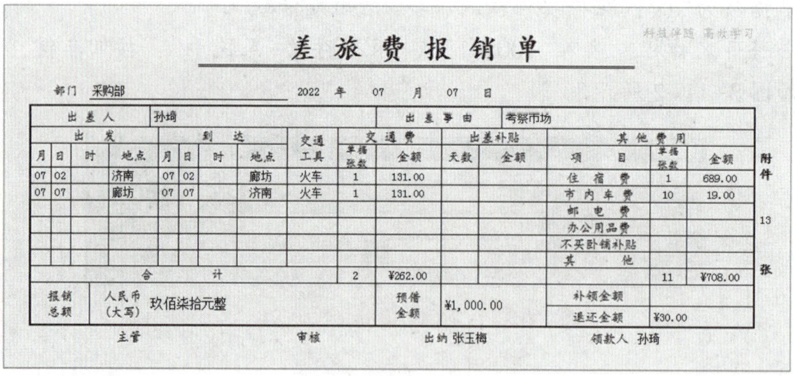

差旅费报销单

科技伴随 高效学习

部门 采购部　　2022 年 07 月 07 日

出差人 孙琦　　出差事由 考察市场

出发 月	日	时	地点	到达 月	日	时	地点	交通工具	交通费 单据张数	金额	出差补贴 天数	金额	其他费用 项目	单据张数	金额
07	02		济南	07	02		廊坊	火车	1	131.00			住宿费	1	689.00
07	07		廊坊	07	07		济南	火车	1	131.00			市内车费	10	19.00
													邮电费		
													办公用品费		
													不买卧铺补贴		
													其他		
合计									2	¥262.00				11	¥708.00

附件 13 张

报销总额 人民币(大写) 玖佰柒拾元整　　预借金额 ¥1,000.00　　补领金额　　退还金额 ¥30.00

主管　　审核　　出纳 张玉梅　　领款人 孙琦

图 3-12-1 差旅费报销单

操作步骤

(1) 2022 年 7 月 07 日，由“kj002(王袂，密码‘2’)”登录“畅捷通 T3-企业管理信息化软件教育专版-营改增版”系统。

(2) 选择【总账】|【凭证】|【填制凭证】选项，打开“填制凭证”对话框，单击【增加】按钮。

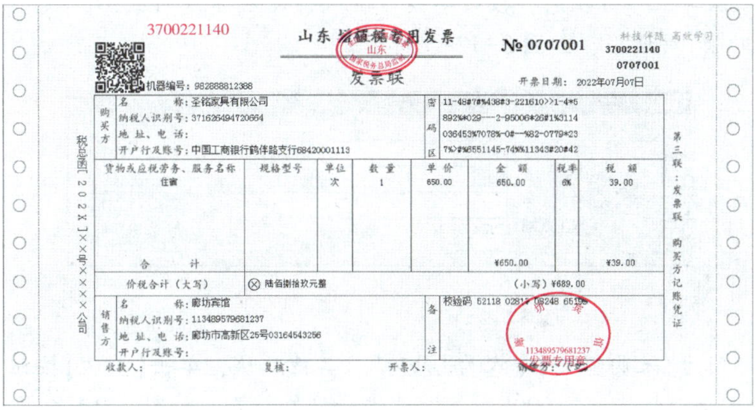

图 3-12-2 住宿费专用发票

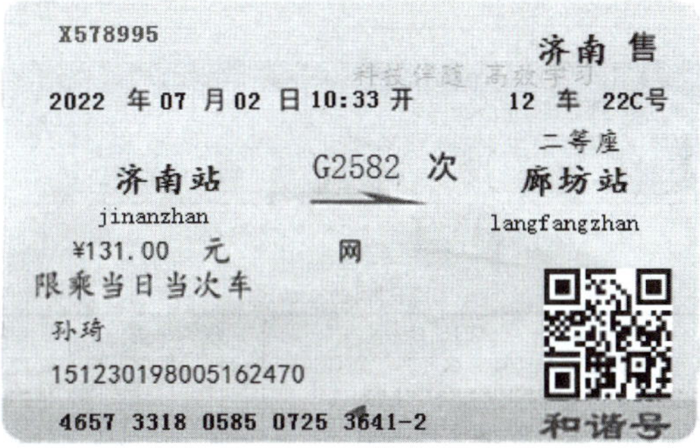

图 3-12-3 火车票 1

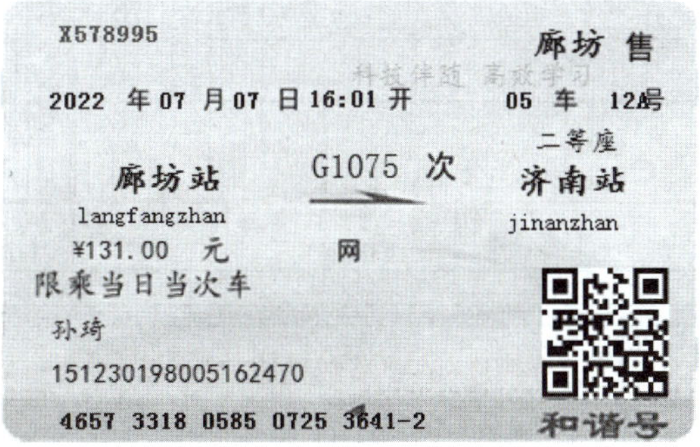

图 3-12-4 火车票 2

（3）附单据数为“1”，在摘要栏输入摘要“报销差旅费”。

（4）单击科目名称栏，输入“560204”或“管理费用-差旅费”，按回车键。

（5）在“借方金额”栏输入“909.36”元，按回车键。

（6）摘要默认与上一行相同，按回车键，输入科目名称为“22210101”或“应交税费-应交增值税-进项税额”，在借方金额栏输入“60.64”，按回车键。

（7）摘要默认与上一行相同，按回车键，输入科目名称为“1001”或“库存现金”，在借方金额栏输入“30”，按回车键。

(8) 摘要默认与上一行相同，按回车键，输入科目名称为“122101”或“其他应收款-个人”，出现“辅助项”对话框，如图 3-12-5 所示。

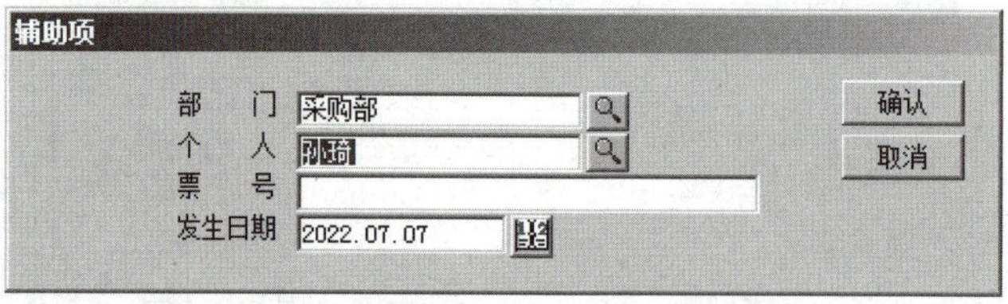

图 3-12-5　“辅助项”对话框

(9) 选择部门为“采购部”，个人为“孙琦”，其他默认，单击【确认】按钮。

(10) 在贷方金额栏输入“1000”或按“=”进行借贷补差，如图 3-12-6 所示。

(11) 单击“填制凭证”对话框中的【保存】按钮，保存凭证，单击【退出】按钮，退出相应对话窗口。

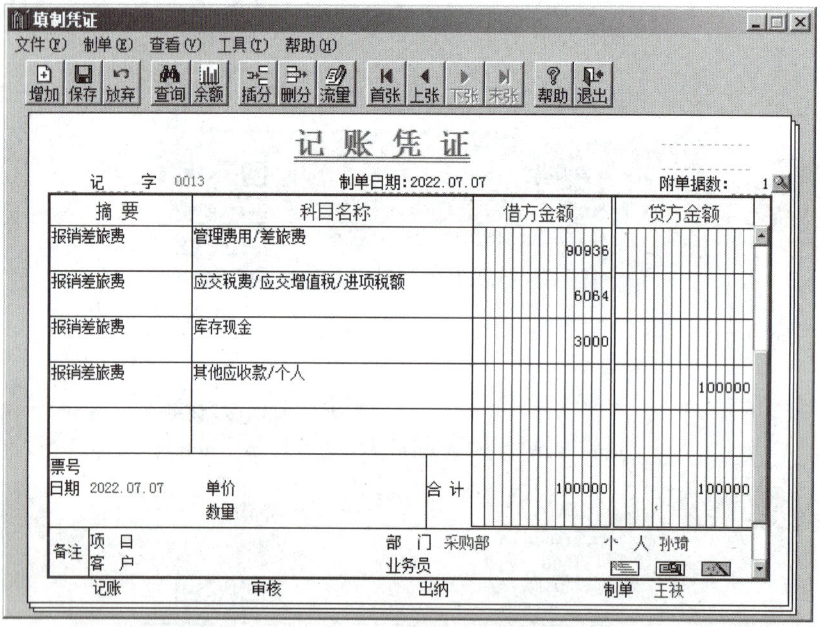

图 3-12-6　“填制凭证”对话框

补　充

取得增值税专用发票的为发票注明的税额，未取得增值税专用发票的，暂按照以下规定确定进项税额：

◇ 取得增值税电子普通发票的，为发票上注明的税额；

◇ 取得注明旅客身份信息的航空运输电子客票行程单的，按照下列公式计算进项税额：航空旅客运输进项税额=(票价+燃油附加费)÷(1+9%)×9%；

◇ 取得注明旅客身份信息的铁路车票的，按照下列公式计算的进项税额：铁路旅客运输进项税额=票面金额÷(1+9%)×9%；

◇ 取得注明旅客身份信息的公路、水路等其他客票的，按照下列公式计算进项税额：公路、水路等其他旅客运输进项税额＝票面金额÷(1+3%)×3%；

◇ 桥、闸通行费进项税额＝通行费发票上注明的金额÷(1+5%)×5%。

3.13 上交社保和公积金业务处理

任务 3-13 2022 年 7 月 08 日，企业缴纳社会保险费和住房公积金(包括企业负担和个人负担两部分)，采用网银支付，如图 3-13-1、图 3-13-2 所示。由“kj002”登录信息平台进行业务处理。

科技伴随 高效学习

山东 社会保险基金缴费专用票据

2022 年 07 月 08 日 经济类型： NO. 0648693321

缴款单位	圣铭家俱有限公司				结算方式	网银
缴款金额	叁万叁仟壹佰玖拾玖元整				¥ 43,129.00	
项目	合计	其中：统筹金	个人账户 单位缴纳	个人账户 个人缴纳	收款单位（章）	
社会保险	43,129.00		32,096.00	11,033.00		
备注						

复核： 收款人： 经办人： 单位代码：6428804805 票据手写无效

11:00:00

图 3-13-1 社保缴费单

科技伴随 高效学习

住房公积金汇缴书

2022 年 07 月 08 日

附变更清册 1 张

单位名称（公章）	圣铭家俱有限公司			
单位登记号	01424830	资金来源 □财政统发 ☑非财政统发		汇缴 2022年07月份
汇缴金额(大写)：	贰万肆仟零柒拾贰元整			千 百 十 万 千 百 十 元 角 分：¥ 2 4 0 7 2 0 0
	上月汇缴	本月增加	本月减少	本月汇缴
人数	14			14
金额	¥12,036.00			¥12,036.00
缴款方式	□支票	☑委托收款	□现金送款簿	□汇票
票据号码	wy070801		备注：	
付款银行	中国工商银行鹤伴路支行			
付款账户	68420000118			

单位财务主管签字（盖章）： 复核： 制单：

图 3-13-2 公积金缴费单

操作步骤

(1) 2022 年 7 月 08 日，由“kj002(王袂，密码‘2’)”登录“畅捷通 T3-企业管理信息化软件教育专版-营改增版”系统。

(2) 选择【总账】|【凭证】|【填制凭证】选项，打开“填制凭证”对话框，单击【增加】按钮。

(3) 附单据数为“2”，在摘要栏输入摘要“上交社保和公积金”。

(4) 单击科目名称栏，输入“221104”或“应付职工薪酬-应付社会保险费”，按回车键。

(5) 在“借方金额”栏输入“32096”元，按回车键。

(6) 摘要默认与上一行相同，按回车键，输入科目名称为“221105”或“应付职工薪酬-应付住房公积金”，在借方金额栏输入“12036”，按回车键。

(7) 摘要默认与上一行相同，按回车键，输入科目名称为“224101”或“其他应付款-社会保险费”，在借方金额栏输入“11033”，按回车键。

(8) 摘要默认与上一行相同，按回车键，输入科目名称为“224102”或“其他应付款-住房公积金”，在借方金额栏输入“12036”，按回车键。

(9) 摘要默认与上一行相同，按回车键，输入科目名称为“100201”或“银行存款-人民币”，按回车键，出现“辅助项”对话框。

图 3-13-3　凭证“辅助项”对话框

(10) 选择结算方式为“6”，其他默认，如图 3-13-3 所示，单击【确认】按钮。

(11) 在贷方金额栏输入“67201”或按“=”借贷补差。

(12) 单击“填制凭证”对话框中的【保存】按钮，保存凭证，如图 3-13-4 所示，单击【退出】按钮，退出相应对话窗口。

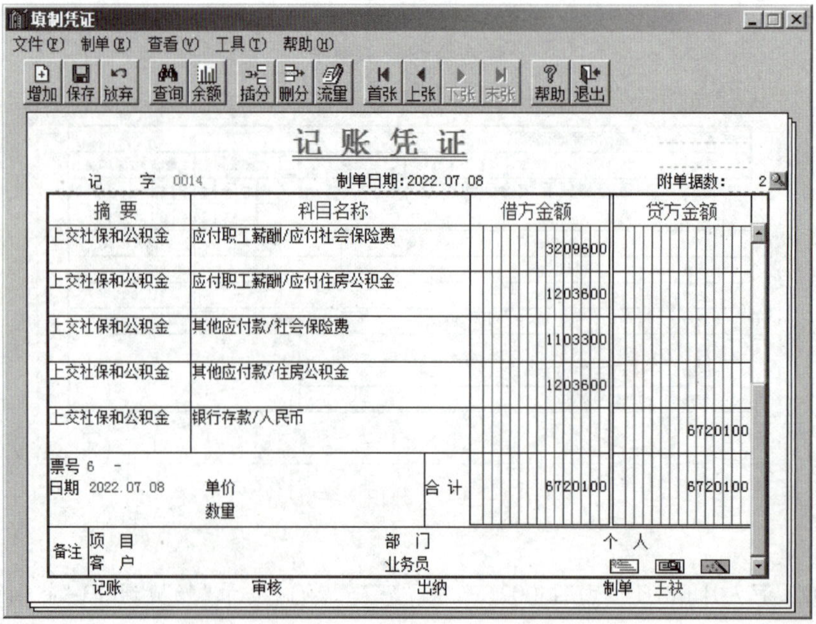

图 3-13-4　“填制凭证”对话框

补　充

◇ 企业计提的社会保险费和住房公积金，计入应付职工薪酬明细科目。

◇ 个人承担的部分，属于企业的代扣代缴款项，计入其他应付款。

3.14　上交个人所得税业务处理

任务 3-14　2022 年 7 月 08 日，企业代交职工个人所得税 351.93 元，采用网银支付，如图 3-14-1 所示。由“kj002”登录信息平台进行业务处理。

科技伴随 高效学习

电子缴款凭证

打印日期：　　地 01555035962802

纳税人识别号	371626494720664			税务征收机关	济南市历下区税务中心		
纳税人全称	圣铭家俱有限公司			开户银行	中国工商银行鹤伴路支行		
				银行账号	68420001113		
系统税票号	征（费）种	税（品）目	所属时期起	所属时期止	实缴金额	缴款日期	备注
	个人所得税		2022年06月01	2022年06月30	351.93	2022年07月08	
金额合计	（大写）叁佰伍拾壹元玖角叁分				￥351.93		

本缴款凭证仅作为纳税人记账核算凭证使用，电子缴税的需与银行对账单电子划缴记录核对一致方有效。纳税人如需汇总开具正式完税证明，请凭税务登记证或身份证明到主管税务机关开具。

济南市历下区税务中心 税务机关（电子章） 征税专用章

图 3-14-1　个人所得税缴税凭证

操作步骤

（1）2022 年 7 月 08 日，由“kj002（王袂，密码‘2’）”登录“畅捷通 T3-企业管理信息化软件教育专版-营改增版”系统。

（2）选择【总账】|【凭证】|【填制凭证】选项，打开“填制凭证”对话框，单击【增加】按钮。

（3）附单据数为“1”，在摘要栏输入摘要“上交个人所得税”。

（4）单击科目名称栏，输入“222112”或“应交税费-应交个人所得税”，按回车键。

（5）在“借方金额”栏输入“351.93”元，按回车键。

（6）摘要默认与上一行相同，按回车键，输入科目名称为“100201”或“银行存款-人民币”，按回车键，出现“辅助项”对话框。

（7）选择结算方式为“6”，其他默认，如图 3-14-2 所示，单击【确认】按钮。

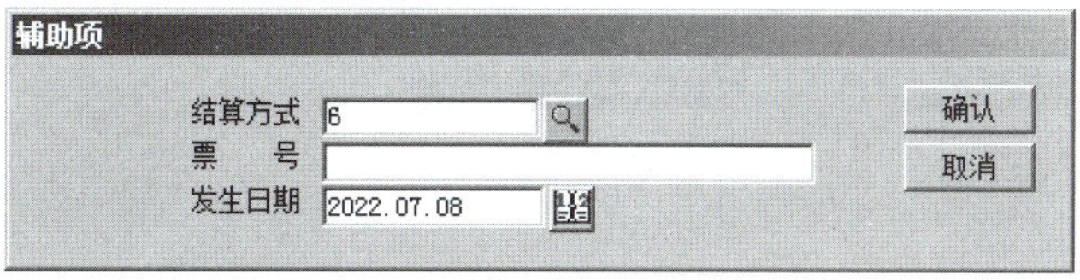

图 3-14-2　凭证“辅助项”对话框

（8）在贷方金额栏输入“351.93”或按“=”借贷补差，如图 3-14-3 所示。

(9) 单击“填制凭证”对话框中的【保存】按钮，保存凭证，单击【退出】按钮，退出相应对话窗口。

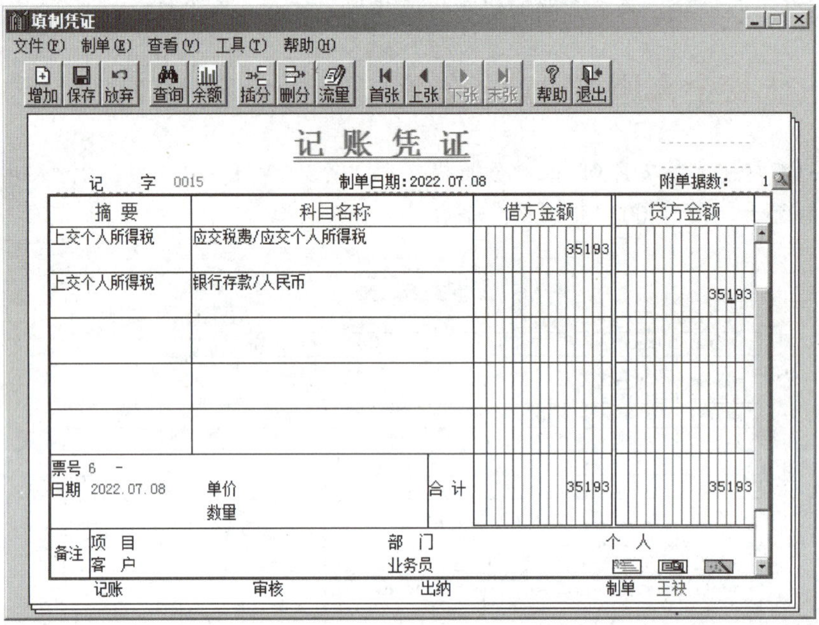

图 3-14-3 “填制凭证”对话框

补 充

◇ 个人所得税目前仍沿袭单位代交的做法，但是随着税费改革，将变成个人申报模式。

3.15 缴纳增值税和企业所得税业务处理

任务 3-15 2022 年 7 月 08 日，企业缴纳上月增值税 56000 元，企业所得税 80000 元，采用网银支付，如图 3-15-1 所示。由“kj002”登录信息平台进行业务处理。

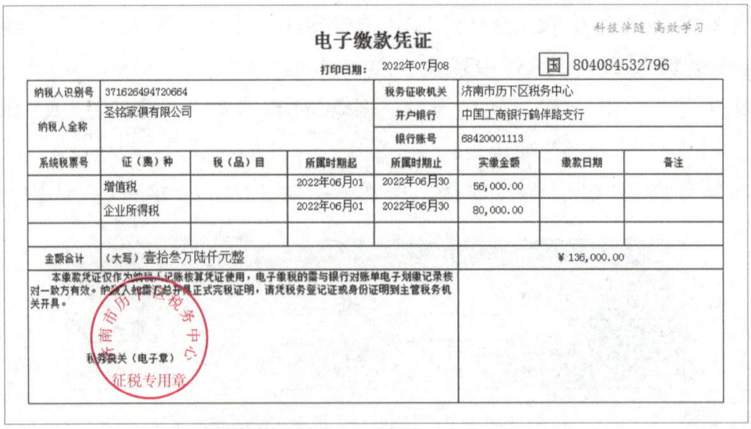

科技伴随 高效学习

电子缴款凭证

打印日期：2022年07月08

国 804084532796

纳税人识别号	371626494720664			税务征收机关	济南市历下区税务中心		
纳税人全称	圣铭家俱有限公司			开户银行	中国工商银行鹤伴路支行		
				银行账号	68420001113		
系统税票号	征（费）种	税（品）目	所属时期起	所属时期止	实缴金额	缴款日期	备注
	增值税		2022年06月01	2022年06月30	56,000.00		
	企业所得税		2022年06月01	2022年06月30	80,000.00		
金额合计	（大写）壹拾叁万陆仟元整				¥136,000.00		

本缴款凭证仅作为纳税人记账核算凭证使用，电子缴税的需与银行对账单电子划缴记录核对一致方有效。纳税人如需汇总开具正式完税证明，请凭税务登记证或身份证明到主管税务机关开具。

税务机关（电子章）

济南市历下区税务中心 征税专用章

图 3-15-1 国税缴纳凭证

操作步骤

（1）2022 年 7 月 08 日，由“kj002（王袂，密码‘2’）”登录“畅捷通 T3–企业管理信息化软件教育专版–营改增版”系统。

（2）选择【总账】|【凭证】|【填制凭证】选项，打开“填制凭证”对话框，单击【增加】按钮。

（3）附单据数为“1”，在摘要栏输入摘要“缴纳增值税和所得税”。

（4）单击科目名称栏，输入“222102”或“应交税费–未交增值税”，按回车键。

（5）在“借方金额”栏输入“56000”元，按回车键。

（6）摘要默认与上一行相同，按回车键，输入科目名称为“222106”或“应交税费–应交所得税”，在贷方金额栏输入“80000”，按回车键。

（7）摘要默认与上一行相同，按回车键，输入科目名称为“100201”或“银行存款–人民币”，按回车键，出现“辅助项”对话框。

（7）选择结算方式为“6”，其他默认，如图 3–15–2 所示，单击【确认】按钮。

（8）在贷方金额栏输入“136000”或按“=”借贷补差，如图 3–15–3 所示。

（9）单击“填制凭证”对话框中的【保存】按钮，保存凭证，单击【退出】按钮，退出相应对话窗口。

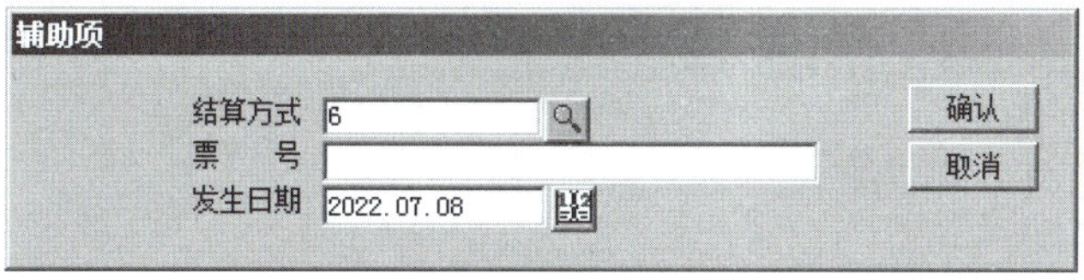

图 3–15–2　凭证“辅助项”对话框

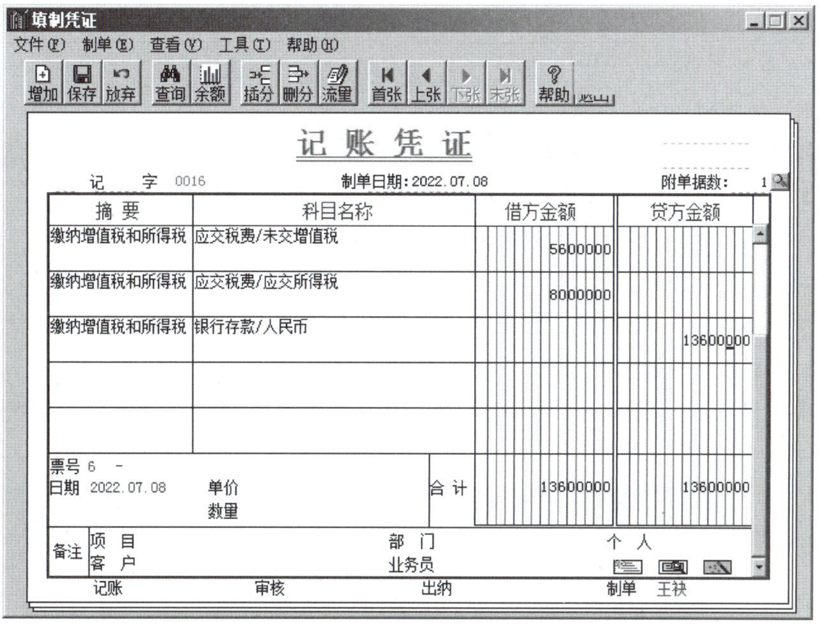

图 3–15–3　“填制凭证”对话框

补　充

◇ 企业缴纳上月增值税的科目“应交税费-未交增值税”；缴纳本月增值税科目是“应交税费-应交增值税-已交税金”。

3.16　缴纳城建税和教育费附加业务处理

任务 3-16　2022 年 7 月 08 日，企业缴纳上月城市建设维护税 3920 元，教育费附加 1680 元，采用网银支付，如图 3-16-1 所示。由“kj002”登录信息平台进行业务处理。

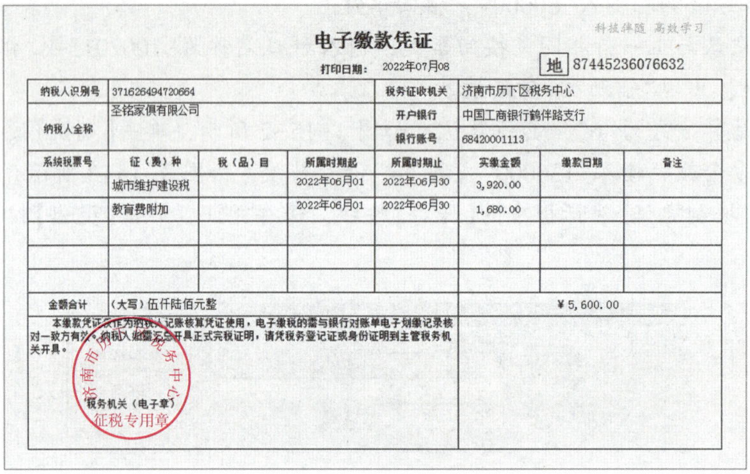

科技伴随 高效学习

电子缴款凭证

打印日期：2022年07月08　　地 87445236076632

纳税人识别号	371626494720664			税务征收机关	济南市历下区税务中心		
纳税人全称	圣铭家俱有限公司			开户银行	中国工商银行鹤伴路支行		
				银行账号	68420001113		
系统税票号	征（费）种	税（品）目	所属时期起	所属时期止	实缴金额	缴款日期	备注
	城市维护建设税		2022年06月01	2022年06月30	3,920.00		
	教育费附加		2022年06月01	2022年06月30	1,680.00		
金额合计	（大写）伍仟陆佰元整				¥5,600.00		

本缴款凭证仅作为纳税人记账核算凭证使用，电子缴税的需与银行对账单电子划缴记录核对一致方有效。纳税人如需汇总开具正式完税证明，请凭税务登记证或身份证明到主管税务机关开具。

济南市历下区税务中心　税务机关（电子章）　征税专用章

图 3-16-1　缴纳城建税教育费附加

操作步骤

(1) 2022 年 7 月 08 日，由“kj002(王袂，密码‘2’)”登录“畅捷通 T3-企业管理信息化软件教育专版-营改增版”系统。

(2) 选择【总账】|【凭证】|【填制凭证】选项，打开“填制凭证”对话框，单击【增加】按钮。

(3) 附单据数为“1”，在摘要栏输入摘要“缴纳城建税和教育费附加”。

(4) 单击科目名称栏，输入“222108”或“应交税费-应交城市维护建设税”，按回车键。

(5) 在“借方金额”栏输入“3920”元，按回车键。

(6) 摘要默认与上一行相同，按回车键，输入科目名称为“222113”或“应交税费-教育费附加”，在贷方金额栏输入“1680”，按回车键。

(7) 摘要默认与上一行相同，按回车键，输入科目名称为“100201”或“银行存款-人民币”，按回车键，出现“辅助项”对话框，如图 3-16-2 所示。

图 3-16-2　凭证“辅助项”对话框

(7) 选择结算方式为“6”，其他默认，单击【确认】按钮。

(8) 在贷方金额栏输入“5600”或按“=”借贷补差。

(9) 单击“填制凭证”对话框中的【保存】按钮，保存凭证，如图 3-16-3 所示。

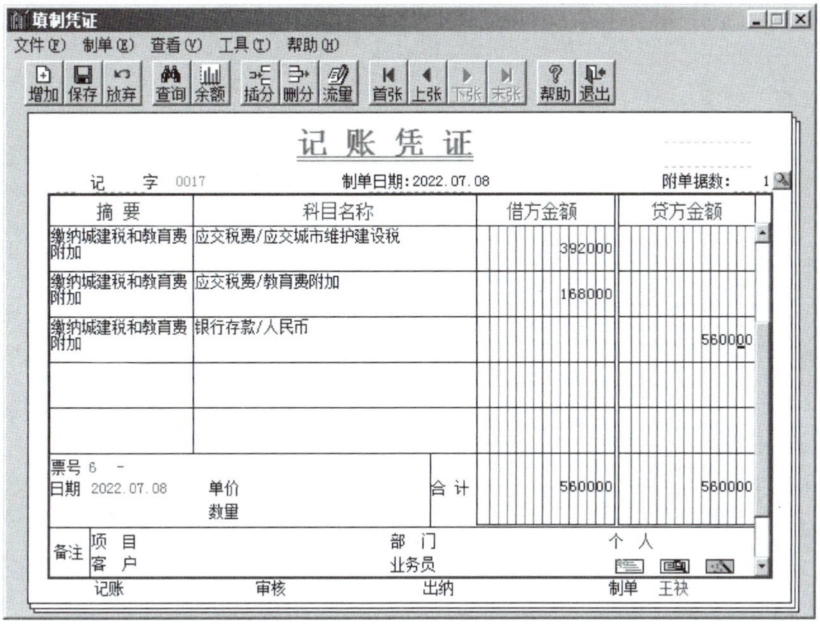

图 3-16-3 “填制凭证”对话框

3.17 运费发票未到业务处理

任务 3-17 2022 年 7 月 09 日，收到向多维有限公司购买的乙材料并入原材料库，如图 3-17-1 所示。同时收到增值税专用发票一张：乙材料 600 组，单价 27 元/组，金额 16200，税率 13%，税额 2106，发票号：0709001，如图 3-17-2 所示。进行合并制单。由“kj004”登录信息平台进行业务处理。

材料入库单

发票号码：

供应单位：多维有限公司　　收料单编号：

收发类别：采购入库　　2022 年 07 月 09 日　　收料仓库：原材料库

编号	名称	规格	单位	数量		实际成本				
				应收	实收	买价 单价	买价 金额	运杂费	其他	合计
	乙材料			600	600	27.00	16,200.00			16,200.00
合计				600	600		¥16,200.00			¥16,200.00
备注										

采购员：　　检验员：　　记账员：　　保管员：

图 3-17-1 采购入库单

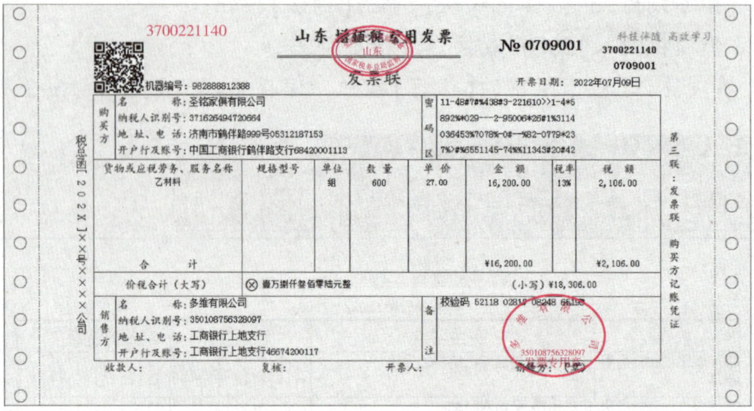

图 3-17-2　采购发票

操作步骤

(1) 2022 年 7 月 09 日，由“kj004(朱桓，密码‘4’)”登录“畅捷通 T3-企业管理信息化软件教育专版-营改增版”系统。

(2) 选择【采购】|【采购发票】选项，打开“采购发票”对话框。

(3) 单击【增加】按钮右侧下箭头，选择“专用发票”选项，打开“采购专用发票”对话框。

(4) 填写发票号为“0709001”，开票日期为“2022-07-09”，选择供货单位为“多维”，修改税率为“13”，其他默认。

(5) 选择存货编码为“0102”，数量为“600”，原币单价为“27”，其他默认，完成发票信息录入，如图 3-17-3 所示。

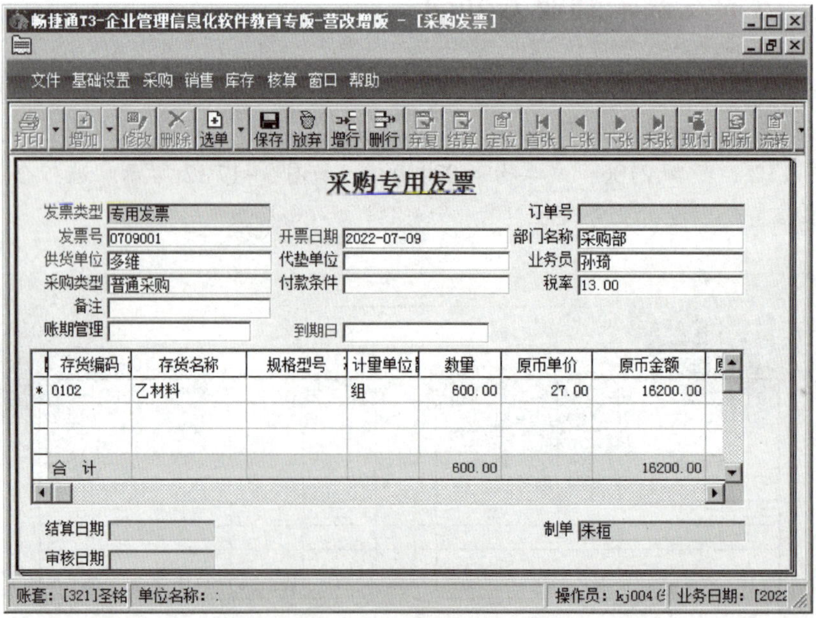

图 3-17-3　“采购发票”对话框

(6) 单击【保存】按钮。

(7) 单击【复核】按钮，出现系统提示，如图3-17-4所示，单击【是】按钮，完成复核。

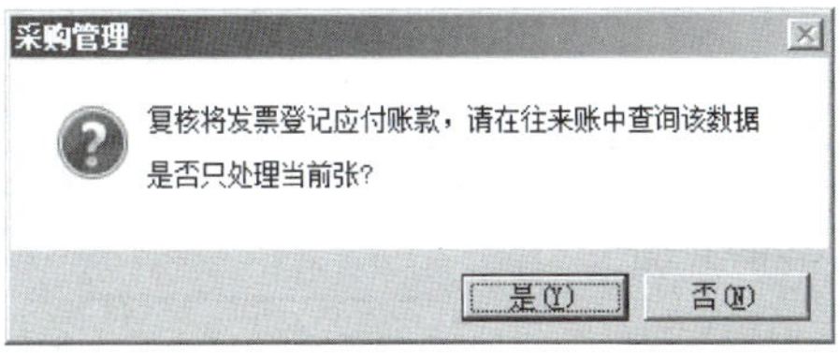

图3-17-4 “采购管理”对话框

(8) 单击采购发票窗口中的【流转】按钮右侧下箭头，选择“生成采购入库单”选项，如图3-17-5所示。

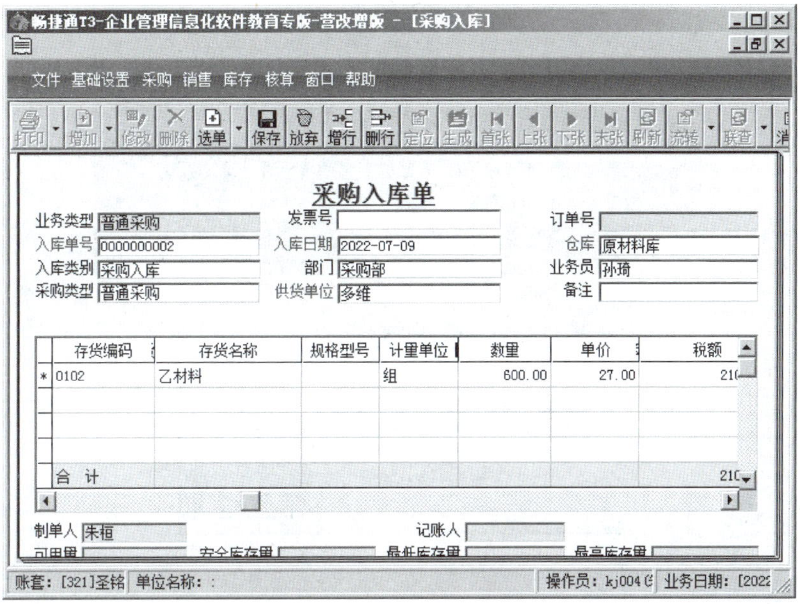

图3-17-5 “采购入库单”对话框

(9) 选择仓库为“原材料库”，并填写相应信息，单击【保存】按钮，单击【退出】按钮，退出相应对话窗口。

(10) 选择【采购】|【采购结算】|【自动结算】选项，打开“自动结算”对话框，如图3-17-6所示。

(11) 查看条件过滤栏和结算方式无误，其他默认，单击【确认】按钮。

(12) 出现系统提示结算成功，如图3-17-7所示，单击【确定】按钮，关闭相关窗口。

(13) 选择【库存】|【采购入库单审核】选项，出现“采购入库单审核”对话框，如图3-17-8所示。

(14) 单击【审核】按钮，再单击【退出】按钮，完成采购入库单的审核。

(15) 选择【核算】|【核算】|【正常单据记账】选项，打开“正常单据记账条件”对话框，如图3-17-9所示。

(16) 在仓库栏选择“原材料库”，或单击【全选】按钮，单击【确定】按钮，出现“正常单据记账”对话框，如图3-17-10所示。

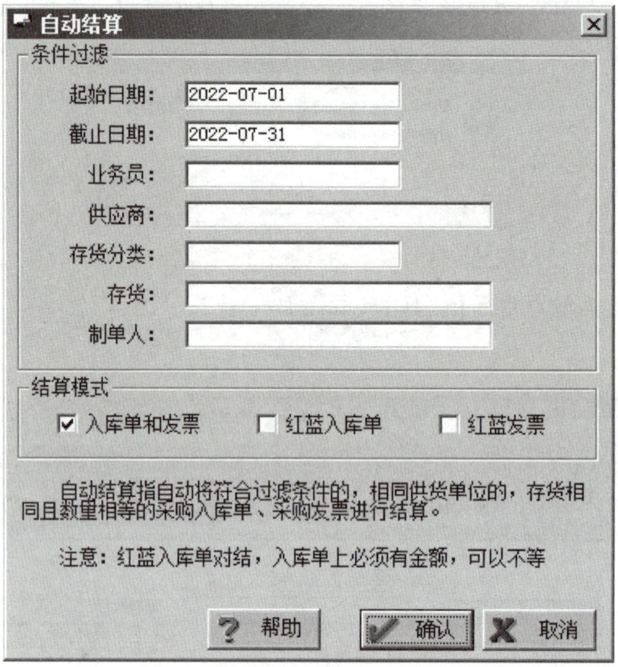

图 3-17-6 “自动结算”对话框

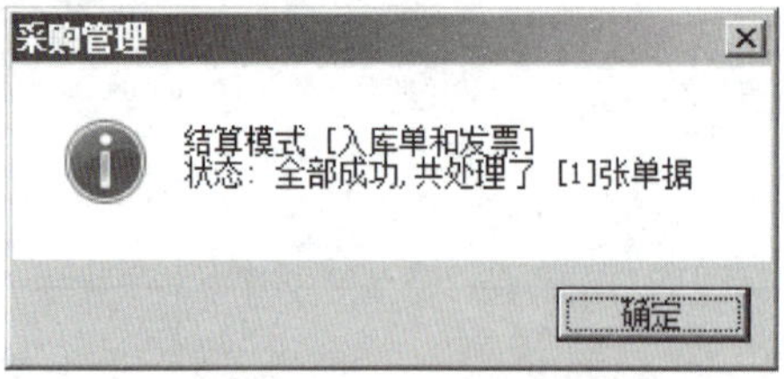

图 3-17-7 “采购管理”对话框

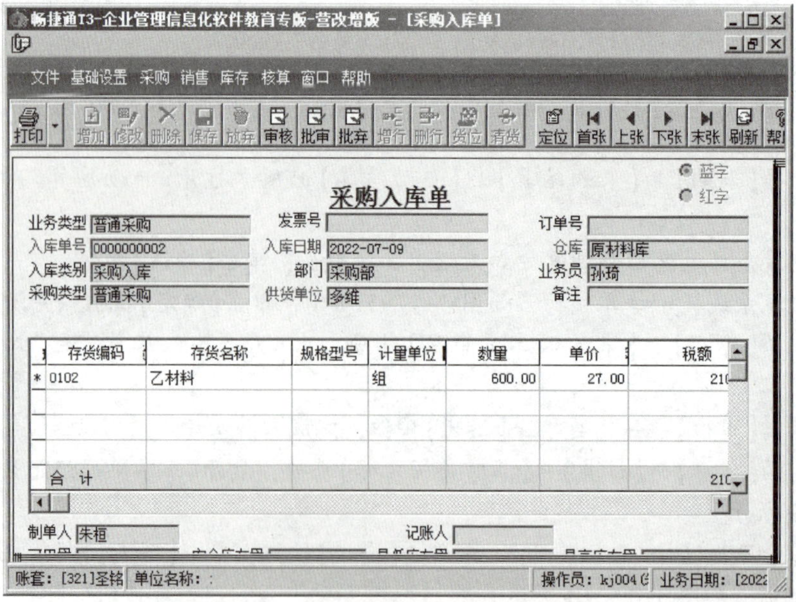

图 3-17-8 “采购入库单审核”对话框

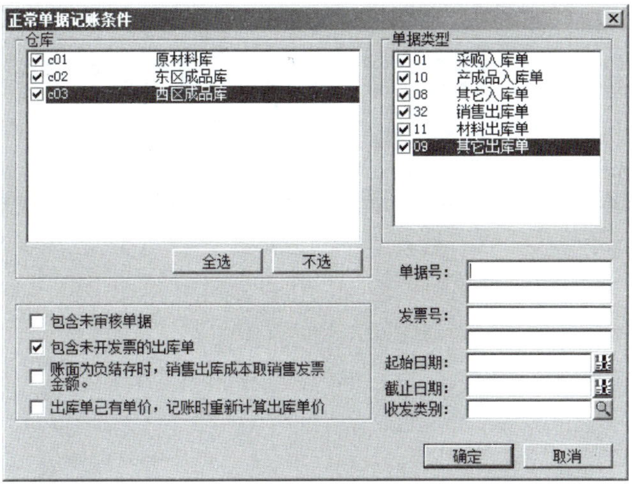

图 3-17-9 “正常单据记账条件”对话框

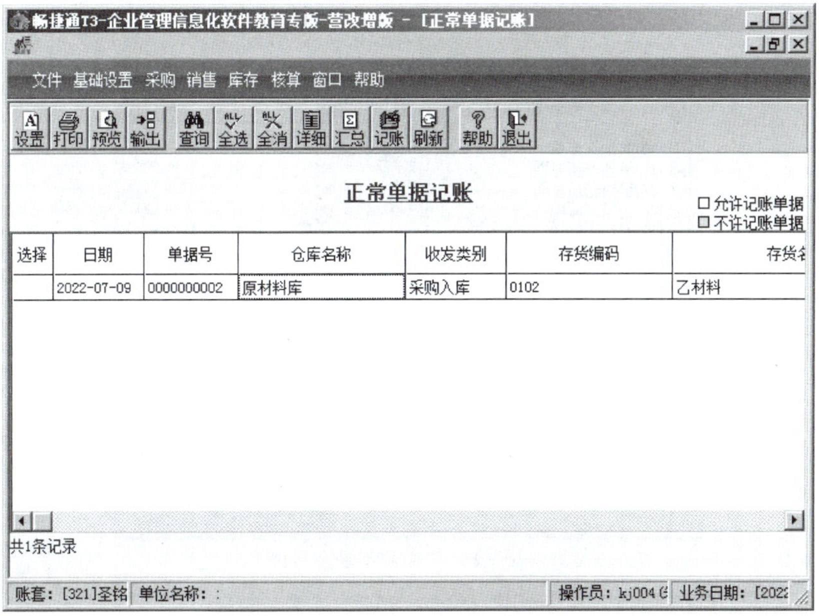

图 3-17-10 “正常单据记账”对话框

(17) 单击【全选】按钮，或选择相应记录。

(18) 单击【记账】按钮，并单击【退出】按钮，完成记账。

(19) 选择【核算】|【凭证】|【购销单据制单】选项，出现“生成凭证”对话框，如图3-17-11所示。

(20) 单击【选择】按钮，出现“条件查询”对话框，如图3-17-12所示。

(21) 单击【全选】按钮，或选择“采购入库单(报销记账)”复选框，选择相应条件，再单击【确认】按钮，出现“选择单据”对话框，如图3-17-13所示。

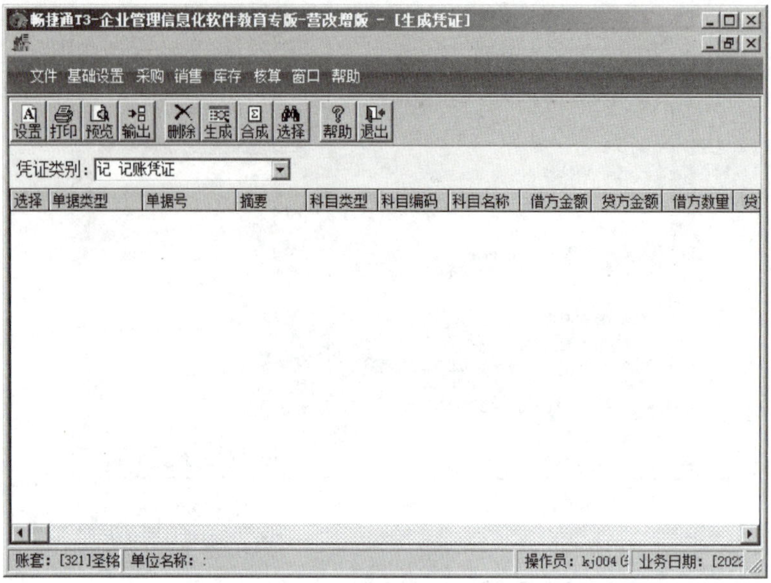

图 3-17-11 “生产凭证”对话框

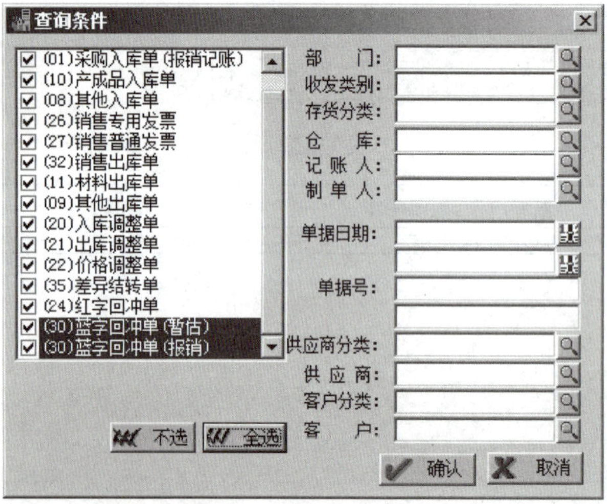

图 3-17-12 “条件查询”对话框

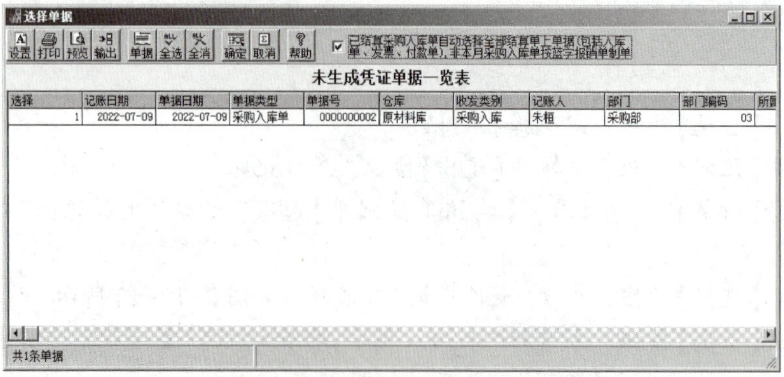

图 3-17-13 “选择单据”对话框

(22) 选择相应记录，或单击【全选】按钮，

(23) 选择"已结算采购入库单自动选择全部结算单上单据(包括入库单、发票、付款单)、非本月采购入库单按蓝字报销单制单"复选框，单击【确定】按钮，出现"生成凭证"对话框，如图 3-17-14 所示。

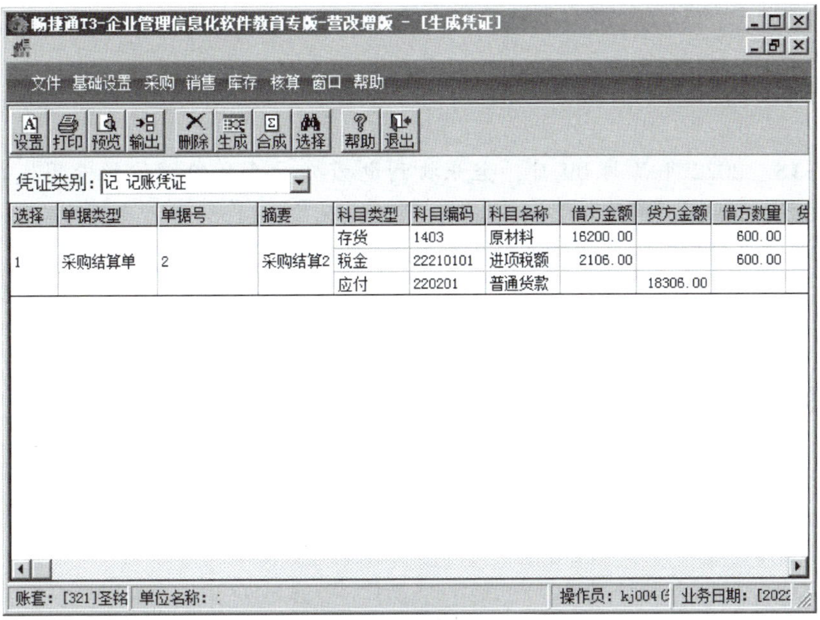

图 3-17-14 "生产凭证"对话框

(24) 单击【生成】按钮，出现"填制凭证"对话框，如图 3-17-15 所示。

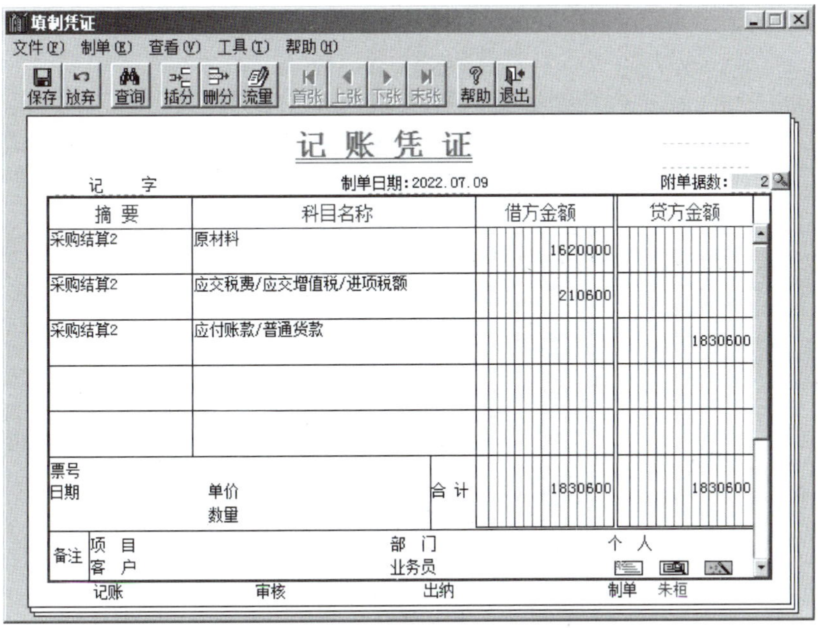

图 3-17-15 "填制凭证"对话框

（25）修改附单据张数为“2”，单击“填制凭证”对话框中的【保存】按钮，保存凭证，单击【退出】按钮，退出相应对话窗口。

补　充

◇ 如果采购发票和入库单发生日期在同一月份，采购结算可以采用自动结算方式。

◇ 合并制单是按购销单据制单流程来生成。

3.18　支付电费业务处理

任务 3-18　2022 年 7 月 09 日，企业收到电力公司开具的增值税专用发票(发票号：0709012，度数：10900，单价：0.8，总价：8720，税额：1133.6)，如图 3-18-1 所示。当即开出转账支票支付(单号：zz070901)，如图 3-18-2 所示。由“kj002”登录信息平台进行业务处理。

3700221140

山东增值税专用发票

№ 0709001　3700221140　0709001

发票联

机器编号：982888812388　开票日期：2022年07月09日

购买方　名称：圣铭家俱有限公司
纳税人识别号：371626494720664
地址、电话：济南市鹤伴路999号05312187153
开户行及账号：中国工商银行鹤伴路支行68420001113

密码区　11-48#7#%438#3-221610>>1-4*5
892%*029---2-95006*26#1%3114
036453%7078%-0#--%82-0779*23
7%>#%6551145-74%%11343#20#42

货物或应税劳务、服务名称	规格型号	单位	数量	单价	金额	税率	税额
电费		度	10900	0.80	8,720.00	13%	1,133.60
合计					¥8,720.00		¥1,133.60
价税合计（大写）	⊗玖仟捌佰伍拾叁元陆角整				（小写）¥9,853.60		

销售方　名称：[illegible]
纳税人识别号：370100891054728
地址、电话：济南市解放路46号05314858142
开户行及账号：中国建设银行解放路支行4583248965374768

备注　校验码 52118 02818 08248 65199

收款人：　复核：　开票人：　销售方：（章）

第三联：发票联　购买方记账凭证

图 3-18-1　电费发票

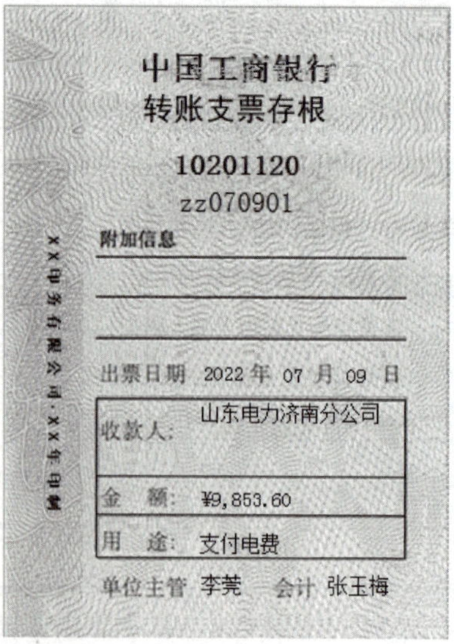

中国工商银行
转账支票存根
10201120
zz070901
附加信息
出票日期 2022 年 07 月 09 日
收款人：山东电力济南分公司
金　额：¥9,853.60
用　途：支付电费
单位主管 李莞　会计 张玉梅

图 3-18-2　转账支票存根

操作步骤

（1）2022 年 7 月 09 日，由“kj002（王袂，密码‘2’）”登录“畅捷通 T3-企业管理信息化软件教育专版-营改增版”系统。

（2）选择【总账】|【凭证】|【填制凭证】选项，打开“填制凭证”对话框，单击【增加】按钮。

（3）附单据数为“2”，在摘要栏输入摘要“支付电费”。

（4）单击科目名称栏，输入“220203”或“应付账款-其他”，按回车键。

（5）在“借方金额”栏输入“8720”元，按回车键。

（6）摘要默认与上一行相同，按回车键，输入科目名称为“22210101”或“应交税费-应交增值税-进项税额”，按回车键，在“借方金额”栏输入“1133.6”元，按回车键。

（7）摘要默认与上一行相同，按回车键，输入科目名称为“100201”或“银行存款-人民币”，按回车键，出现“辅助项”对话框，如图 3-18-3 所示。

图 3-18-3　凭证“辅助项”对话框

（7）选择结算方式为“202”，票号为“zz18070901”，其他默认，单击【确认】按钮。

（8）在贷方金额栏输入“98536”或按“=”借贷补差，如图 3-18-4 所示。

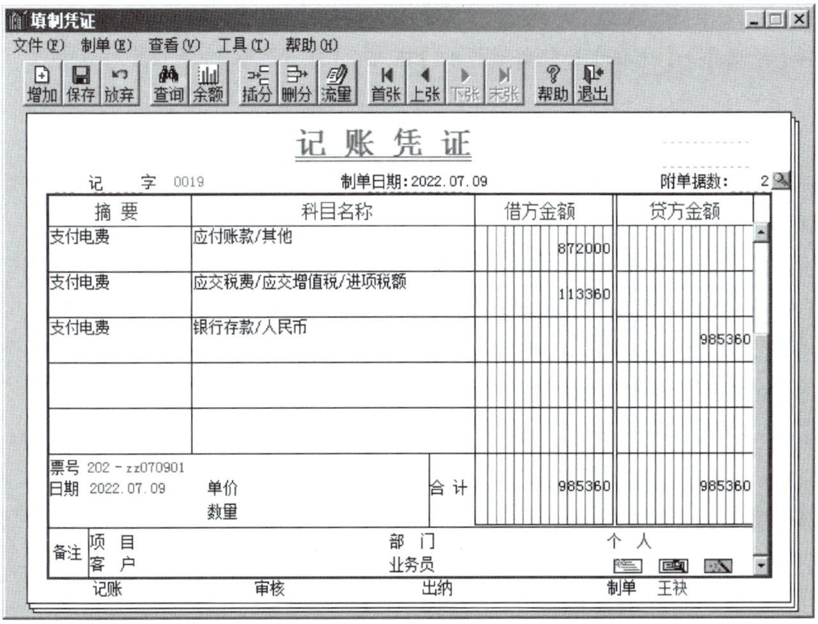

图 3-18-4　“填制凭证”对话框

(9) 单击“填制凭证”对话框中的【保存】按钮，保存凭证，单击【退出】按钮，退出相应对话窗口。

3.19 分配电费业务处理

任务 3-19 2022 年 7 月 09 日，企业分配电费，具体信息如表 3-19-1 所示。由“kj002”登录信息平台进行业务处理。

表 3-19-1 电费分配表

部门	度数	单价	金额
行政部	100	0.8	80
财务部	100		80
采购部	100		80
销售部	300		240
生产车间	10000		8000
研发部	300		240
合计	10900		8720

操作步骤

(1) 2022 年 7 月 09 日，由“kj002(王袂，密码‘2’)”登录“畅捷通 T3-企业管理信息化软件教育专版-营改增版”系统。

(2) 选择【总账】|【凭证】|【填制凭证】选项，打开“填制凭证”对话框，单击【增加】按钮。

(3) 附单据数为“1”，在摘要栏输入摘要“分配电费”。

(4) 单击科目名称栏，输入“560206”或“管理费用-水电费”，按回车键，在“借方金额”栏输入“480”元，按回车键。

(5) 摘要默认与上一行相同，按回车键，输入科目名称为“560115”或“销售费用-其他”，在借方金额栏输入“240”，按回车键。

(6) 摘要默认与上一行相同，按回车键，输入科目名称为“4101”或“制造费用”，在借方金额栏输入“8000”，按回车键。

(7) 摘要默认与上一行相同，按回车键，输入科目名称为“220203”或“应付账款-其他”，在贷方金额栏输入“8720”或按“=”借贷补差，如图 3-19-1 所示。

(8) 单击“填制凭证”对话框中的【保存】按钮，保存凭证，单击【退出】按钮，退出相应对话窗口。

补　充

◇ 本业务要与上一题结合起来理解，通过电费分配冲销预先减少的应付账款。

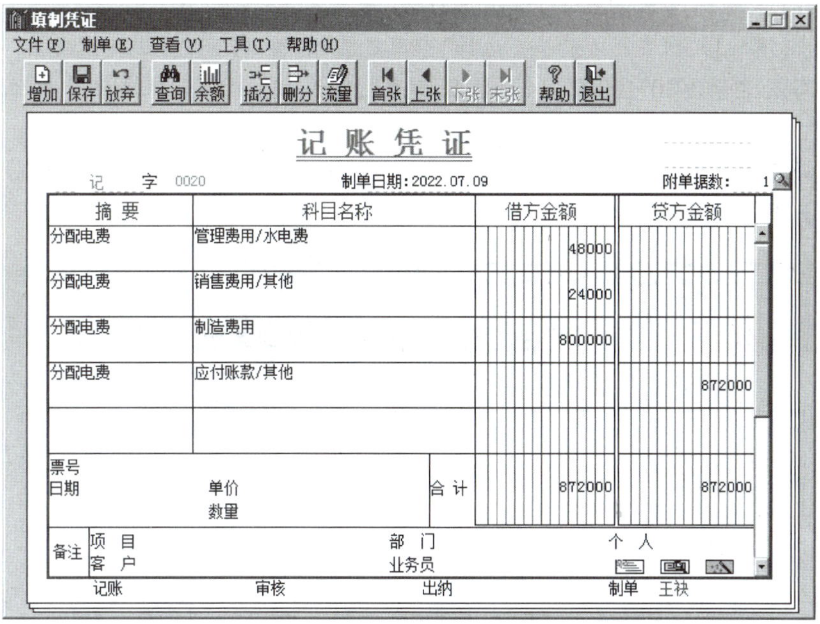

图 3-19-1 “填制凭证”对话框

3.20 部分暂估调整业务处理(二)

任务 3-20 2022 年 7 月 10 日，收到明齐有限公司 6 月 11 日采购丙材料发票，专用发票：250(组)16(单价)4000(金额)13%(税率)520(税额)，专用发票号：0710001，如图 3-20-1所示。由“kj004”登录信息平台进行业务处理。

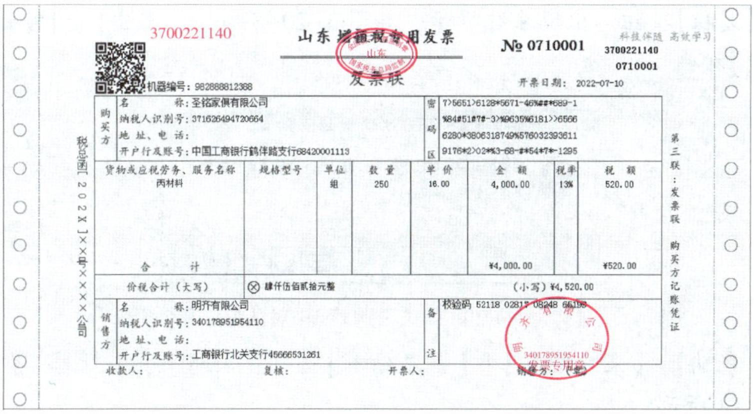

3700221140 山东增值税专用发票 № 0710001 3700221140 0710001

发票联

机器编号：982888812368 开票日期：2022-07-10

购买方 名称：圣铭家俱有限公司
纳税人识别号：371626494720664
地址、电话：
开户行及账号：中国工商银行鹤伴路支行68420001113

密码区 7>5651>6128*5671-46%##*689-1 %84#51#7#-3>%9635%6181>>6566 6280*3806318749%576032393611 9176*2>02**3-68-#*54*7*-1295

货物或应税劳务、服务名称	规格型号	单位	数量	单价	金额	税率	税额
丙材料		组	250	16.00	4,000.00	13%	520.00
合计					¥4,000.00		¥520.00

价税合计（大写） ⊗肆仟伍佰贰拾元整 （小写）¥4,520.00

销售方 名称：明齐有限公司
纳税人识别号：340178951954110
地址、电话：
开户行及账号：工商银行北关支行45666531261

备注 校验码 52118 02817 08248 66198

收款人： 复核： 开票人： 销售方：（章）

第三联：发票联 购买方记账凭证

图 3-20-1 采购发票

操作步骤

(1) 2022 年 7 月 10 日，由“kj004(朱桓，密码‘4’)”登录“畅捷通 T3-企业管理信息化软件教育专版-营改增版”系统。

(2) 选择【采购】|【采购发票】选项，打开“采购发票”对话框。

(3) 单击【增加】按钮右侧下箭头，选择“专用发票”选项，打开“采购专用发票”对话框。

(4) 填写发票号为“0710001”，开票日期为“2022-07-10”，选择供货单位为“明齐”，修改税率为“13”，其他默认。

(5) 选择存货编码为“0103”，数量为“250”，原币单价为“16”，其他默认，完成发票信息录入，如图 3-20-2 所示。

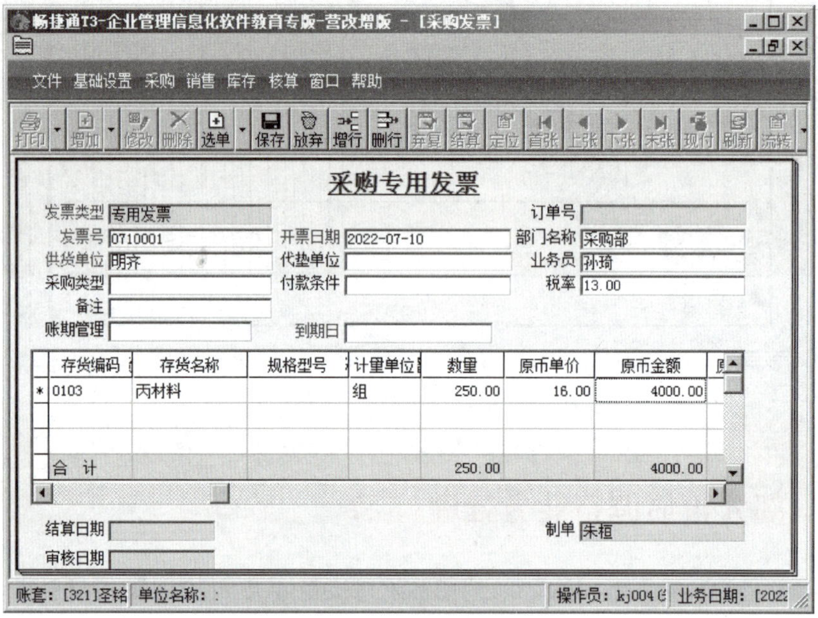

图 3-20-2 “采购发票”对话框

(6) 单击【保存】按钮。

(7) 单击【复核】按钮，出现系统提示，如图 3-20-3 所示，单击【是】按钮，完成复核，然后单击【退出】按钮。

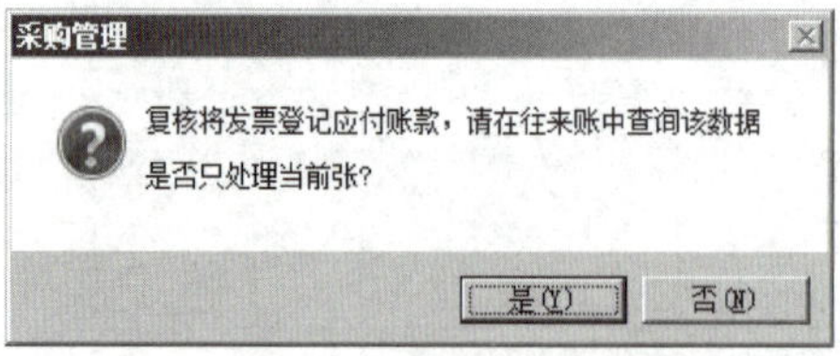

图 3-20-3 “采购管理”对话框

(8) 选择【采购】|【采购结算】|【手工结算】选项，打开“手工结算-条件输入”对话框，如图 3-20-4 所示。

(9) 在条件过滤栏，录入左侧日期为“2022-06-11”，其他默认，单击【确定】按钮。

(10) 在“入库单和发票选择”对话框中，选择对应的入库单和发票，如图 3-20-5 所示，单击【确认】按钮。

(11) 在“手工结算”对话框中，单击【结算】按钮，如图 3-20-6 所示。

图 3-20-4 “条件输入”对话框

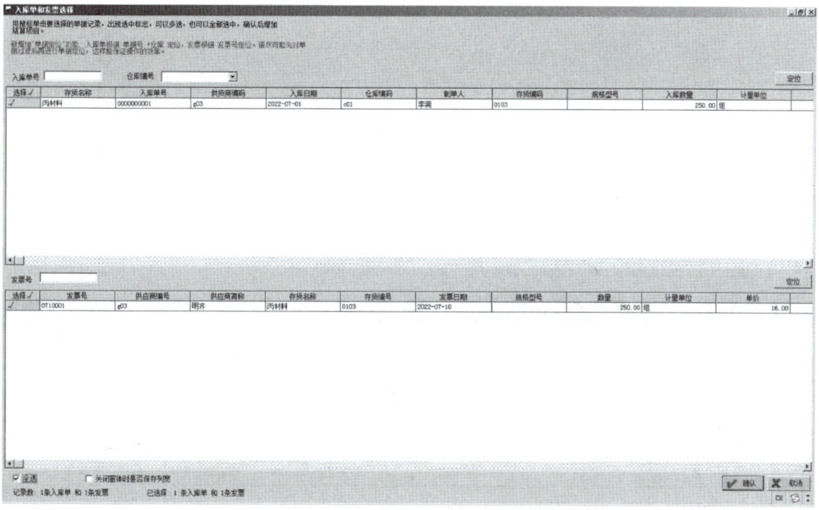

图 3-20-5 “入库单和发票选择”对话框

(12) 出现系统提示“结算完成!”对话框，单击【确定】按钮，完成结算，单击【退出】按钮，退出相应对话窗口。

(13) 选择【核算】|【凭证】|【供应商往来制单】选项，打开“供应商制单查询”对话框，如图 3-20-7 所示。

(14) 选择“发票制单”复选框，单击【确认】按钮，出现“供应商往来制单”对话框，如图 3-20-8 所示。

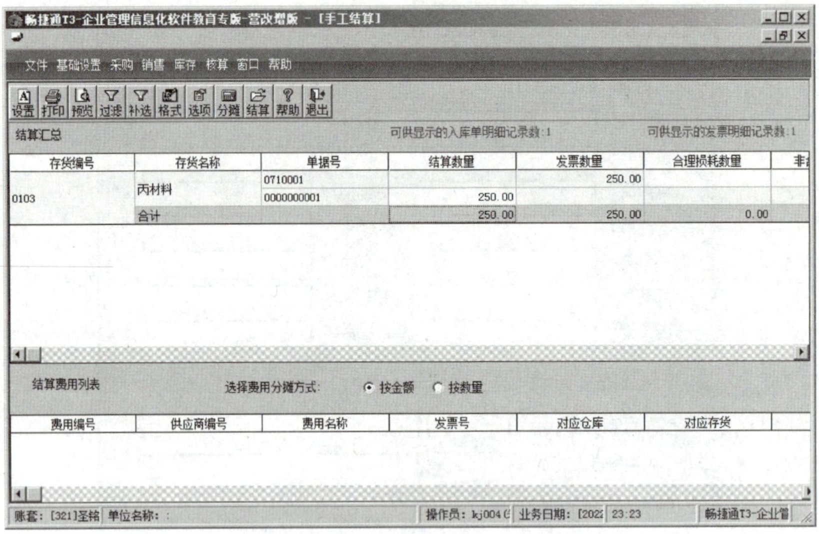

图 3-20-6 “手工结算”对话框

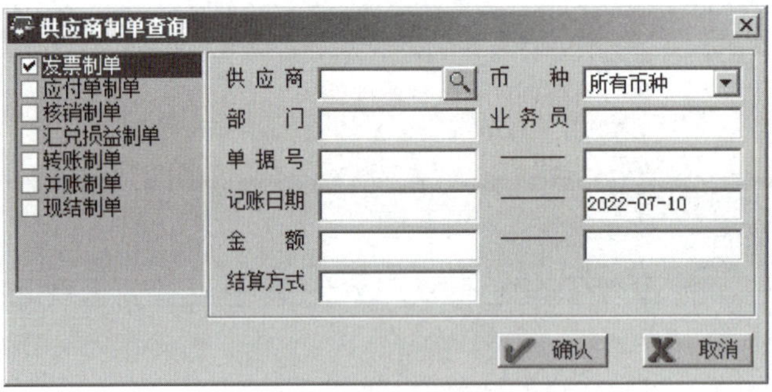

图 3-20-7 “供应商制单查询”对话框

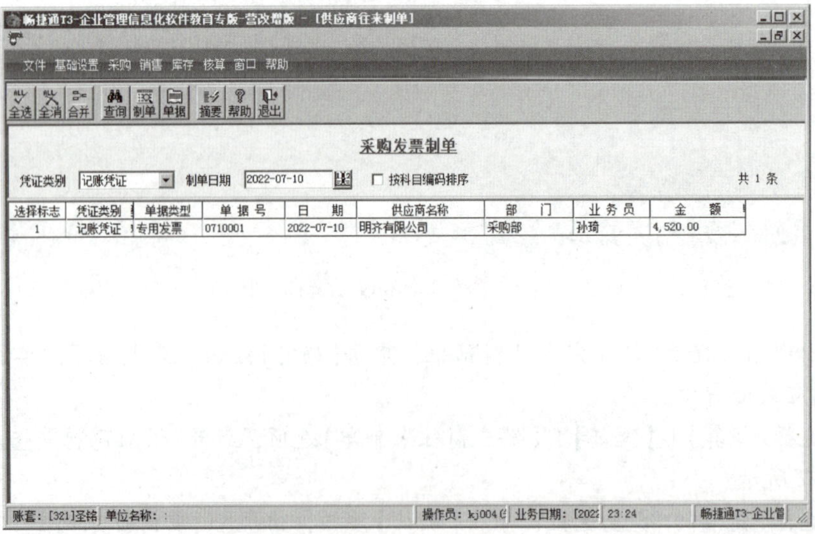

图 3-20-8 “供应商往来制单”对话框

(15) 单击【全选】按钮，或选择相应记录。

(16) 单击【制单】按钮，出现“填制凭证”对话框，如图 3-20-9 所示。

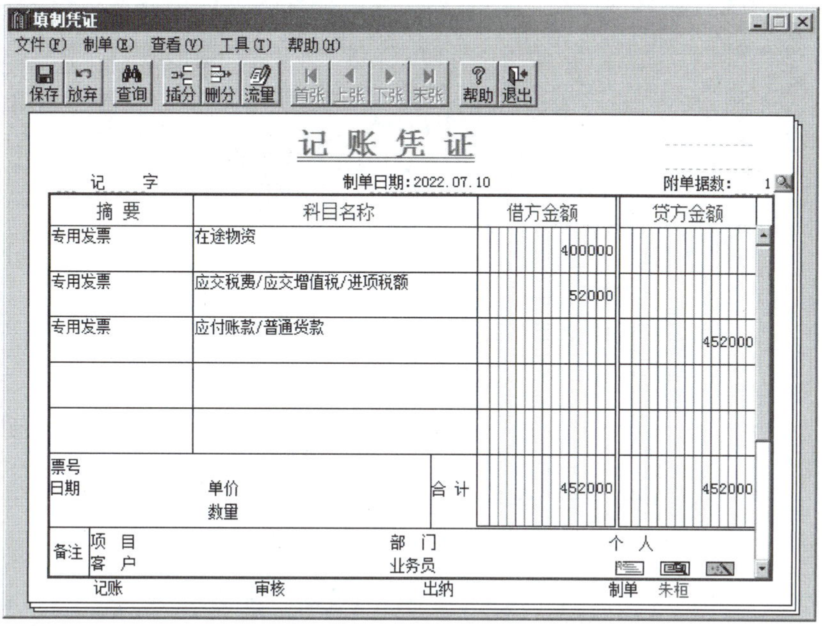

图 3-20-9 “填制凭证”对话框

(17) 单击“填制凭证”对话框中的【保存】按钮，系统提示保存凭证成功，单击【确定】按钮，再单击【退出】按钮，退出相应对话窗口。

(18) 选择【核算】|【核算】|【暂估入库成本处理】选项，出现“暂估处理查询”对话框，如图 3-20-10 所示。

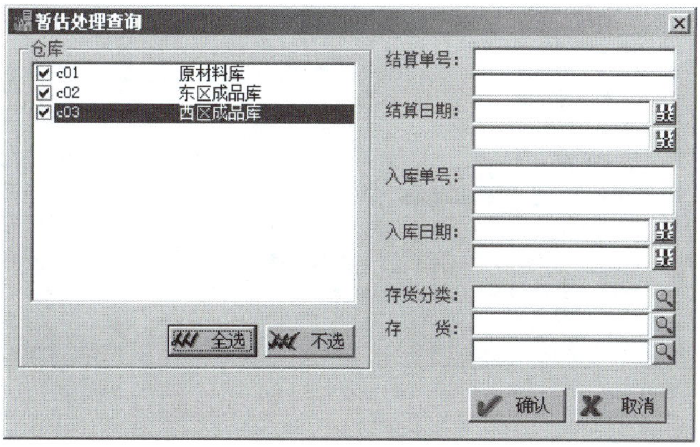

图 3-20-10 “暂估处理查询”对话框

(22) 在仓库栏选择“原材料库”，或单击【全选】按钮，然后单击【确认】按钮，出现“暂估结算表”对话框，如图 3-20-11 所示。

(23) 单击【全选】按钮，或选择相应的记录，然后单击【暂估】按钮，完成暂估结算，并单击【退出】按钮。

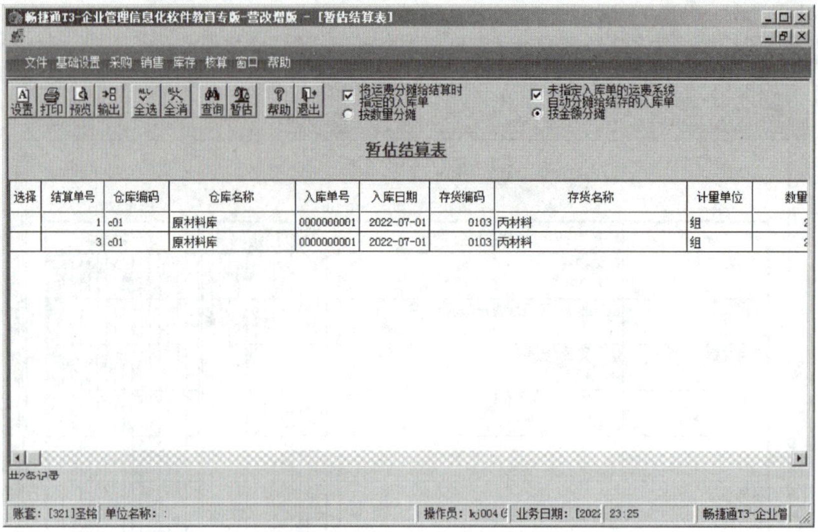

图 3-20-11 “暂估结算表”对话框

（24）选择【核算】|【凭证】|【购销单据制单】选项，出现“生成凭证”对话框。

（25）单击【选择】按钮，出现“条件查询”对话框，如图 3-20-12 所示。

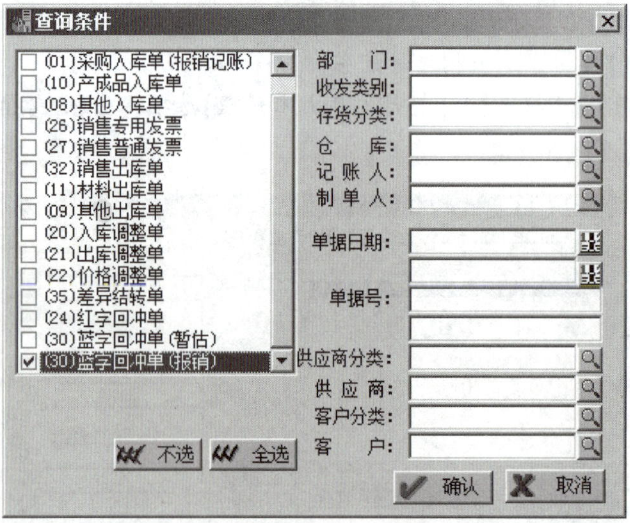

图 3-20-12 “条件查询”对话框

（26）单击【全选】按钮，或选择“蓝字回冲单（报销）”复选框，选择相应条件，再单击【确认】按钮，出现“选择单据”对话框，如图 3-20-13 所示。

（27）选择相应记录，或单击【全选】按钮，

（28）去掉“已结算采购入库单自动选择全部结算单上单据（包括入库单、发票、付款单）、非本月采购入库单按蓝字报销单制单”复选框，单击【确定】按钮，出现“生成凭证”对

话框，如图 3-20-14 所示。

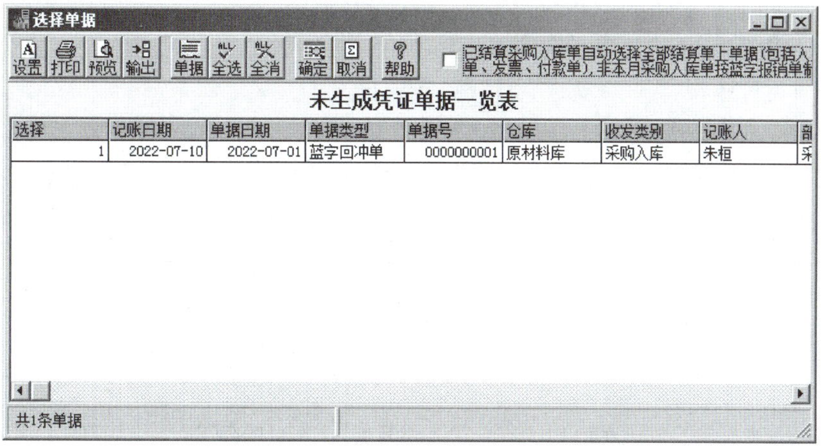

图 3-20-13 “选择单据”对话框

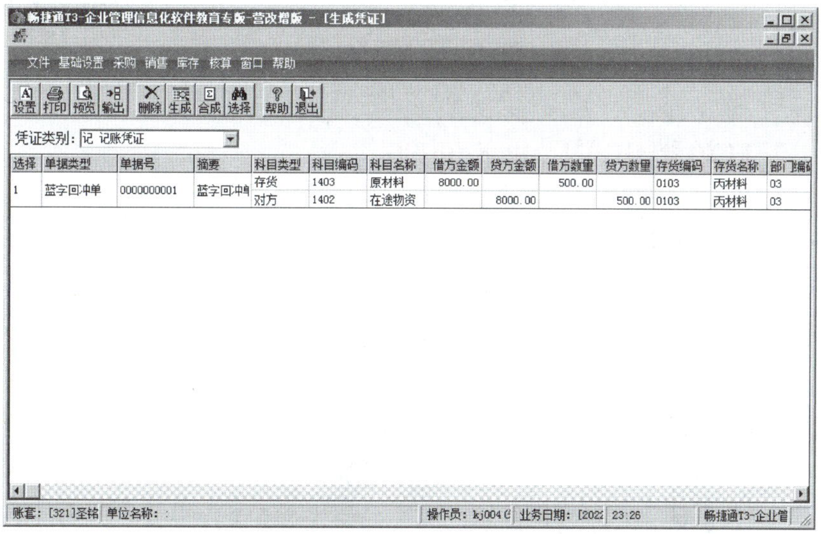

图 3-20-14 “生成凭证”对话框

（29）单击【生成】按钮，出现“填制凭证”对话框，如图 3-20-15 所示。

（30）单击“填制凭证”对话框中的【保存】按钮，保存凭证。

（31）单击【退出】按钮，关闭“填制凭证”对话框，并关闭其他相关窗口。

补　充

◇ 本业务要与暂估业务处理(一)结合起来理解，用暂估应付款科目做中间过渡后，最后要进行暂估处理。

◇ 暂估成本处理是采购价格调整入账的途径。

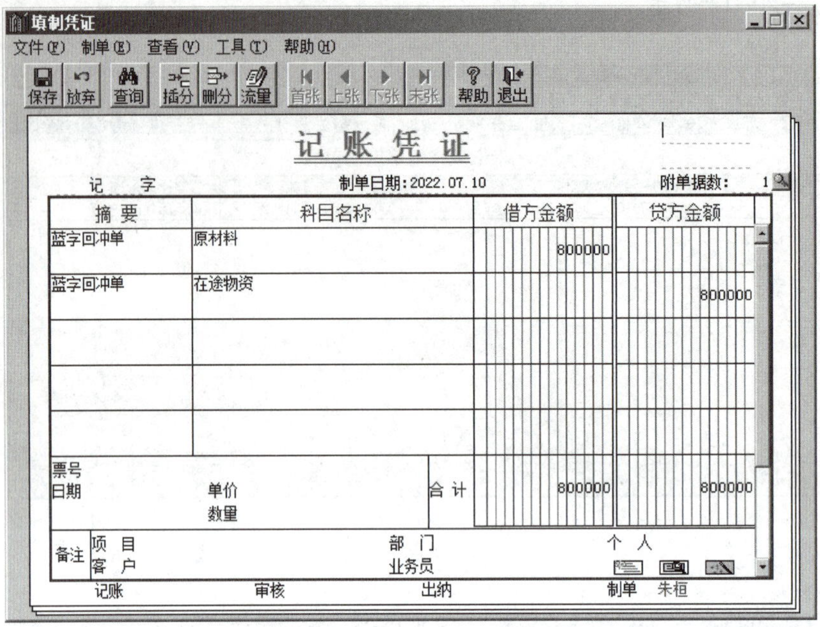

图 3-20-15 “填制凭证”对话框

3.21 无订单销售产品业务处理

任务 3-21 2022 年 7 月 10 日，开具发票并向开发区家俱城发出简约 A 系列 10 套，无税单价 2100 元，金额 21000 元，税额 2730 元，价税合计 23730 元，当天发货。(专用发票：0710002)。如图 3-21-1，图 3-21-2 所示，由“kj004”登录信息平台进行业务处理。

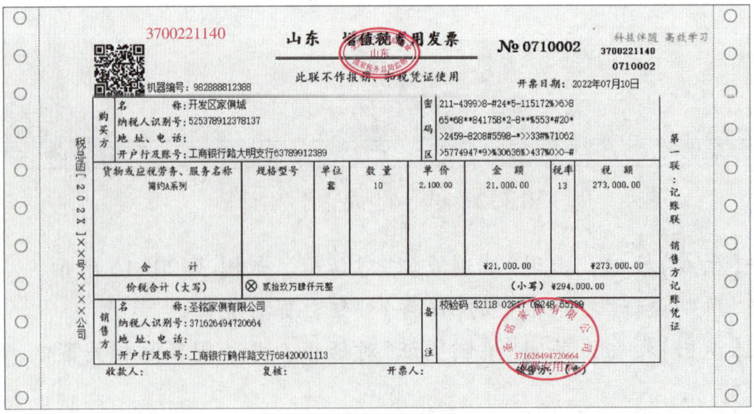

3700221140 山东增值税专用发票 № 0710002 3700221140 0710002

此联不作报销、扣税凭证使用 开票日期：2022年07月10日

机器编号：982888812388

购买方 名称：开发区家俱城；纳税人识别号：525378912378137；地址、电话：；开户行及账号：工商银行路大明支行63789912389

密码区 211-4399>8-#24*5-115172%>6>8 65*68**841758*2-8**%553*#20* >2459-8208#5598-*>>33#%71062 >5774947*9%30636%>437%0>0-#

货物或应税劳务、服务名称	规格型号	单位	数量	单价	金额	税率	税额
简约A系列		套	10	2,100.00	21,000.00	13	273,000.00
合计					¥21,000.00		¥273,000.00

价税合计（大写）⊗ 贰拾玖万肆仟元整 （小写）¥294,000.00

销售方 名称：圣铭家俱有限公司；纳税人识别号：371626494720664；地址、电话：；开户行及账号：工商银行鹤伴路支行68420001113

备注 校验码 52118 02827 09248 85199

收款人： 复核： 开票人： 销售方：（章）

第一联：记账联 销售方记账凭证

图 3-21-1 销售发票

操作步骤

(1) 2022 年 7 月 10 日，由“kj004(朱桓，密码‘4’)”登录“畅捷通 T3-企业管理信息化软件教育专版-营改增版”系统。

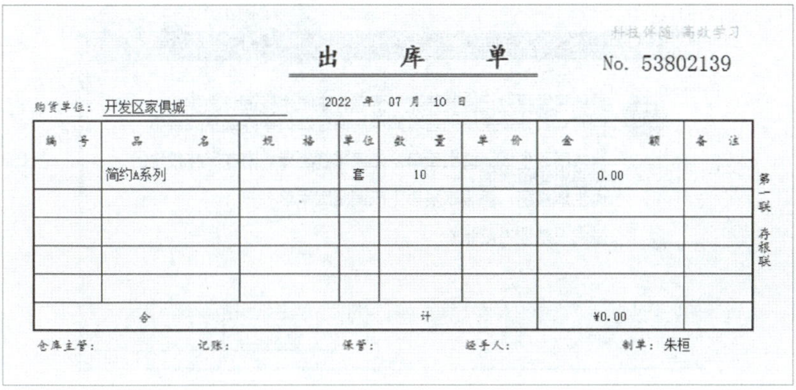
科技保障，高效学习

出 库 单

No. 53802139

购货单位：开发区家俱城　　2022 年 07 月 10 日

编号	品名	规格	单位	数量	单价	金额	备注
	简约A系列		套	10		0.00	
合		计				¥0.00	

第一联 存根联

仓库主管：　记账：　保管：　经手人：　制单：朱桓

图 3-21-2　销售出库单

(2) 选择【销售】|【销售发票】选项，打开“销售发票”对话框。

(3) 单击【增加】按钮右侧下箭头按钮，选择“专用发票”选项，变成“销售专用发票”对话框。

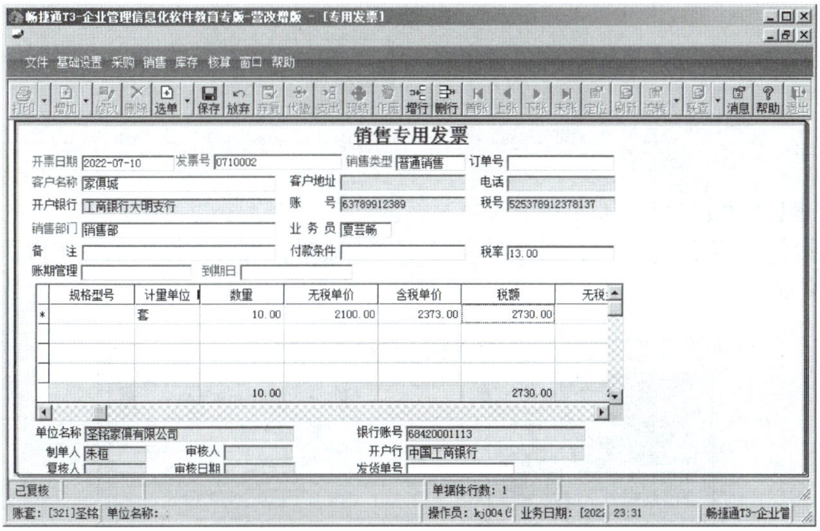

图 3-21-3　“销售专用发票”对话框

(4) 在表头部分，录入开票日期为“2022-07-10”，发票号为“0710002”，销售类型选择为“普通销售”，客户名称选择为“家俱城”，销售部门选择为“销售部”，税率为“13”，其他默认。

(5) 在表体部分，选择仓库为“东区成品库”，货物名称为“简约 A 系列”，数量为“10”，无税单价为“2100”，其他默认，如图 3-21-3 所示。

(6) 单击【保存】按钮。

(7) 单击【复核】按钮，出现系统提示，如图 3-21-4 所示，单击【是 Y】按钮。

(8) 出现系统提示“复核成功！”，如图 3-21-5 所示，单击【确定】按钮，返回“销售专用发票”对话框。

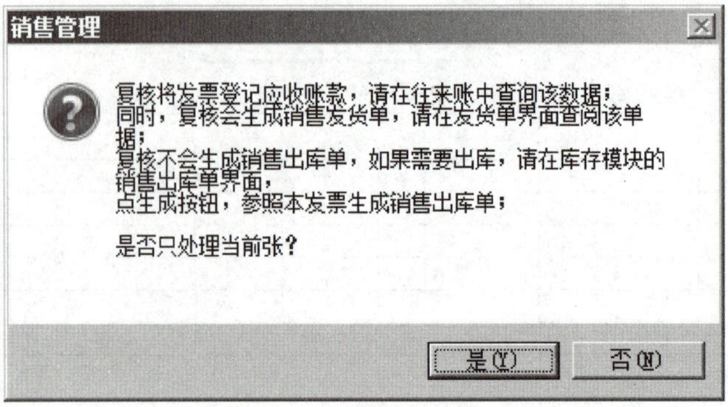

图 3-21-4 “销售管理”对话框

图 3-21-5 “复核成功！”对话框

(9) 单击【退出】按钮，完成发票复核。

(10) 选择【核算】|【凭证】|【客户往来制单】选项，打开“客户制单查询”对话框，如图 3-21-6 所示。

图 3-21-6 “客户制单查询”对话框

(11) 选择“发票制单”复选框，单击【确认】按钮，出现“客户往来制单”对话框，如图 3-21-7所示。

(12) 单击【全选】按钮，或选择相应记录。

(13) 单击【制单】按钮，出现“填制凭证”对话框，如图 3-21-8 所示。

(14) 单击“填制凭证”对话框中的【保存】按钮，保存凭证。

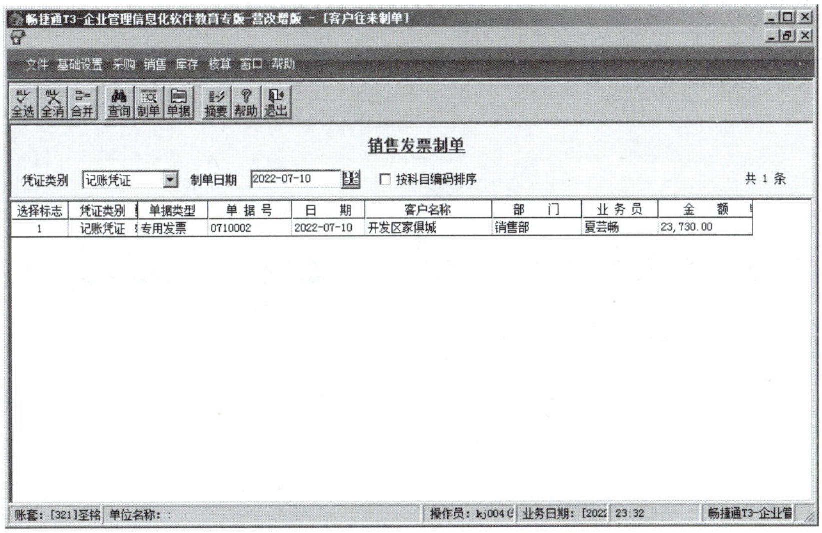

图 3-21-7 “客户往来制单”对话框

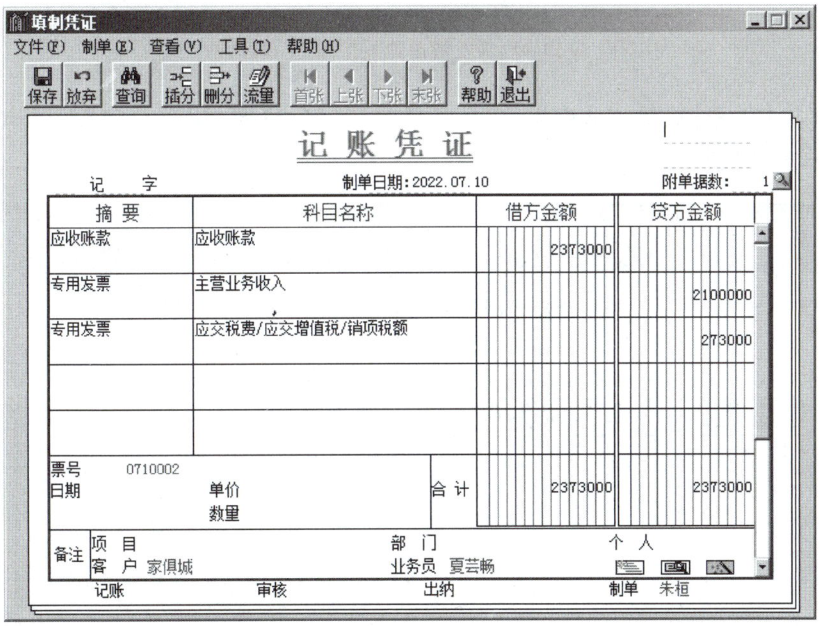

图 3-21-8 “填制凭证”对话框

(15) 在“填制凭证”对话框中单击【退出】按钮，然后在“客户往来制单”对话框中单击【退出】按钮，关闭无关窗口。

(16) 选择【库存】|【销售出库单生成/审核】选项，出现“销售出库单”对话框。

(17) 单击【生成】按钮，出现“发货单或发票参照”对话框，如图 3-21-9 所示。

(18) 单击【刷新】按钮。

(19) 单击【全选】按钮，或选择相应记录。

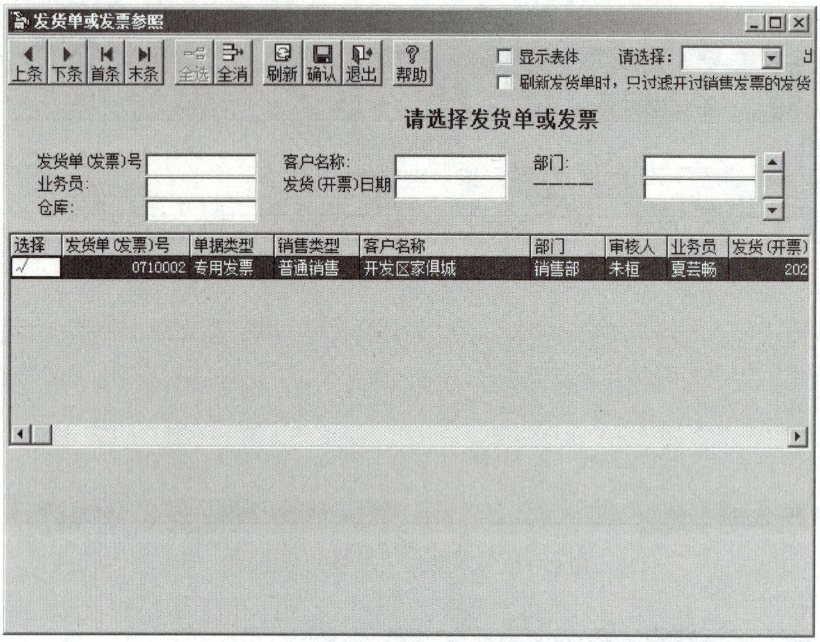

图 3-21-9 “发货单或发票参照”对话框

(20) 单击【保存】按钮，系统提示“操作完毕”，单击【确定】，返回“销售出库单”对话框，如图 3-21-10 所示。

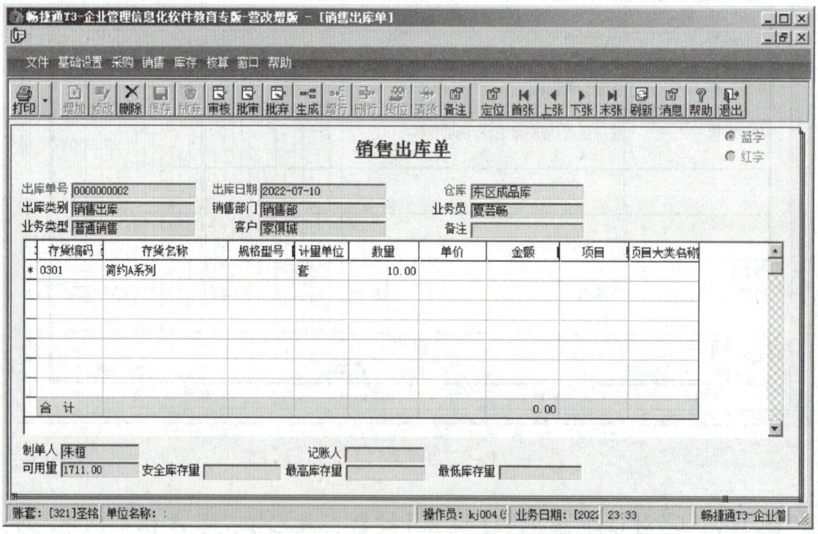

图 3-21-10 “销售出库单”对话框

(21) 单击【审核】按钮，完成审核，然后单击【退出】按钮。

(22) 选择【核算】|【核算】|【正常单据记账】选项，出现“正常单据记账条件”对话框，如图 3-21-11 所示。

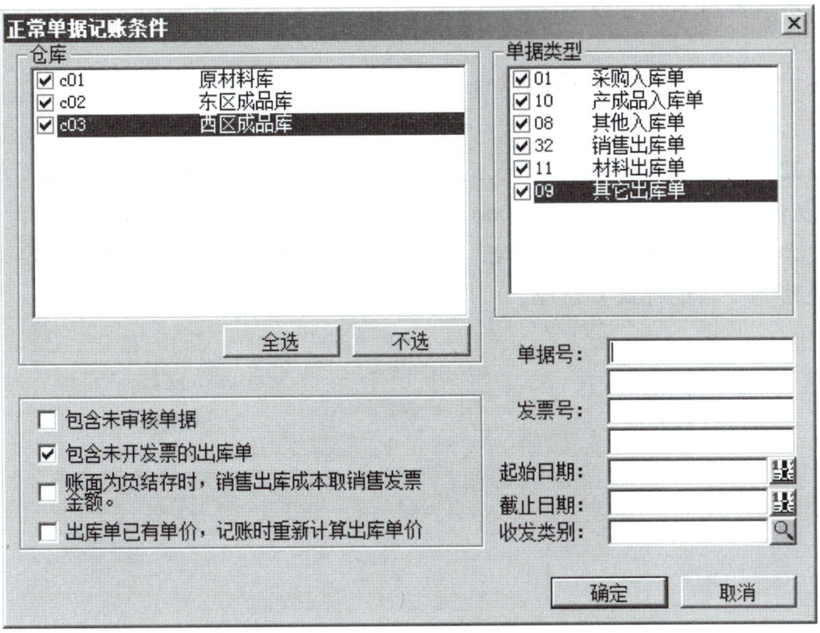

图 3-21-11 “正常单据记账条件”对话框

(23) 在仓库栏选择“东区成品库”或单击【全选】按钮，然后单击【确定】按钮，出现“正常单据记账”对话框，如图 3-21-12 所示。

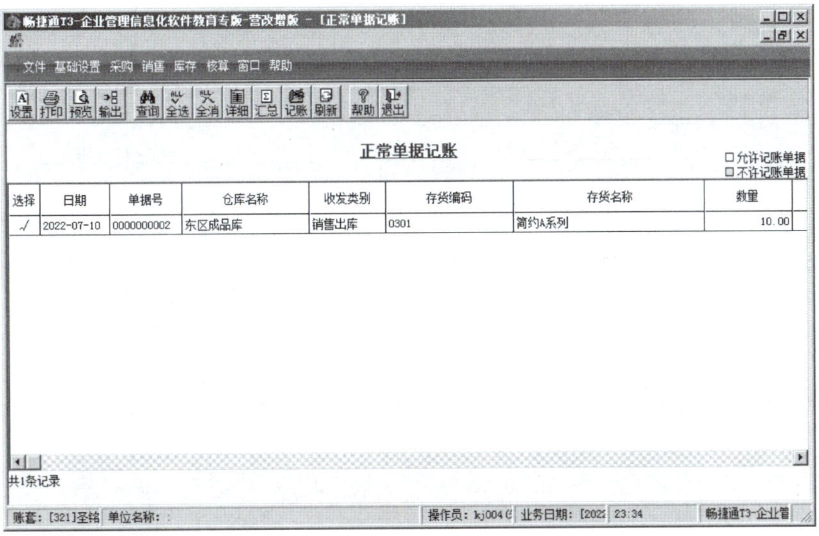

图 3-21-12 “正常单据记账”对话框

(24) 单击【全选】按钮。

(25) 单击【记账】按钮，完成出库单记账，单击【退出】按钮。

补 充

◇ 无订单的销售业务，需要直接填制发票，并根据发票流转销售出库单。

◇ 由于东区采用全月平均法核算存货成本，此时无法生成凭证。

3.22　采购现结业务处理

任务 3-22　2022 年 7 月 11 日，收到向孟达贸易行采购的包装箱，发票与货物一起送达，收到增值税专用发票：包装箱 1000 套，单价 5 元/套，金额 10000，税率 13%，税额 650，专用发票号：0711001，当即网银支付货款。如图 3-22-1～图 3-22-3 所示。由“kj004”登录信息平台进行业务处理。

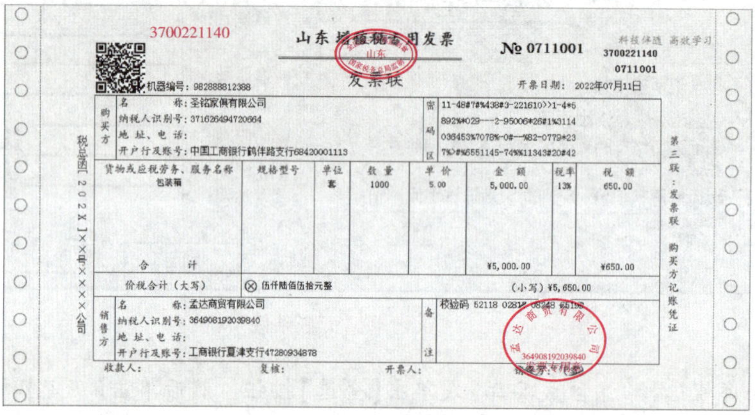
3700221140
山东增值税专用发票
№ 0711001　3700221140　0711001
发票联
机器编号：982888812388　开票日期：2022年07月11日

购买方	名称：圣铭家俱有限公司 纳税人识别号：371626494720664 地址、电话： 开户行及账号：中国工商银行鹤伴路支行68420001113			密码区	11-48#7#%438#3-221610>>1-4*5 892%*029---2-95006*26#1%3114 036453%7078%-0#--%82-0779*23 7%>#%6551145-74%%11343#20#42		
货物或应税劳务、服务名称	规格型号	单位	数量	单价	金额	税率	税额
包装箱		套	1000	5.00	5,000.00	13%	650.00
合计					¥5,000.00		¥650.00
价税合计（大写）	⊗伍仟陆佰伍拾元整				（小写）¥5,650.00		
销售方	名称：孟达商贸有限公司 纳税人识别号：364908192039840 地址、电话： 开户行及账号：工商银行夏津支行47280934878			备注	校验码 52118 0281… 08248 …		

收款人：　复核：　开票人：　销售方：（章）

第三联：发票联　购买方记账凭证

图 3-22-1　包装箱采购发票

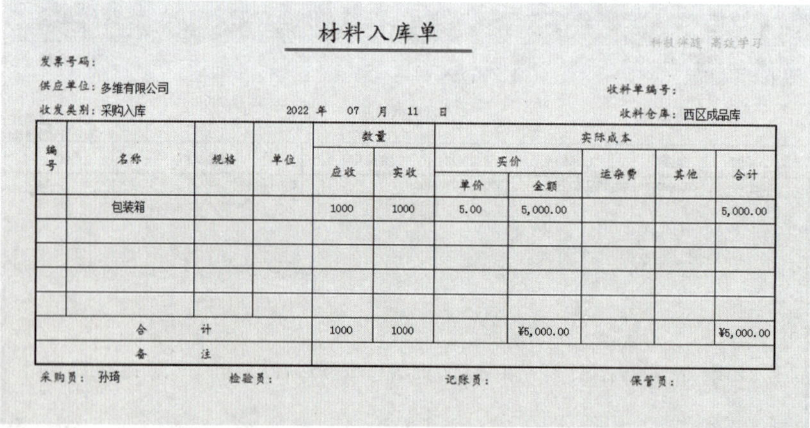
材料入库单

发票号码：
供应单位：多维有限公司　收料单编号：
收发类别：采购入库　2022 年 07 月 11 日　收料仓库：西区成品库

编号	名称	规格	单位	数量 应收	数量 实收	实际成本 买价 单价	实际成本 买价 金额	运杂费	其他	合计
	包装箱			1000	1000	5.00	5,000.00			5,000.00
合计				1000	1000		¥5,000.00			¥5,000.00
备注										

采购员：孙琦　检验员：　记账员：　保管员：

图 3-22-2　包装箱入库单

操作步骤

(1) 2022 年 7 月 11 日，由“kj004(朱桓，密码‘4’)”登录“畅捷通 T3-企业管理信息化软件教育专版-营改增版”系统。

(2) 选择【采购】|【采购发票】选项，打开“采购发票”对话框。

(3) 单击【增加】按钮右侧下箭头，选择“专用发票”选项，打开“采购专用发票”对话框。

付款凭证

中国工商银行 网银回单

日期：2022 年 07 月 11 日 回单编号：3319

付款人户名：圣铭家俱有限公司 付款人开户行：中国工商银行鹤伴路支行

付款人账号(卡号)：68420001113

收款人户名：孟达商贸有限公司 收款人开户行：工商银行夏津支行

收款人账号(卡号)：47280934878

金额：人民币 伍仟陆佰伍拾元整 小写：¥5,650.00

业务(产品)种类：转账 凭证种类： 凭证号码：

摘要：支付货款 用途：支付货款 币种：人民币

交易机构： 记账柜员： 交易代码： 渠道：

附言：

支付交易序号：wy071101

报文种类： 委托日期： 业务种类：

本回单为第 1 次打印，注意重复 打印日期：2022.07.11 打印柜员： 验证码：

图 3-22-3　网银支付凭证

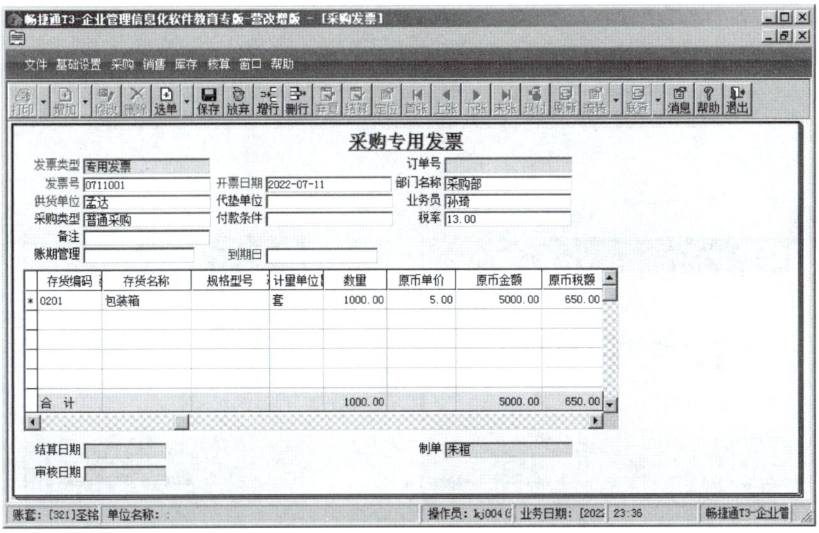

图 3-22-4　“采购发票”对话框

（4）填写发票号为“0711001”，开票日期为“2022-07-11”，选择供货单位为“孟达”，采购类型为“普通采购”，修改税率为“13”，其他默认。

（5）选择存货编码为“0201”，数量为“1000”，原币单价为“5”，其他默认，完成发票信息录入，如图 3-22-4 所示。

（6）单击【保存】按钮。

（7）单击【现付】按钮，出现“采购现付”对话框，如图 3-22-5 所示。

（8）选择结算方式为“6”，结算金额为“5650”，票据号为“wy071101”，银行账号为“68420001113”，单击【确定】按钮。

（9）系统提示“现结记录已保存！”，如图 3-22-6 所示，单击【确定】按钮，返回“采购现付”对话框。

(10) 单击【退出】按钮，系统提示“现付成功”，如图 3-22-7 所示，单击【确定】按钮，返回“采购现付”对话框，再单击【退出】返回“采购发票”对话框。

(11) 系统提示“现付成功”，单击【确定】，单击【复核】按钮，出现系统提示，如图 3-22-8所示，单击【是 Y】按钮，完成复核。

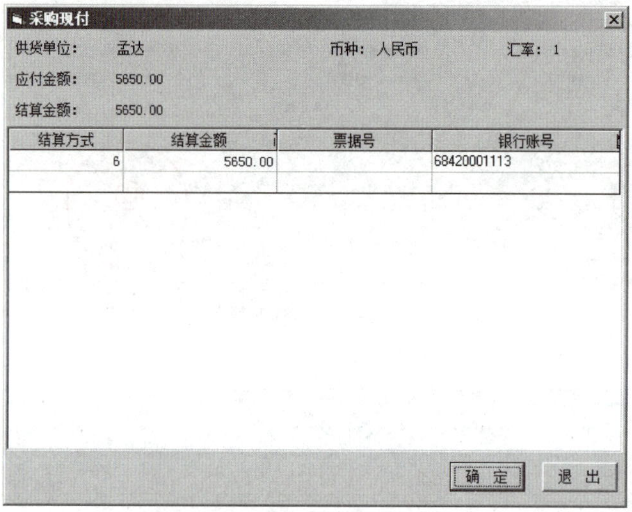

图 3-22-5 “采购现付”对话框

图 3-22-6 “现结保存”对话框

图 3-22-7 “现付成功”对话框

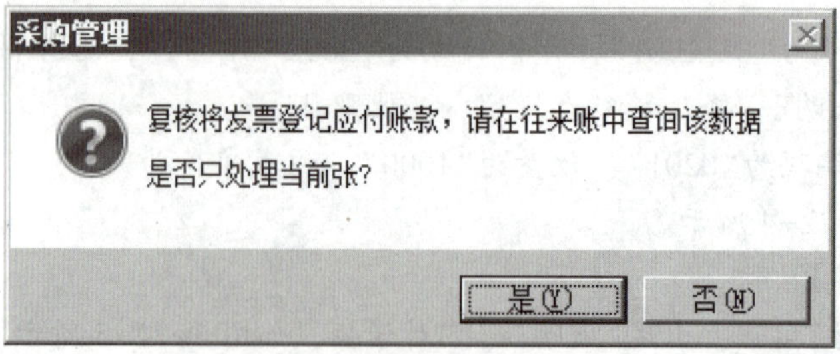

图 3-22-8 “采购管理”对话框

(12) 单击【流转】按钮右侧下箭头，选择“生成采购入库单”选项，打开“采购入库”窗口，如图 3-22-9 所示。

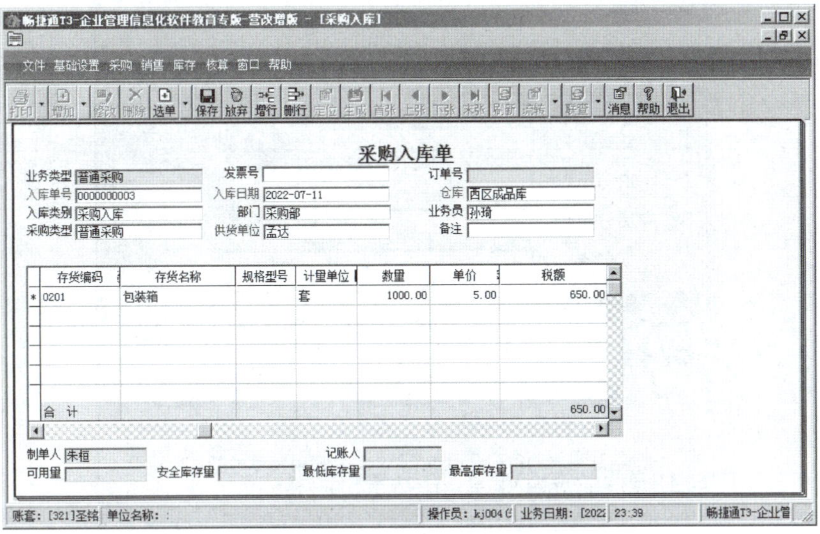

图 3-22-9 “采购专用发票”对话框

(13) 选择仓库为“西区成品库”，系统出现“采购管理”提示框，如图 3-22-10 所示，单击【确定】，填写相应信息，单击【保存】按钮，单击【退出】按钮。

图 3-22-10 “采购管理”对话框

(14) 选择【采购】|【采购结算】|【自动结算】选项，打开“自动结算”对话框，如图 3-22-11 所示。

(15) 查看条件过滤栏和结算方式无误，其他默认，单击【确认】按钮。

(16) 出现系统提示结算成功，如图 3-22-12 所示，单击【确定】按钮，关闭相关窗口。

(17) 选择【库存】|【采购入库单审核】选项，出现“采购入库单审核”对话框，如图 3-22-13 所示。

(18) 单击【审核】按钮，再单击【退出】按钮，完成采购入库单的审核并关闭相关窗口。

(19) 选择【核算】|【核算】|【正常单据记账】选项，打开“正常单据记账条件”对话框。

(20) 在仓库栏选择“原材料库”，或单击【全选】按钮，单击【确定】按钮，出现“正常单据记账”对话框，如图 3-22-14 所示。

(21) 单击【全选】按钮，或选择相应记录。

(22) 单击【记账】按钮，并单击【退出】按钮，完成记账。

(23) 选择【核算】|【凭证】|【购销单据制单】选项，出现“生成凭证”对话框。

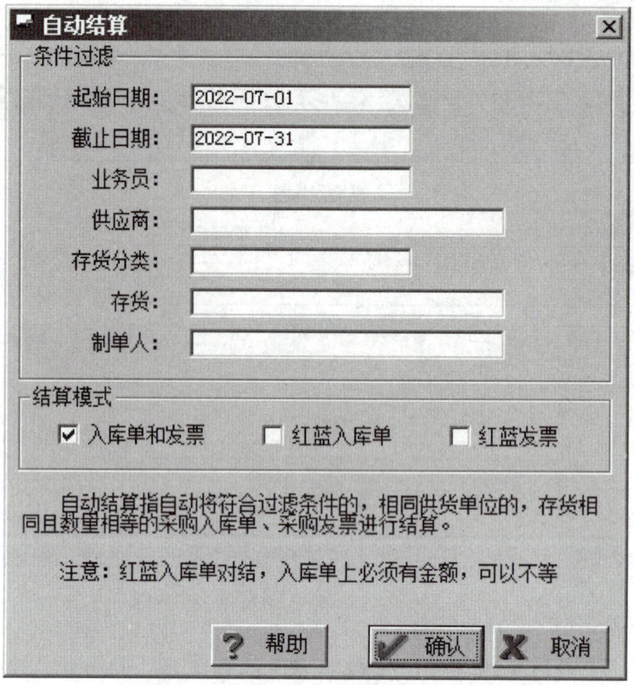

图 3-22-11 “自动结算”对话框

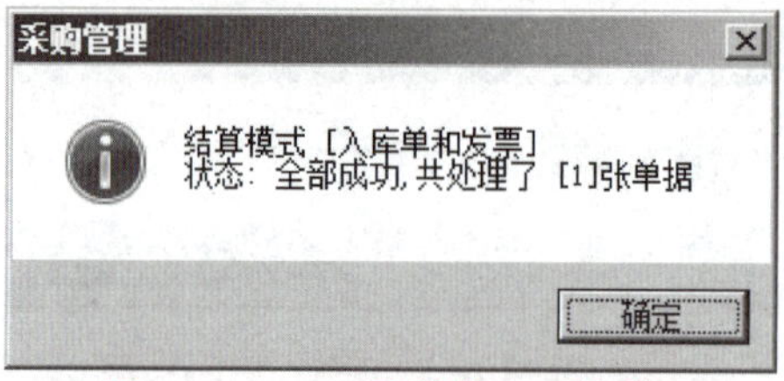

图 3-22-12 “采购管理”对话框

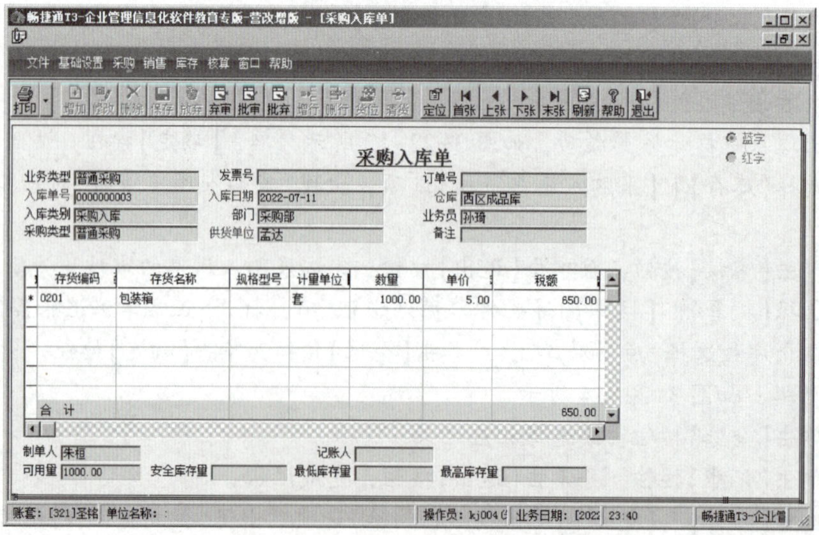

图 3-22-13 “采购入库单审核”对话框

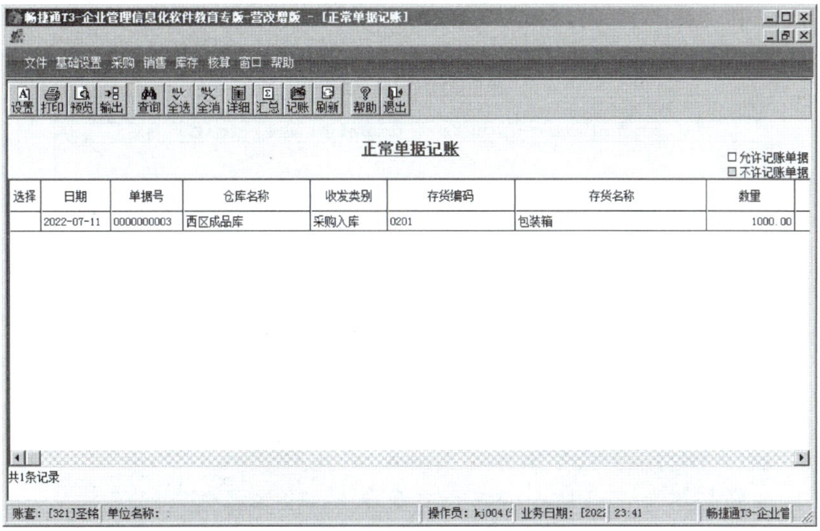

图 3-22-14 “正常单据记账”对话框

（24）单击【选择】按钮，出现“条件查询”对话框，如图 3-22-15 所示。

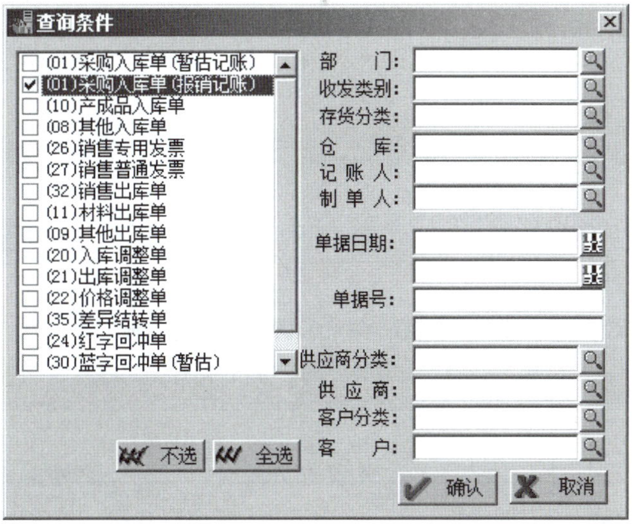

图 3-22-15 “条件查询”对话框

（25）单击【全选】按钮，或选择“采购入库单（报销记账）”复选框，选择相应条件，再单击【确认】按钮，出现“选择单据”对话框，如图 3-22-16 所示。

（26）选择相应记录，或单击【全选】按钮，

（27）选择“已结算采购入库单自动选择全部结算单上单据（包括入库单、发票、付款单）、非本月采购入库单按蓝字报销单制单”复选框，单击【确定】按钮，出现“生成凭证”对话框，如图 3-22-17 所示。

（28）设置第三行结算科目编码为“100201”，按回车键。

（29）单击【生成】按钮，出现“填制凭证”对话框，如图 3-22-18 所示。

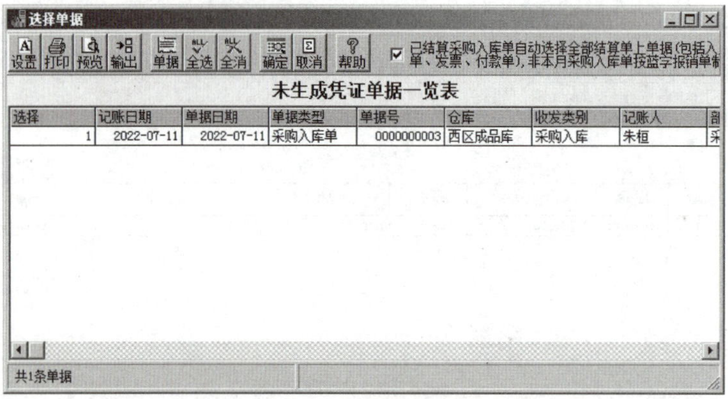

图 3-22-16 “选择单据”对话框

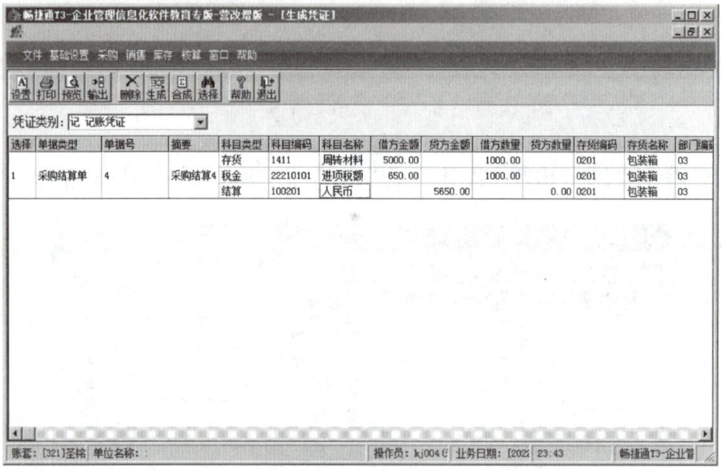

图 3-22-17 “生产凭证”对话框

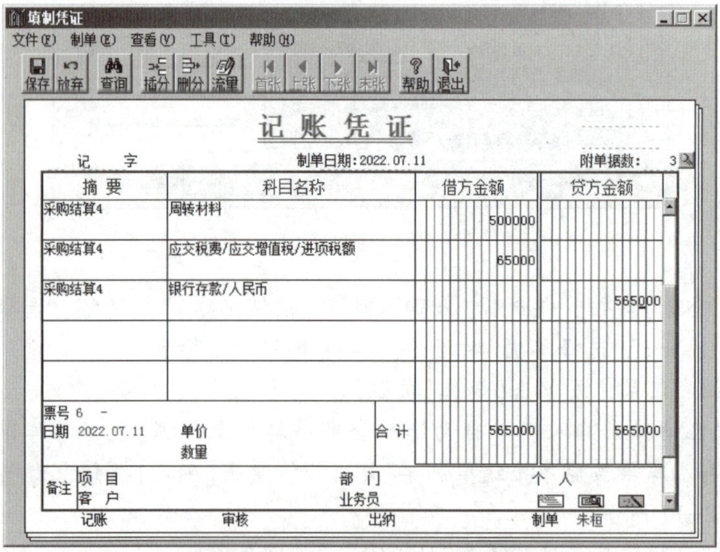

图 3-22-18 “填制凭证”对话框

(32) 单击第三行科目名称栏，双击“票号日期”区域，出现“辅助项”对话框，如图 3-22-19 所示。

图 3-22-19 “辅助项”对话框

(33) 输入结算方式，票号等信息，单击【确认】按钮，返回“填制凭证”对话框

(34) 单击的【保存】按钮，保存凭证，单击【退出】按钮，退出相应对话窗口。

补 充

◇ 由于核算模块中，供应商结算科目没有设置，因此系统无法自动生成凭证。

◇ 外部生成凭证中银行存款的结算方式需要自己手工填写。

3.23 信用卡支付业务处理

任务 3-23 2022 年 7 月 11 日，行政部报销业务招待费 200 元，收到增值税普通发票一张，款项通过信用卡付讫。如图 3-23-1、图 3-23-2 所示。由“kj002”登录信息平台进行业务处理。

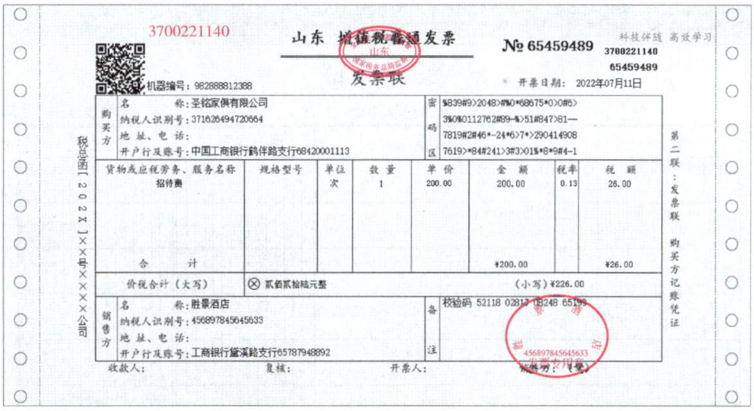

3700221140　山东 增值税普通发票　№ 65459489　3700221140　65459489

发票联

机器编号：982888812388　开票日期：2022年07月11日

购买方	名　　称：圣铭家俱有限公司 纳税人识别号：371626494720664 地 址、电 话： 开户行及账号：中国工商银行鹤伴路支行68420001113			密码区	%839#9>2048>#%0*68675*0>0#6> 3%0%0112762#89-%>51#847>81— 7819#2#46*-24*6>7*>290414908 7619>*84#241>3#3>01%*8*9#4-1		
货物或应税劳务、服务名称	规格型号	单位	数量	单价	金额	税率	税额
招待费		次	1	200.00	200.00	0.13	26.00
合　　计					¥200.00		¥26.00
价税合计（大写）	⊗贰佰贰拾陆元整				（小写）¥226.00		
销售方	名　　称：胜景酒店 纳税人识别号：456897845645633 地 址、电 话： 开户行及账号：工商银行黛溪路支行65787948892			备注	校验码 52118 02817 08248 65193		

收款人：　复核：　开票人：　销售方：（章）

第二联：发票联　购买方记账凭证

图 3-23-1 招待费发票

操作步骤

(1) 2022 年 7 月 11 日，由“kj002(王袂，密码‘2’)”登录“畅捷通 T3-企业管理信息化软件教育专版-营改增版”系统。

(2) 选择【总账】|【凭证】|【填制凭证】选项，打开“填制凭证”对话框，单击【增加】按钮。

(3) 附单据数为“2”，在摘要栏输入摘要“报销业务招待费”。

(4) 单击科目名称栏，输入“560202”或“管理费用-业务招待费”，按回车键。

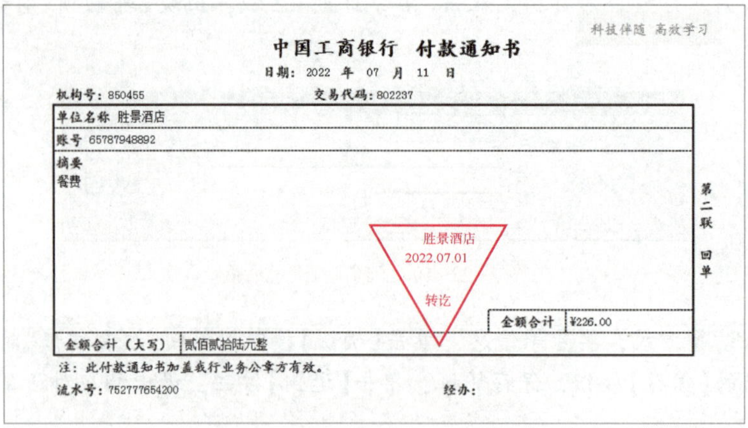
科技伴随 高效学习

中国工商银行 付款通知书

日期：2022 年 07 月 11 日

机构号：850455

交易代码：802237

单位名称 胜景酒店

账号 65787948892

摘要
餐费

第二联 回单

胜景酒店
2022.07.01
转讫

金额合计 ¥226.00

金额合计（大写） 贰佰贰拾陆元整

注：此付款通知书加盖我行业务公章方有效。

流水号：752777654200 经办：

图 3-23-2 信用卡支付凭证

（5）在“借方金额”栏输入“226”元，按回车键。

（6）摘要默认与上一行相同，按回车键，输入科目名称为“224103”或“其他应付款–信用卡付款”，按回车键，在贷方金额栏输入“226”或按“=”键借贷补差。

（7）单击“填制凭证”对话框中的【保存】按钮，保存凭证，如图 3-23-3 所示，单击【退出】按钮，退出相应对话窗口。

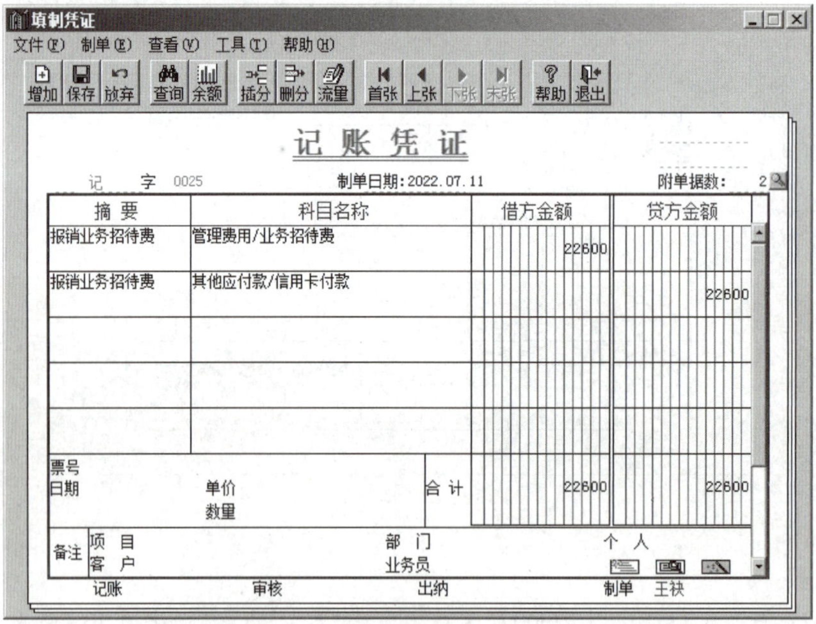

图 3-23-3 “填制凭证”对话框

补 充

◇ 单位信用卡不得用于 10 万元以上的商品交易、劳务供应款项的结算。

3.24　加工单领料业务处理(一)

任务 3-24　2022 年 7 月 11 日，企业制订生产加工单，生产简约 B 系列 50 套，当天领料计划相应单据如图 3-24-1 所示。由“kj004”登录信息平台进行业务处理。

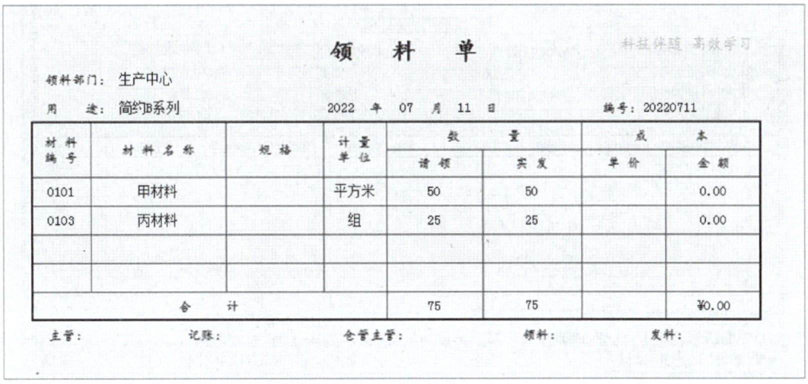

领　料　单

科技伴随 高效学习

领料部门：生产中心

用　途：简约B系列　　2022 年 07 月 11 日　　编号：20220711

材料编号	材料名称	规格	计量单位	数量		成本	
				请领	实发	单价	金额
0101	甲材料		平方米	50	50		0.00
0103	丙材料		组	25	25		0.00
合　计				75	75		¥0.00

主管：　记账：　仓管主管：　领料：　发料：

图 3-24-1　领料单

操作步骤

(1) 2022 年 7 月 11 日，由“kj004(朱桓，密码‘4’)”登录“畅捷通 T3-企业管理信息化软件教育专版-营改增版”系统。

(2) 选择【库存】|【生产加工单】选项，打开“生产加工单”对话框，单击【增加】按钮。

(3) 选择产品为“简约 B 系列”，系统提示“是否展开到末级?”，单击【是 Y】，输入产量为“50”，单击【保存】按钮，如图 3-24-2 所示。

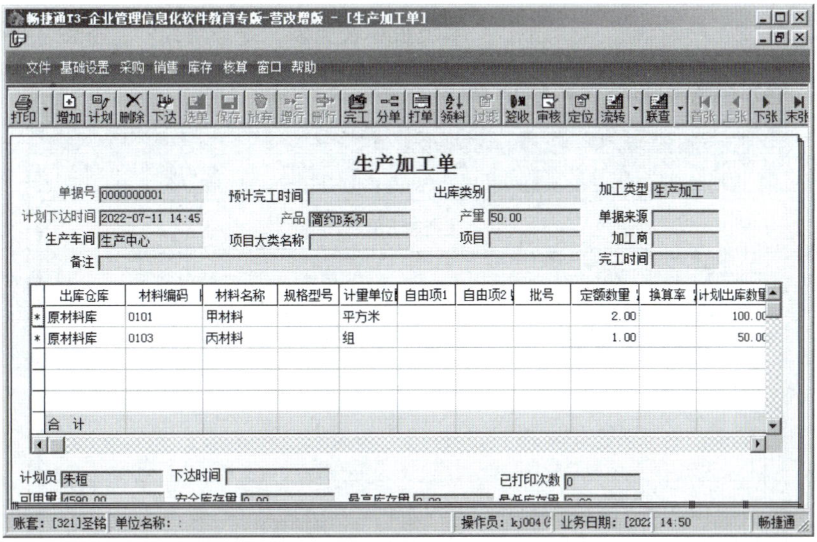

图 3-24-2　“生产加工单”对话框

(4) 单击【领料】按钮，在本次出库量栏分别填写“50”，“25”，单击【保存】按钮，如图3-24-3所示。

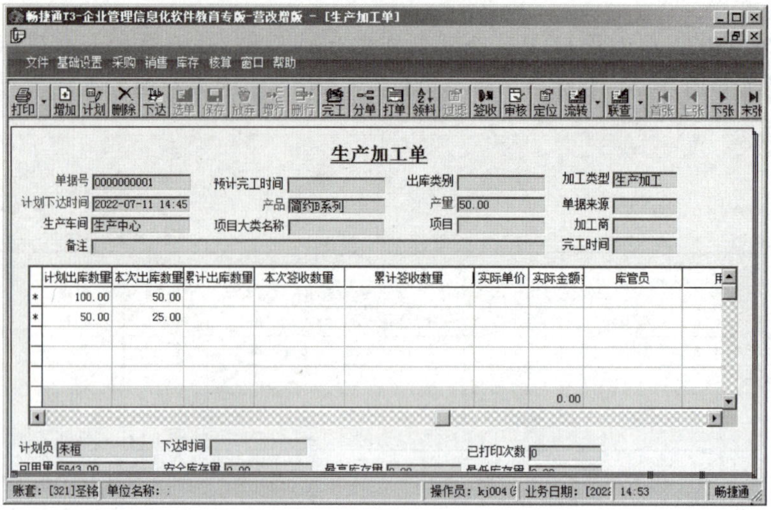

图3-24-3 “生产加工单领料”对话框

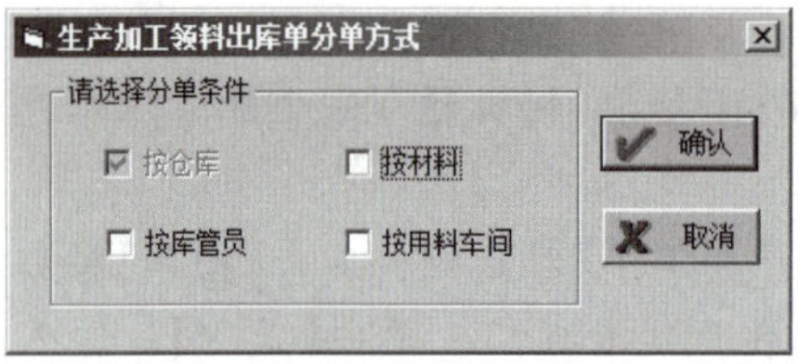

图3-24-4 “生产加工领料出库单分单方式”对话框

(5) 单击【分单】按钮，出现“生产加工领料出库单分单方式”对话框，如图3-24-4所示。

(6) 其他默认，单击【确认】按钮。

(7) 单击【签收】按钮，自动生成本次签收数量，如图3-24-5所示，单击【保存】按钮，自动生成累计签收数量。

(8) 单击【审核】按钮，出现系统提示“审核将使本次出库数为零，是否继续?”，如图3-24-6所示。

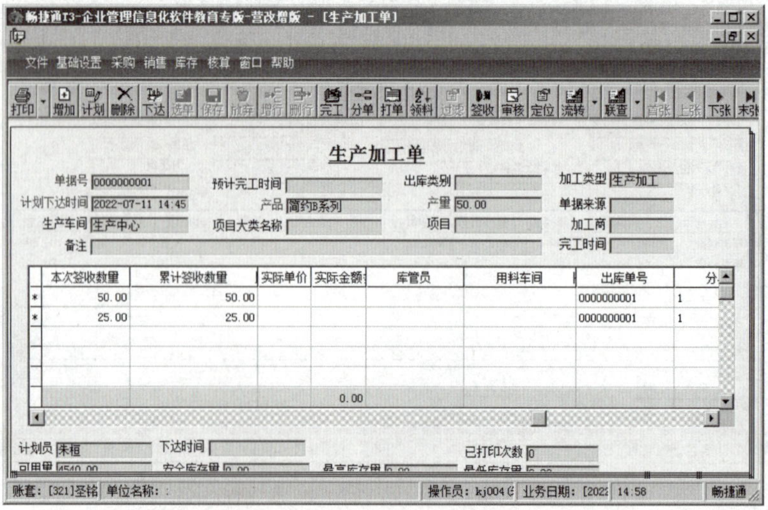

图3-24-5 “生产加工单签收”对话框

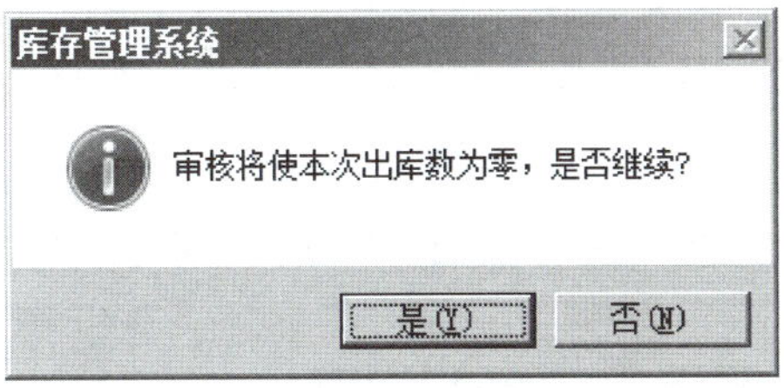

图 3-24-6 “库存管理系统”对话框

(9) 单击【是 Y】按钮，本次出库数量和本次签收数量清零，如图 3-24-7 所示。

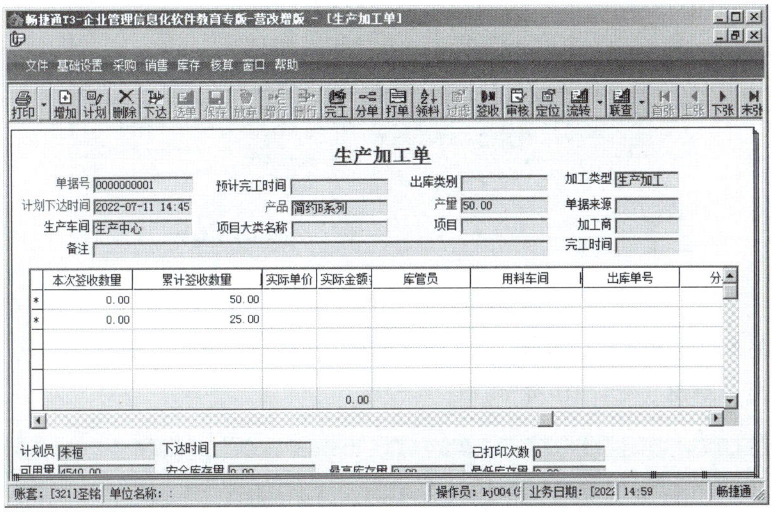

图 3-24-7 “生产加工单审核”对话框

(10) 单击【退出】按钮，关闭生成加工单。

(11) 选择【库存】|【材料出库单】选项，出现“材料出库单”对话框，如图 3-24-8 所示。

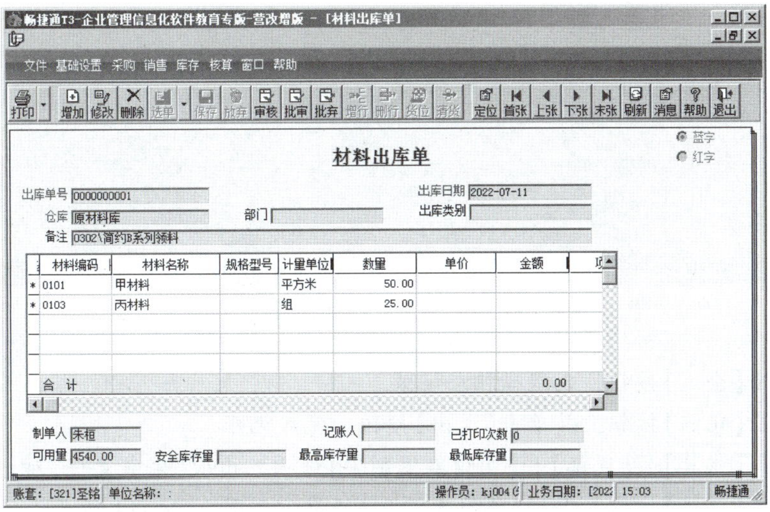

图 3-24-8 “材料出库单”对话框

（12）单击【审核】按钮，完成审核，然后单击【退出】按钮，关闭“材料出库单”窗口。

（13）选择【核算】|【核算】|【正常单据记账】选项，出现“正常单据记账条件”对话框，如图 3-24-9 所示。

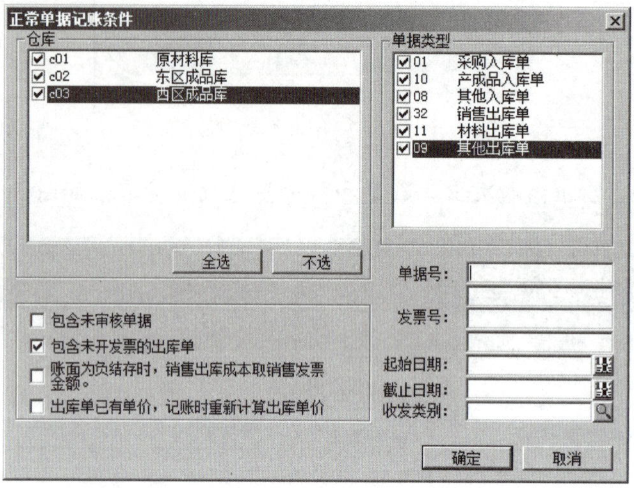

图 3-24-9 “正常单据记账条件”对话框

（14）在仓库栏选择“原材料库”，或单击【全选】按钮，单击【确定】按钮，出现“正常单据记账”对话框，如图 3-24-10 所示。

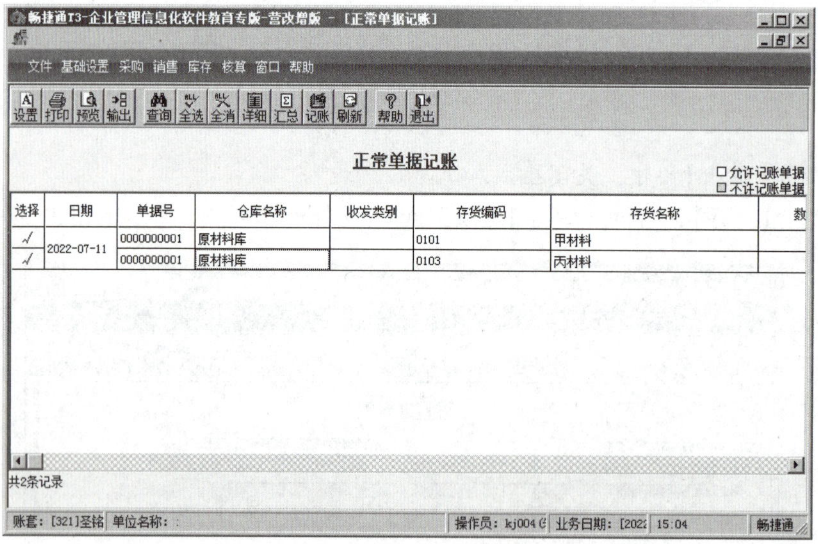

图 3-24-10 “正常单据记账”对话框

（15）单击【全选】按钮，或选择相应记录。

（16）单击【记账】按钮，并单击【退出】按钮，完成记账。

（17）选择【核算】|【凭证】|【购销单据制单】选项，出现“生成凭证”对话框。

（18）单击【选择】按钮，出现“条件查询”对话框，如图 3-24-11 所示。

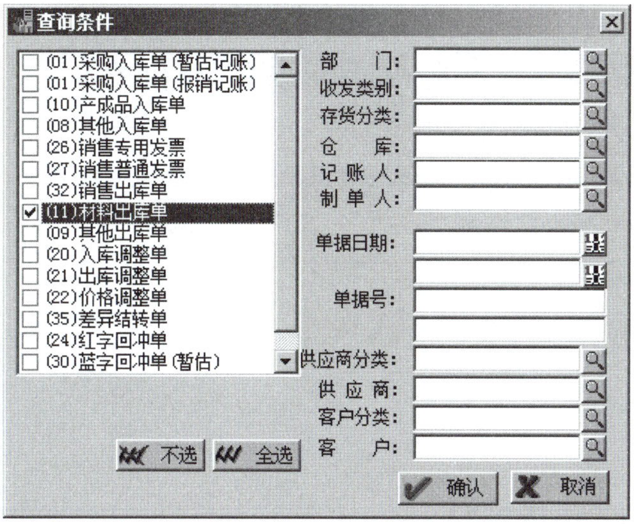

图 3-24-11 “查询条件”对话框

(19) 单击【全选】按钮，或选择“材料出库单”复选框，选择相应条件，再单击【确认】按钮，出现“选择单据”对话框，如图 3-24-12 所示。

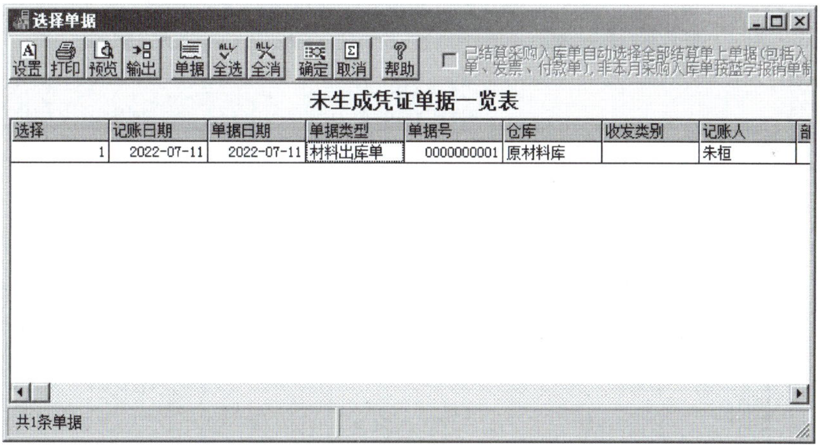

图 3-24-12 “选择单据”对话框

(20) 选择相应记录，或单击【全选】按钮。

(21) 单击【确定】按钮，出现“生成凭证”对话框，对方科目输入“400101”，如图 3-24-13 所示。

(22) 单击【生成】按钮，出现“填制凭证”对话框，如图 3-24-14 所示。

(23) 选择第一行科目名称栏，双击“项目客户”栏，出现“辅助项”对话框，如图 3-24-15 所示。

(24) 选择项目名称为“简约 B 系列”单击【确认】按钮。

(25) 光标点到下一行，单击【保存】按钮，保存凭证，单击【退出】按钮，然后关闭退出相关窗口。

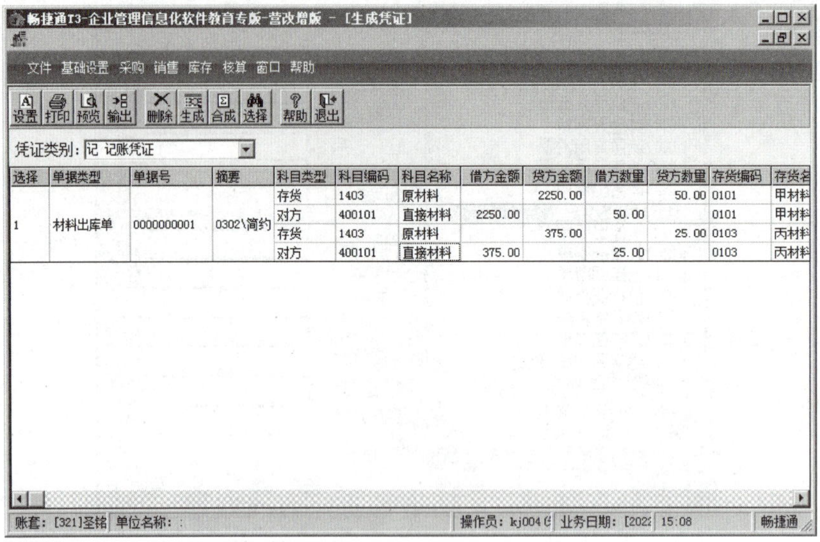

图 3-24-13 “生产凭证”对话框

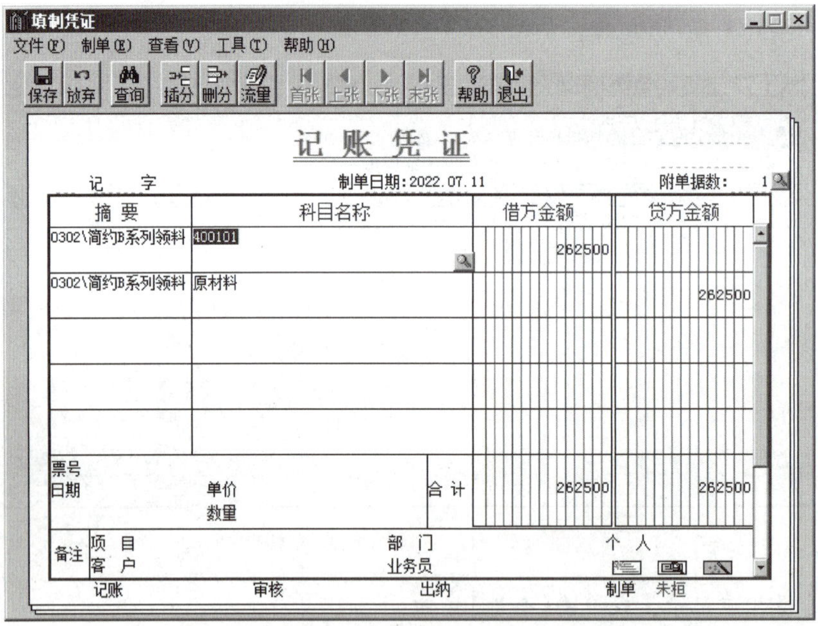

图 3-24-14 “填制凭证”对话框

图 3-24-15 “辅助项”对话框

补 充

◇ 生产加工单审核，除了清零本次出库量和本次签收数量外，同时会生成材料出库单。

◇ 外部生成凭证需要手动修改项目核算辅助项。

3.25 运费发票业务处理

任务 3-25 2022 年 7 月 12 日，收到多维开具的运费专用发票一张，发票号：0712001（价款：300 元，税额：27 元），如图 3-25-1 所示。由“kj004”登录信息平台进行业务处理。

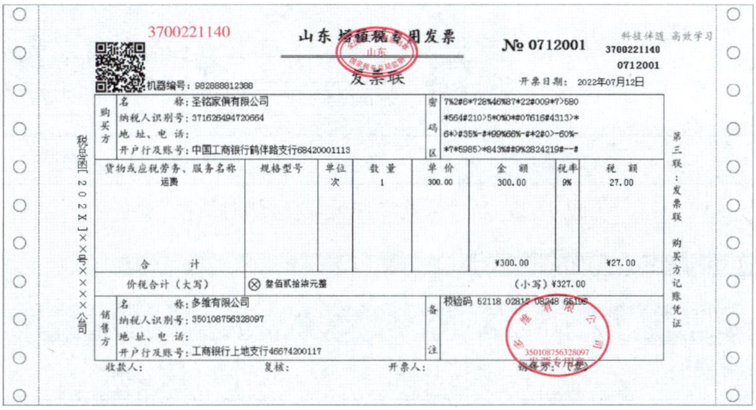

3700221140　山东增值税专用发票　№ 0712001　3700221140　0712001
发票联
机器编号：982888812388　开票日期：2022年07月12日

购买方　名称：圣铭家俱有限公司
纳税人识别号：371626494720664
地址、电话：
开户行及账号：中国工商银行鹤伴路支行68420001113
密码区：7%2#6*728%46%87*22#009*7>580 *564#210>5*0%0*#07616#4313>* 6*>#35%-#*99%66%-#*2#0>-60%- *7*5985>*843%##9%2824219#--#

货物或应税劳务、服务名称	规格型号	单位	数量	单价	金额	税率	税额
运费		次	1	300.00	300.00	9%	27.00
合计					¥300.00		¥27.00

价税合计（大写）⊗叁佰贰拾柒元整　（小写）¥327.00

销售方　名称：多维有限公司
纳税人识别号：350108756328097
地址、电话：
开户行及账号：工商银行上地支行46674200117
备注：校验码 52118 02815 08248 65195

收款人：　复核：　开票人：　销售方：（章）

第三联：发票联　购买方记账凭证

图 3-25-1 运费发票

操作步骤

（1）2022 年 7 月 12 日，由“kj004（朱桓，密码‘4’）”登录“畅捷通 T3-企业管理信息化软件教育专版-营改增版”系统。

（2）选择【基础设置】|【单据编码设置】选项，在“编号设置”页签中，选择【单据类型】|【采购】|【采购专用运费发票】按钮，单击【修改】，选择“完全手工编号”，如图 3-25-2 所示。

（3）单击“保存”，单击【退出】按钮。

（4）选择【采购】|【采购发票】选项，打开“采购发票”对话框。

（5）单击【增加】按钮右侧下箭头，选择“专用运费发票”选项，打开“采购专用运费发票”对话框。

（6）填写发票号为“0712001”，开票日期为“2022-07-12”，选择供货单位为“多维”，修改税率为“9”，其他默认。

（7）选择存货编码为“0401”，数量为“1”，原币单价为“300”，其他默认，完成发票信息录入，如图 3-25-3 所示。

（8）单击【保存】按钮。

（9）单击【复核】按钮，出现系统提示，如图 3-25-4 所示，单击【是 Y】按钮，完成复核，然后单击【退出】按钮。

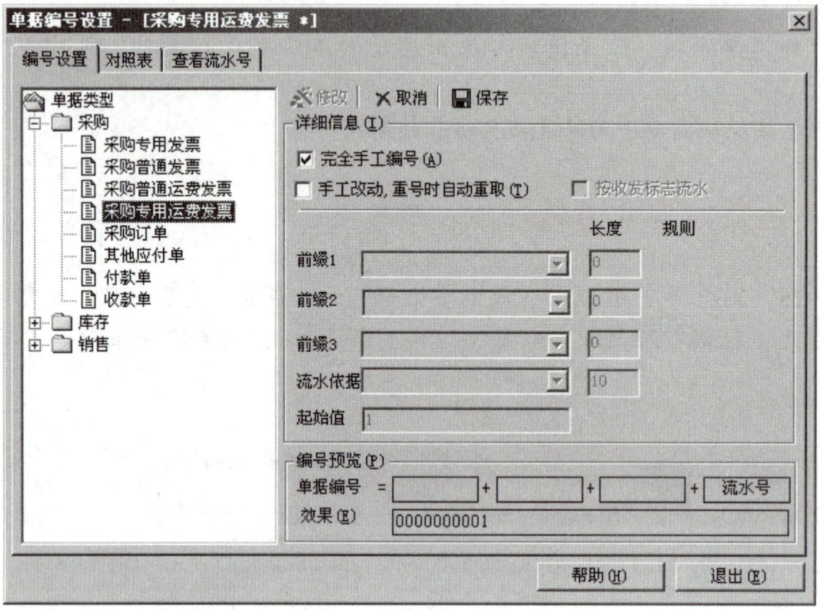

图 3-25-2 “采购专用运费发票”对话框

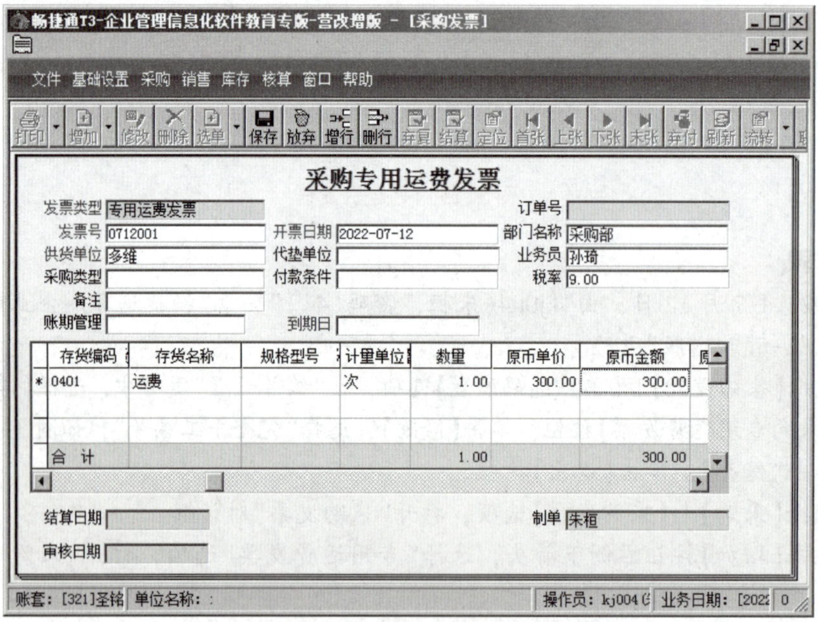

图 3-25-3 “采购发票”对话框

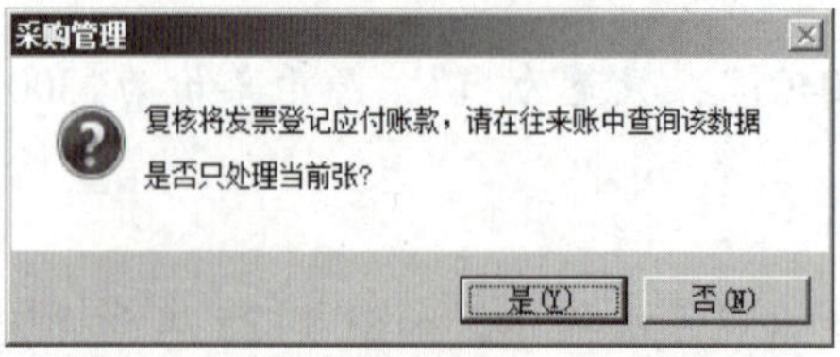

图 3-25-4 “采购管理”对话框

(10) 选择【采购】|【采购结算】|【费用折扣结算】选项，出现“费用折扣结算”窗口，同时附有“条件输入”对话框，如图 3-25-5 所示。

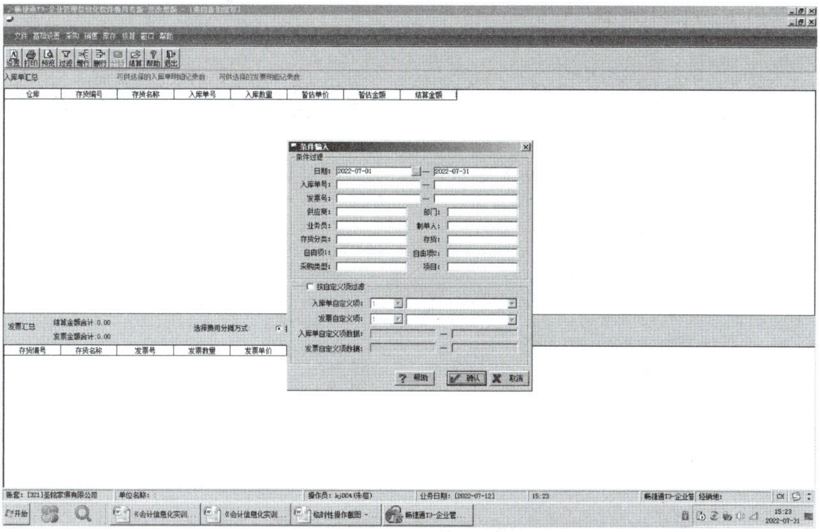

图 3-25-5 “费用折扣结算”对话框

(11) 单击【是】按钮，出现“入库单和发票选择”对话框，如图 3-25-6 所示。

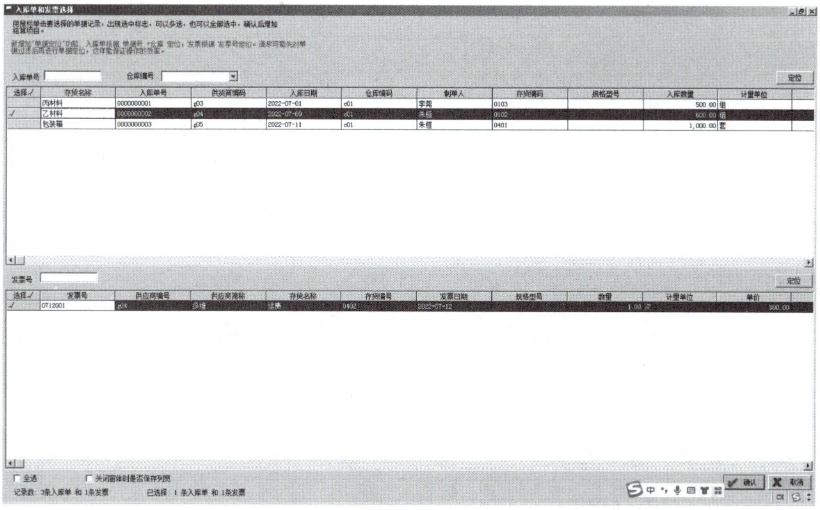

图 3-25-6 “入库单和发票选择”对话框

(12) 选择“乙材料和多维选项”，单击【确认】，出现“费用折扣结算”对话框，如图 3-25-7 所示。

(13) 单击【分摊】按钮，进行分摊，再单击【结算】按钮，系统提示“结算成功”，单击【确定】，单击【退出】按钮，完成结算。

(14) 选择【核算】|【凭证】|【供应商往来制单】选项，出现“供应商往来制单查询”对话框，如图 3-25-8 所示。

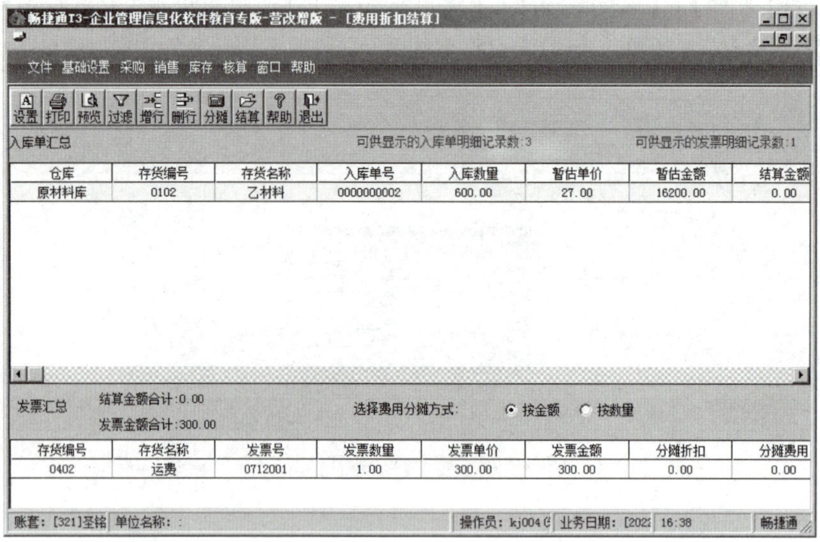

图 3-25-7 “费用折扣结算”对话框

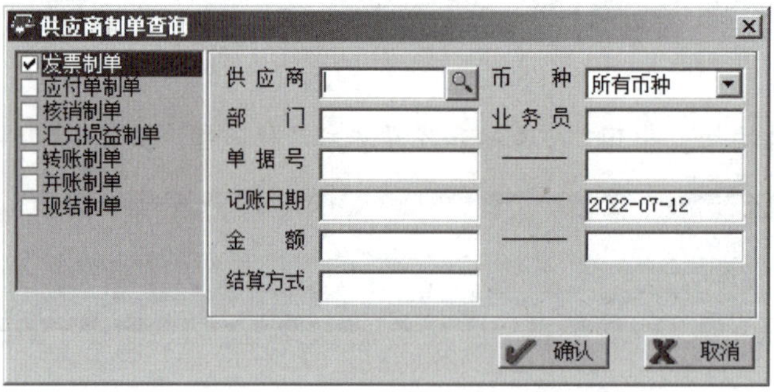

图 3-25-8 “供应商往来制单查询”对话框

（15）单击【确认】按钮，出现“供应商往来制单”对话框，如图 3-25-9 所示。

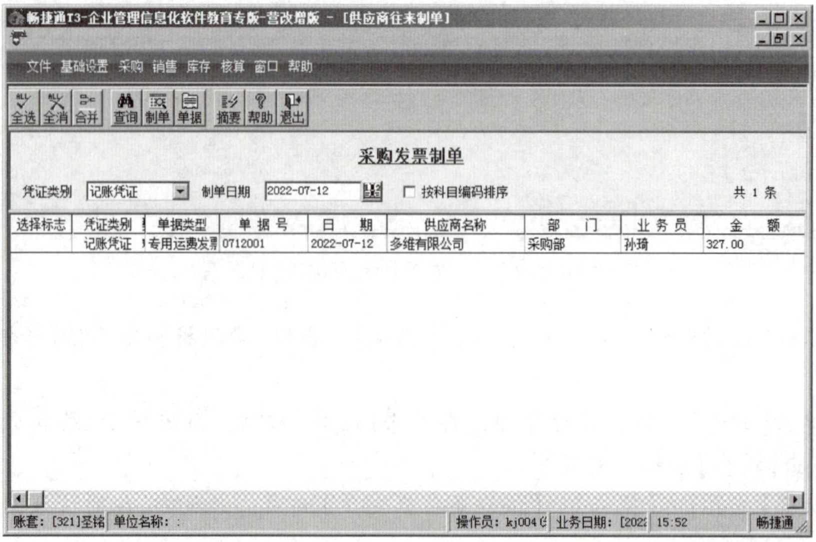

图 3-25-9 “供应商往来制单”对话框

(16) 单击【全选】按钮，或选择相应选项，再单击【制单】按钮，出现“生成凭证”对话框，如图 3-25-10 所示。

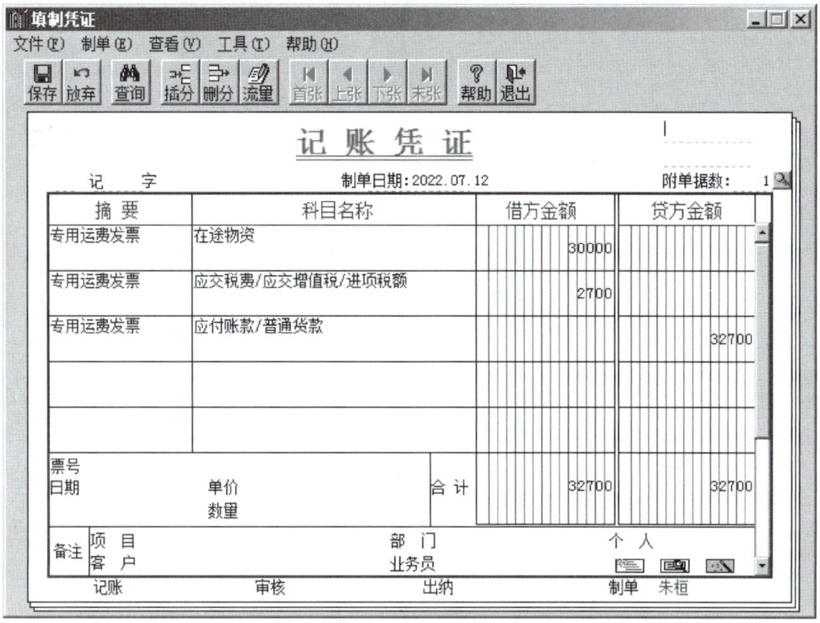

图 3-25-10 “填制凭证”对话框

(17) 单击“填制凭证”对话框中的【保存】按钮，保存凭证，单击【退出】按钮，然后关闭退出相关窗口。

(18) 选择【核算】|【核算】|【暂估入库成本处理】选项，出现“暂估处理查询”对话框，如图 3-25-11 所示。

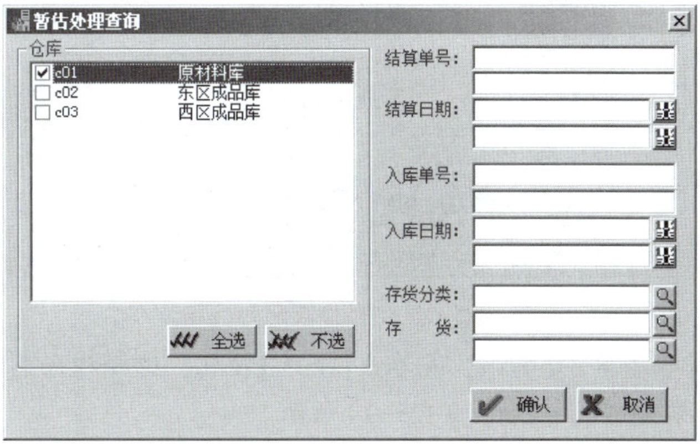

图 3-25-11 “暂估处理查询”对话框

(19) 选择仓库中的“原材料库”，单击【确认】按钮，出现“暂估结算表”对话框，如图 3-25-12所示。

(20) 单击【全选】按钮，单击【暂估】按钮，单击【退出】按钮。

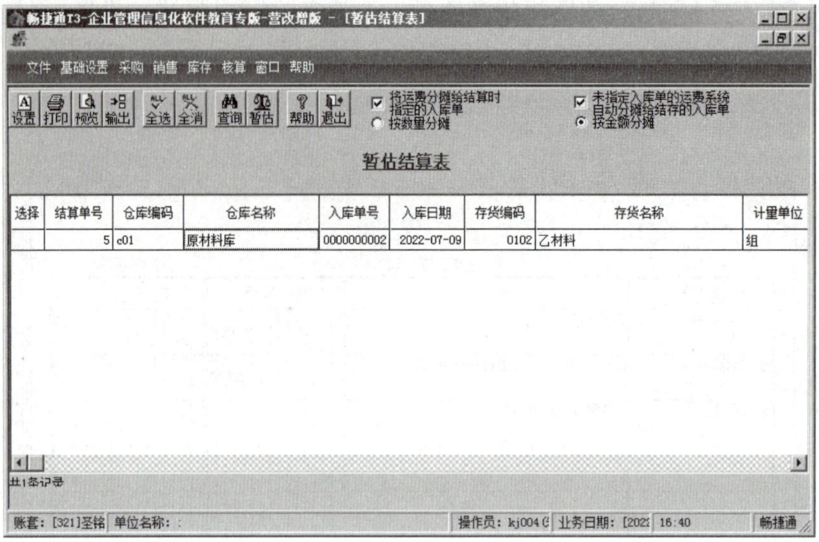

图 3-25-12 “暂估结算表”对话框

(21) 单击【核算】|【凭证】|【购销单据制单】选项，单击【选择】按钮，出现“条件查询”对话框，如图 3-25-13 所示。

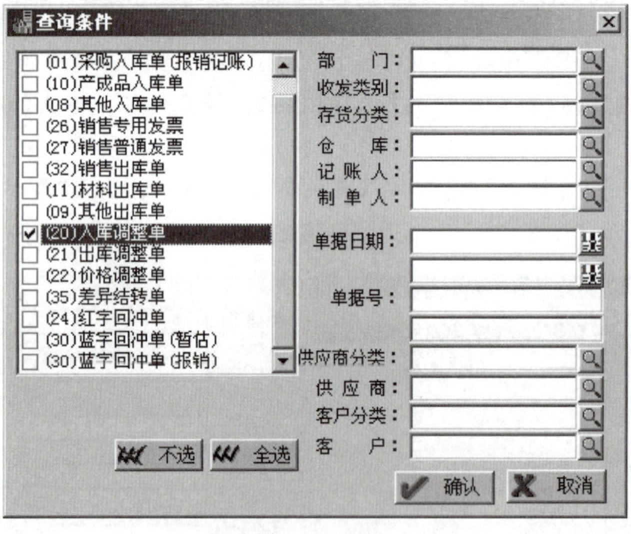

图 3-25-13 “条件查询”对话框

(22) 选择“入库调整单”复选框，或单击【全选】按钮，选择相应条件，再单击【确认】按钮，出现“选择单据”对话框，如图 3-25-14 所示。

(23) 选择相应记录，或单击【全选】按钮，单击【确定】按钮，出现“生成凭证”对话框，如图 3-25-15 所示。

(24) 单击【生成】按钮，出现“填制凭证”对话框，如图 3-25-16 所示。

(25) 单击“填制凭证”对话框中的【保存】按钮，保存凭证，单击【退出】按钮，然后关闭退出相关窗口。

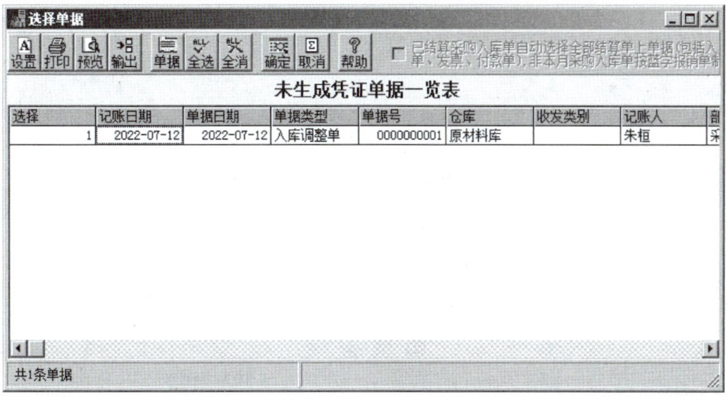

图 3-25-14 “选择单据”对话框

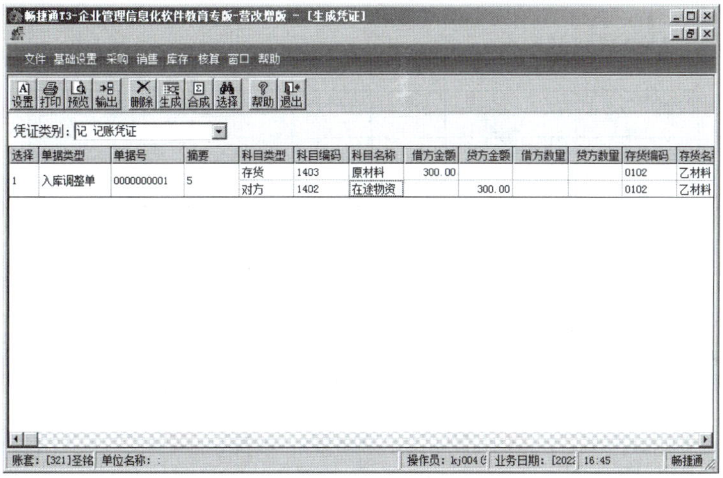

图 3-25-15 “生成凭证”对话框

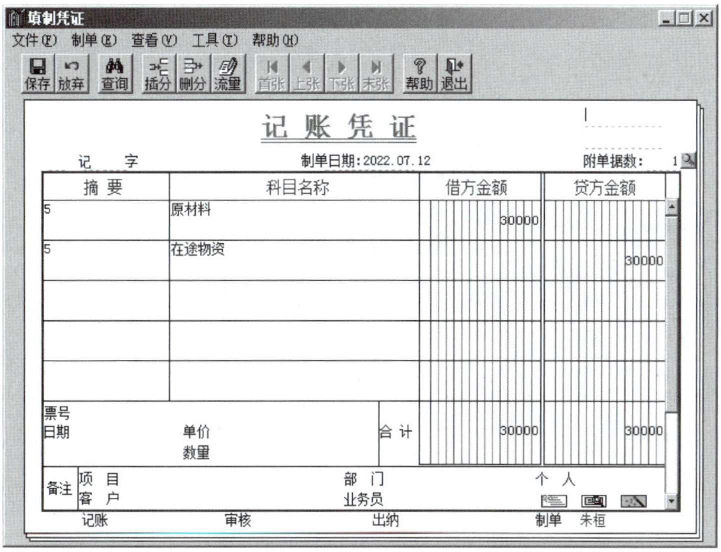

图 3-25-16 “填制凭证”对话框

3.26 预收订金业务处理

任务 3-26 2022 年 7 月 12 日，与榆林公司签订购销合同，销售简约 A 系列 300 套，报价 1800，税率 13%，同时赠送包装箱 300 套，当日收到订金 60000 元，以银行汇票支付（票据号：HP071201），如图 3-26-1、图 3-26-2 所示。由“kj004”登录信息平台进行业务处理。

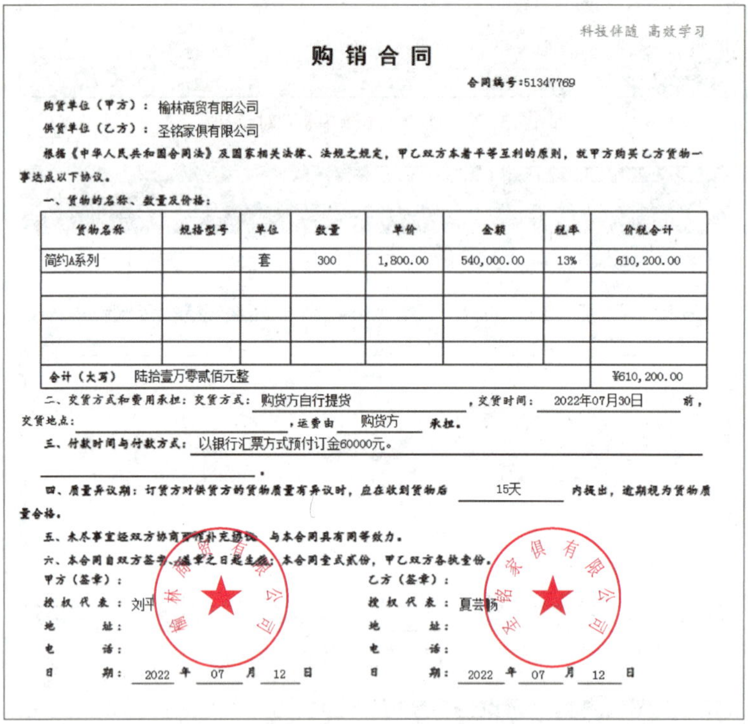

科技伴随 高效学习

购销合同

合同编号:51347769

购货单位（甲方）：榆林商贸有限公司

供货单位（乙方）：圣铭家俱有限公司

根据《中华人民共和国合同法》及国家相关法律、法规之规定，甲乙双方本着平等互利的原则，就甲方购买乙方货物一事达成以下协议。

一、货物的名称、数量及价格：

货物名称	规格型号	单位	数量	单价	金额	税率	价税合计
简约A系列		套	300	1,800.00	540,000.00	13%	610,200.00
合计（大写） 陆拾壹万零贰佰元整							¥610,200.00

二、交货方式和费用承担：交货方式：购货方自行提货，交货时间：2022年07月30日前，交货地点：＿＿＿＿，运费由购货方承担。

三、付款时间与付款方式：以银行汇票方式预付订金60000元。

四、质量异议期：订货方对供货方的货物质量有异议时，应在收到货物后15天内提出，逾期视为货物质量合格。

五、未尽事宜经双方协商可作补充协议，与本合同具有同等效力。

六、本合同自双方签字、盖章之日起生效；本合同壹式贰份，甲乙双方各执壹份。

甲方（签章）：榆林商贸有限公司（印章）
授权代表：刘平
地址：
电话：
日期：2022 年 07 月 12 日

乙方（签章）：圣铭家俱有限公司（印章）
授权代表：夏芸畅
地址：
电话：
日期：2022 年 07 月 12 日

图 3-26-1 购销合同

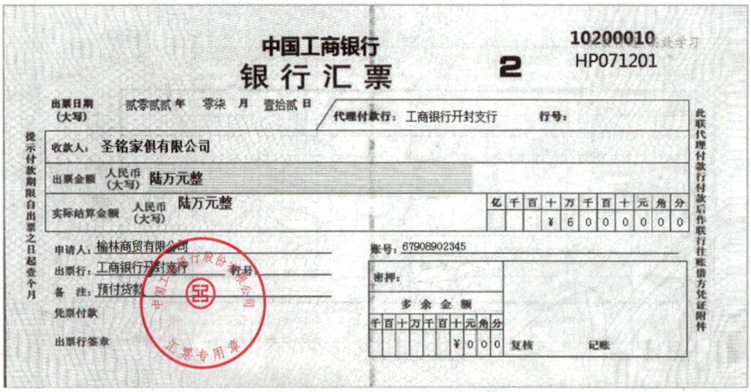

中国工商银行
银行汇票 2
10200010
HP071201

出票日期（大写）：贰零贰贰 年 零柒 月 壹拾贰 日
代理付款行：工商银行开封支行 行号：

收款人：圣铭家俱有限公司

出票金额 人民币（大写）陆万元整

实际结算金额 人民币（大写）陆万元整

亿	千	百	十	万	千	百	十	元	角	分
			¥	6	0	0	0	0	0	0

申请人：榆林商贸有限公司
账号：67908902345
出票行：工商银行开封支行 行号：
备注：预付货款
凭票付款
出票行签章（中国工商银行股份有限公司 汇票专用章）

密押：

多余金额

千	百	十	万	千	百	十	元	角	分
						¥	0	0	0

复核 记账

提示付款期限自出票之日起壹个月

此联代理付款行付款后作联行往账借方凭证附件

图 3-26-2 银行汇票

操作步骤

(1) 2022 年 7 月 12 日，由“kj004(朱桓，密码‘4’)”登录“畅捷通 T3-企业管理信息化软件教育专版-营改增版”系统。

(2) 选择【销售】|【销售订单】选项，出现“销售订单”对话框，单击【增加】按钮。

(3) 填写销售类型为“普通销售”，客户名称选择为“榆林商贸有限公司”，销售部门选择为“销售部”，其他默认。

(4) 选择货物名称为“0301 简约 A 系列”，数量填写为“300”，报价填写为“1800”，其他默认。

(5) 在第二行选择货物名称为“0201 包装箱”，数量填写为“300”，其他默认，如图 3-26-3 所示。

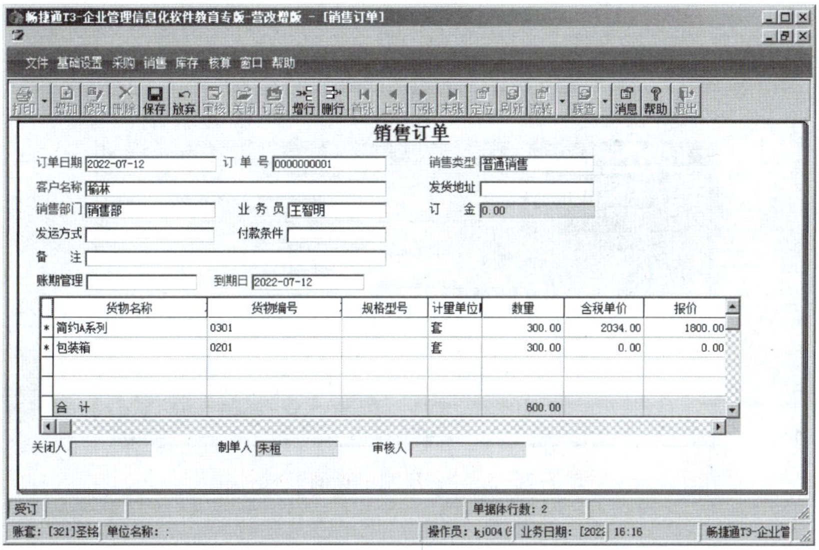

图 3-26-3 “销售订单”对话框

(6) 单击【保存】按钮，单击【订金】按钮，出现“预收定金”对话框，单击【增加行】按钮。

(7) 填写结算日期为“2022-07-12”，选择结算方式为“4 银行汇票”，结算科目为“100201 银行存款/人民币”，订金填写为“60000”，票据号填写为“HP071201”，如图 3-26-4 所示。

(8) 单击【确定】按钮，系统提示“保存订金成功！”，单击【确定】按钮，单击【关闭】按钮，返回到销售订单窗口。

(9) 单击【审核】按钮，系统提示“是否只处理当前张？”，单击【是(Y)】，系统提示单据审核成功，单击【确定】按钮，单击【退出】按钮。

(10) 选择【核算】|【凭证】|【客户往来制单】选项，打开“客户制单查询”对话框，如图 3-26-5 所示。

(11) 选择“核销制单”复选框，单击【确认】按钮，出现“客户往来制单”对话框，如图 3-26-6所示。

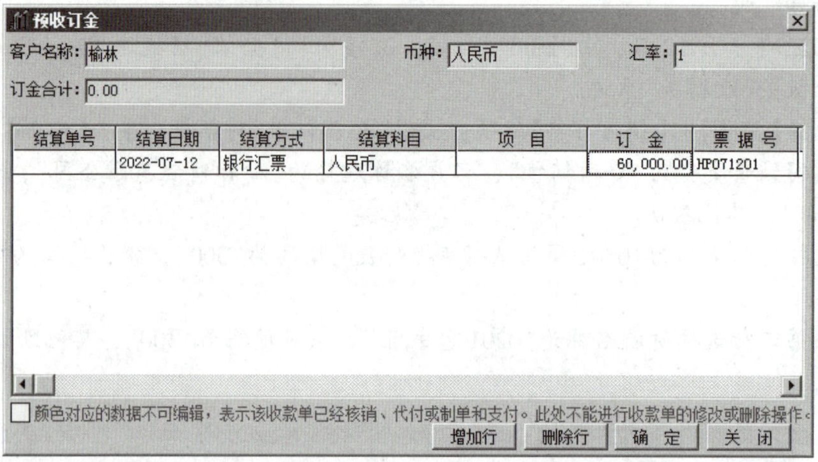

图 3-26-4 “客户制单查询”对话框

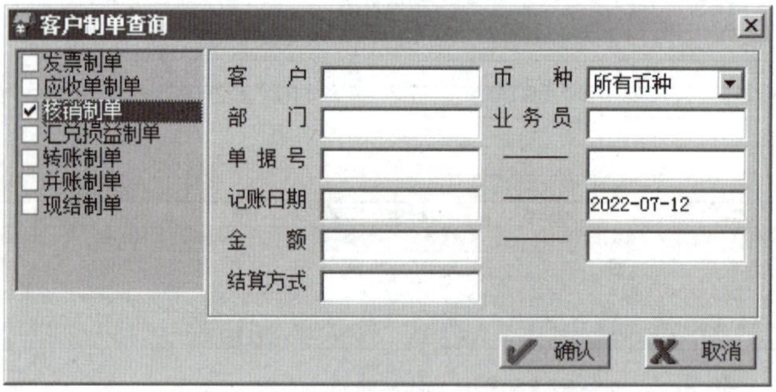

图 3-26-5 “客户制单查询”对话框

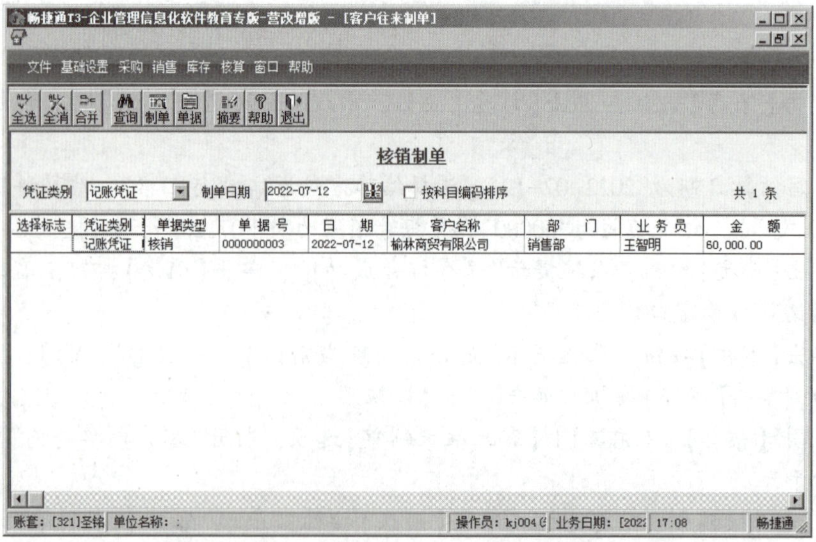

图 3-26-6 “客户往来制单”对话框

(12) 单击【全选】按钮，或选择相应记录。

(13) 单击【制单】按钮，出现“填制凭证”对话框，如图 3-26-7 所示。

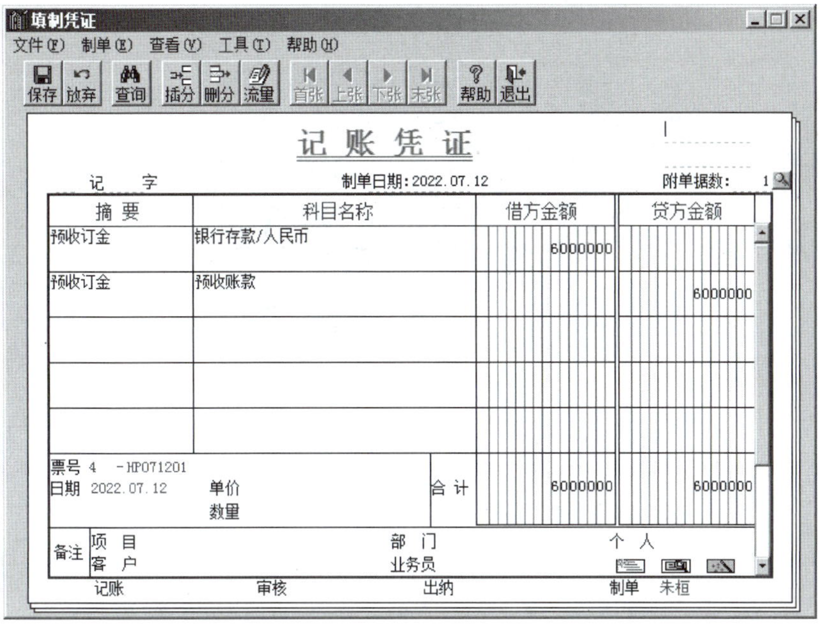

图 3-26-7 “填制凭证”对话框

(14) 单击“填制凭证”对话框中的【保存】按钮，保存凭证，单击【退出】按钮，然后关闭退出相关窗口。

3.27 支付广告费业务处理

任务 3-27 2022 年 7 月 13 日，企业支付给路客创意有限公司广告费 4000 元，收到增值税专用发票一张，税率 6%，税额 240，用转账支票 zz071301) 支付，如图 3-27-1、图 3-27-2 所示。由“kj002”登录信息平台进行业务处理。

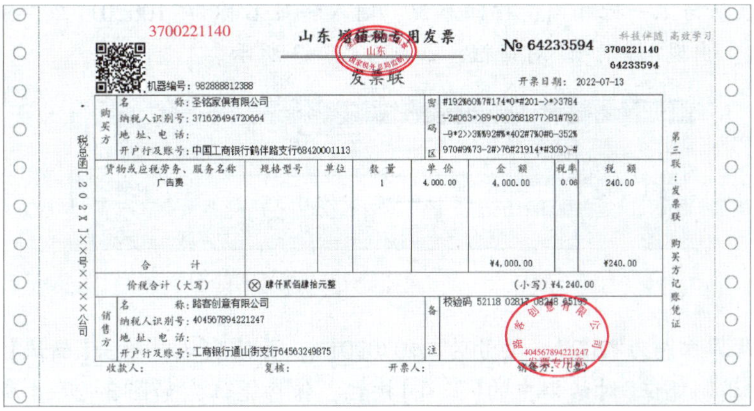

图 3-27-1 广告费发票

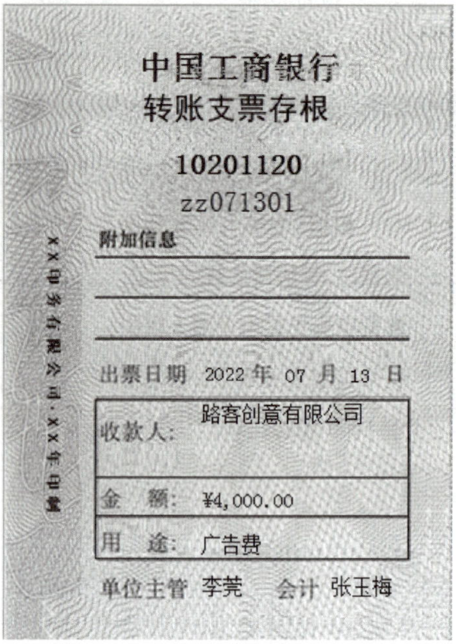

图 3-27-2 转账支票存根

操作步骤

(1) 2022 年 7 月 13 日，由"kj002(王袂，密码'2')"登录"畅捷通 T3-企业管理信息化软件教育专版-营改增版"系统。

(2) 选择【总账】|【凭证】|【填制凭证】选项，打开"填制凭证"对话框单击【增加】按钮。

(3) 附单据数为"2"，在摘要栏输入摘要"支付广告费"。

(4) 单击科目名称栏，输入"560102"或"销售费用-广告费"，按回车键。

(5) 在"借方金额"栏输入"4000"元，按回车键。

(6) 摘要默认与上一行相同，按回车键，输入科目名称为"22210101"或"应交税费-应交增值税-进项税额"，按回车键，在"借方金额"栏输入"240"元，按回车键。

(7) 摘要默认与上一行相同，按回车键，输入科目名称为"100201"或"银行存款-人民币"，按回车键，出现"辅助项"对话框，如图 3-27-3 所示。

图 3-27-3 凭证"辅助项"对话框

(8) 选择结算方式为"202"，票号为"zz070901"，其他默认，单击【确认】按钮。

(9) 单击"填制凭证"对话框中的【保存】按钮，保存凭证，如图 3-27-4 所示，单击【退出】按钮，然后关闭退出相关窗口。

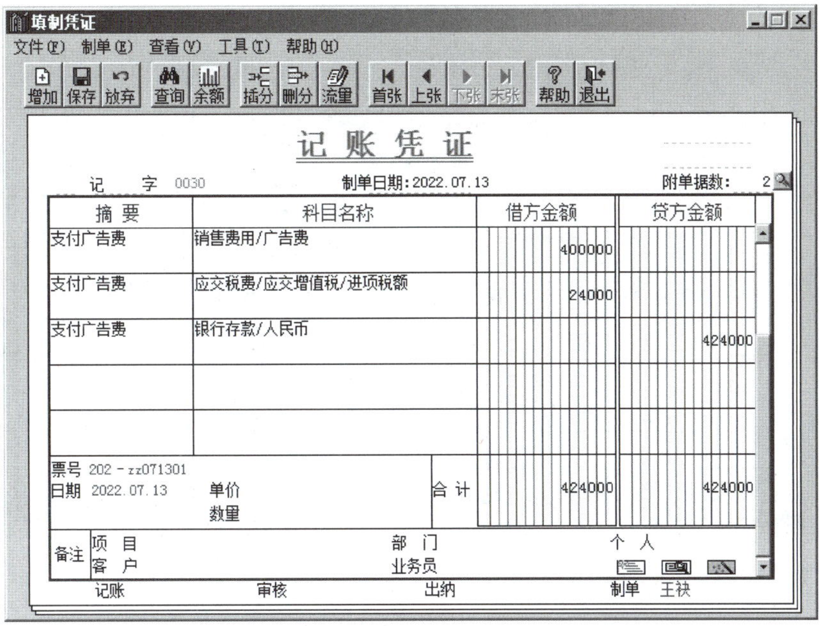

图 3-27-4 “填制凭证”对话框

3.28 加工生产产品业务处理(二)

任务 3-28 2022 年 7 月 14 日，加工简约 B 系列将剩余材料一次性领齐，如图 3-28-1 所示。由“kj004”登录信息平台进行业务处理。

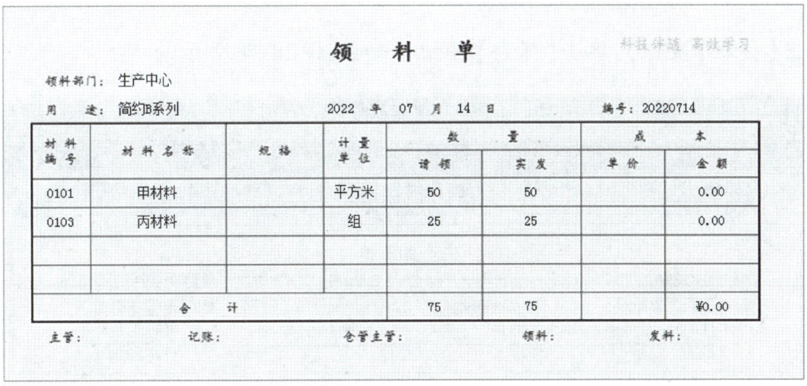

领料单

领料部门：生产中心

用途：简约B系列　2022 年 07 月 14 日　编号：20220714

材料编号	材料名称	规格	计量单位	数量 请领	数量 实发	成本 单价	成本 金额
0101	甲材料		平方米	50	50		0.00
0103	丙材料		组	25	25		0.00
合计				75	75		¥0.00

主管：　记账：　仓管主管：　领料：　发料：

图 3-28-1 领料单

操作步骤

(1) 2022 年 7 月 14 日，由“kj004(朱桓，密码‘4’)”登录“畅捷通 T3-企业管理信息化软件教育专版-营改增版”系统。

(2) 选择【库存】|【生产加工单】选项，出现“生产加工单”对话框，单击【领料】按钮，在“本次出库数量”栏内甲材料、乙材料分别录入“50”，“25”，如图 3-28-2 所示。

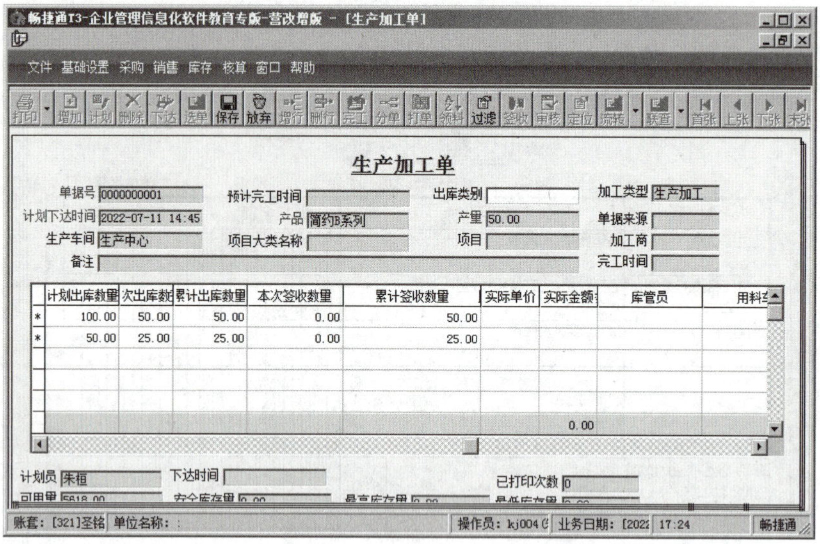

图 3-28-2 “生产加工单领料”对话框

(3) 单击【保存】，单击【分担】(按仓库)分担，出现“生产加工领料出库单分单方式”对话框，如图 3-28-3 所示，单击【确认】按钮。

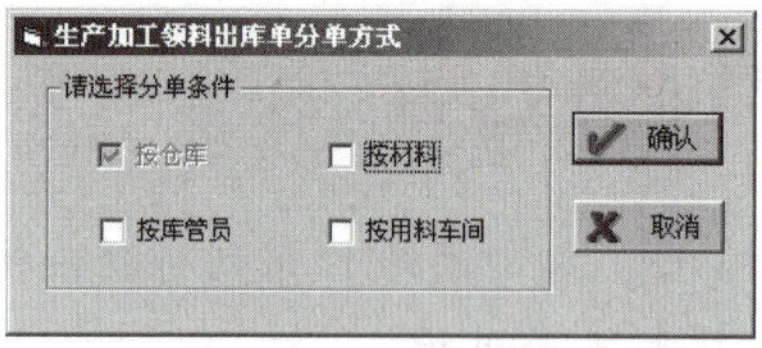

图 3-28-3 “生产加工领料出库单分单方式”对话框

(4) 单击【签收】按钮，单击【保存】按钮，如图 3-28-4 所示。

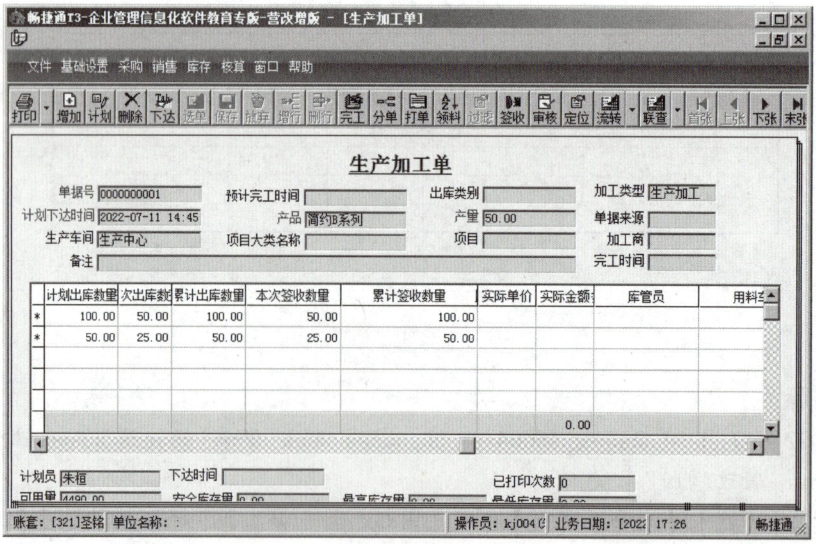

图 3-28-4 “生产加工领料出库单签收”对话框

(5) 单击【审核】按钮，出现系统提示“审核将使本次出库数为零，是否继续?”，如图 3-28-5所示。

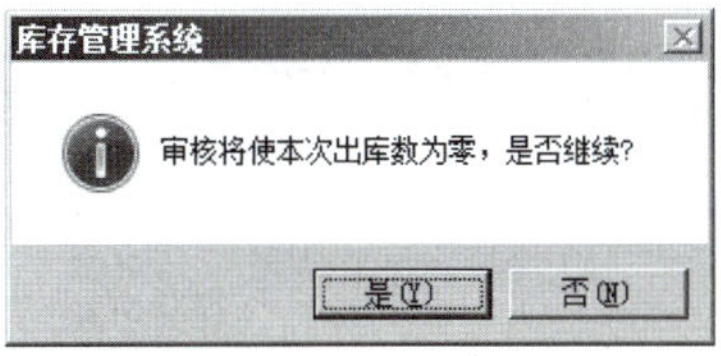

图 3-28-5 “库存管理系统”对话框

(6) 单击【是 Y】按钮，本次出库数量清零，如图 3-28-6 所示，单击【退出】按钮，关闭生成加工单。

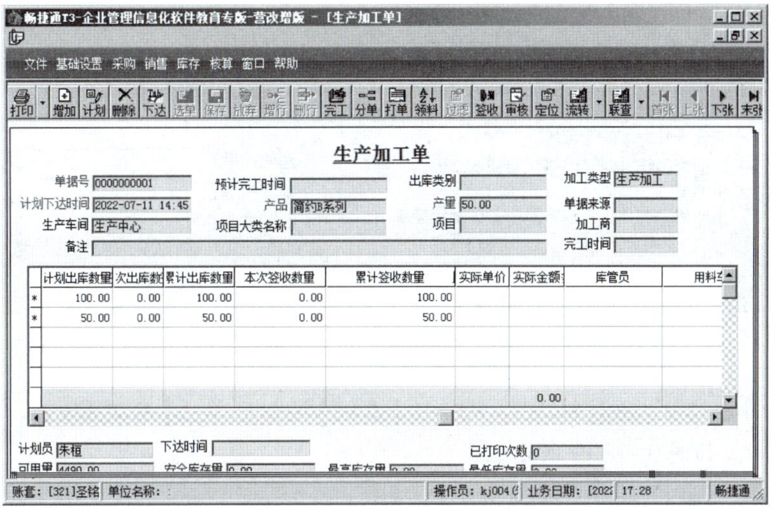

图 3-28-6 “生产加工单审核”对话框

(7) 选择【库存】|【材料出库单】选项，出现“材料出库单”对话框，如图 3-28-7 所示，单击【审核】按钮，完成审核，单击【退出】按钮，关闭“材料出库单”窗口。

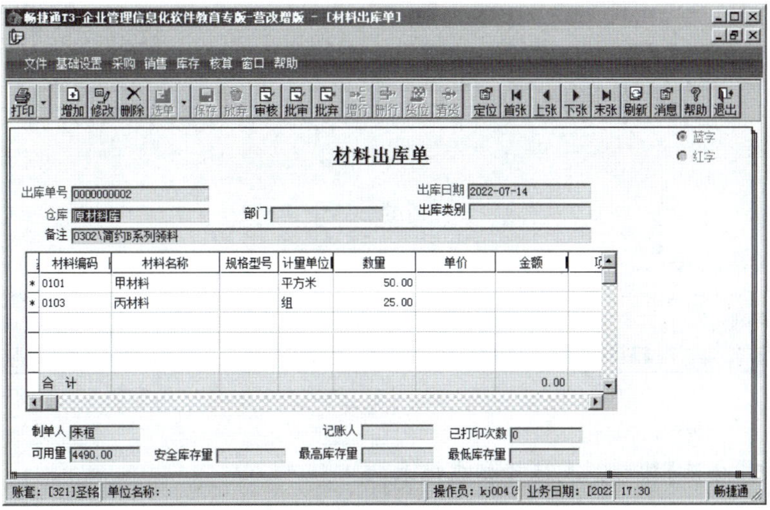

图 3-28-7 “材料出库单”对话框

（8）选择【核算】|【核算】|【正常单据记账】选项，出现“正常单据记账条件”对话框，如图 3-28-8 所示。

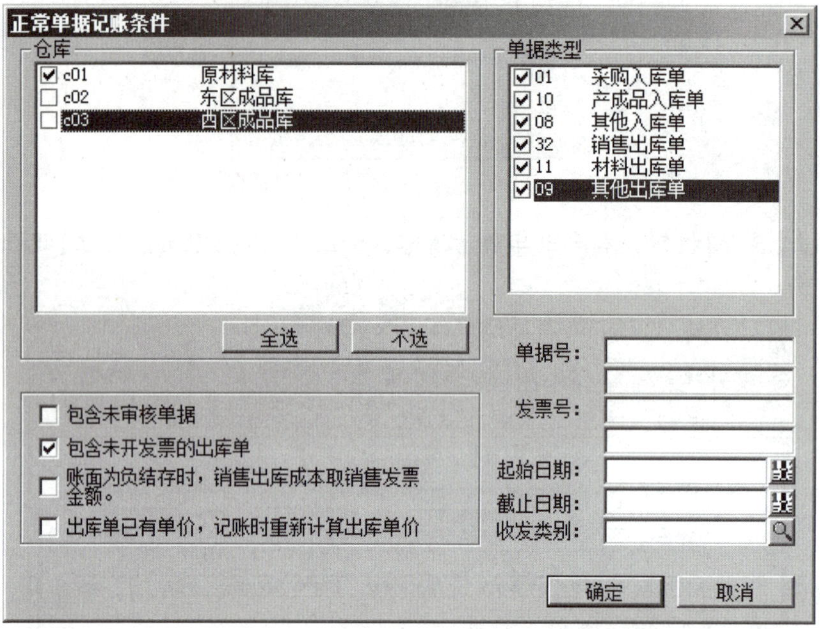

图 3-28-8 “正常单据记账条件”对话框

（9）在仓库栏选择“原材料库”，或单击【全选】按钮，单击【确定】按钮，出现“正常单据记账”对话框，如图 3-28-9 所示。

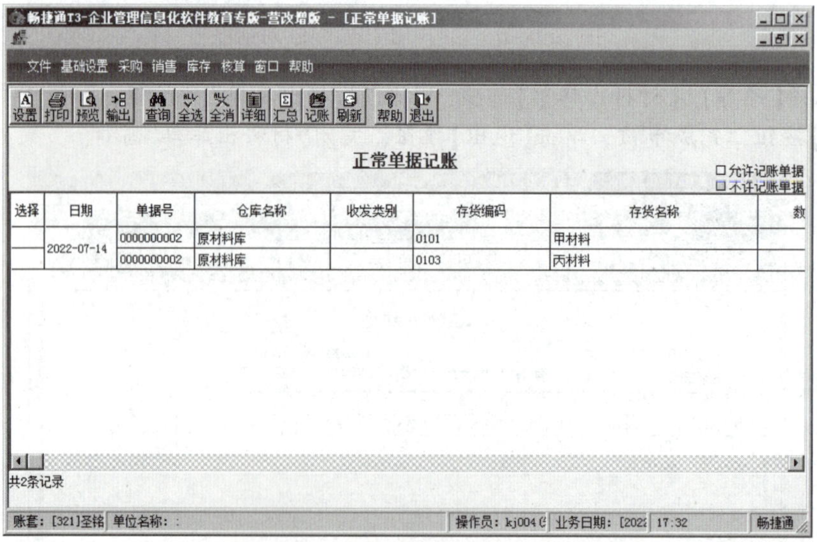

图 3-28-9 “正常单据记账”对话框

（10）单击【全选】按钮，或选择相应记录。

（11）单击【记账】按钮，单击【退出】按钮，完成记账。

(12) 选择【核算】|【凭证】|【购销单据制单】选项，出现“生成凭证”对话框，单击【选择】按钮，出现“查询条件”对话框，如图 3-28-10 所示。

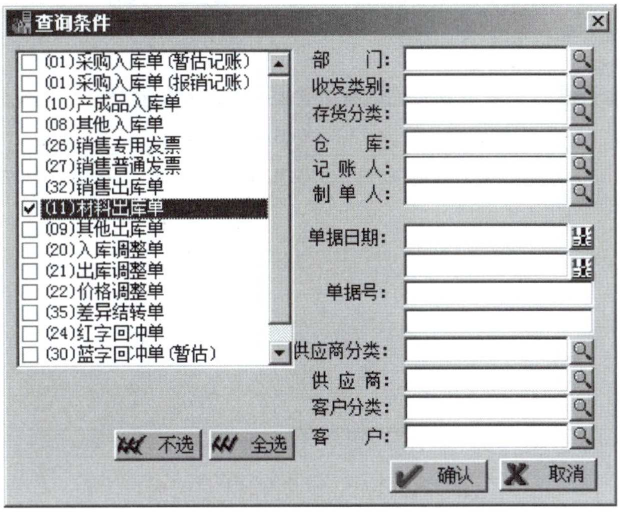

图 3-28-10 “生成凭证”对话框

(13) 单击【全选】按钮，或选择“材料出库单”复选框，选择相应条件，再单击【确认】按钮，出现“选择单据”对话框，如图 3-28-11 所示。

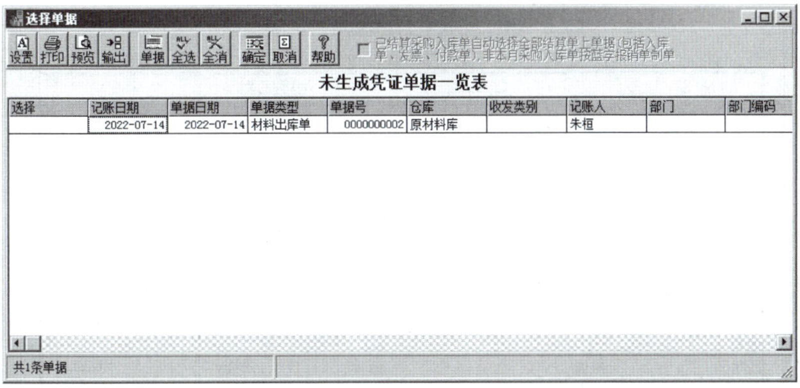

图 3-28-11 “选择单据”对话框

(14) 选择相应记录，或单击【全选】按钮。

(15) 单击【确定】按钮，出现“生成凭证”对话框，设置对方科目编码为“400101”，如图 3-28-12 所示。

(16) 单击【生成】按钮，出现“填制凭证”对话框，如图 3-28-13 所示。

(17) 选择第一行科目名称栏，双击“项目客户”栏，出现“辅助项”对话框，如图 3-28-14 所示。

(18) 选择项目名称为“简约 B 系列”，单击【确认】按钮。

(19) 将鼠标单击下一行，单击“填制凭证”对话框中的【保存】按钮，保存凭证，单击【退出】按钮，然后关闭退出相关窗口。

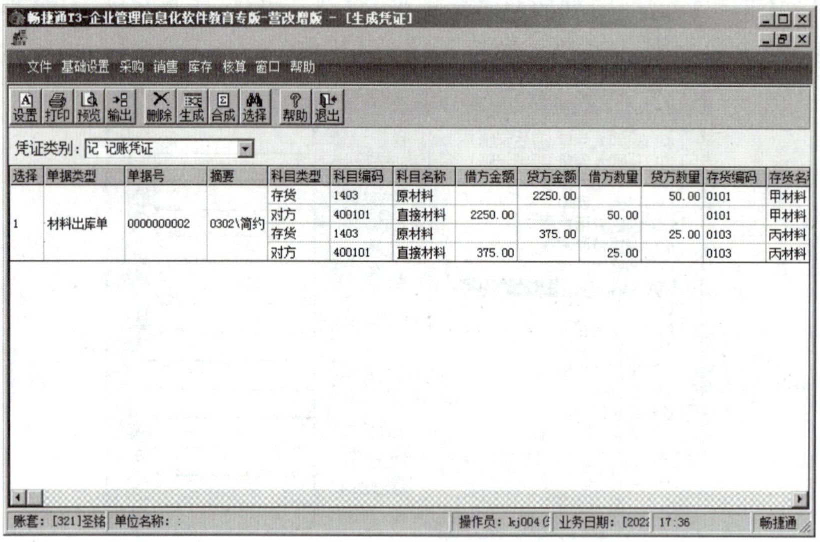

图 3-28-12 “生成凭证”对话框

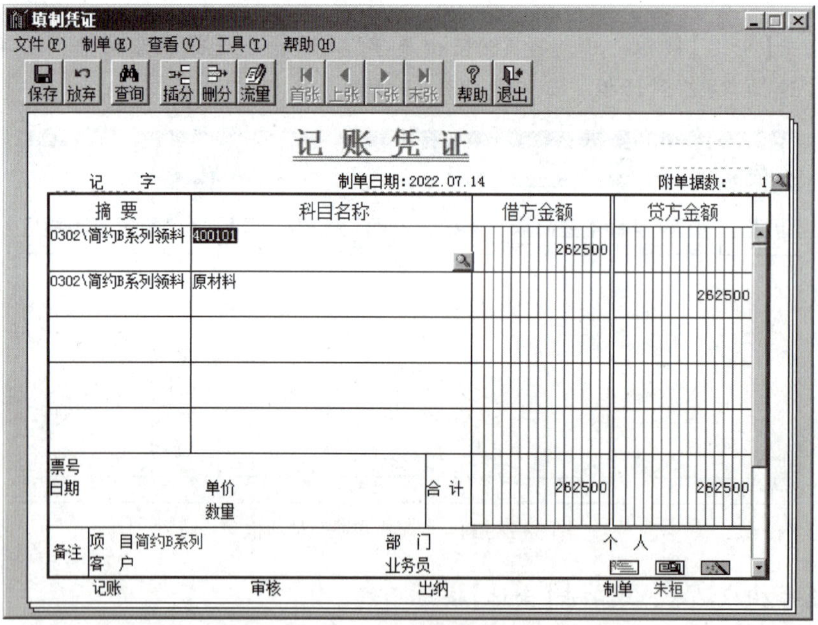

图 3-28-13 “填制凭证”对话框

图 3-28-14 “填制凭证”对话框

3.29　接受投资业务处理

任务 3-29　2022 年 7 月 15 日，经公司董事会研究决定，接受香港福莱特公司投资港币 500000 元，存入港元账户，当日汇率为 1∶0.83，如图 3-29-1 所示。由“kj002”登录信息平台进行业务处理。

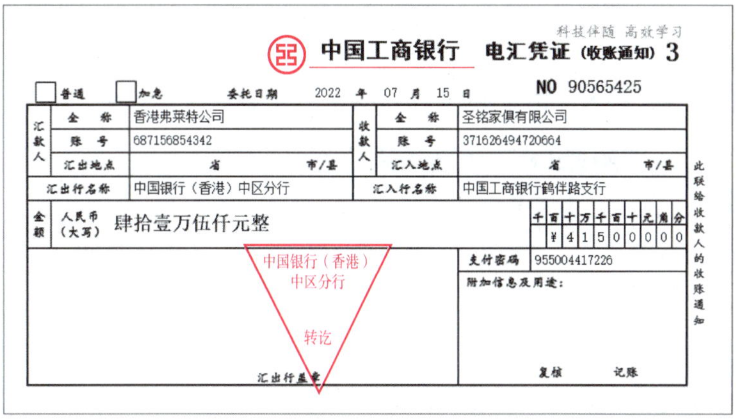

科技伴随 高效学习

中国工商银行　电汇凭证（收账通知）3

普通　加急　委托日期 2022 年 07 月 15 日　NO 90565425

汇款人	全称	香港弗莱特公司	收款人	全称	圣铭家俱有限公司
	账号	687156854342		账号	371626494720664
	汇出地点	省　市/县		汇入地点	省　市/县
汇出行名称		中国银行（香港）中区分行	汇入行名称		中国工商银行鹤伴路支行
金额	人民币（大写）	肆拾壹万伍仟元整		千百十万千百十元角分	¥41500000
				支付密码	955004417226
				附加信息及用途：	

中国银行（香港）中区分行 转讫

汇出行盖章　复核　记账

此联给收款人的收账通知

图 3-29-1　电汇凭证

操作步骤

（1）2022 年 7 月 15 日，由“kj002（王袂，密码‘2’）”登录“畅捷通 T3-企业管理信息化软件教育专版-营改增版”系统。

（2）选择【基础设置】|【财务】|【外币种类】选项，出现“外币设置”对话框，如图 3-29-2 所示。

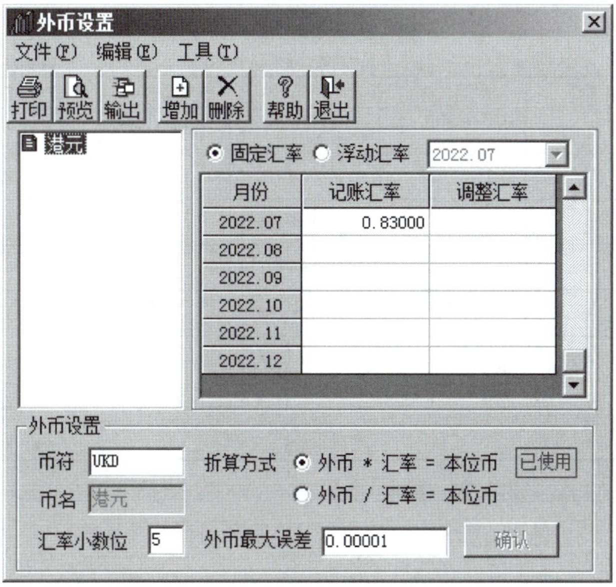

图 3-29-2　“外币设置”对话框

(3) 双击“2022. 07”栏内“记账汇率”栏，设置记账汇率为“0. 83”，按回车键，单击【退出】按钮。

(4) 选择【总账】|【凭证】|【填制凭证】选项，打开“填制凭证”对话框，单击【增加】按钮。

(5) 附单据数为“1”，在摘要栏输入摘要“接受投资”。

(6) 单击科目名称栏，输入“100202”或“银行存款-港币”，按回车键。

(7) 出现“辅助项”对话框，选择结算方式为“5 汇兑”，其他默认，如图 3-29-3 所示，单击【确认】按钮。

(8) 在“外币”栏内输入外汇金额“500000. 00”，其他默认，按回车键

图 3-29-3 “辅助项”对话框

(9) 在“借方金额”栏输入“415000”，按回车键。

(10) 摘要默认与上一行相同，按回车键，输入科目名称为“3001”或“实收资本”，按回车键，在贷方金额栏输入“415000”或按“=”借贷补差。

(11) 单击“填制凭证”对话框中的【保存】按钮，保存凭证，如图 3-29-4 所示，单击【退出】按钮，然后关闭退出相关窗口。

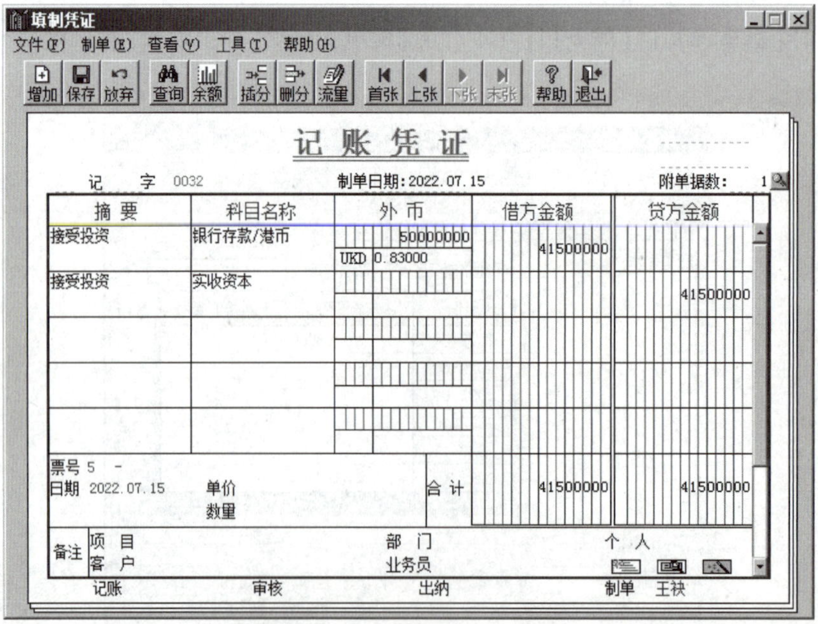

图 3-29-4 “填制凭证”对话框

3.30 销售退回现结业务处理

任务 3-30 2022 年 7 月 16 日，销售给乐家有限公司简约 A 系列有 1 套简约 A 系列因质量不合格被退回。开具增值税专用发票一张(发票号：0716101)，金额：2800 元，税率：13%，税额：364 元，当天开出转账支票(zz071601)支付，如图 3-30-1～图 3-30-3 所示。由“kj004”登录信息平台进行业务处理。

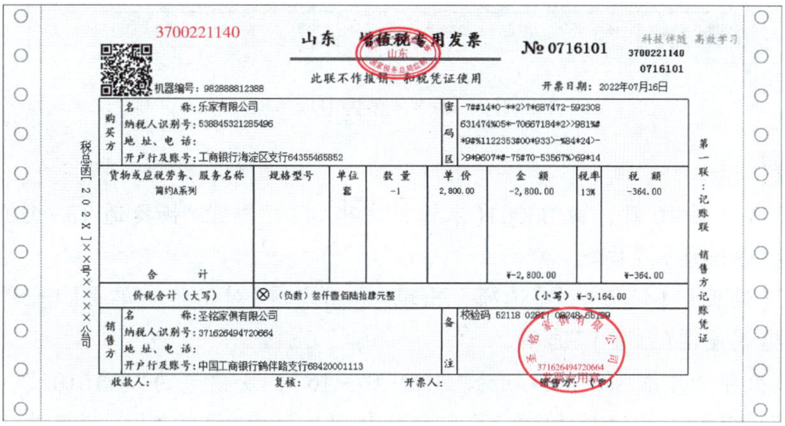
3700221140 山东 增值税专用发票 № 0716101 3700221140 0716101
科技伴随 高效学习
此联不作报销、扣税凭证使用
机器编号：982888812388 开票日期：2022年07月16日

购买方 名称：乐家有限公司
纳税人识别号：538845321285496
地址、电话：
开户行及账号：工商银行海淀区支行64355465852
密码区 -7##14*0-**2>7*687472-592308 631474%05*-70667184*2>>981%# *9#%1122353#00*933>-%84*24>- >9*9607*#-75#70-53567%>69*14

货物或应税劳务、服务名称	规格型号	单位	数量	单价	金额	税率	税额
简约A系列		套	-1	2,800.00	-2,800.00	13%	-364.00
合计					¥-2,800.00		¥-364.00

价税合计（大写） ⊗（负数）叁仟壹佰陆拾肆元整 （小写）¥-3,164.00

销售方 名称：圣铭家俱有限公司
纳税人识别号：371626494720664
地址、电话：
开户行及账号：中国工商银行鹤伴路支行68420001113
备注 校验码 52118 02817 08248 66199

收款人： 复核： 开票人： 销售方：（章）

税总函[202X]××号××××公司
第一联：记账联 销售方记账凭证

图 3-30-1 销售退货发票

中国工商银行
转账支票存根
10201120
zz071601
附加信息
出票日期 2022 年 07 月 16 日
收款人：乐家有限公司
金 额：¥3,164.00
用 途：商品退款
单位主管 李莞 会计 张玉梅
××印务有限公司·××年印制

图 3-30-2 销售退款存根

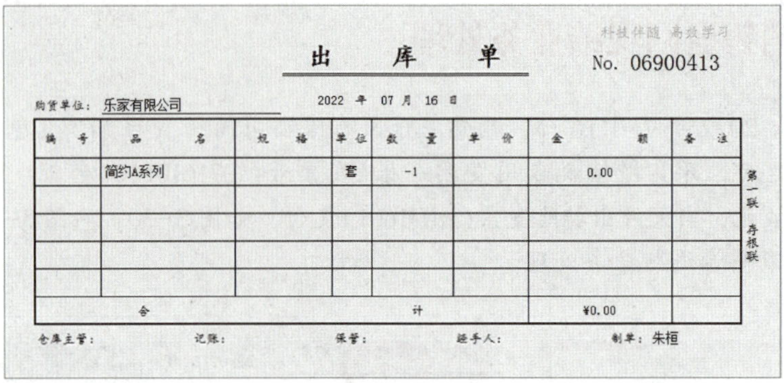
科技伴随 高效学习

出 库 单

No. 06900413

购货单位：乐家有限公司　　2022 年 07 月 16 日

编号	品名	规格	单位	数量	单价	金额	备注
	简约A系列		套	-1		0.00	
合			计			¥0.00	

第一联 存根联

仓库主管：　记账：　保管：　经手人：　制单：朱桓

图 3-30-3　销售退货单

操作步骤

(1) 2022 年 7 月 16 日，由“kj004(朱桓，密码‘4’)”登录“畅捷通 T3-企业管理信息化软件教育专版-营改增版”系统。

(2) 选择【销售】|【销售发票】选项，出现“专用发票”对话框，单击【增加】右侧下箭头按钮，选择“专用发票(红字)”选项。

(3) 在表头部分，录入开票日期为“2022-07-16”，发票号为“0716101”，销售类型选择“普通销售”，客户名称选择为“乐家”，销售部门选择为“销售部”，税率改为“13”。

(4) 在表体部分，仓库选择为“东区成品库”，货物名称选择为“简约 A 系列”，计量单位为“套”，录入数量为“-1”，无税单价为“2800”，其他默认，如图 3-30-4 所示，单击【保存】按钮。

(5) 单击【现结】按钮，出现“销售现结”对话框。

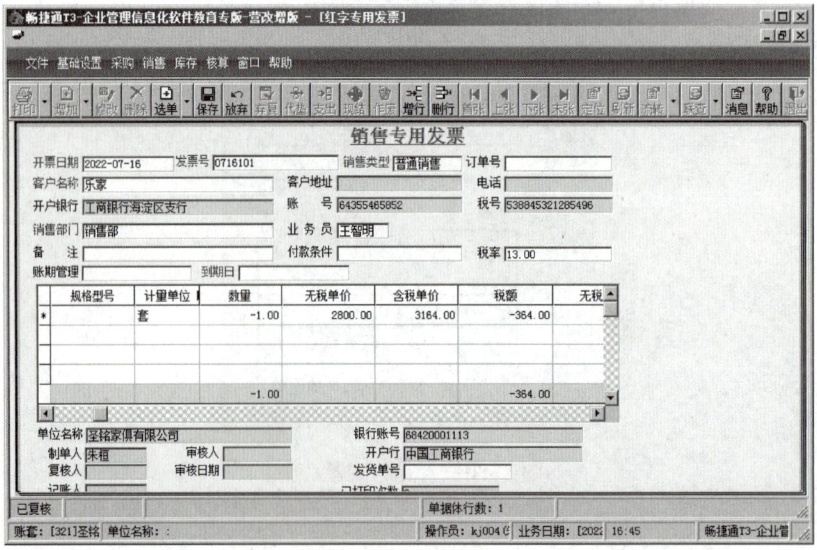

图 3-30-4　“销售专用发票”对话框

(6) 选择结算方式为“202”，结算金额为“-3164”，票据号为“zz071601”，银行账号为“68420001113”，如图 3-30-5 所示，单击【确定】按钮。

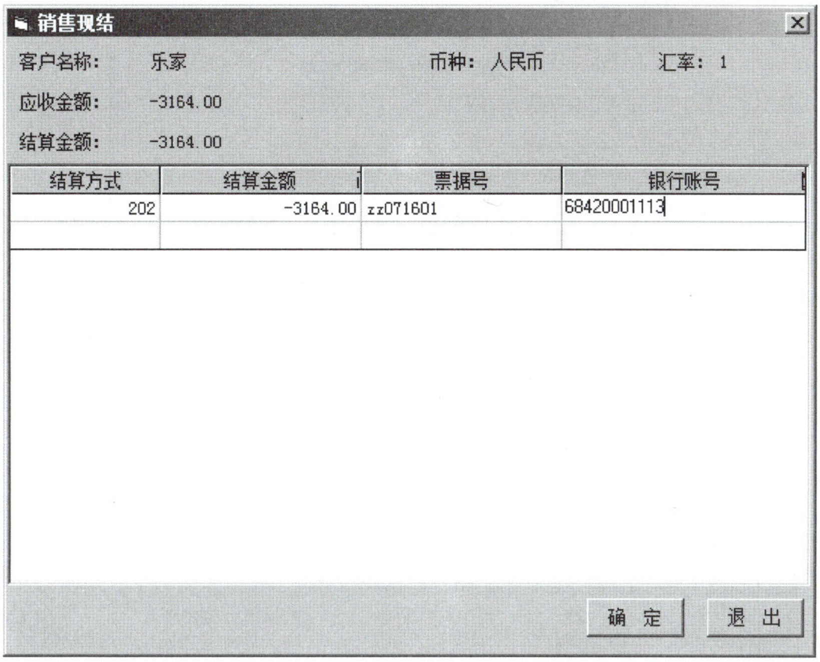

图 3-30-5 “销售现结”对话框

(7) 系统提示“现结记录已保存!”，如图 3-30-6 所示，单击【确定】按钮，系统提示“现结记录已保存”，单击【确定】按钮，返回“销售现结”对话框。

(8) 单击【退出】按钮，系统提示“现付成功”，如图 3-30-7 所示，单击【确定】按钮，返回“红字专用发票”窗口。

图 3-30-6 “提示”对话框

图 3-30-7“现结成功”对话框

(9) 单击【复核】按钮，出现系统提示，如图 3-30-8 所示，单击【是 Y】按钮。

(10) 出现系统提示“复核成功!”，如图 3-30-9 所示，单击【确定】按钮，返回“红字专用发票”窗口。

(11) 单击【退出】按钮。

(12) 选择【库存】|【销售出库单生成/审核】选项，出现“销售出库单”对话框。

(13) 单击【生成】按钮，出现“发货单或发票参照”对话框，如图 3-30-10 所示。

(14) 单击【刷新】按钮，出现发票记录，单击【全选】按钮，再单击【确认】按钮。

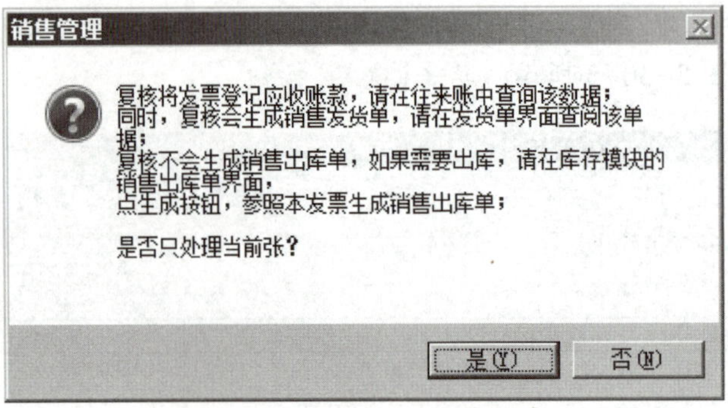

图 3-30-8 “销售管理”对话框

图 3-30-9 “复核成功”对话框

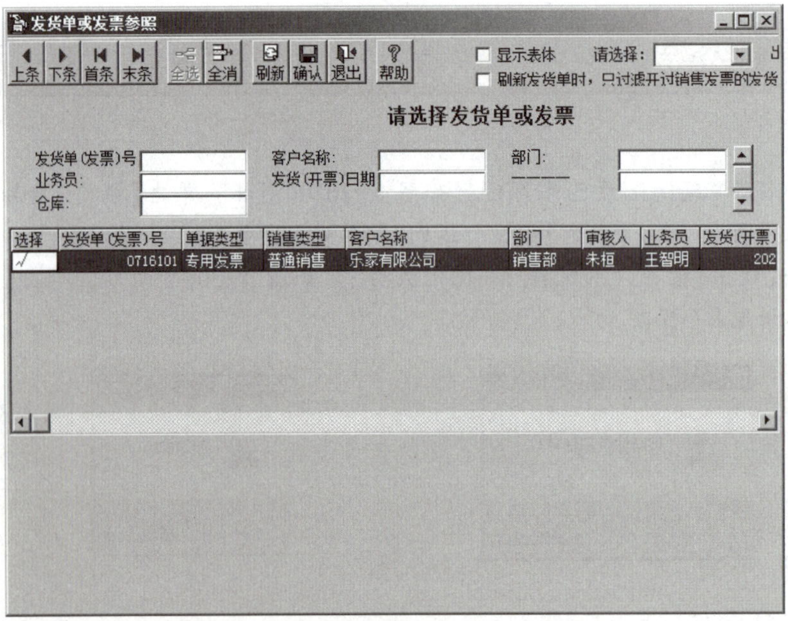

图 3-30-10 “发货单或发票参照”对话框

(15) 系统提示“操作完毕”，如图 3-30-11 所示，单击【确定】按钮，返回“销售出库单”窗口。

(16) 单击【审核】按钮，完成审核。

(17) 单击【退出】按钮，退出“销售出库单”对话框。

(18) 选择【核算】|【凭证】|【客户往来制单】选项，出现“客户制单查询”对话框，如图 3-30-12 所示。

图 3-30-11 “操作完毕”对话框

图 3-30-12 “客户制单查询”对话框

(19) 选择“现结制单”复选框，单击【确认】按钮。

(20) 在“客户往来制单”窗口中，单击【全选】按钮，再单击【制单】按钮，出现“填制凭证”对话框，如图 3-30-13 所示。

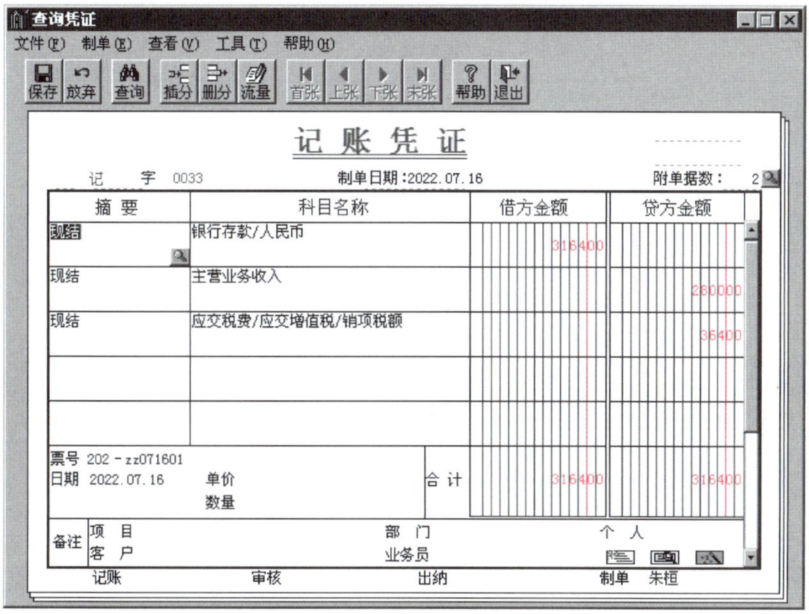

图 3-30-13 “填制凭证”对话框

(21) 单击“填制凭证”对话框中的【保存】按钮，保存凭证，单击【退出】按钮，关闭退出相关窗口。

(22) 选择【核算】|【核算】|【正常单据记账】选项，出现“正常单据记账条件”对话框，如图 3-30-14 所示。

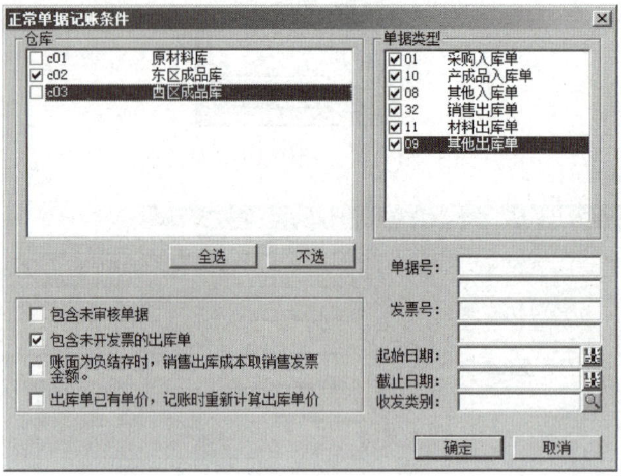

图 3-30-14 “正常单据记账条件”对话框

(23) 在仓库栏选择“东区成品库”，或单击【全选】按钮，单击【确定】按钮，出现“正常单据记账”对话框，如图 3-30-15 所示。

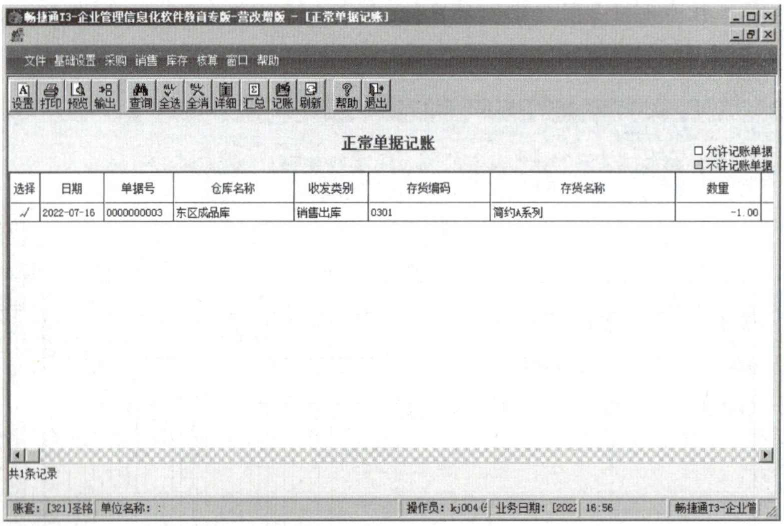

图 3-30-15 “正常单据记账”对话框

(24) 单击【全选】按钮，或选择相应记录。

(25) 单击【记账】按钮，单击【退出】按钮，完成记账。

3.31 职工培训费业务处理

任务 3-31 2022 年 7 月 16 日，现金支付职工技术培训讲课酬金 742 元，如图 3-31-1 所示。由“kj002”登录信息平台进行业务处理。

3700221140

山东增值税普通发票

№ 0716001

3700221140

0716001

发票联

机器编号：982888812388

开票日期：2022年07月16日

购买方	名 称：圣铭家俱有限公司 纳税人识别号：371626494720664 地 址、电 话： 开户行及账号：中国工商银行鹤伴路支行68420001113	密码区	2-522*9-1->5*820>7>20565%492 979>823%375***9*8*4368#022%0 10-2*5#94118*61#62-4#>2%7*#* 892>58766>%3*#8>47643-87-#*-

货物或应税劳务、服务名称	规格型号	单位	数量	单价	金额	税率	税额
培训费		次	1	700.00	700.00	6%	42.00
合计					¥700.00		¥42.00
价税合计（大写）	⊗柒佰肆拾贰元整				（小写）¥742.00		

销售方	名 称：新动力培训中心 纳税人识别号：3546924268723114 地 址、电 话： 开户行及账号：	备注	校验码 52118 02810 08249 66190

收款人：　复核：　开票人：　销售方：（章）

第二联：发票联 购买方记账凭证

图 3-31-1 培训费单据

操作步骤

（1）2022 年 7 月 16 日，由“kj002（王袂，密码‘2’）”登录“畅捷通 T3-企业管理信息化软件教育专版-营改增版”系统。

（2）选择【总账】|【凭证】|【填制凭证】选项，打开“填制凭证”对话框，单击【增加】按钮。

（3）附单据数为“1”，在摘要栏输入摘要“支付酬金”。

（4）单击科目名称栏，输入“221107”或“应付职工薪酬-职工教育经费”，按回车键。

（5）在“借方金额”栏输入“742”元，按回车键。

（6）摘要默认与上一行相同，按回车键，输入科目名称为“1001”或“库存现金”，在贷方金额栏输入“742”或按“=”键借贷补差，按回车键。如图 3-31-2 所示。

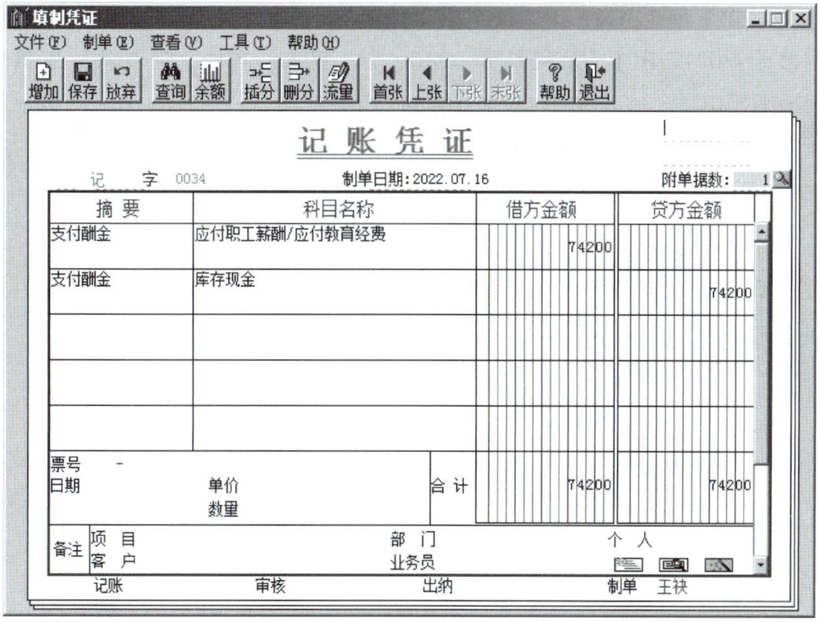

图 3-31-2 “填制凭证”对话框

(7) 单击“填制凭证”对话框中的【保存】按钮，保存凭证。

(8) 单击【增加】按钮，参照步骤(2)～(8)填制结转酬金凭证，如图 3-31-3 所示。

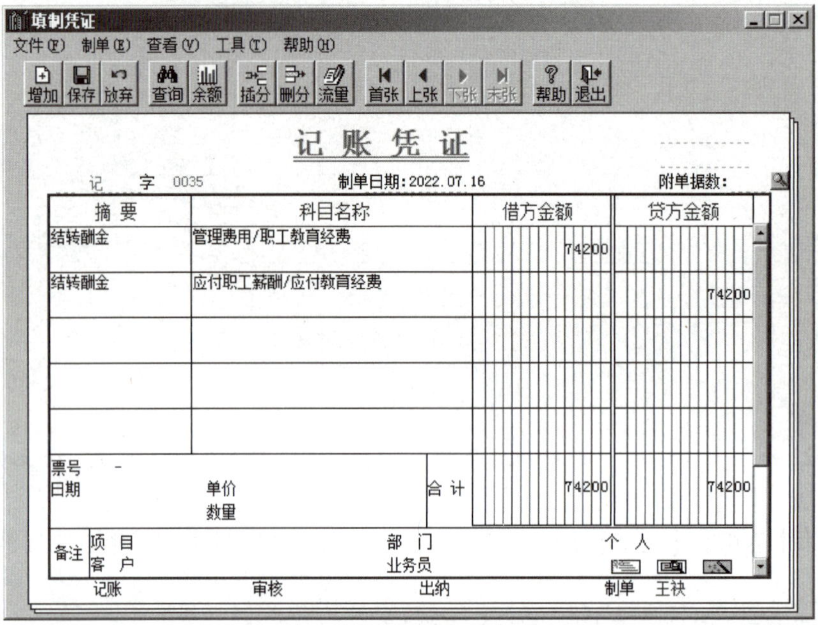

图 3-31-3 “填制凭证”对话框

3.32 红票对冲及收款业务处理

任务 3-32 2022 年 7 月 17 日，收到家俱城退回的简约 A 系列 2 套，开据增值税专用发票一张(发票号：0717101)，无税单价：2100 元，税率：13%。同日收到家俱城开来的转账支票一张(zz071701)，结清剩余货款 18984 元，如图 3-32-1～图 3-32-3 所示。由“kj004”登录信息平台进行业务处理。

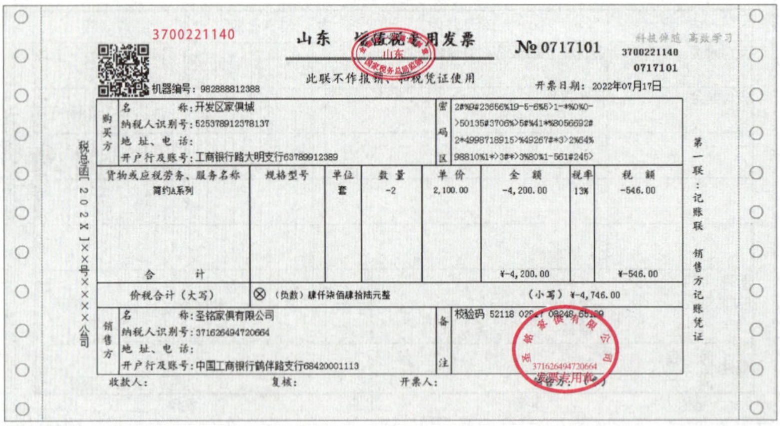

3700221140

山东 增值税专用发票 № 0717101

3700221140
0717101

此联不作报销、扣税凭证使用

机器编号：982888812388

开票日期：2022年07月17日

购买方
名称：开发区家俱城
纳税人识别号：525378912378137
地址、电话：
开户行及账号：工商银行路大明支行63789912389

密码区：
2#%9#23656%19-5-6%5>1-*%0%0-
>50135#3706%>5#%41**%8056692#
2*4998718915>%49267#**3>2%64%
98810%1*>3#*>3%80%1-561#245>

货物或应税劳务、服务名称	规格型号	单位	数量	单价	金额	税率	税额
简约A系列		套	-2	2,100.00	-4,200.00	13%	-546.00
合计					¥-4,200.00		¥-546.00

价税合计（大写） ⊗（负数）肆仟柒佰肆拾陆元整 （小写）¥-4,746.00

销售方
名称：圣铭家俱有限公司
纳税人识别号：371626494720664
地址、电话：
开户行及账号：中国工商银行鹤伴路支行68420001113

备注：校验码 52118 02[illegible] 08248 65[illegible]

收款人： 复核： 开票人： 销售方：（章）

第一联：记账联 销售方记账凭证

图 3-32-1 销售退货发票

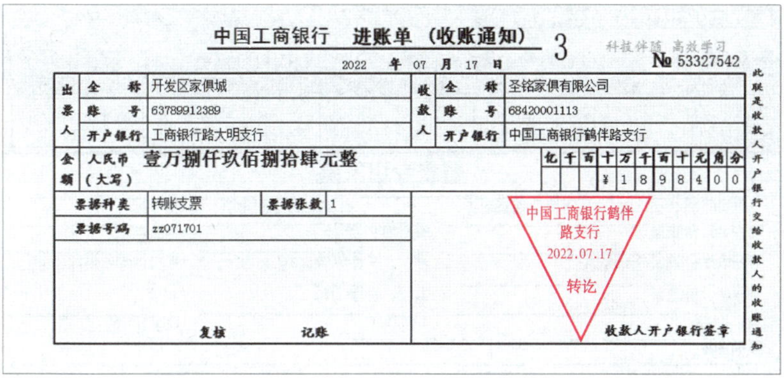

中国工商银行 进账单（收账通知） 3

科技伴随 高效学习

2022 年 07 月 17 日 № 53327542

出票人	全称	开发区家俱城	收款人	全称	圣铭家俱有限公司
	账号	63789912389		账号	68420001113
	开户银行	工商银行路大明支行		开户银行	中国工商银行鹤伴路支行
金额	人民币（大写）	壹万捌仟玖佰捌拾肆元整		亿千百十万千百十元角分	¥ 1 8 9 8 4 0 0
票据种类	转账支票	票据张数	1		
票据号码	zz071701				
	复核	记账		收款人开户银行签章	

中国工商银行鹤伴路支行 2022.07.17 转讫

此联是收款人开户银行交给收款人的收账通知

图 3-32-2 结清剩余货款

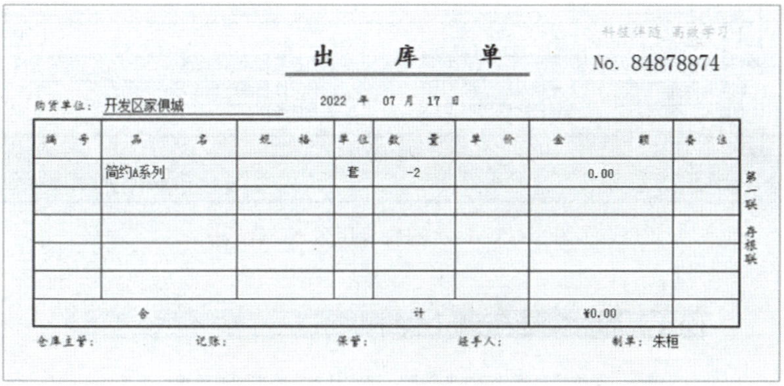

出 库 单

科技伴随 高效学习

No. 84878874

购货单位：开发区家俱城 2022 年 07 月 17 日

编号	品名	规格	单位	数量	单价	金额	备注
	简约A系列		套	-2		0.00	
合		计				¥0.00	

仓库主管： 记账： 保管： 经手人： 制单：朱桓

第一联 存根联

图 3-32-3 销售退货单

操作步骤

(1) 2022 年 7 月 17 日，由“kj004(朱桓，密码‘4’)”登录“畅捷通 T3-企业管理信息化软件教育专版-营改增版”系统。

(2) 选择【销售】|【销售发票】选项，出现“专用发票”对话框。

(3) 单击【增加】右侧下箭头按钮，选择“专用发票(红字)”选项，如图 3-32-4 所示。

(4) 录入开票日期为“2022-07-17”，发票号为“0717101”，销售类型选择“普通销售”，客户名称选择为“家俱城”，销售部门选择为“销售部”，税率改为“13”。

(5) 仓库选择为“东区成品库”，货物名称选择为“简约 A 系列”，计量单位为“套”，录入数量为“-2”，无税单价为“2100”，其他自动生成，单击【保存】按钮。

(6) 单击【复核】按钮，系统提示“是否只处理当前张?”，如图 3-32-5 所示，单击【是(Y)】按钮。

(7) 系统提示“0717101 号单据复核成功!”，单击【确定】按钮，返回红字专用发票窗口，单击【退出】按钮。

(8) 选择【库存】|【销售出库单生成/审核】选项，出现“销售出库单”对话框。

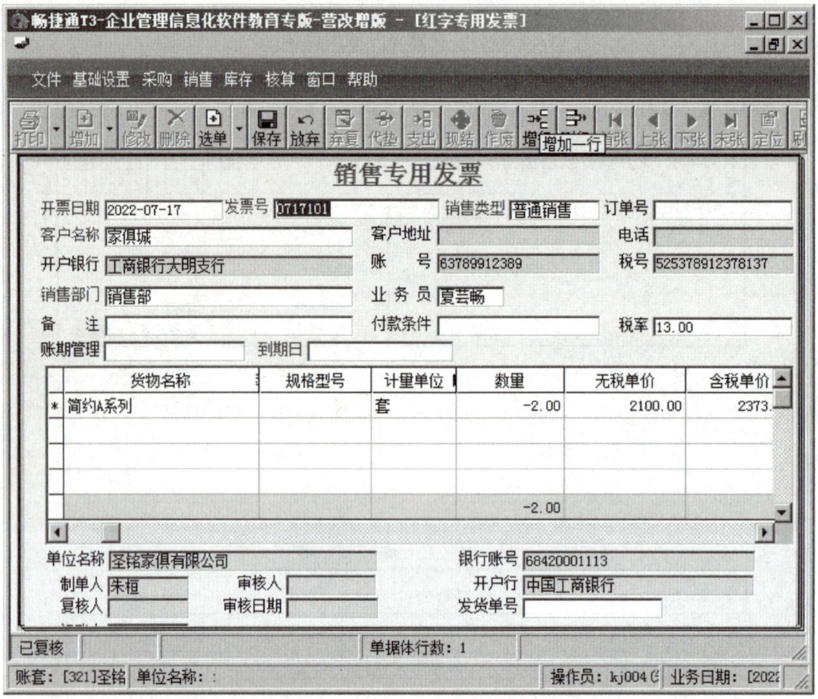

图 3-32-4 “销售专用发票”对话框

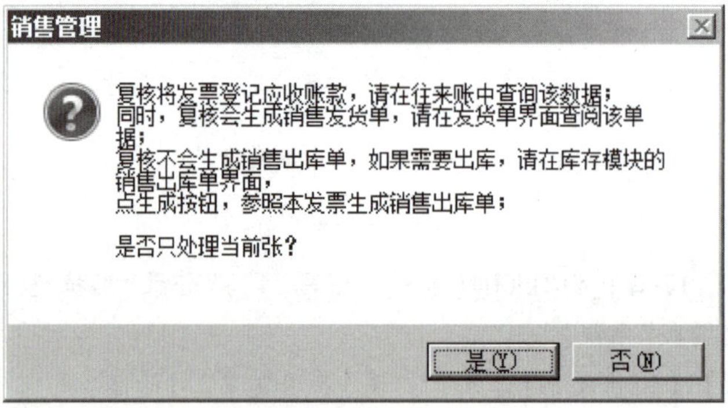

图 3-32-5 “销售管理”对话框

(9) 单击【生成】按钮，出现“发货单或发票参照”对话框，如图 3-32-6 所示。

(10) 单击【刷新】按钮，出现发票记录，单击【全选】按钮，再单击【确认】按钮，提示“操作完毕”，单击【确定】按钮，返回“销售出库单”对话框。

(11) 单击【审核】按钮，完成审核。

(12) 单击【退出】按钮，退出“销售出库单”对话框。

(13) 选择【核算】|【凭证】|【客户往来制单】选项，出现“客户制单查询”对话框，如图 3-32-7 所示。

(14) 选择“发票制单”复选框，单击【确认】按钮。

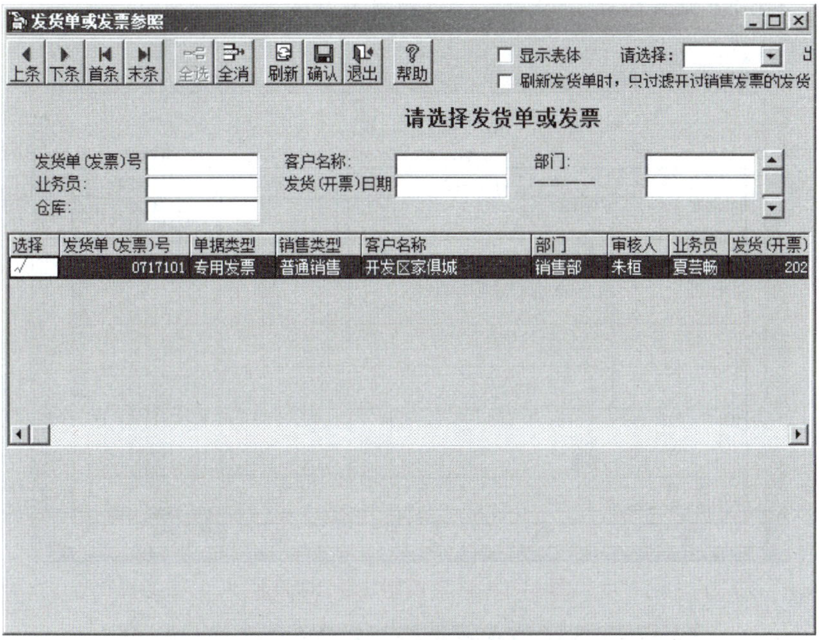

图 3-32-6 “发货单或发票参照”对话框

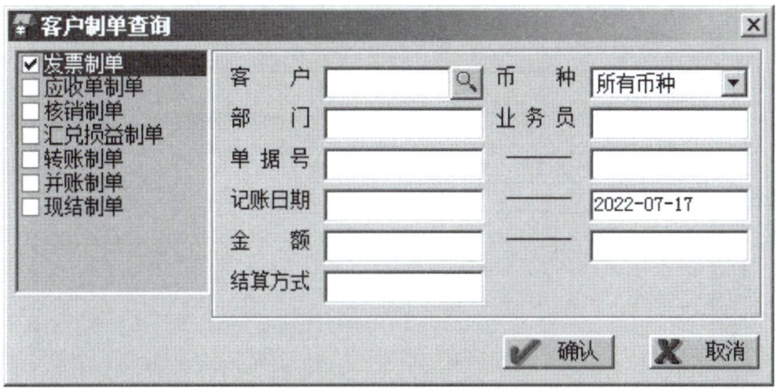

图 3-32-7 “客户制单查询”对话框

(15) 在“客户往来制单”窗口中，单击【全选】按钮，再单击【制单】按钮，出现“填制凭证”对话框，如图 3-32-8 所示。

(16) 单击“填制凭证”对话框中的【保存】按钮，保存凭证，单击【退出】按钮，退出相应对话窗口。

(17) 选择【销售】|【客户往来】|【红票对冲】选项，出现“红票对冲”对话框，如图 3-32-9 所示。

(18) 选择客户名称为“家俱城”，单击【过滤】按钮，出现单据信息，单击“手工”按钮，出现“手工对冲”对话框，如图 3-32-10 所示。

(19) 录入“对冲金额”，单击【确认】按钮，系统提示“红票对冲操作完成”，单击【确定】按钮，返回到“红票对冲”对话框中，单击【退出】按钮。

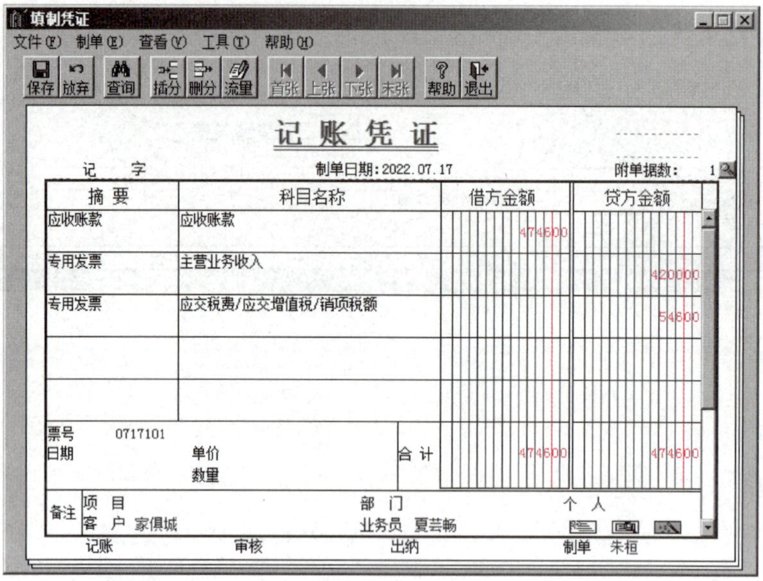

图 3-32-8 “填制凭证”对话框

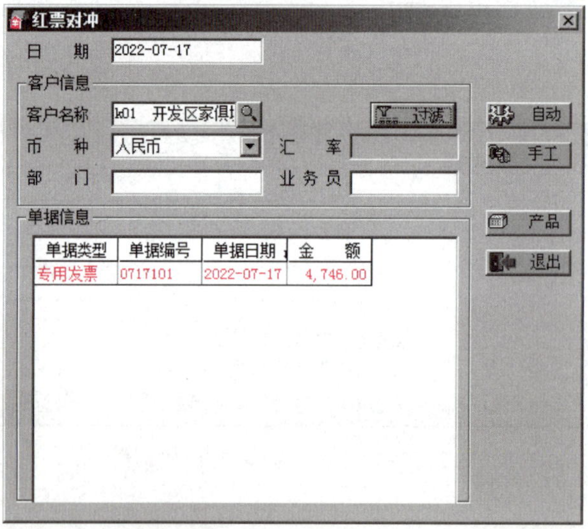

图 3-32-9 “红票对冲”对话框

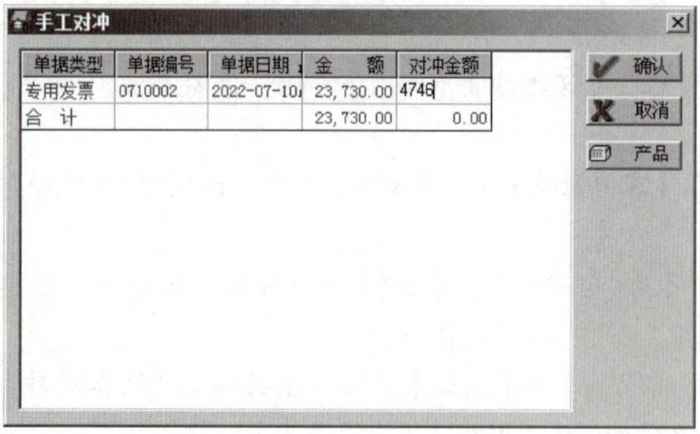

图 3-32-10 “手工对冲”对话框

（20）选择【销售】|【客户往来】|【收款结算】选项，出现“单据结算”对话框，如图3-32-11所示。

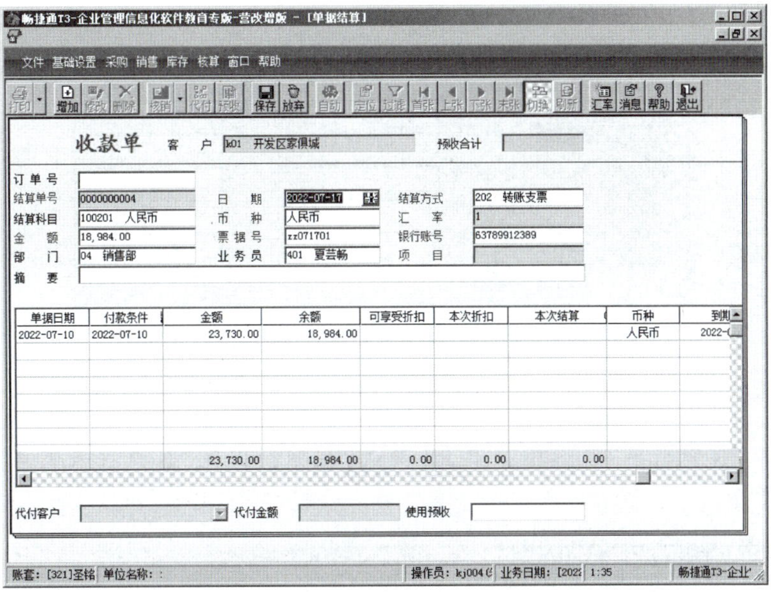

图3-32-11 收款单“单据结算”对话框

（21）单击客户后面的“查找”按钮，选择“开发区家俱城”选项，单击【返回】按钮，返回“单据结算”对话框。

（22）单击【增加】按钮，填制结算方式为“202 转账支票”，结算科目为“100201 银行存款”、金额为“18984”等信息，单击【保存】按钮。

（23）单击【核销】按钮，在“本次结算”栏出现录入金额“18984”元，如图3-32-12所示。

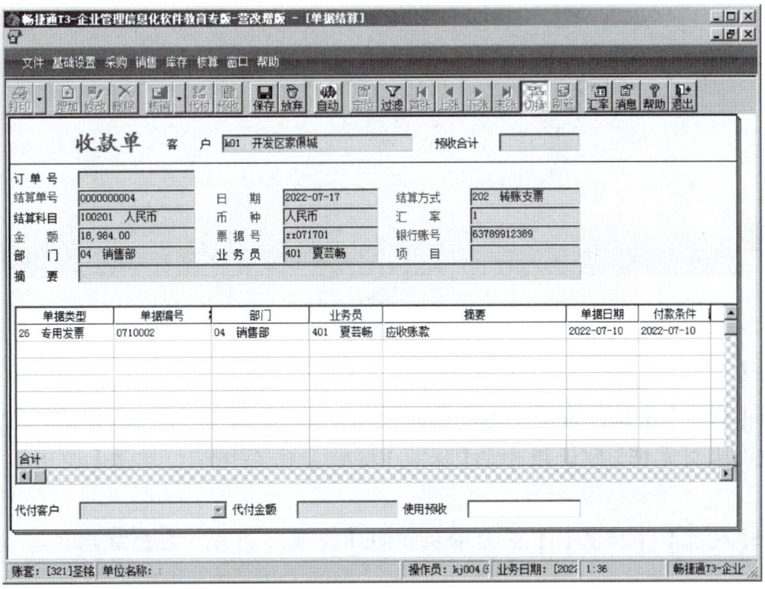

图3-32-12 收款核销对话框

(24) 单击【保存】按钮，完成核销，单击【退出】按钮，完成收款结算。

(25) 选择【核算】|【凭证】|【客户往来制单】选项，打开“客户制单查询”对话框，如图 3-32-13 所示。

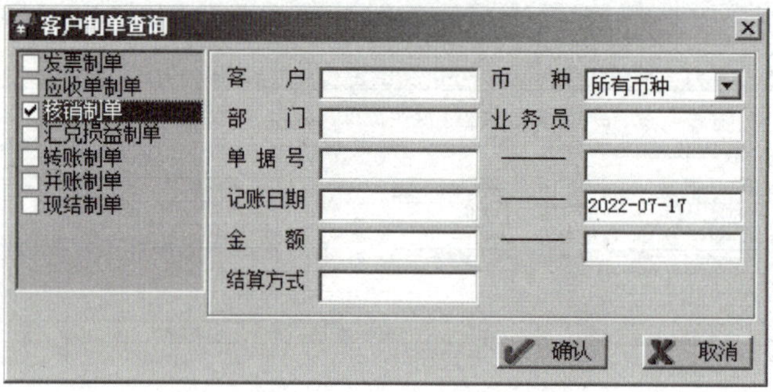

图 3-32-13　“客户制单查询”对话框

(26) 选择“核销制单”复选框，单击【确认】按钮，出现“客户往来制单”对话框，如图 3-32-14 所示。

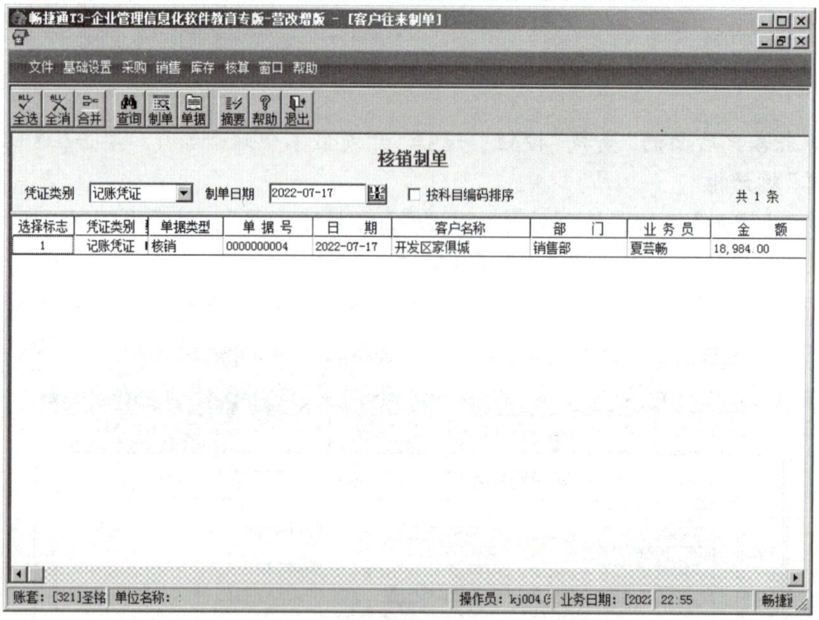

图 3-32-14　“客户往来制单”对话框

(27) 单击【全选】按钮，或选择相应记录。

(28) 单击【制单】按钮，出现“填制凭证”对话框，如图 3-32-15 所示。

(29) 单击“填制凭证”对话框中的【保存】按钮，保存凭证，单击【退出】按钮，退出相应对话窗口。

(30) 选择【核算】|【核算】|【正常单据记账】选项，出现“正常单据记账条件”对话框，如图 3-32-16 所示。

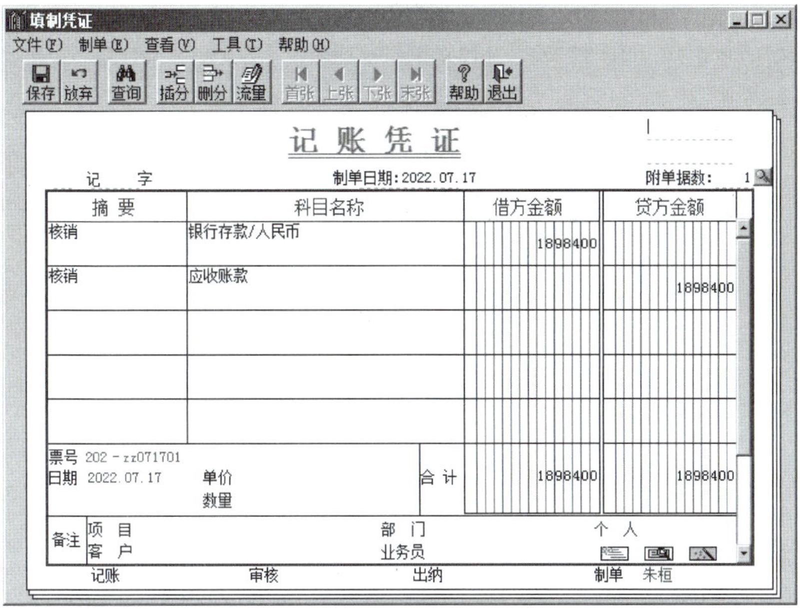

图 3-32-15 “填制凭证”对话框

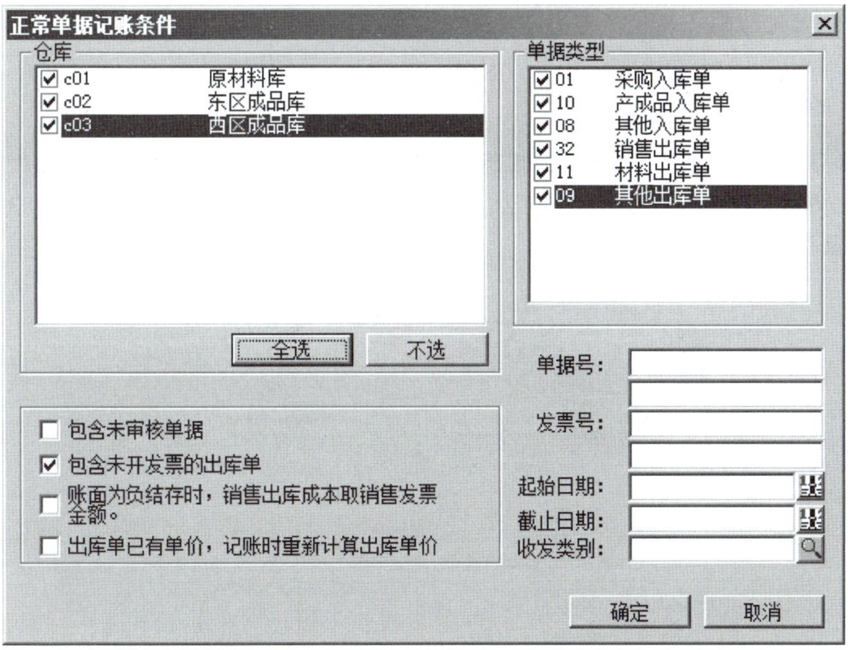

图 3-32-16 “正常单据记账条件”对话框

(31) 在仓库栏选择“东区成品库”，或单击【全选】按钮，单击【确定】按钮，出现“正常单据记账”对话框，如图 3-32-17 所示。

(32) 单击【全选】按钮，或选择相应记录。

(33) 单击【记账】按钮，单击【退出】按钮，完成记账。

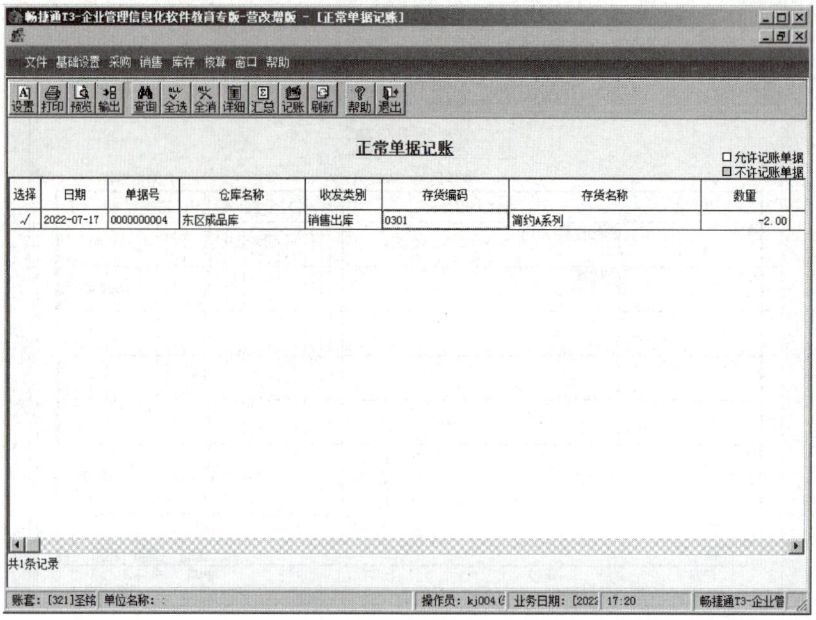

图 3-32-17 “正常单据记账”对话框

3.33 购买固定资产业务处理

任务 3-33 2022 年 7 月 17 日，生产中心购入浪潮专用电脑一台，用于生产经营使用。同日签发转账支票(zz071702)结清货款，如图 3-33-1、图 3-33-2、表 3-33 所示。由“kj002”登录信息平台进行业务处理。

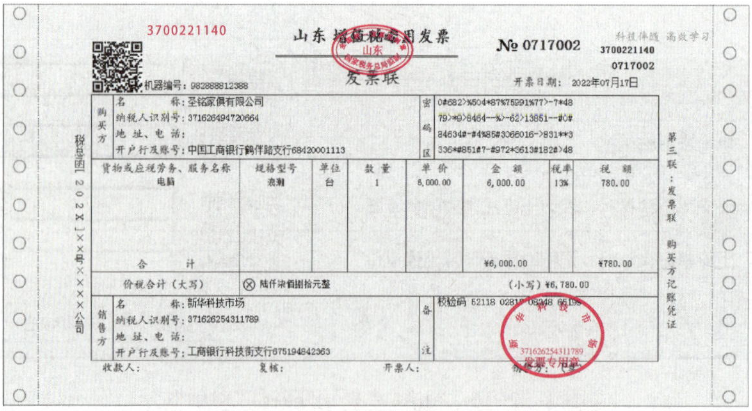
3700221140　山东增值税专用发票　№ 0717002　3700221140　0717002

发票联

机器编号：982888812388　开票日期：2022年07月17日

购买方　名称：圣铭家俱有限公司
纳税人识别号：371626494720664
地址、电话：
开户行及账号：中国工商银行鹤伴路支行68420001113

密码区：0#682>%504*87%75991%77>-7*48 79>*9>8464--%>-62>13851--#0# 84634#-#4%85#3066016->831**3 336*#851#7-#972*5613#182#>48

货物或应税劳务、服务名称	规格型号	单位	数量	单价	金额	税率	税额
电脑	浪潮	台	1	6,000.00	6,000.00	13%	780.00
合计					¥6,000.00		¥780.00

价税合计（大写）⊗陆仟柒佰捌拾元整　（小写）¥6,780.00

销售方　名称：新华科技市场
纳税人识别号：371626254311789
地址、电话：
开户行及账号：工商银行科技街支行675194842363

备注：校验码 52118 02815 08248 65195

收款人：　复核：　开票人：　销售方：（章）

第三联：发票联　购买方记账凭证

图 3-33-1 购买浪潮电脑发票

表 3-33 固定资产明细表

固定资产名称	类别名称	部门名称	增加方式	使用状况	原值	可抵扣税额	使用日期
浪潮专用电脑	机器	生产中心	直接购入	在用	6000	780	2022-7-17

操作步骤

（1）2022 年 7 月 17 日，由“kj002（王袂，密码‘2’）”登录“畅捷通 T3-企业管理信息化软件教育专版-营改增版”系统。

（2）选择【固定资产】|【卡片】|【资产增加】，出现“资产类别参照”对话框，如图 3-33-3 所示。

（3）双击“机器”，出现“固定资产卡片”对话框，如图 3-33-4 所示。

图 3-33-2 转账支票存根

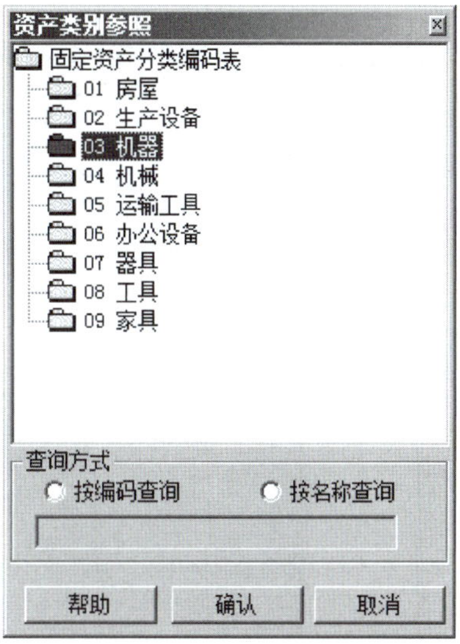

图 3-33-3 “资产类别参照”对话框

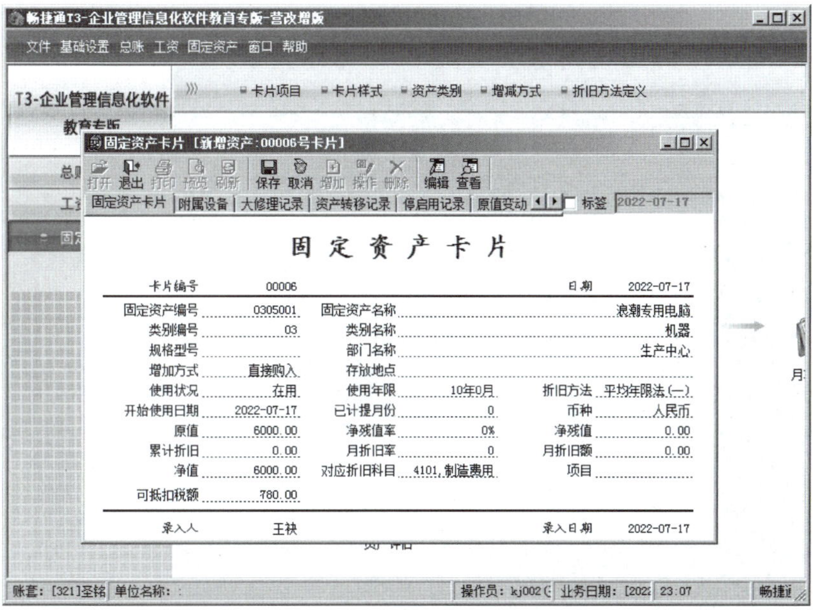

图 3-33-4 “固定资产卡片”对话框

(4) 增加固定资产名称为：浪潮专用电脑；类别名称为：机器；部门名称为：生产中心；增加方式为：直接购入；使用状况为：在用；原值为：6000；可抵扣税额为：780，其他都为电脑自动生成，单击【保存】按钮。

(5) 系统提示“数据成功保存!”，单击【确定】按钮，单击【退出】按钮，系统提示“是否保存数据?”，单击【否(N)】。

(6) 选择【固定资产】|【处理】|【批量制单】，出现“批量制单”对话框，如图 3-33-5 所示。

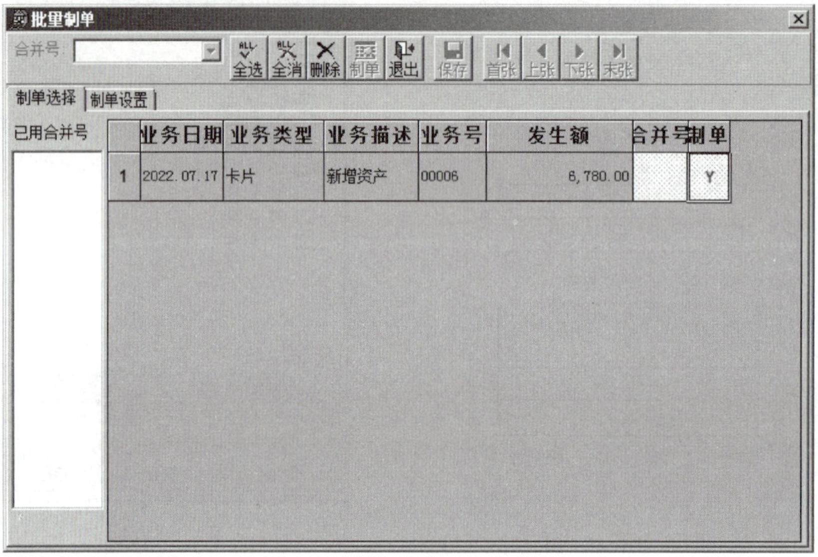

图 3-33-5 “批量制单”对话框

(7) 双击“制单”，单击“制单设置”，如图 3-33-6 所示。

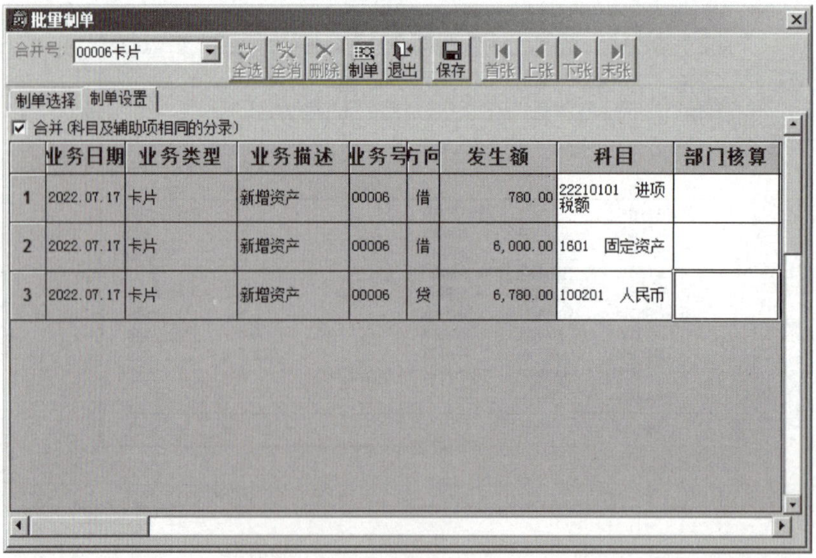

图 3-33-6 “批量制单”对话框

（8）录入第 3 行科目为“100201 人民币”，单击【制单】按钮，出现“填制凭证”对话框，如图 3-33-7 所示。

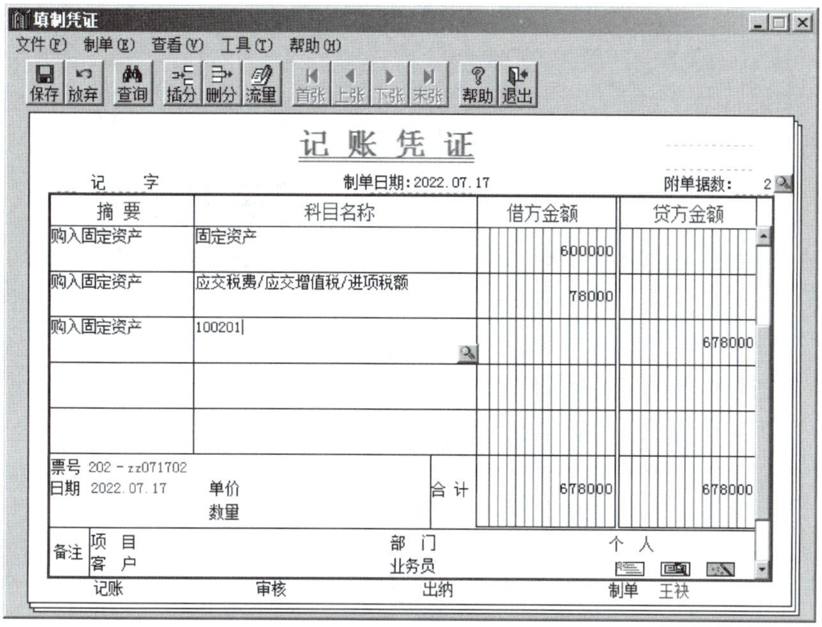

图 3-33-7 “填制凭证”对话框

（9）附单据数为“2”，输入摘要“购入固定资产”，单击第三行分录科目名称栏，在“票号日期”处双击，出现“辅助项”对话框，如图 3-33-8 所示。

图 3-33-8 “辅助项”对话框

（10）设置结算方式为“202”，票号为“zz071702”，发生日期为“2022.07.17”，单击【确认】按钮。

（11）单击“填制凭证”对话框中的【保存】按钮，保存凭证，单击【退出】按钮，退出相应对话窗口。

3.34 购买无形资产业务处理

任务 3-34 2022 年 7 月 17 日，购入研发平台一套供研发部使用，收到增值税专用发票一张，票据号：0717003，价款 100000 元，税款 13000 元。同日签发转账支票（zz071703）结清货款，如图 3-34-1、图 3-34-2 所示。由“kj002”登录信息平台进行业务处理。

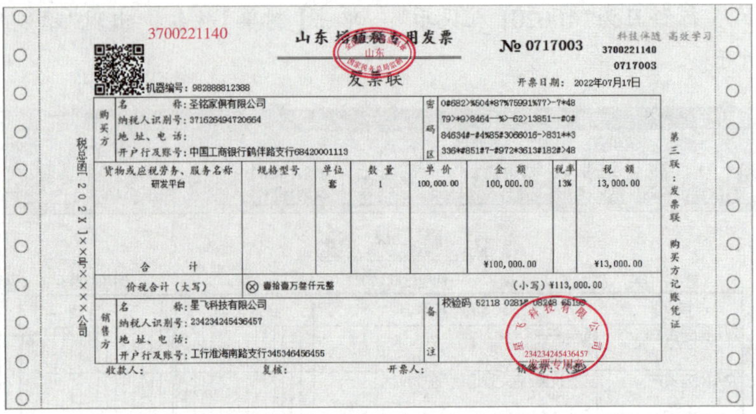

3700221140

山东增值税专用发票

№ 0717003　3700221140　0717003

发票联

机器编号：982888812388　　开票日期：2022年07月17日

购买方	名　称：圣铭家俱有限公司 纳税人识别号：371626494720664 地 址、电 话： 开户行及账号：中国工商银行鹤伴路支行68420001113			密码区	0#682>%504*87%75991%77>-7*48 79>*9>8464—%>-62>13851—#0# 84634#-#4%85#3066016->831**3 336*#851#7-#972*3613#182#>48		
货物或应税劳务、服务名称	规格型号	单位	数量	单价	金额	税率	税额
研发平台		套	1	100,000.00	100,000.00	13%	13,000.00
合　计					¥100,000.00		¥13,000.00
价税合计（大写）	⊗壹拾壹万叁仟元整				（小写）¥113,000.00		
销售方	名　称：星飞科技有限公司 纳税人识别号：234234245436457 地 址、电 话： 开户行及账号：工行淮海南路支行345346456455			备注	校验码 52118 0281[illegible] 08248 65198		

收款人：　　复核：　　开票人：　　销售方：（章）

税总函[202X]××号×××公司

第三联：发票联　购买方记账凭证

星飞科技有限公司　234234245436457　发票专用章

图 3-34-1　购买软件发票

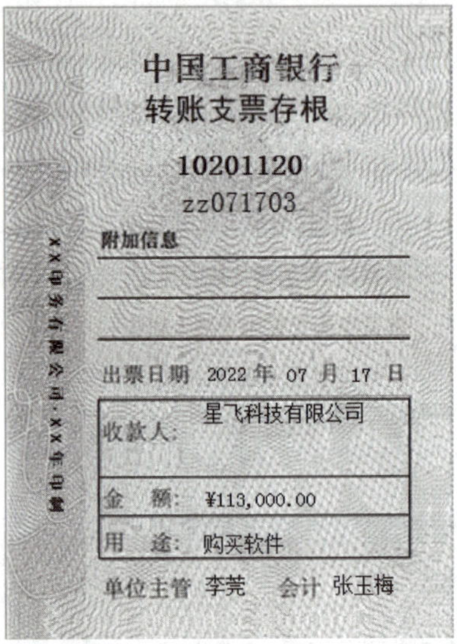

中国工商银行

转账支票存根

10201120

zz071703

附加信息

出票日期　2022 年 07 月 17 日

收款人：星飞科技有限公司

金　额：¥113,000.00

用　途：购买软件

单位主管　李莞　　会计　张玉梅

××印务有限公司·××年印制

图 3-34-2　购买软件支票存根

操作步骤

(1) 2022 年 7 月 17 日，由“kj002(王袂，密码‘2’)”登录“畅捷通 T3-企业管理信息化软件教育专版-营改增版”系统。

(2) 选择【总账】|【凭证】|【填制凭证】选项，打开“填制凭证”对话框，单击【增加】按钮。

(3) 附单据数为“2”，在摘要栏输入摘要“购入无形资产”。

(4) 单击科目名称栏，输入“1701”或“无形资产”，按回车键。

(5) 在“借方金额”栏输入“100000”元，按回车键。

(6) 摘要默认与上一行相同，按回车键，输入科目名称为“22210101”或“应交税费-应交增值税-进行税额”，在借方金额栏输入“13000”，按回车键。

(7) 摘要默认与上一行相同，按回车键，输入科目名称为“100201”或“银行存款-人民币”，按回车键，出现“辅助项”对话框，如图 3-34-3 所示。

图 3-34-3 凭证“辅助项”对话框

(8) 选择结算方式为“202”，票号为“zz071703”，其他默认，单击【确认】按钮。

(9) 在贷方金额栏输入“113000”或按“=”借贷补差，如图 3-34-4 所示。

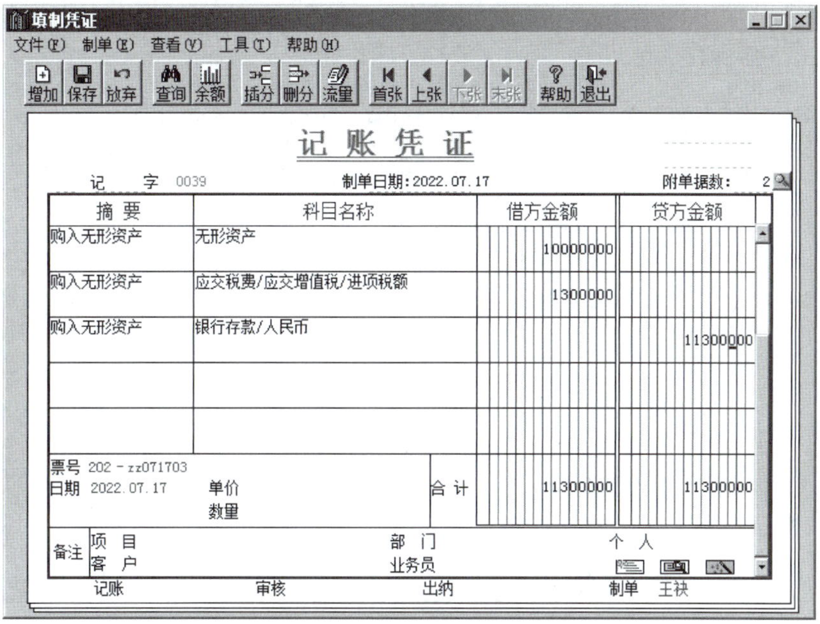

图 3-34-4 “填制凭证”对话框

(10) 单击“填制凭证”对话框中的【保存】按钮，保存凭证，单击【退出】按钮，退出相应对话窗口。

3.35 固定资产计提折旧业务处理

任务 3-35 2022 年 7 月 18 日，固定资产计提折旧费用，制单。由“kj002”登录信息平台进行业务处理。

(1) 2022 年 7 月 18 日，由“kj002(王袂，密码‘2’)”登录“畅捷通 T3-企业管理信息化软件教育专版-营改增版”系统。

(2) 选择【固定资产】|【处理】|【计提本月折旧】，出现“固定资产【教学版】”对话框，如图 3-35-1 所示，单击【是(Y)】按钮。

(3) 系统提示“是否要查看折旧清单”，单击【是(Y)】按钮，出现“折旧清单”对话框，如图 3-35-2 所示，单击【退出】按钮。

(4) 系统出现“折旧分配表”对话框，如图 3-35-3 所示，单击【凭证】按钮。

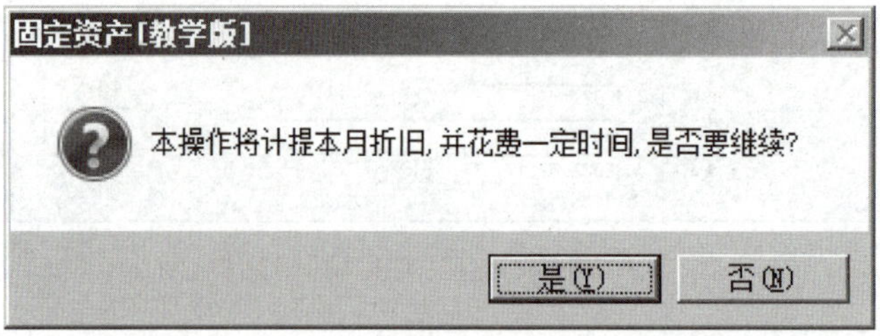

图 3-35-1 “固定资产【教学版】”对话框

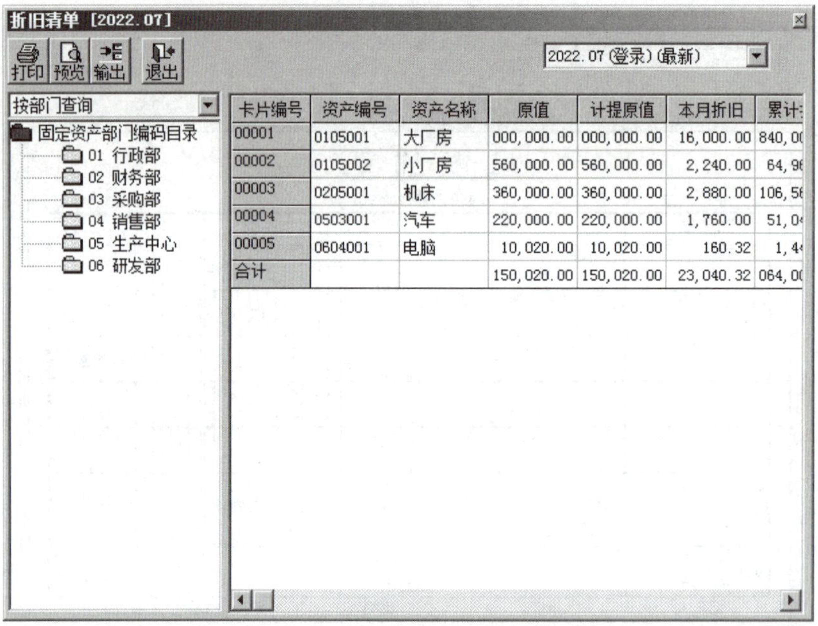

图 3-35-2 “折旧清单”对话框

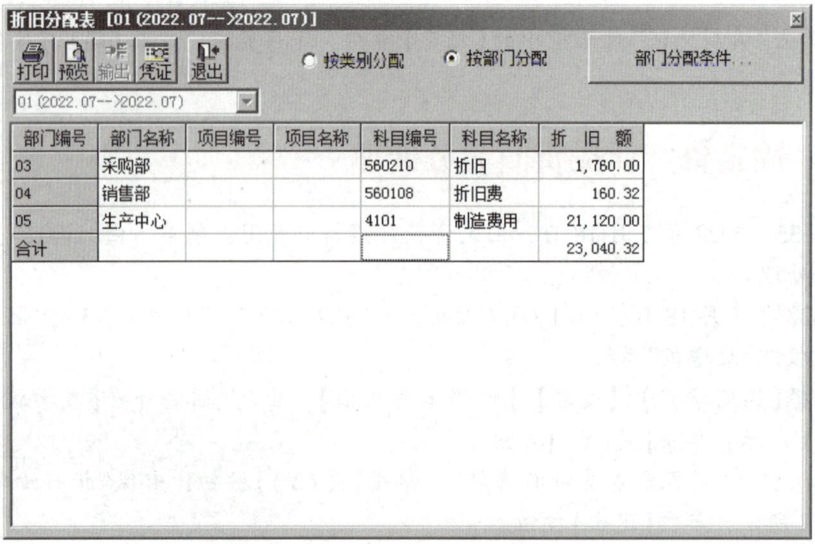

图 3-35-3 “折旧分配表”对话框

（5）出现“填制凭证”对话框，如图 3-35-4 所示，单击“填制凭证”对话框中的【保存】按钮，保存凭证，单击【退出】按钮，退出相应对话窗口。

（6）系统提示“计提折旧完成!”，如图 3-35-5 所示，单击【确定】按钮，退出相应对话窗口。

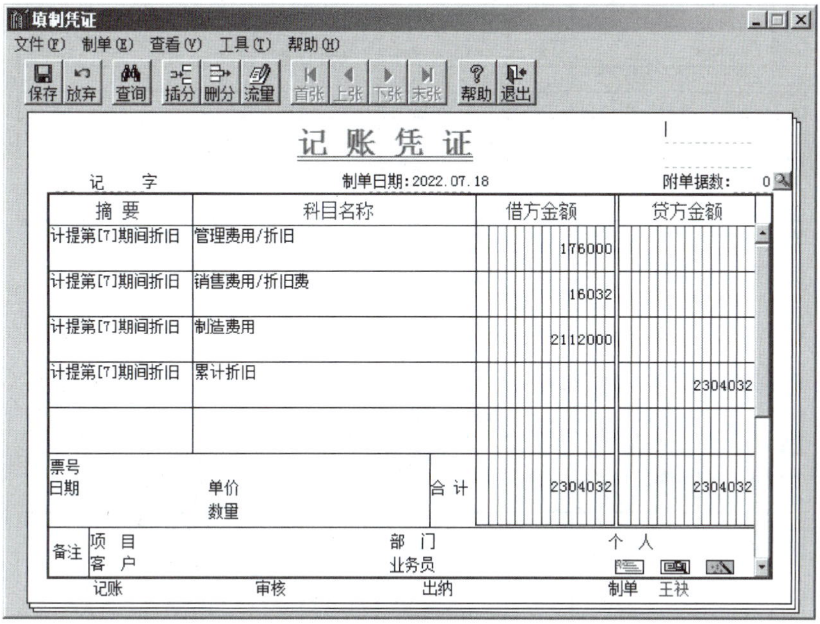

图 3-35-4 “填制凭证”对话框

图 3-35-5 提示计提折旧完成

3.36 采购退回业务处理

任务 3-36 2022 年 7 月 19 日，从永盛公司采购的原材料，入库后发现 3 平方米因质量不合格当日被退回（此业务为暂估业务），如图 3-36-1、图 3-36-2 所示。由“kj004”登录信息平台进行业务处理。

操作步骤

（1）2022 年 7 月 19 日，由“kj004（朱桓，密码‘4’）”登录“畅捷通 T3-企业管理信息化软件教育专版-营改增版”系统。

（2）选择【采购】|【采购入库单】选项，出现“采购入库单”对话框。

材料入库单

发票号码：

供应单位：永盛有限公司　　　　收料单编号：

收发类别：采购入库　　2022 年 07 月 19 日　　收料仓库：原材料库

编号	名称	规格	单位	数量		实际成本				
				应收	实收	买价		运杂费	其他	合计
						单价	金额			
0101	甲材料		组	400	400	40.00	16,000.00			16,000.00
合计				400	400		¥16,000.00			¥16,000.00
备注										

采购员：孙琦　　检验员：　　记账员：　　保管员：

图 3-36-1　采购入库单

材料入库单

发票号码：

供应单位：永盛有限公司　　　　收料单编号：

收发类别：采购入库　　2022 年 07 月 19 日　　收料仓库：原材料库

编号	名称	规格	单位	数量		实际成本				
				应收	实收	买价		运杂费	其他	合计
						单价	金额			
0101	甲材料		组	-3	-3	40.00	-120.00			-120.00
合计				-3	-3		¥-120.00			¥-120.00
备注										

采购员：孙琦　　检验员：　　记账员：　　保管员：

图 3-36-2　采购退货单

(3) 单击【增加】右侧下箭头按钮，选择“采购入库单”选项，如图 3-36-3 所示。

(4) 仓库选择为：“原材料库”，入库类别为“采购入库”，采购类型为“普通采购”，供货单位为“永盛”。

(5) 存货编码选择为“0101”，录入数量为“400”，单价为“40”，其他自动生成。

(6) 单击【保存】按钮。

(7) 单击【增加】右侧下箭头按钮，选择“采购入库单(红字)”选项，如图 3-36-4 所示。

(8) 仓库选择为“原材料库”，入库类别为“采购入库”，采购类型为“普通采购”，供货单位为“永盛”。

(9) 存货编码选择为“0101”，录入数量为“-3”，单价为“40”，其他自动生成。

(10) 单击【保存】按钮。

(11) 单击【退出】按钮。

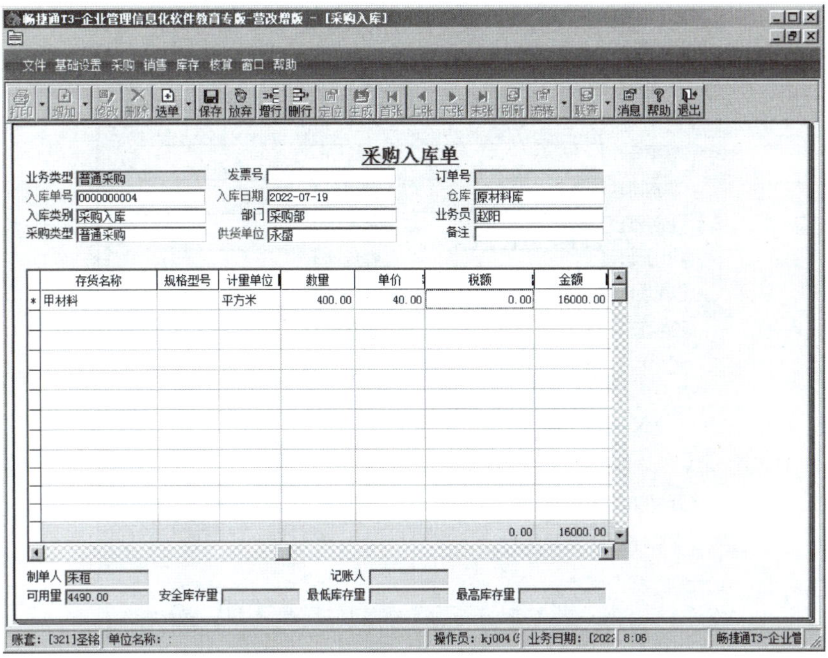

图 3-36-3 “采购入库单”对话框

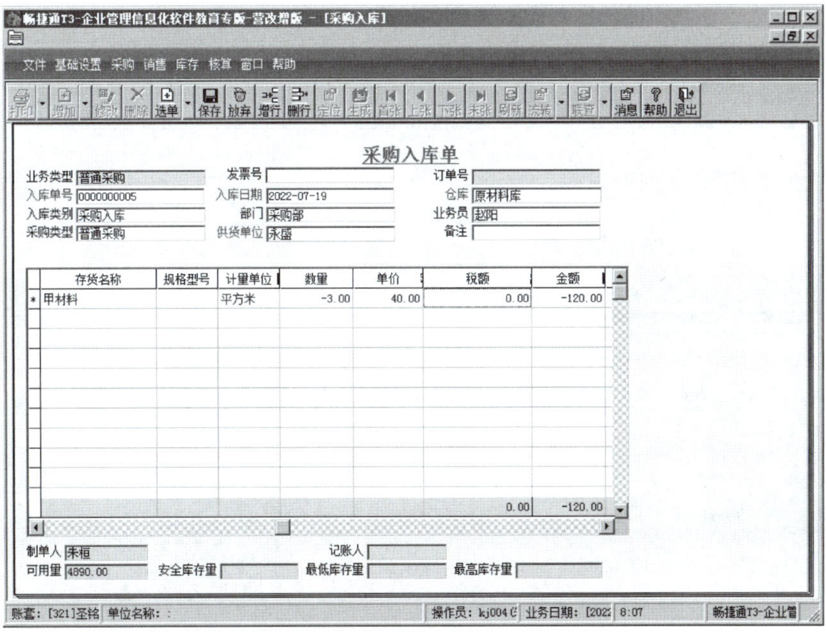

图 3-36-4 “采购入库单(红字)”对话框

(12) 选择【采购】|【采购结算】|【手工结算】，出现“条件输入”对话框，如图 3-36-5 所示。

(13) 单击【确认】按钮，出现“入库单和发票选择”对话框，如图 3-36-6 所示。

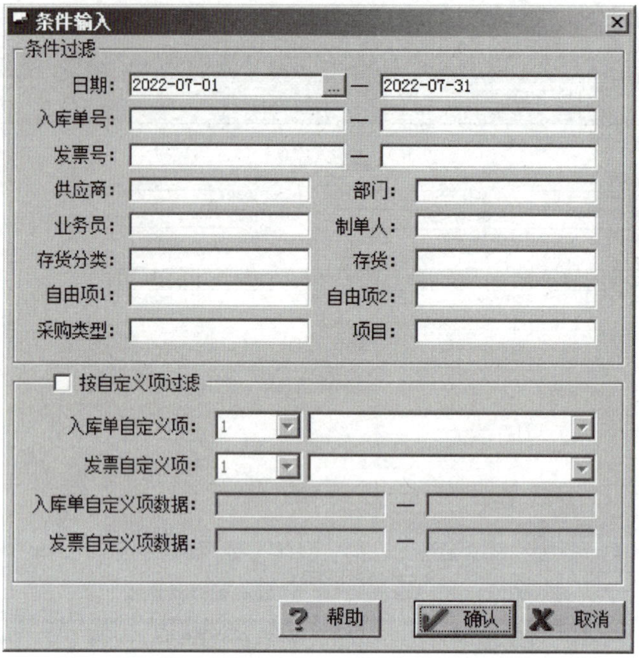

图 3-36-5 “手工结算”对话框

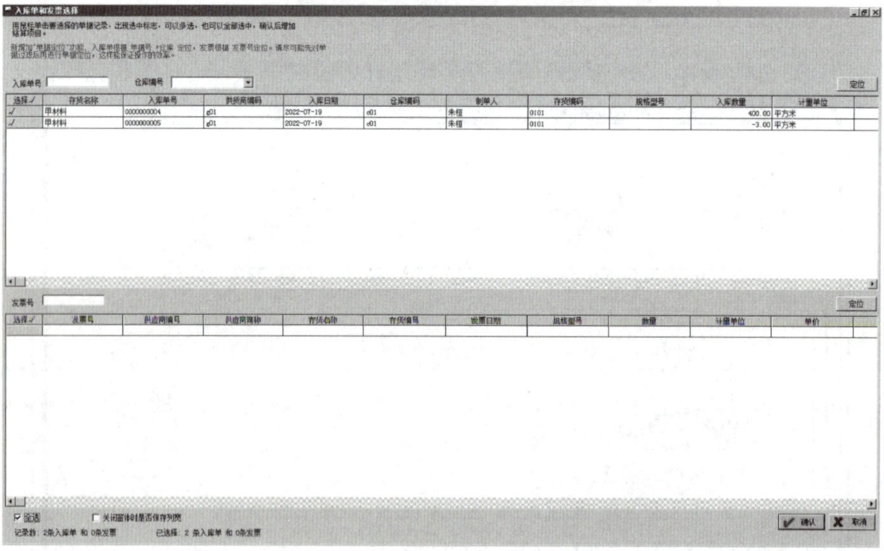

图 3-36-6 “入库单和发票选择”对话框

（14）单击【全选】按钮，单击【确认】按钮，出现“手工结算”对话框，如图 3-36-7 所示。

（15）修改甲材料单据号为“0000000004”的结算数量为“3”。

（16）单击【结算】按钮，系统提示“完成结算！”，单击【确定】按钮。

（17）单击【退出】按钮。

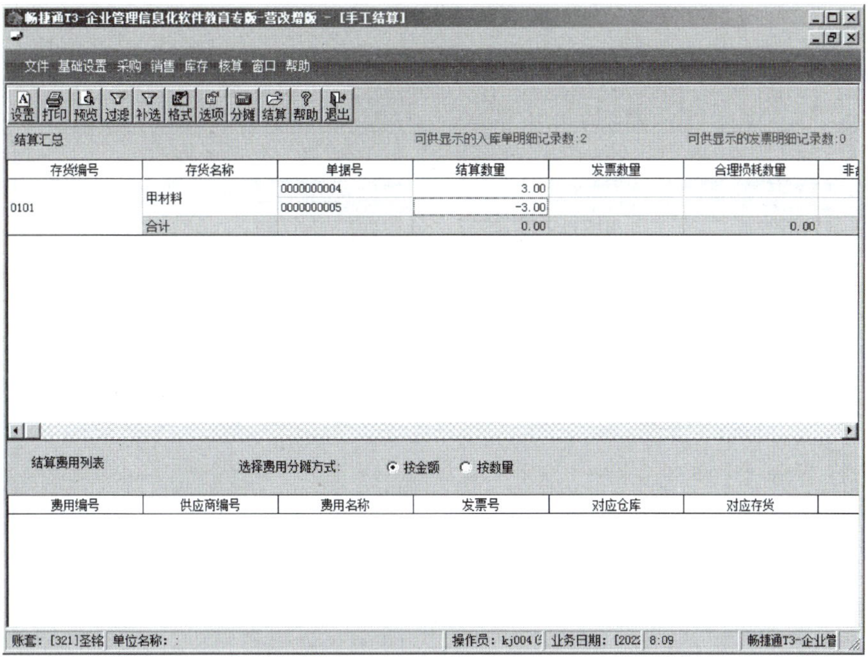

图 3-36-7 “手工结算”对话框

(18) 选择【库存】|【采购入库单审核】，出现“采购入库单”对话框，如图 3-36-8 和图 3-36-9所示。

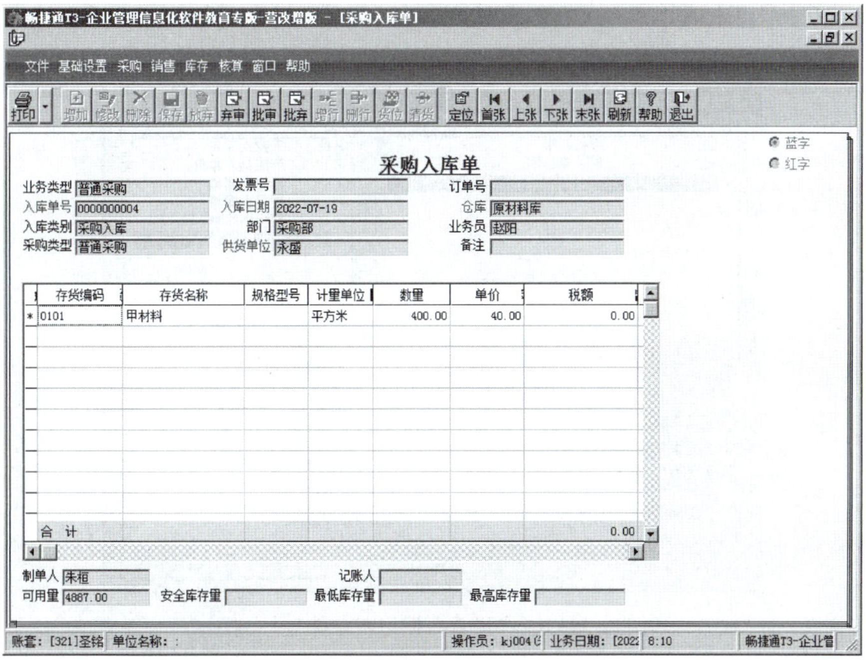

图 3-36-8 “采购入库单”对话框

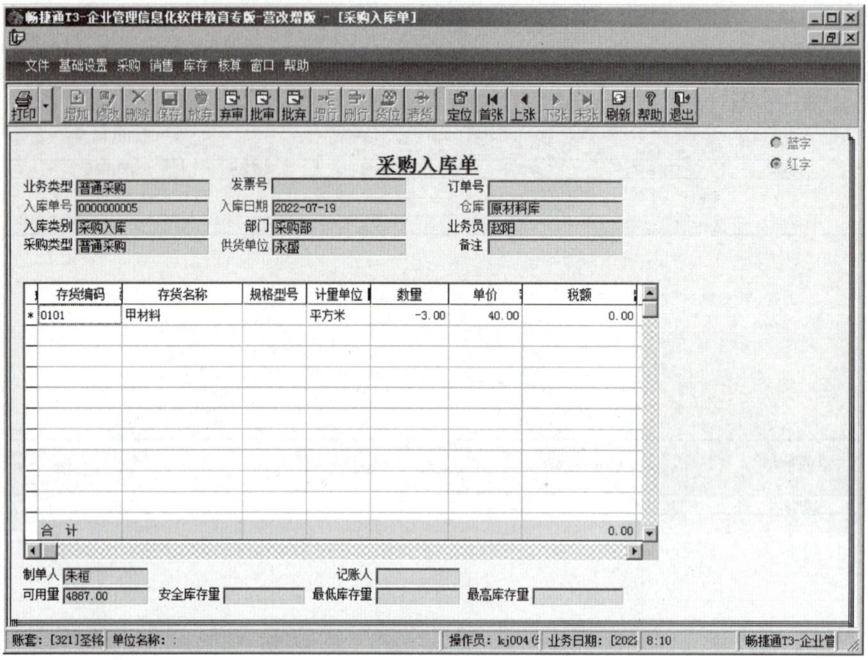

图 3-36-9 “采购入库单”对话框

(19) 单击【审核】按钮，单击【上张】按钮，再单击【审核】按钮，完成两张入库单的审核，单击【退出】按钮。

(20) 选择【核算】|【核算】|【正常单据记账】，出现“正常单据记账条件”对话框，如图 3-36-10 所示。

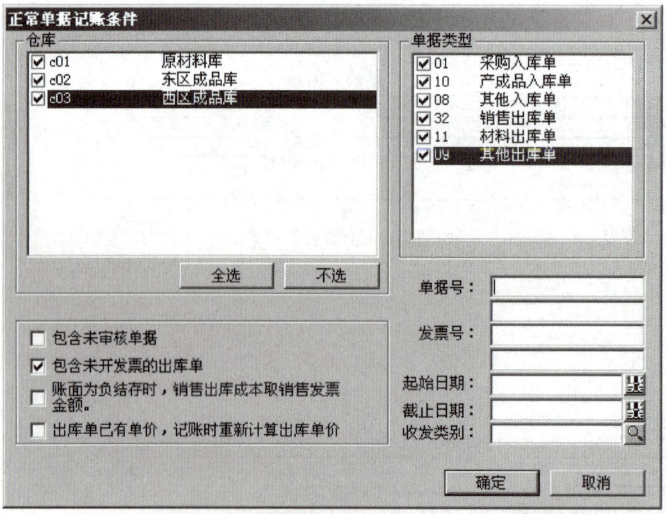

图 3-36-10 “正常单据记账条件”对话框

(21) 单击【全选】按钮，单击【确定】按钮，出现“正常单据记账”对话框，如图 3-36-11 所示。

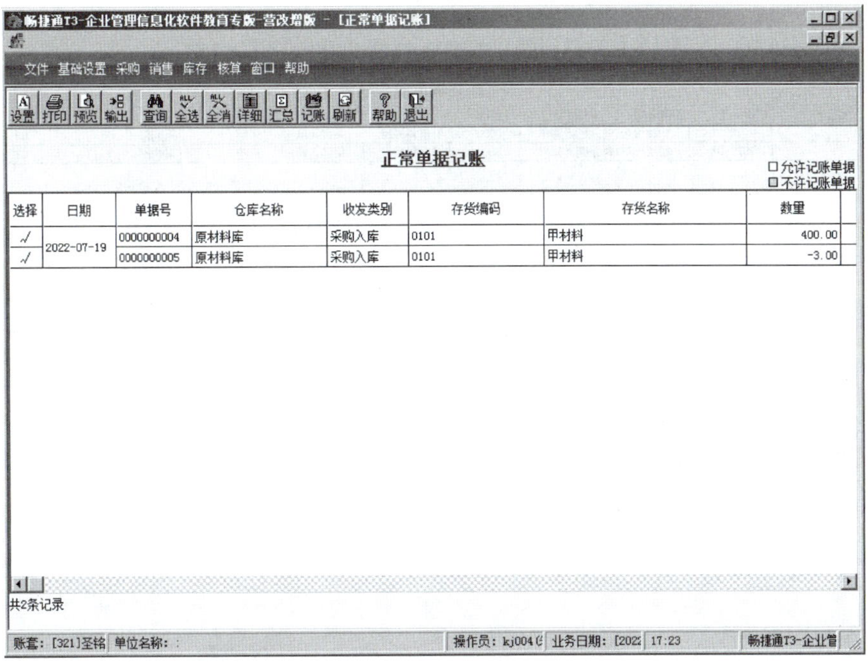

图 3-36-11 “正常单据记账”对话框

(22) 单击【全选】按钮，单击【记账】按钮，单击【退出】按钮。

(23) 选择【核算】|【凭证】|【购销单据制单】，出现“生成凭证”对话框，单击【选择】按钮，如图 3-36-12 所示。

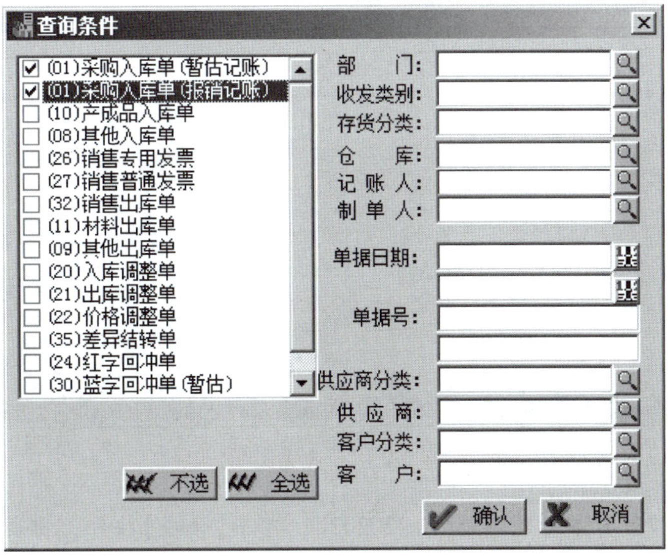

图 3-36-12 “生成凭证”对话框

(24) 单击【全选】按钮，单击【确认】按钮，出现“选择单据”对话框，如图 3-36-13 所示。

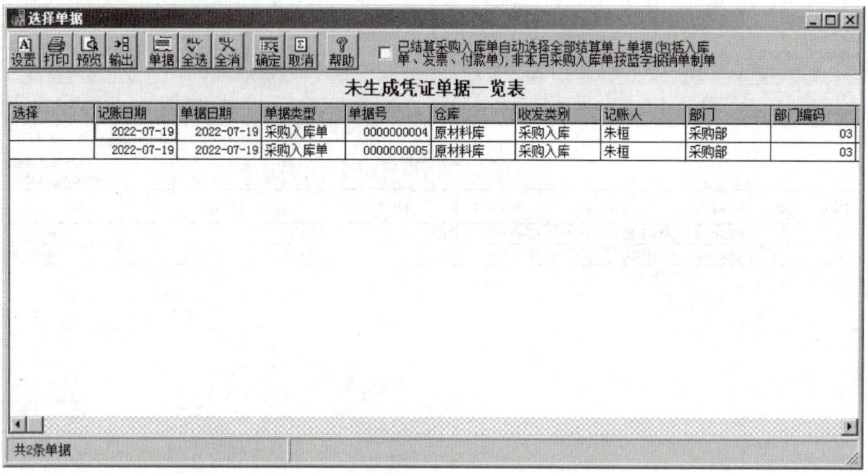

图 3-36-13 “生成凭证”对话框

(25) 单击【全选】按钮，单击【确定】按钮，出现“生成凭证”对话框，如图 3-36-14 所示。

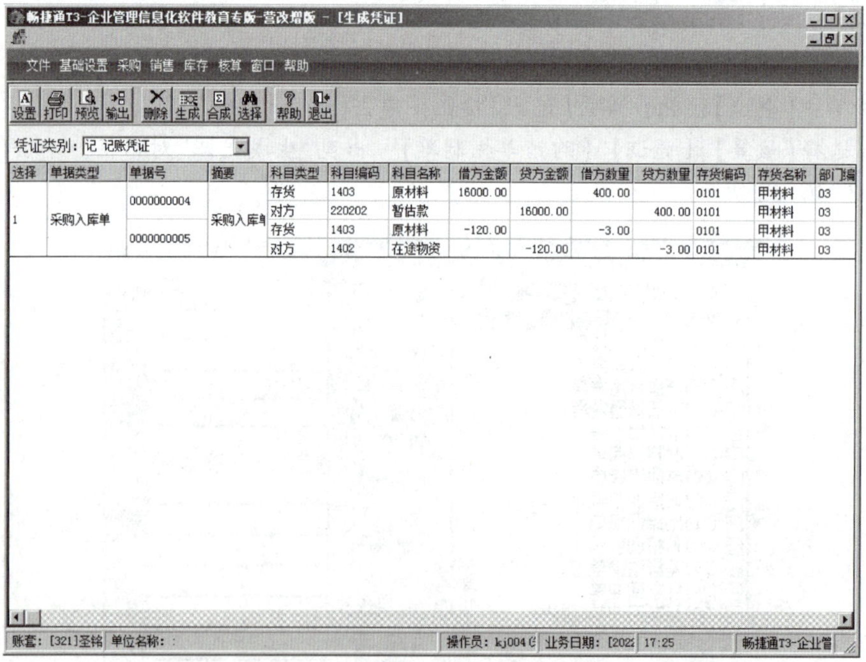

图 3-36-14 “生成凭证”对话框

(26) 修改第四行对方科目编码为“220202”，单击【合成】按钮，出现“填制凭证”对话框，如图 3-36-15 所示。

(27) 单击“填制凭证”对话框中的【保存】按钮，保存凭证，单击【退出】按钮，退出相应对话窗口。

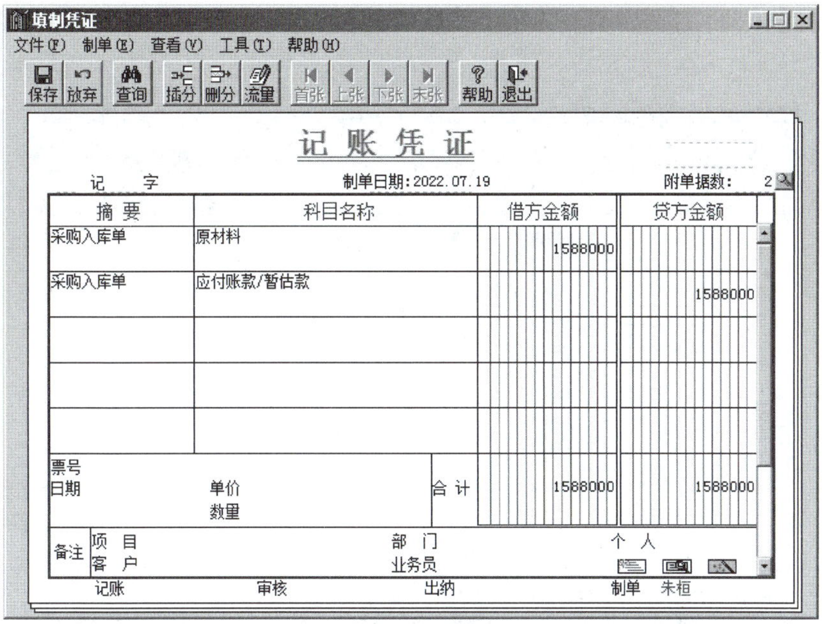

图 3-36-15 “生成凭证”对话框

3.37 预付货款业务处理

任务 3-37 2022 年 7 月 20 日，本公司通过网银，预付翼腾公司材料款 2000 元，如图 3-37-1 所示。由“kj004”登录信息平台进行业务处理。

付款凭证

中国工商银行 网银回单

日期：2022 年 07 月 20 日　回单编号：4958

付款人户名：圣铭家俱有限公司　付款人开户行：中国工商银行鹤伴路支行

付款人账号(卡号)：68420001113

收款人户名：翼腾有限公司　收款人开户行：工商银行东区支行

收款人账号(卡号)：44957896542

金额：人民币 贰仟元整　小写：¥2,000.00

业务(产品)种类：转账　凭证种类：　凭证号码：

摘要：购买材料　用途：购买材料　币种：人民币

交易机构：　记账柜员：　交易代码：　渠道：

附言：

支付交易序号：wy072001

报文种类：　委托日期：　业务种类：

本回单为第 1 次打印，注意重复　打印日期：2022.07.20　打印柜员：　验证码：

中国工商银行鹤伴路支行 网银回单专用章

图 3-37-1 预付材料款

操作步骤

(1) 2022 年 7 月 20 日，由“kj004(朱桓，密码‘4’)”登录“畅捷通 T3-企业管理信息化软件教育专版-营改增版”系统。

(2) 选择【采购】|【供应商往来】|【付款结算】选项，打开“单据结算”对话框，如图3-37-2所示。

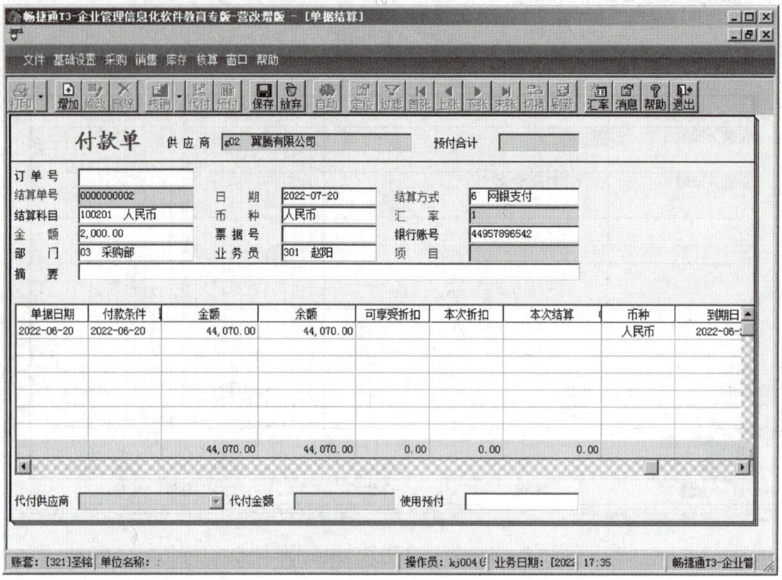

图 3-37-2　付款单“单据结算”对话框

(3) 单击供应商后面的“查找”按钮，选择“翼腾有限公司”选项，单击【返回】按钮，返回“单据结算”对话框。

(4) 单击【增加】按钮，填制结算方式为“6 网银支付”、结算科目为“100201 人民币”、金额为“2000”等信息，单击【保存】按钮。

(5) 单击【预付】按钮，在“预付合计”栏出现录入金额“2000”元，如图 3-37-3 所示。

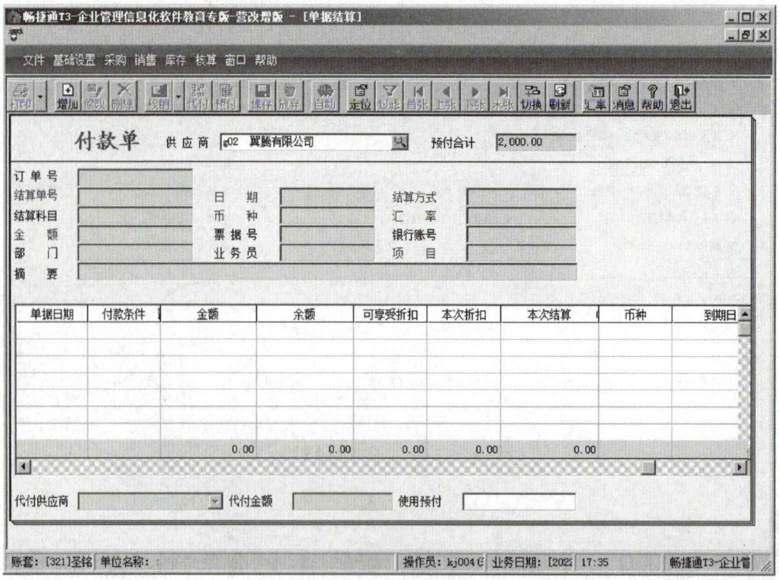

图 3-37-3　完成预收对话框

(6) 单击【退出】按钮，完成预收账款录入。

(7) 选择【核算】|【凭证】|【供应商往来制单】选项，打开“供应商制单查询”对话框，如图 3-37-4 所示。

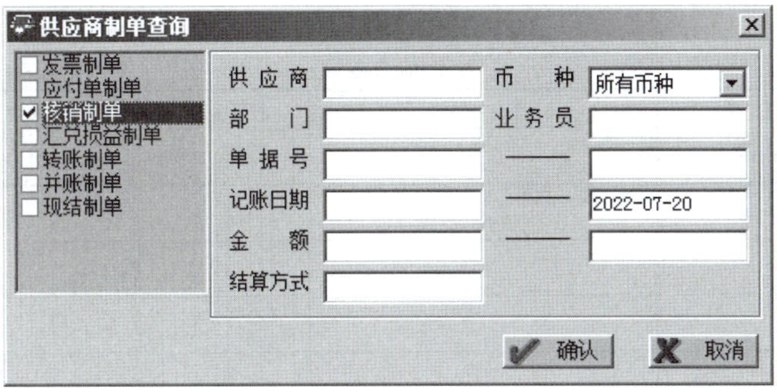

图 3-37-4 “供应商制单查询”对话框

(8) 选择“核销制单”复选框，单击【确认】按钮，出现“供应商往来制单”对话框，如图 3-37-5 所示。

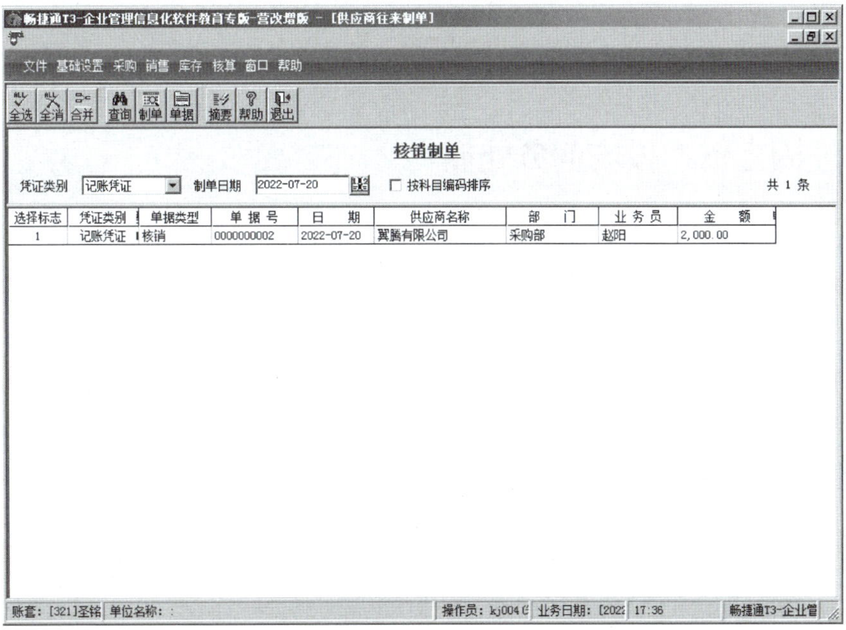

图 3-37-5 “供应商往来制单”对话框

(9) 单击【全选】按钮，或选择相应记录，单击【制单】按钮，出现“填制凭证”对话框，如图 3-37-6 所示。

(10) 单击“填制凭证”对话框中的【保存】按钮，保存凭证，单击【退出】按钮，退出相应对话窗口。

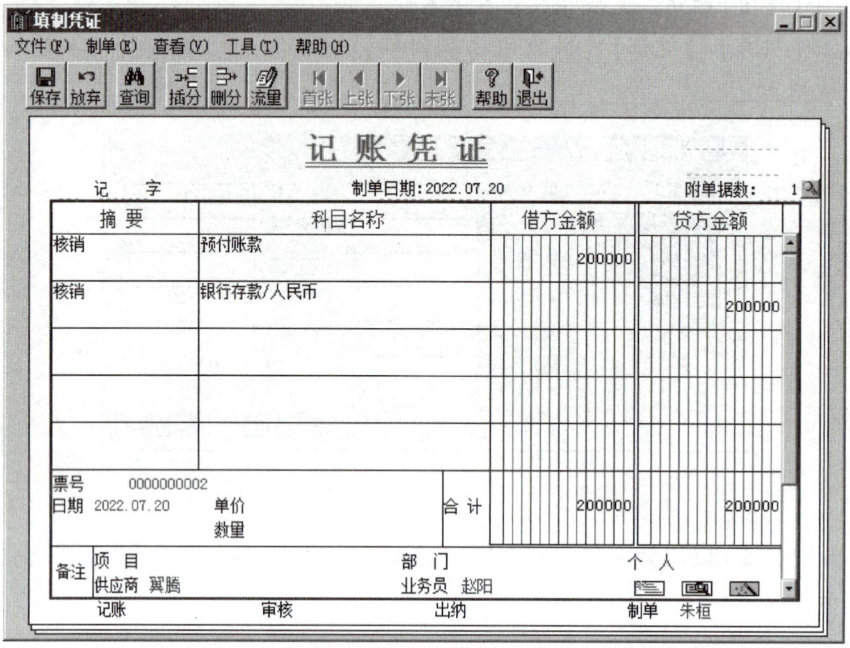

图 3-37-6 “填制凭证”对话框

3.38 固定资产报废业务处理

任务 3-38 2022 年 7 月 21 日，公司同意联想电脑报废，如图 3-38-1 所示。由“kj002”登录信息平台进行业务处理。

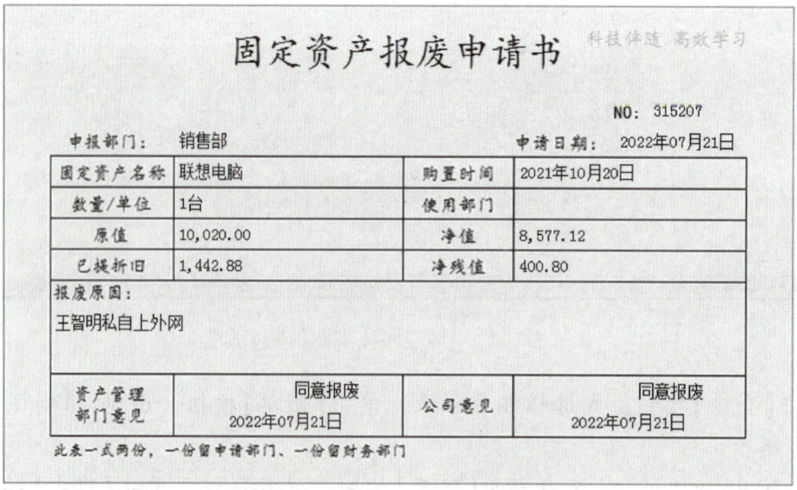

固定资产报废申请书

科技伴随 高效学习

NO: 315207

申报部门： 销售部 申请日期： 2022年07月21日

固定资产名称	联想电脑	购置时间	2021年10月20日
数量/单位	1台	使用部门	
原值	10,020.00	净值	8,577.12
已提折旧	1,442.88	净残值	400.80
报废原因： 王智明私自上外网			
资产管理部门意见	同意报废 2022年07月21日	公司意见	同意报废 2022年07月21日

此表一式两份，一份留申请部门、一份留财务部门

图 3-38-1 固定资产报废单

操作步骤

(1) 2022年7月21日，由“kj002(王袂，密码‘2’)”登录“畅捷通T3-企业管理信息化软件教育专版-营改增版”系统。

(2) 选择【固定资产】|【卡片】|【资产减少】选项，出现“资产减少”对话框，如图3-38-2所示。

图3-38-2　“资产减少”对话框

(3) 单击卡片编号右侧的查找按钮，选择卡片编号“00005联想电脑”，如图3-38-3所示，单击【确认】按钮。

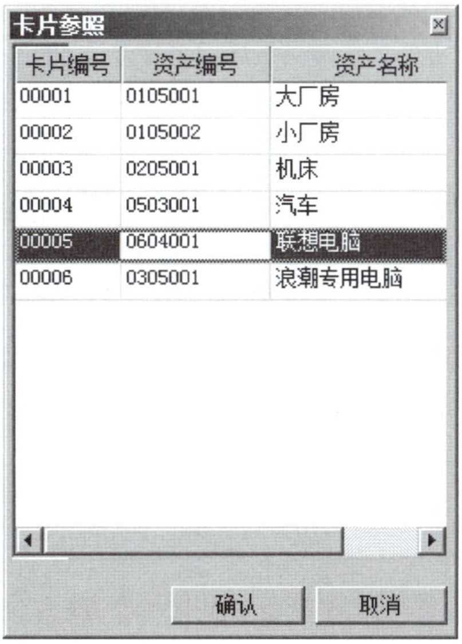

图3-38-3　“卡片参照”对话框

(4) 单击【增加】按钮，增加卡片编号为：00005电脑；减少日期为：2022-7-21；减少方式选择为：206毁损；清理原因为：王智上外网，如图3-38-4所示。

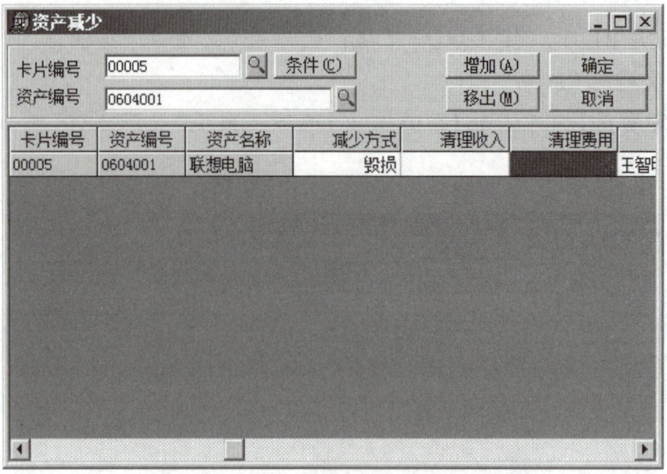

图 3-38-4 "资产减少"对话框

(5) 单击【确定】按钮，系统提示"所选卡片已经减少成功!"，单击【确定】按钮，返回到上一级。

(6) 选择【固定资产】|【处理】|【批量制单】，出现"批量制单"对话框，如图 3-38-5 所示。

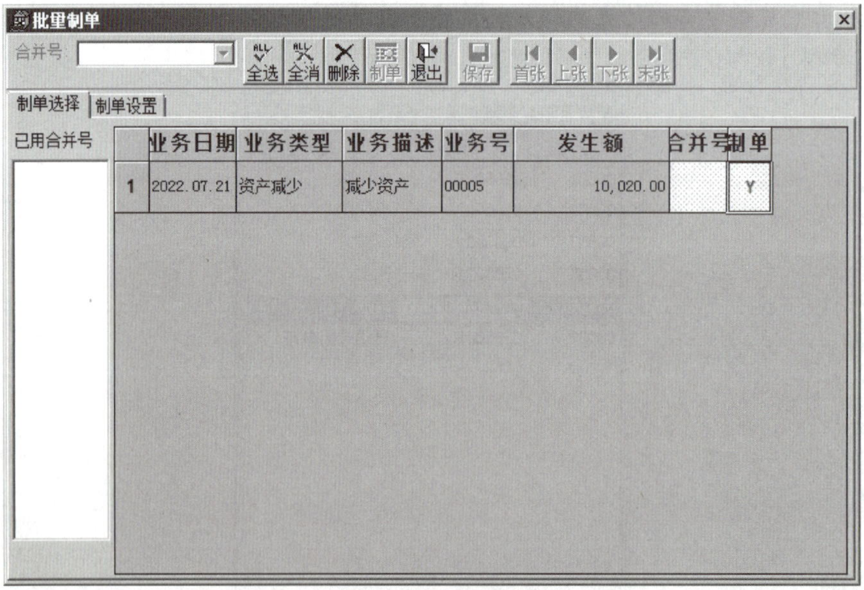

图 3-38-5 "批量制单"对话框(一)

(7) 双击"制单"，单击【制单设置】按钮，如图 3-38-6 所示。

(8) 录入第 2 行科目为"1606 固定资产清理"，单击【制单】按钮，出现"填制凭证"对话框，如图 3-38-7 所示。

(9) 设置摘要为“固定资产报废”，单击“填制凭证”对话框中的【保存】按钮，保存凭证，单击【退出】按钮，并退出相应对话窗口。

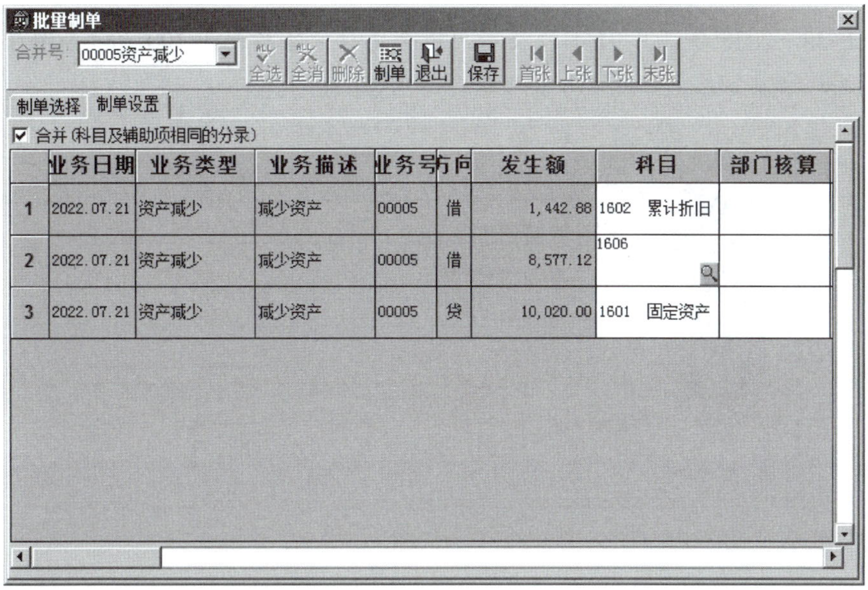

图 3-38-6 “批量制单”对话框(二)

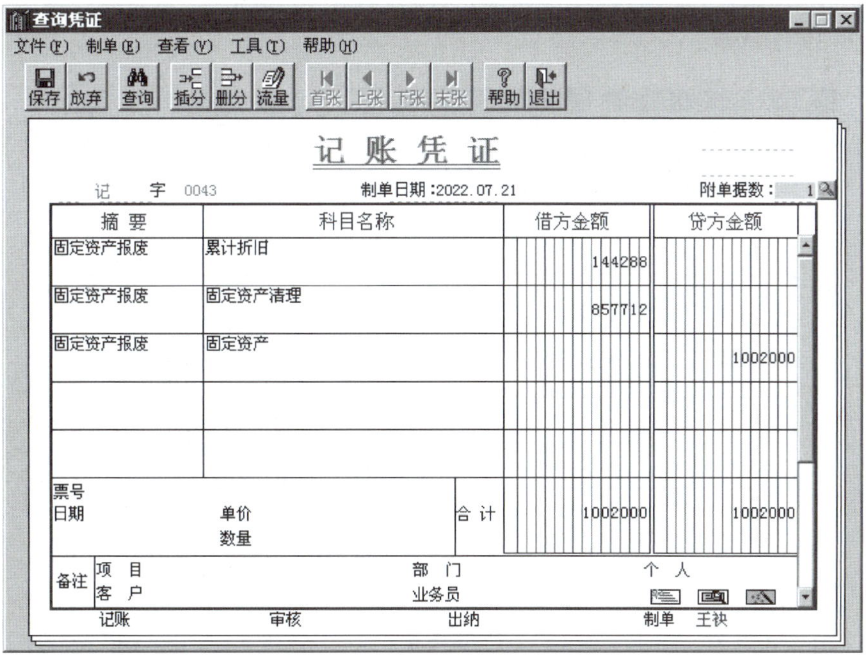

图 3-38-7 “填制凭证”对话框

3.39 支付清理费用业务处理

任务 3-39 2022 年 7 月 21 日，公司用现金支付设备拆卸费 100 元，如图 3-39-1 所示。由“kj002”登录信息平台进行业务处理。

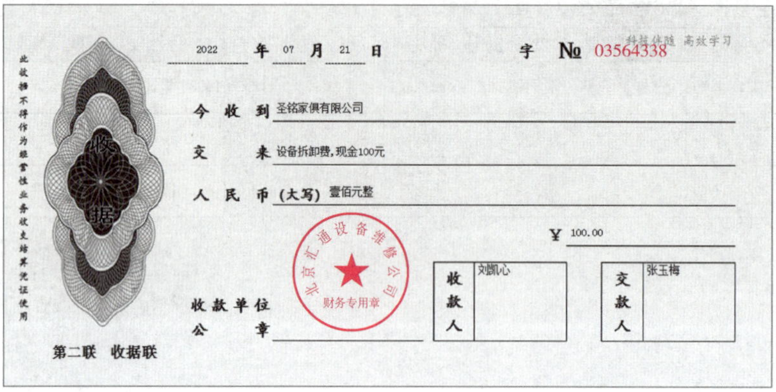

图 3-39-1 设备拆卸费单据

（1）2022 年 7 月 21 日，由“kj002（王袂，密码‘2’）”登录“畅捷通 T3-企业管理信息化软件教育专版-营改增版”系统。

（2）选择【总账】|【凭证】|【填制凭证】选项，打开“填制凭证”对话框，单击【增加】按钮，如图 3-39-2 所示。

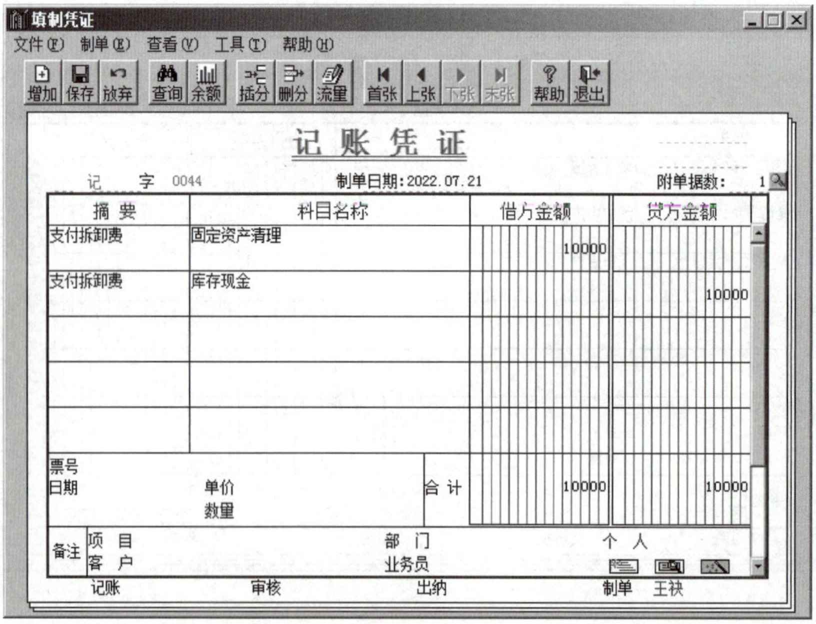

图 3-39-2 “填制凭证”对话框

(3) 附单据数为“1”，在摘要栏输入摘要“支付拆卸费”。

(4) 单击科目名称栏，输入“1606”或“固定资产清理”，按回车键。

(5) 在“借方金额”栏输入“100”元，按回车键。

(6) 摘要默认与上一行相同，按回车键，输入科目名称为“1001”或“库存现金”，在贷方金额栏输入“100”或按“=”键借贷补差。

(7) 单击“填制凭证”对话框中的【保存】按钮，保存凭证，单击【退出】按钮，退出相应对话窗口。

3.40 销售赠送业务处理

任务 3-40 2022 年 7 月 23 日，向榆林公司销售简约 A 系列并发货，赠送包装箱 300 套，开出专用发票，票据号：0723001，不含税单价 1800，税率 13%，价税合计 610200 元，如图 3-40-1 ~ 图 3-40-3 所示。由“kj004”登录信息平台进行业务处理。

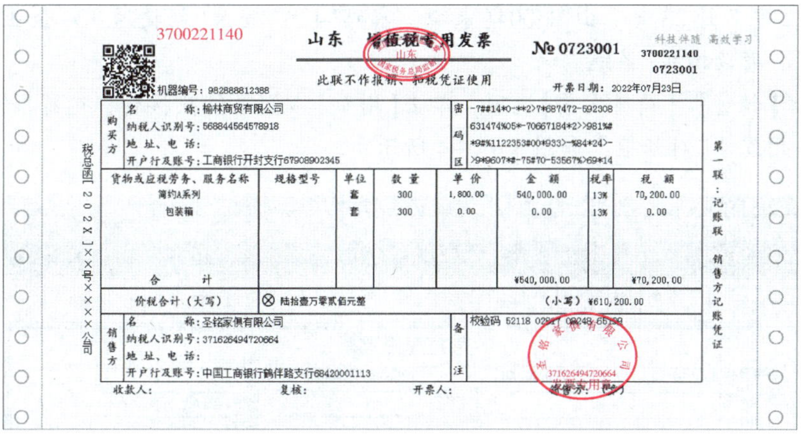

3700221140　山东　增值税专用发票　№ 0723001　3700221140　0723001

科技伴随 高效学习

此联不作报销、扣税凭证使用

机器编号：982888812388　开票日期：2022年07月23日

购买方　名称：榆林商贸有限公司　纳税人识别号：568844564578918　地址、电话：　开户行及账号：工商银行开封支行67908902345

密码区：-7##14*0-**2>7*687472-592308 631474%05*-70667184*2>>981%# *9#%1122353#00*933>-%84*24>- >9*9607*#-75#70-53567%>69*14

货物或应税劳务、服务名称	规格型号	单位	数量	单价	金额	税率	税额
简约A系列		套	300	1,800.00	540,000.00	13%	70,200.00
包装箱		套	300	0.00	0.00	13%	0.00
合计					¥540,000.00		¥70,200.00
价税合计（大写）	⊗ 陆拾壹万零贰佰元整				（小写）¥610,200.00		

销售方　名称：圣铭家俱有限公司　纳税人识别号：371626494720664　地址、电话：　开户行及账号：中国工商银行鹤伴路支行68420001113

备注：校验码 52118 02847 08248 65159

收款人：　复核：　开票人：　销售方：（章）

税总函[202X]××号××××公司

第一联：记账联　销售方记账凭证

图 3-40-1　销售附赠发票

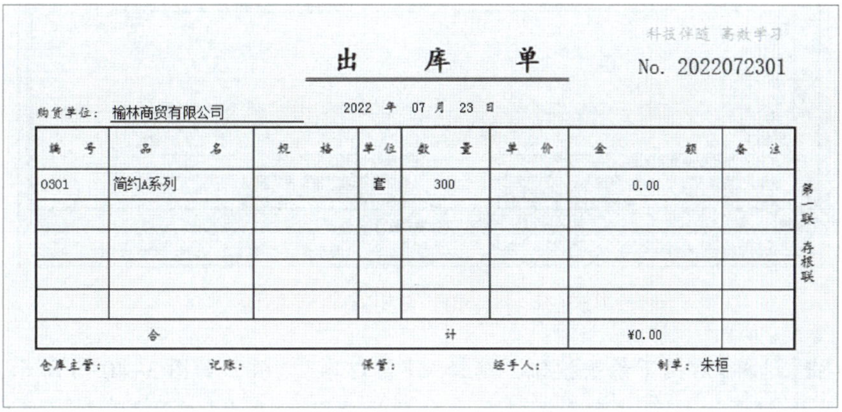

科技伴随 高效学习

出　库　单　No. 2022072301

购货单位：榆林商贸有限公司　2022 年 07 月 23 日

编号	品名	规格	单位	数量	单价	金额	备注
0301	简约A系列		套	300		0.00	
合计						¥0.00	

仓库主管：　记账：　保管：　经手人：　制单：朱桓

第一联 存根联

图 3-40-2　简约 A 系列出库单

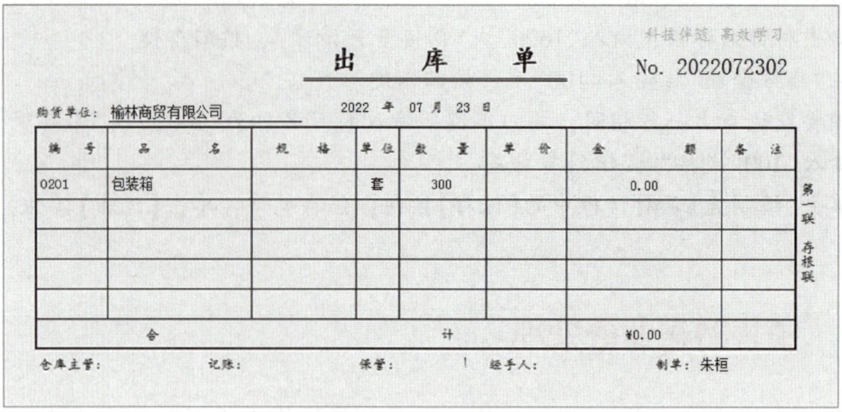

科技伴随 高效学习

出　库　单　　No. 2022072302

购货单位：榆林商贸有限公司　　2022 年 07 月 23 日

编　号	品　名	规　格	单位	数　量	单　价	金　额	备　注
0201	包装箱		套	300		0.00	
合				计		¥0.00	

第一联 存根联

仓库主管：　记账：　保管：　经手人：　制单：朱桓

图 3-40-3　包装箱出库单

操作步骤

(1) 2022 年 7 月 23 日，由“kj004(朱桓，密码‘4’)”登录“畅捷通 T3-企业管理信息化软件教育专版-营改增版”系统。

(2) 选择【销售】|【销售发票】选项，单击【增加】右侧下箭头按钮，选择“专用发票”选项，出现“专用发票”对话框，如图 3-40-4 所示。

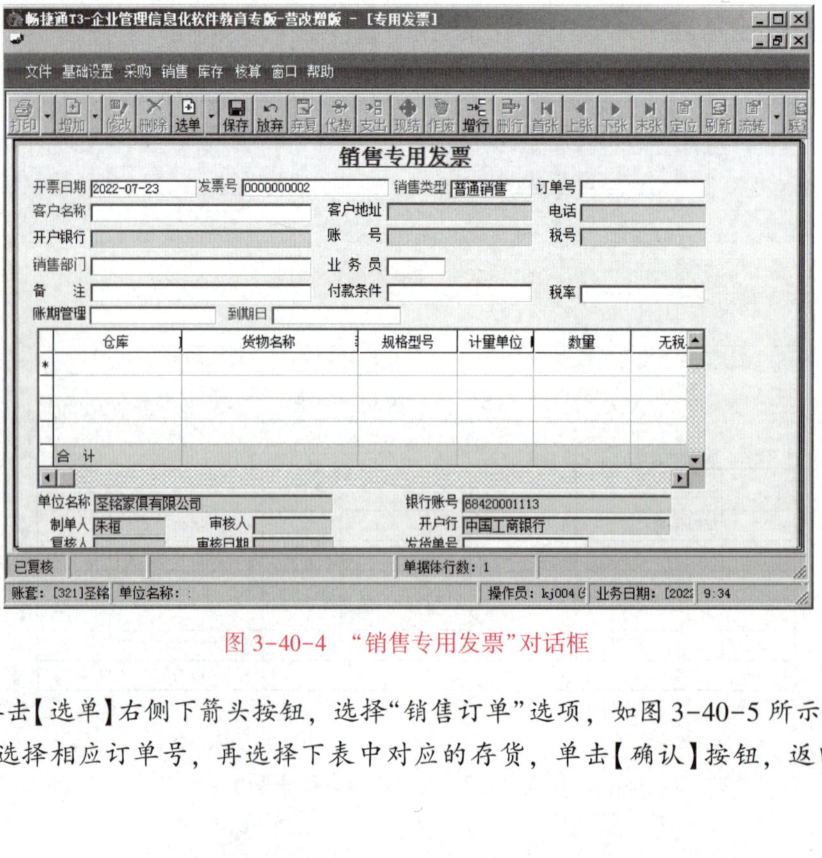

图 3-40-4　“销售专用发票”对话框

(3) 单击【选单】右侧下箭头按钮，选择“销售订单”选项，如图 3-40-5 所示，单击【显示】按钮，选择相应订单号，再选择下表中对应的存货，单击【确认】按钮，返回“专用发票”窗口。

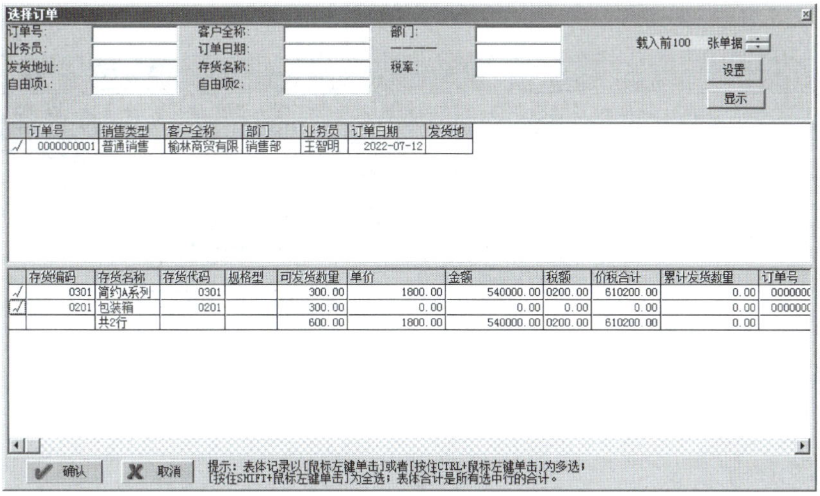

图 3-40-5 “选择订单”对话框

(4) 设置发票号为“0723001”，分别选择仓库分别为“东区成品库”和“西区成品库”，如图 3-40-6 所示，单击【保存】按钮。

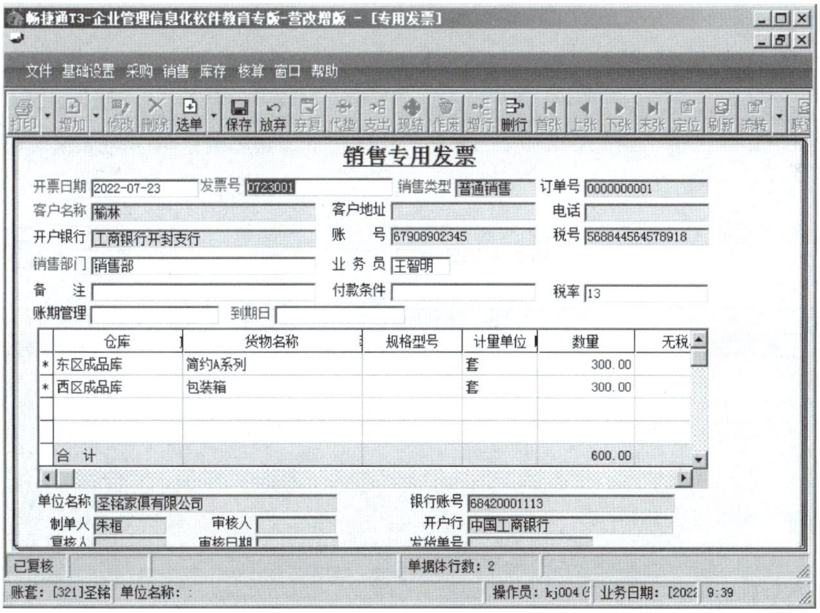

图 3-40-6 “专用发票”对话框

(5) 单击【复核】按钮，系统提示“是否只处理当前张?”，单击【是(Y)】按钮。

(6) 系统提示“单据复核成功!”，单击【确定】按钮，单击【退出】按钮。

(7) 选择【库存】|【销售出库单生成/审核】选项，出现“销售出库单”对话框，如图 3-40-7所示。

(8) 单击【生成】按钮，出现“发货单或发票参照”对话框，如图 3-40-8 所示。

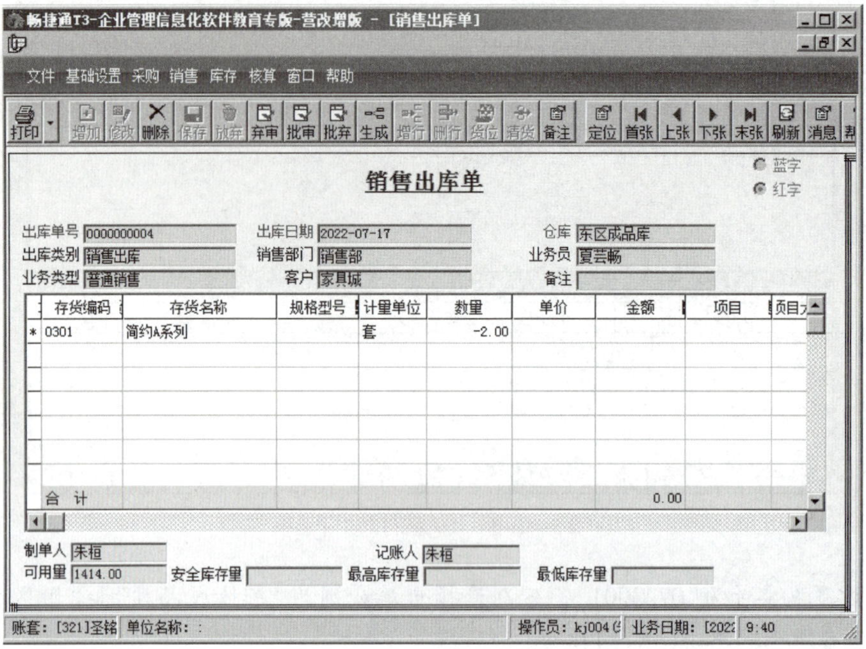

图 3-40-7 “销售出库单”对话框

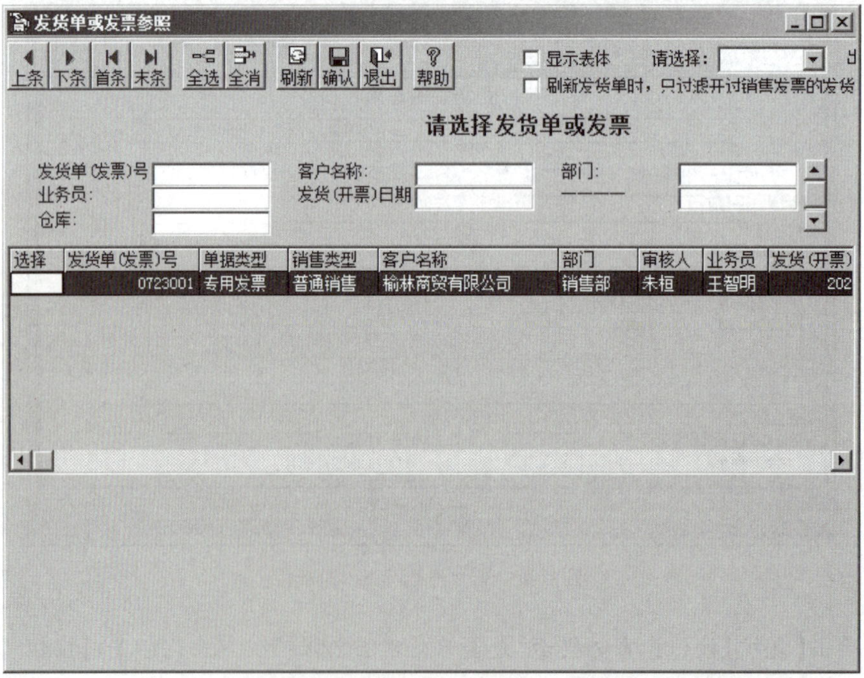

图 3-40-8 “发货单或发票参照”对话框

(9) 单击【刷新】按钮，出现发票记录，单击【全选】按钮，再单击【确认】按钮，系统提示“操作完成”单击【确定】按钮，返回“销售出库单”对话框。

(10) 单击【审核】按钮，完成审核。

(11) 单击【退出】按钮，退出“销售出库单”对话框。

(12) 选择【核算】|【凭证】|【客户往来制单】选项，出现“客户制单查询”对话框，如图3-40-9所示。

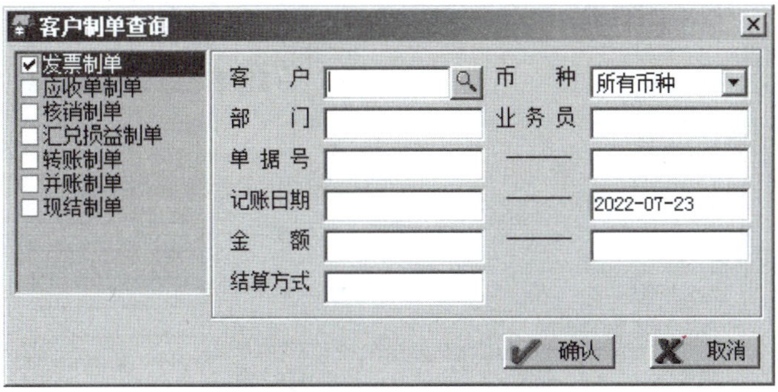

图3-40-9　“客户制单查询”对话框

(13) 选择“发票制单”复选框，单击【确认】按钮。

(14) 在“客户往来制单”窗口中，单击【全选】按钮，再单击【制单】按钮，出现“填制凭证”对话框，如图3-40-10所示。

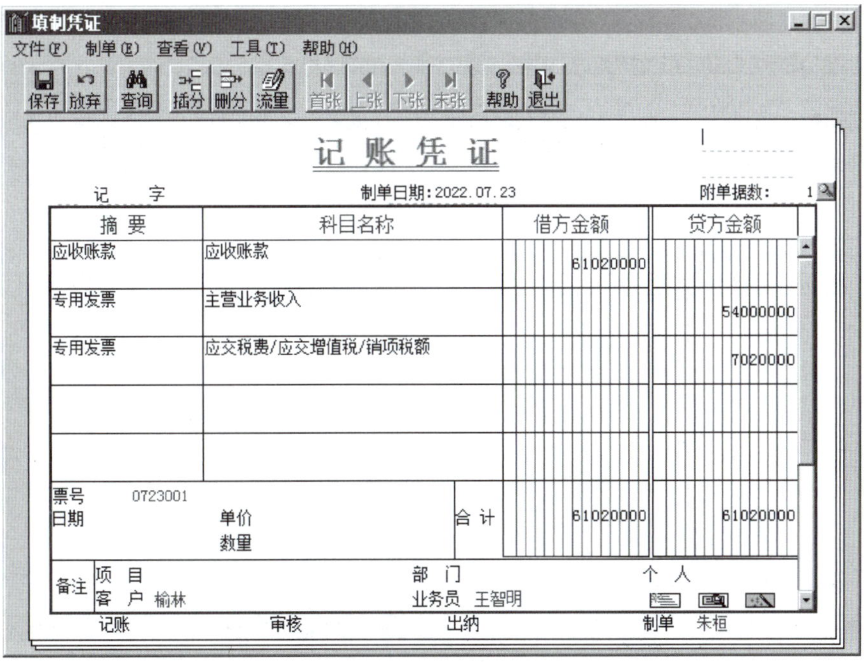

图3-40-10　“填制凭证”对话框

(15) 单击“填制凭证”对话框中的【保存】按钮，保存凭证，单击【退出】按钮，退出相应对话窗口。

(16) 选择【核算】|【核算】|【正常单据记账】，出现“正常单据记账条件”对话框，如图3-40-11所示。

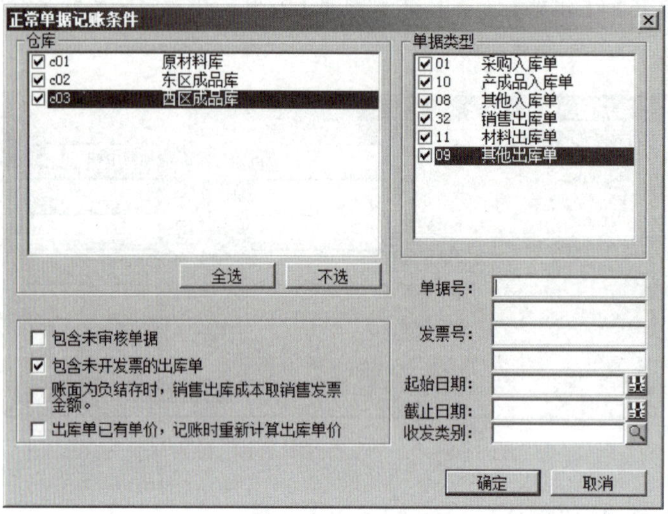

图3-40-11 “正常单据记账条件”对话框

(17) 单击【全选】按钮，单击【确定】按钮，出现“正常单据记账”对话框，如图3-40-12所示。

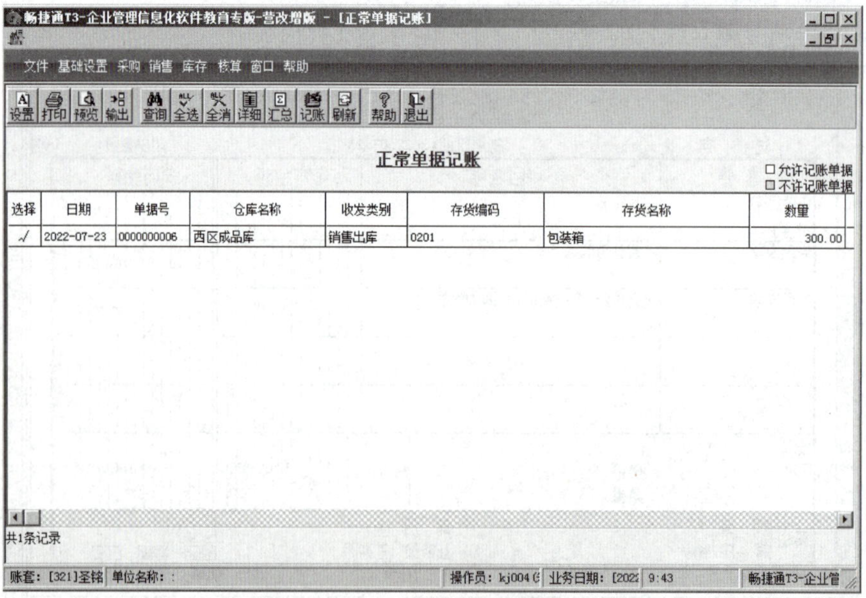

图3-40-12 “正常单据记账”对话框

(18) 单击【全选】按钮，单击【记账】按钮，单击【退出】按钮。

(19) 选择【核算】|【凭证】|【购销单据制单】，出现“生成凭证”对话框，单击【选择】按钮，如图3-40-13所示。

(20) 单击【全选】按钮，单击【确认】按钮，出现“生成凭证”对话框，如图 3-40-14 所示。

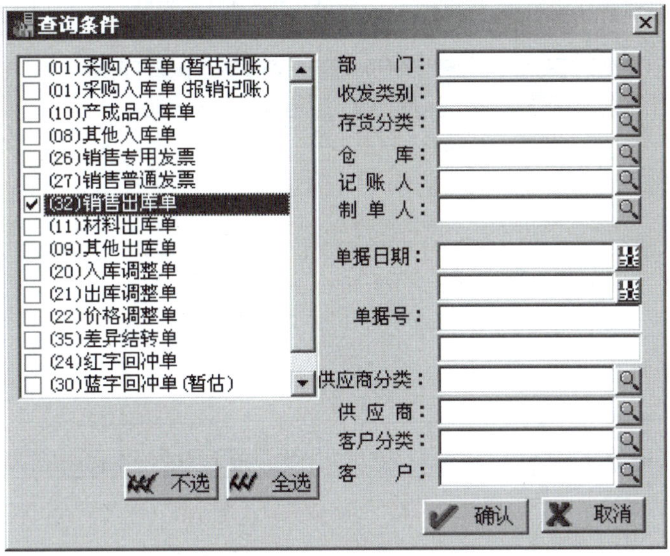

图 3-40-13 “生成凭证”对话框

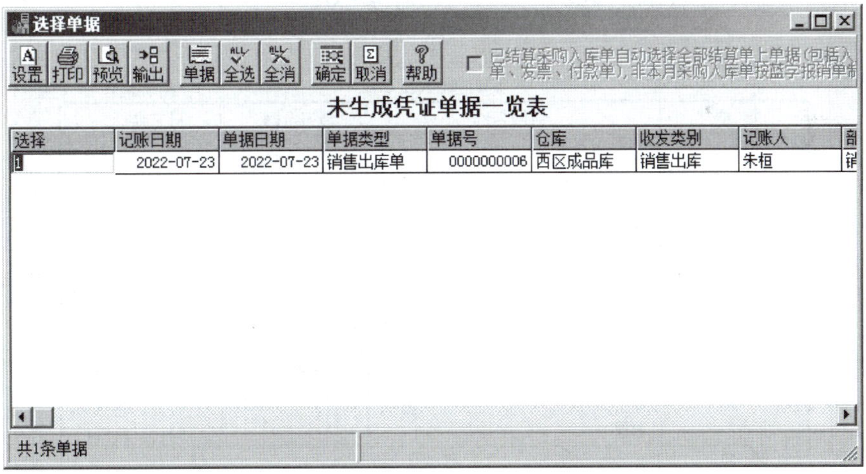

图 3-40-14 “生成凭证”对话框

(21) 单击【全选】按钮，单击【确定】按钮，出现“生成凭证”对话框，如图 3-40-15 所示，修改对方科目编码为“560115”。

(22) 单击【生成】按钮，出现“填制凭证”对话框，如图 3-40-16 所示。

(23) 单击“填制凭证”对话框中的【保存】按钮，保存凭证，单击【退出】按钮，退出相应对话窗口。

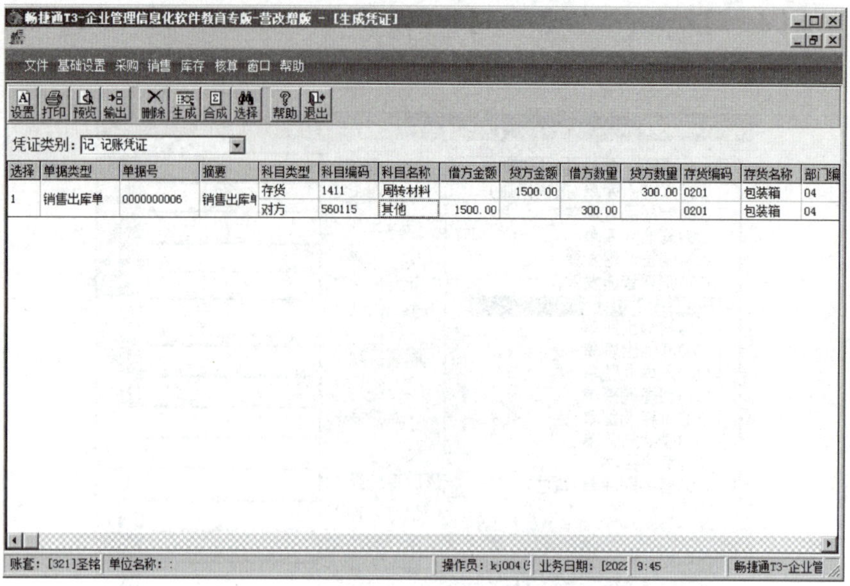

图 3-40-15 “生成凭证”对话框

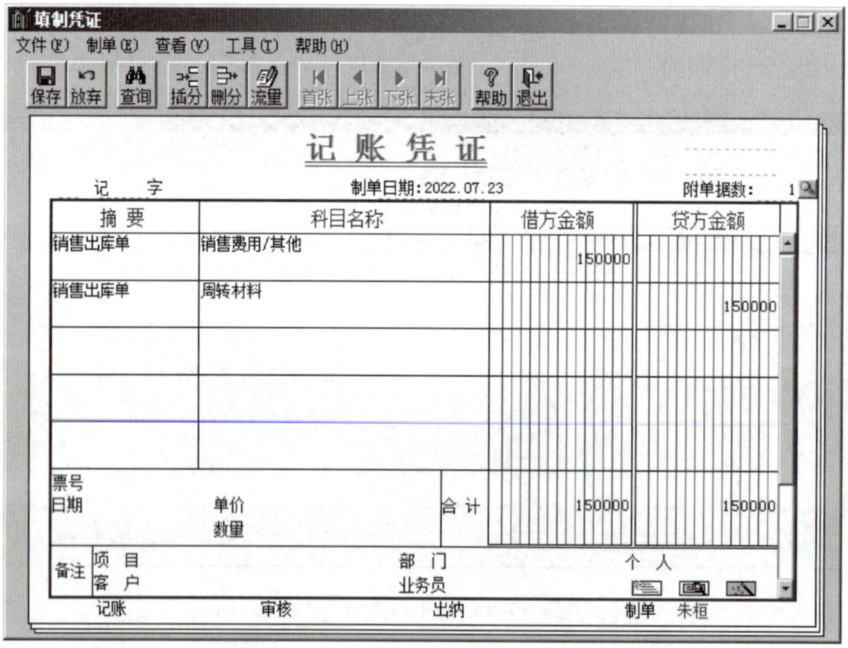

图 3-40-16 “生成凭证”对话框

3.41 采购订单业务处理

任务 3-41 2022 年 7 月 24 日，与永盛有限公司签订购销合同，现金折扣条件 2/10，1/20，N/30，采购甲材料 200 平方米，单价 45 元，金额 9000 元，税款 1170 元，当天收到发票，票据号：0724001，如图 3-41-1、图 3-41-2 所示。由“kj004”登录信息平台进行业务处理。

购销合同

合同编号：30604554

购货单位（甲方）：圣铭家俱有限公司

供货单位（乙方）：永盛有限公司

根据《中华人民共和国合同法》及国家相关法律、法规之规定，甲乙双方本着平等互利的原则，就甲方购买乙方货物一事达成以下协议。

一、货物的名称、数量及价格：

货物名称	规格型号	单位	数量	单价	金额	税率	价税合计
甲材料		平方米	200	45.00	9,000.00	13%	10,170.00
合计（大写）	壹万零壹佰柒拾元整						¥10,170.00

二、交货方式和费用承担：交货方式：销货方送货，交货时间：2022年07月30日前，交货地点：________，运费由 供货方 承担。

三、付款时间与付款方式：现金折扣条件为2/10，1/20，N/30

四、质量异议期：订货方对供货方的货物质量有异议时，应在收到货物后 10 内提出，逾期视为货物质量合格。

五、未尽事宜经双方协商可作补充协议，与本合同具有同等效力。

六、本合同自双方签字、盖章之日起生效；本合同壹式贰份，甲乙双方各执壹份。

甲方（签章）：

授权代表：赵刚

地址：

电话：

日期：2022 年 07 月 24 日

乙方（签章）：

授权代表：孙端章

地址：

电话：

日期：2022 年 07 月 24 日

图 3-41-1　采购甲材料合同

3700221140

山东增值税专用发票

发票联

№ 0724001　3700221140　0724001

机器编号：982888812388

开票日期：2022年07月24日

购买方　名称：圣铭家俱有限公司

纳税人识别号：371626494720664

地址、电话：

开户行及账号：中国工商银行鹤伴路支行6842000111З

密码区：
0#682>%504*87%75991%77>-7*48
79>*9>8464--%>-62>13851--#0#
84634#-#4%85#3066016->831**3
336*#851#7-#972*3613#182#>48

货物或应税劳务、服务名称	规格型号	单位	数量	单价	金额	税率	税额
甲材料		平方米	200	45.00	9,000.00	13%	1,170.00
合计					¥9,000.00		¥1,170.00
价税合计（大写）	⊗壹万零壹佰柒拾元整				（小写）¥10,170.00		

销售方　名称：永盛有限公司

纳税人识别号：320110112223142

地址、电话：

开户行及账号：工商银行西城支行43674598797

备注：校验码 52118 0281[illegible] 08[illegible]48 66199

收款人：　复核：　开票人：　销售方：（章）

税总函[202X]××号××××公司

第三联：发票联　购买方记账凭证

图 3-41-2　采购甲材料发票

操作步骤

(1) 2022 年 7 月 24 日，由“kj004(朱桓，密码‘4’)”登录“畅捷通 T3-企业管理信息化软件教育专版-营改增版”系统。

(2) 选择【采购】|【采购订单】选项，出现“采购订单”对话框，单击【增加】按钮。

(3) 供货单位选择为：“永盛有限公司”，付款条件选择为“2/10，1/20”，税率修改为“13”。

(4) 存货编码选择为“0101”，录入数量为“200”，单价为“45”，其他自动生成，如图 3-40-3所示。

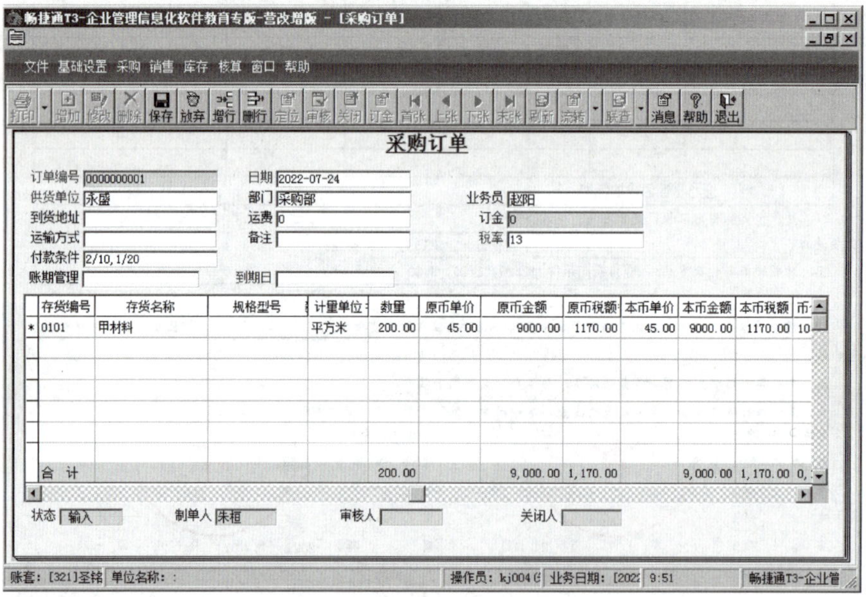

图 3-41-3 “采购订单”对话框

(5) 单击【保存】按钮，单击【审核】按钮。

(6) 单击【流转】右侧下箭头按钮，选择“生成专用发票”选项，如图 3-41-4 所示。

(7) 输入发票号为：“0724001”，采购类型为“普通采购”，付款条件为“2/10，1/20”，其他默认。

(8) 单击【保存】按钮。

(9) 单击【复核】按钮，出现“采购管理”对话框，如图 3-41-5 所示，单击【是(Y)】按钮。

(10) 单击【退出】按钮，退出相应对话窗口。

(11) 选择【核算】|【凭证】|【供应商往来制单】选项，出现“供应商制单查询”对话框，如图 3-41-6 所示。

(16) 选择“发票制单”复选框，单击【确认】按钮。

(17) 在“供应商往来制单”窗口中，单击【全选】按钮，再单击【制单】按钮，出现“填制凭证”对话框，如图 3-41-7 所示。

(18) 单击“填制凭证”对话框中的【保存】按钮，保存凭证，单击【退出】按钮，退出相应对话窗口。

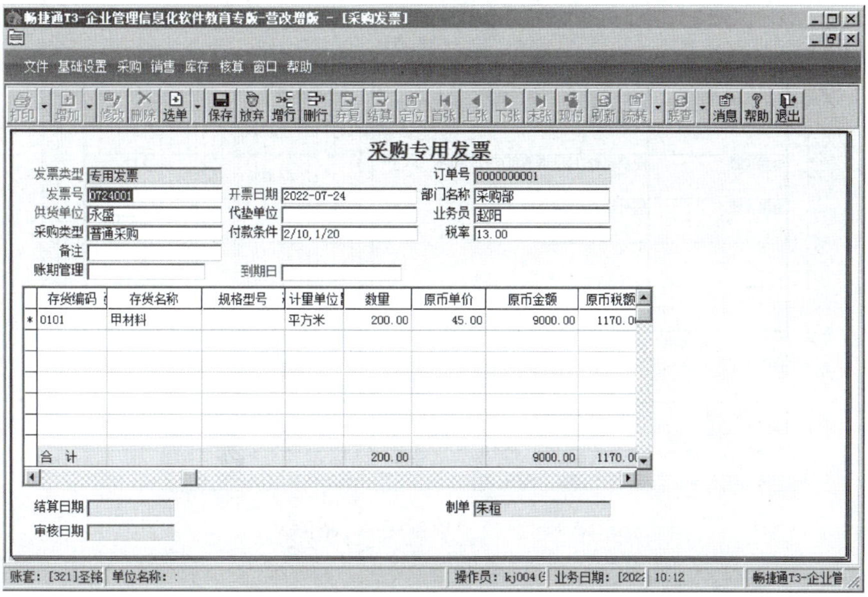

图 3-41-4 “采购专用发票”对话框

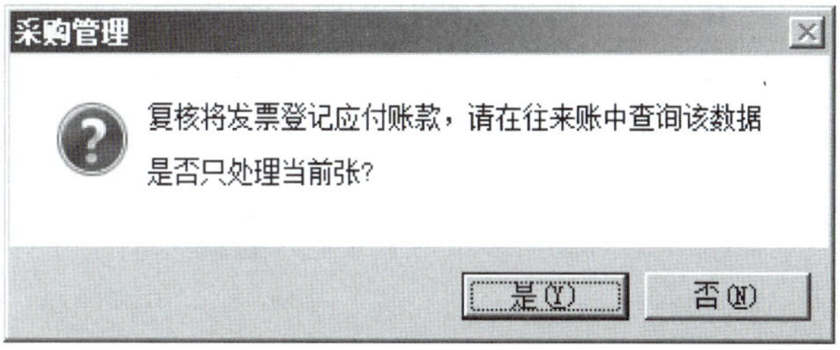

图 3-41-5 “采购管理”对话框

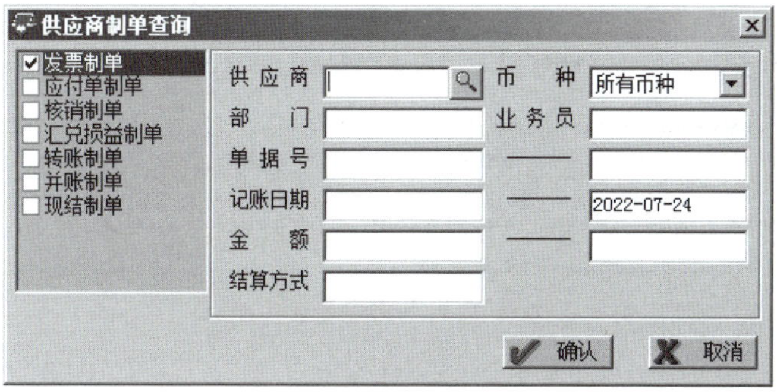

图 3-41-6 “供应商制单查询”对话框

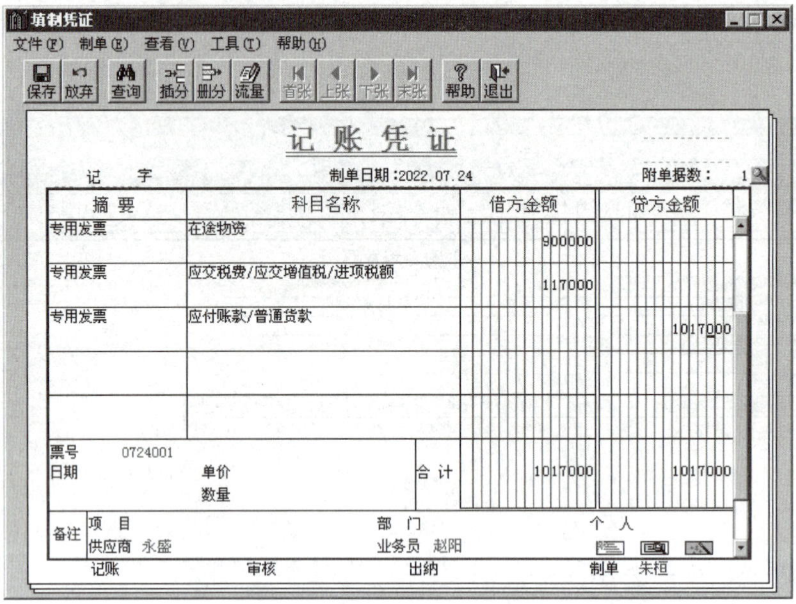

图 3-41-7 “填制凭证”对话框

3.42 收回货款合并业务处理

任务 3-42 25 日，榆林公司以网银支付结清剩余货款 550200 元，合并制单生成一张凭证，如图 3-42-1 所示。由“kj004”登录信息平台进行业务处理。

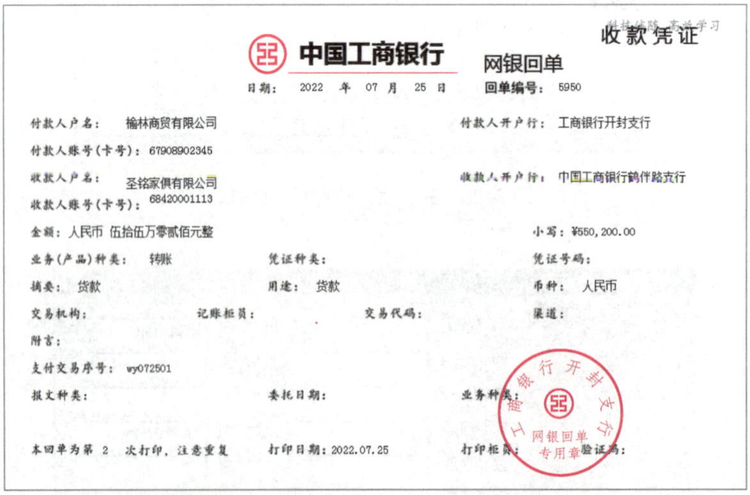

收款凭证

中国工商银行 网银回单

日期: 2022 年 07 月 25 日 回单编号: 5950

付款人户名: 榆林商贸有限公司 付款人开户行: 工商银行开封支行

付款人账号(卡号): 67908902345

收款人户名: 圣铭家俱有限公司 收款人开户行: 中国工商银行鹤伴路支行

收款人账号(卡号): 68420001113

金额: 人民币 伍拾伍万零贰佰元整 小写: ¥550,200.00

业务(产品)种类: 转账 凭证种类: 凭证号码:

摘要: 货款 用途: 货款 币种: 人民币

交易机构: 记账柜员: 交易代码: 渠道:

附言:

支付交易序号: wy072501

报文种类: 委托日期: 业务种类:

本回单为第 2 次打印, 注意重复 打印日期: 2022.07.25 打印柜员: 验证码:

工商银行开封支行 网银回单专用章

图 3-42-1 网银收款凭证

操作步骤

(1) 2022 年 7 月 25 日，由“kj004(朱桓，密码‘4’)”登录“畅捷通 T3-企业管理信息化软件教育专版-营改增版”系统。

(2) 选择【销售】|【客户往来】|【收款结算】选项，打开“单据结算”对话框。

(3) 单击客户后面的“查找”按钮，选择“榆林商贸有限公司”选项，单击【返回】按钮，返回“单据结算”对话框。

(4) 单击【增加】按钮，填制结算方式为“6 网银支付”、结算科目为“100201 人民币”、金额为“550200”等信息，如图 3-42-2 所示。

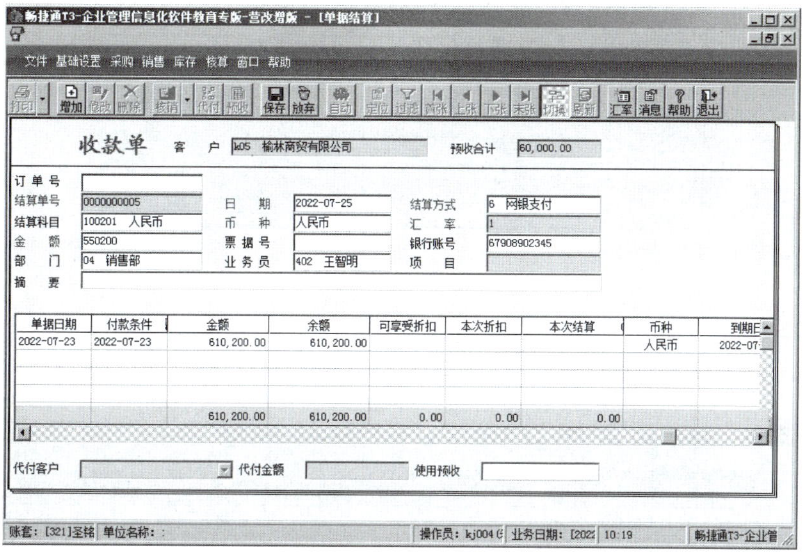

图 3-42-2 “单据结算”对话框

(5) 单击【保存】按钮。

(6) 单击【核销】按钮，在“使用预收”栏内录入预收款“60000”，在“本次结算”栏内录入金额“610200”，如图 3-42-3 所示，单击【保存】按钮。

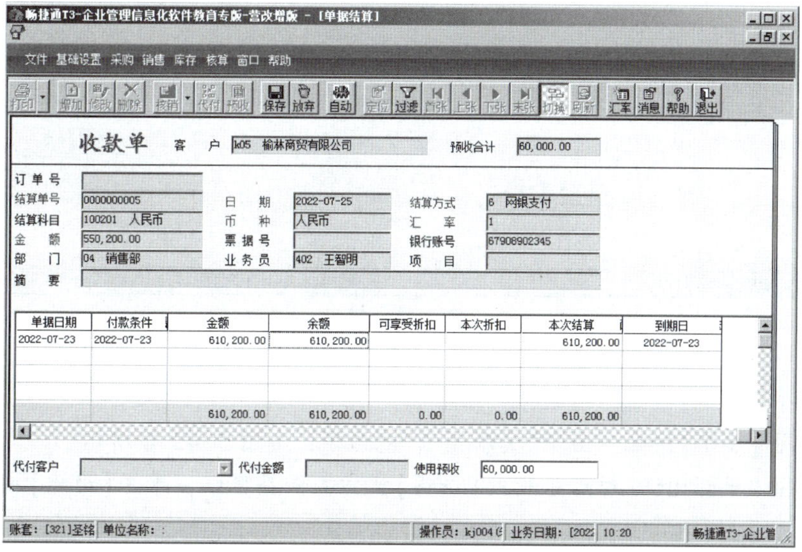

图 3-42-3 使用预收款对话框

(7) 单击【退出】按钮，完成收款录入。

(8) 选择【核算】|【凭证】|【客户往来制单】选项，打开“客户制单查询”对话框，如图 3-42-4 所示。

图 3-42-4 “客户制单查询”对话框

(9) 选择“核销制单”复选框，单击【确认】按钮，出现“客户往来制单”对话框，如图 3-42-5 所示。

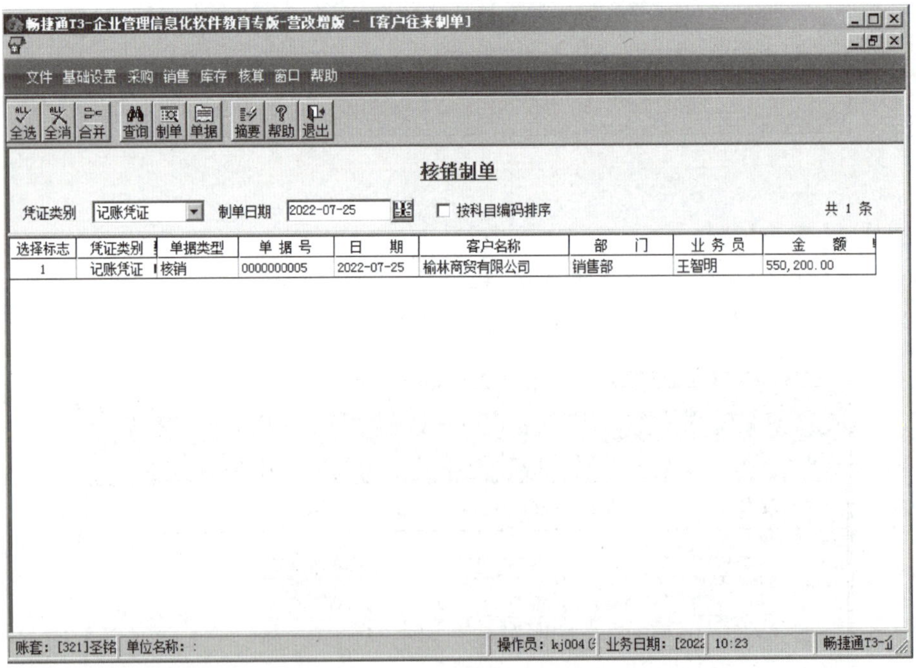

图 3-42-5 “客户往来制单”对话框

(10) 单击【全选】按钮，或选择相应记录。

(11) 单击【制单】按钮，出现“填制凭证”对话框，如图 3-42-6 所示。

(12) 单击“填制凭证”对话框中的【保存】按钮，保存凭证，单击【退出】按钮，退出相应对话窗口。

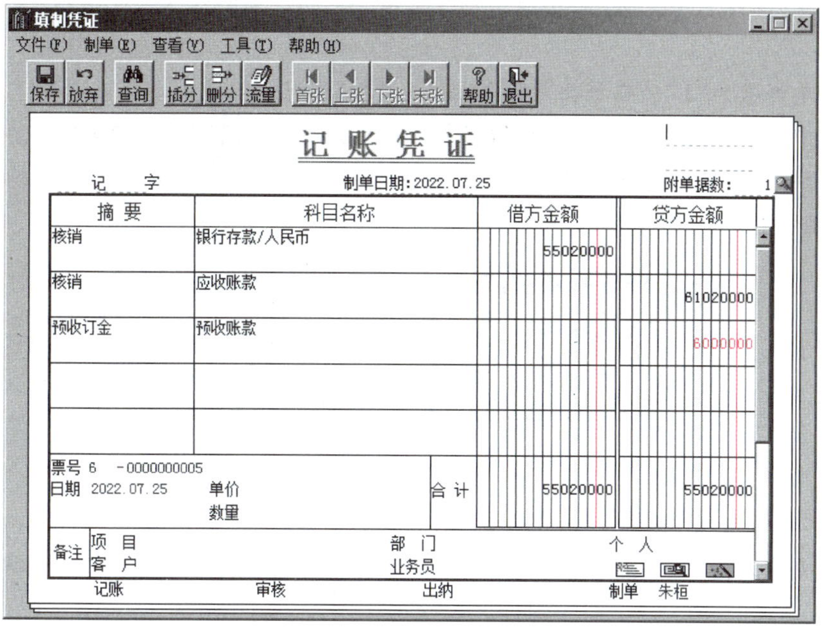

图 3-42-6 “填制凭证”对话框

3.43 收到赔偿业务处理

任务 3-43 2022 年 7 月 25 日，由于公司购买财产保险金，电脑损坏属于出险范围，当日收到保险公司因电脑损坏开出转账支票(zz072501)一张 3000 元，存入银行，同日行政部发文，为了教育员工，王智明赔偿公司 1000 元，其余由公司赔偿，当日收到员工交来的现金 1000 元，如图 3-43-1 所示。由“kj002”登录信息平台进行业务处理。

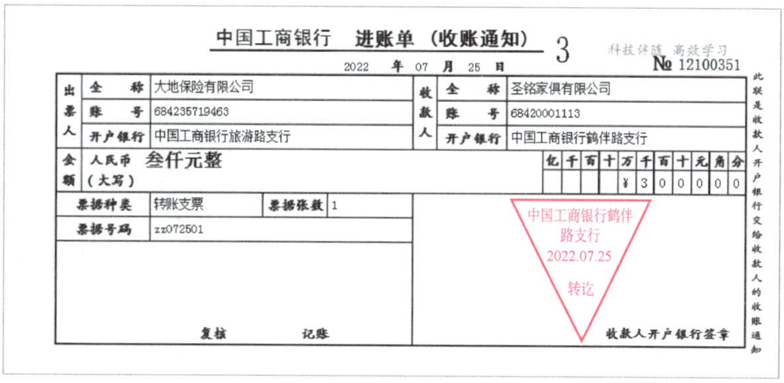

中国工商银行 进账单 (收账通知) 3

科技伴随 高效学习

2022 年 07 月 25 日 № 12100351

出票人	全称	大地保险有限公司	收款人	全称	圣铭家俱有限公司
	账号	684235719463		账号	68420001113
	开户银行	中国工商银行旅游路支行		开户银行	中国工商银行鹤伴路支行
金额	人民币（大写）	叁仟元整		亿千百十万千百十元角分	¥300000
票据种类	转账支票	票据张数	1		
票据号码	zz072501				
复核	记账			收款人开户银行签章	

中国工商银行鹤伴路支行 2022.07.25 转讫

此联是收款人开户银行交给收款人的收账通知

图 3-43-1 保险公司赔款单

操作步骤

(1) 2022 年 7 月 25 日，由“kj002(王袂，密码‘2’)”登录“畅捷通 T3-企业管理信息化软件教育专版-营改增版”系统。

(2) 选择【总账】|【凭证】|【填制凭证】选项，打开“填制凭证”对话框，单击【增加】按钮。

(3) 附单据数为“1”，在摘要栏输入摘要“毁损赔偿”。

(4) 单击科目名称栏，输入“100201”或“银行存款-人民币”，按回车键，在出现的“辅助项”对话框中，选择结算方式为“202”，票号为“zz072501”，其他默认，如图 3-43-2 所示，单击【确认】按钮。

图 3-43-2 “辅助项”对话框

(5) 在“借方金额”栏输入“3000”元，按回车键。

(6) 摘要默认与上一行相同，按回车键，输入科目名称为“1001”或“库存现金”，按回车键。

(7) 在“借方金额”栏输入“1000”元，按回车键。

(8) 摘要默认与上一行相同，按回车键，输入科目名称为“1606”或“固定资产清理”，在贷方金额栏输入“4000”或按“=”键借贷补差，如图 3-43-3 所示。

(9) 单击“填制凭证”对话框中的【保存】按钮，保存凭证，单击【退出】按钮，退出相应对话窗口。

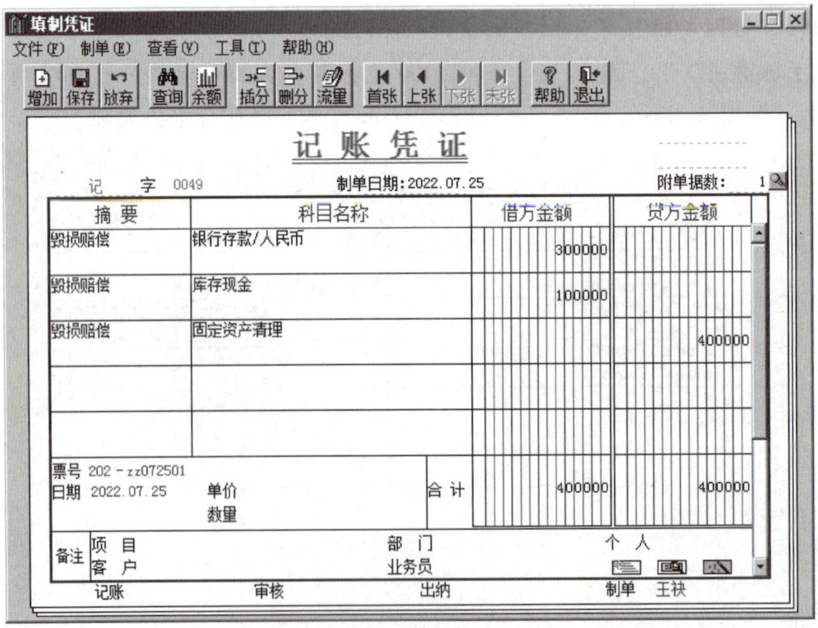

图 3-43-3 “填制凭证”对话框

3.44 固定资产清理核算

任务3-44 2022年7月25日，结转固定资产发生的净损益。由“kj002”登录信息平台进行业务处理。

操作步骤

(1) 2022年7月25日，由“kj002(王袂，密码‘2’)”登录“畅捷通T3-企业管理信息化软件教育专版-营改增版”系统。

(2) 选择【总账】|【凭证】|【填制凭证】选项，打开“填制凭证”对话框，单击【增加】按钮。

(3) 在摘要栏输入摘要“结转固定资产净损益”。

(4) 单击科目名称栏，输入“571106”或“营业外支出-其他”，按回车键。

(5) 在“借方金额”栏输入“4677.12”，按回车键。

(6) 摘要默认与上一行相同，按回车键，输入科目名称为“1606”或“固定资产清理”，在贷方金额栏输入“4677.12”或按“=”键借贷补差，如图3-44-1所示。

(7) 单击“填制凭证”对话框中的【保存】按钮，保存凭证，单击【退出】按钮，退出相应对话窗口。

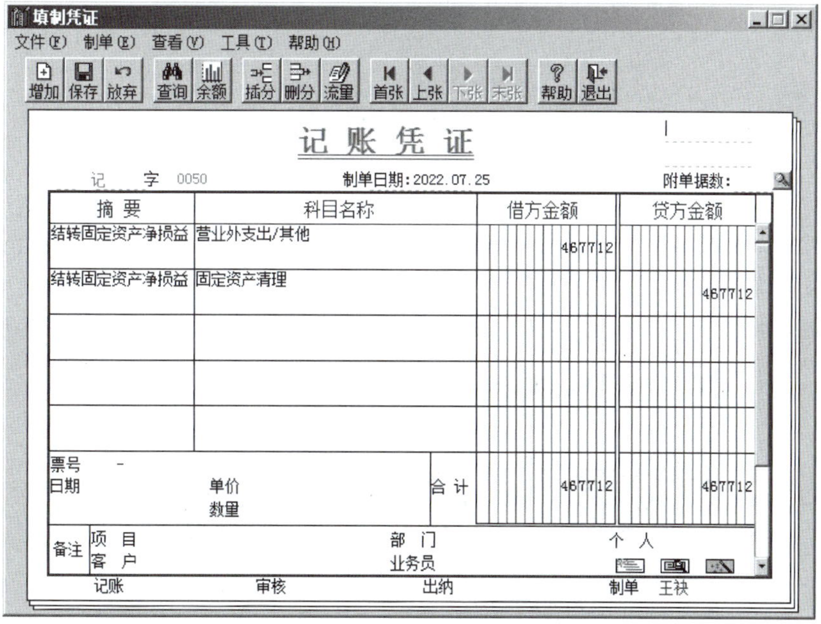

图3-44-1 “填制凭证”对话框

3.45 计提工资业务处理

任务3-45 2022年7月25日，计提本月工资，并分配本月工资费用。

要求：生产中心工资(用于生产简约B系列)由生产人员工资类别计提，其他由管理人员工资类别计提，分摊设置为：按应发合计计提，分配到个人，明细到工资项目，合并科目相同、辅助项相同的分录。王智明事假 1 天，朱桓病假 3 天。由“kj002”登录信息平台进行业务处理。

操作步骤

(1) 2022 年 7 月 25 日，由“kj002(王袂，密码‘2’)”登录“畅捷通 T3-企业管理信息化软件教育专版-营改增版”系统。

(2) 选择【工资管理】选项，出现“工资管理”对话框，如图 3-45-1 所示，单击“001 生产人员”，单击【确定】按钮。

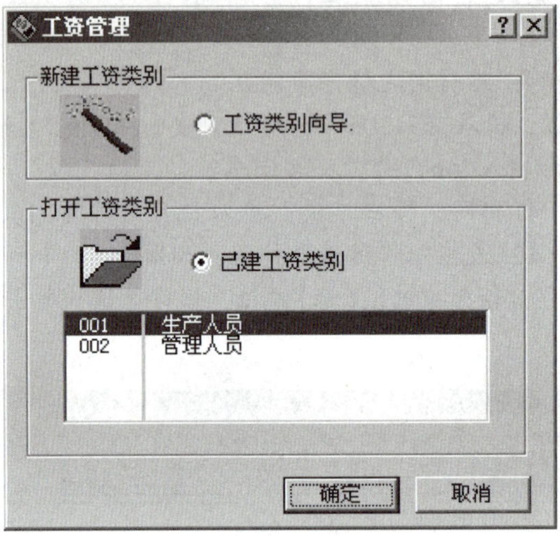

图 3-45-1 “工资管理”对话框

(3) 单击【工资变动】选项，在新窗口中调整工资数据，单击【保存】按钮，再单击【汇总】按钮，最后单击【退出】按钮。

(4) 单击【扣缴个人所得税】选项，出现“栏目选择”对话框，如图 3-45-2 所示。

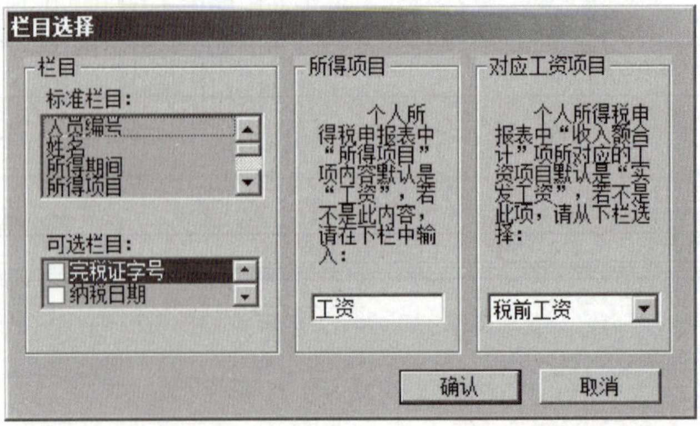

图 3-45-2 “栏目选择”对话框

(5) 在【对应工资项目】栏中选择“税前工资”选项，单击【确认】按钮，系统提示“是否重算数据?”，单击【是(Y)】按钮，出现“个人所得税-(工资类别：生产人员)”对话框，如图 3-45-3 所示。

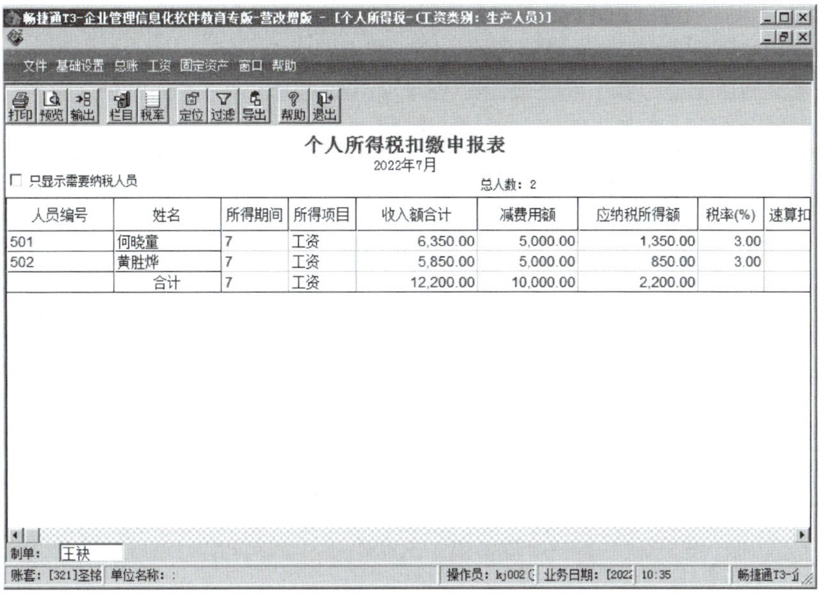

图 3-45-3 “个人所得税-(工资类别)生产人员”对话框

(6) 单击【税率】选项，出现“个人所得税申报表——税率表”对话框，如图 3-45-4 所示。

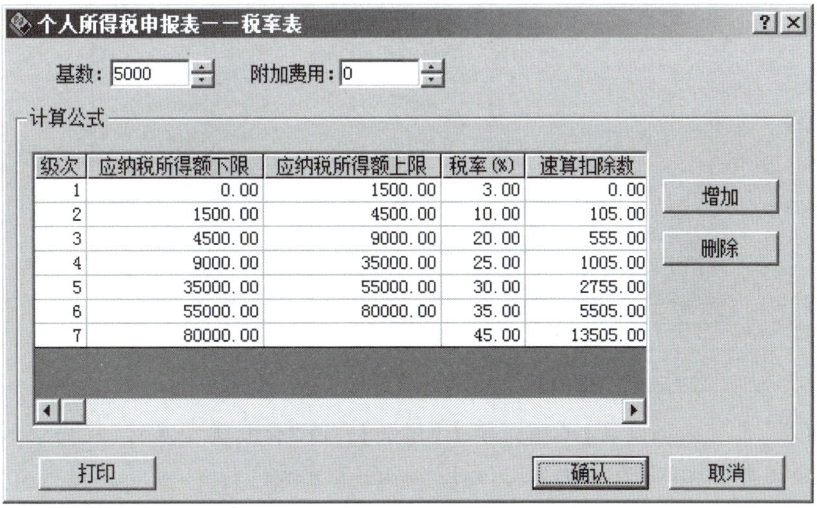

图 3-45-4 “个人所得税申报表——税率表”对话框

(7) 修改“基数”为 5000；“附加费用”为 0，单击【确认】按钮，系统提示“是否重新计算个人所得税?”，单击【是(Y)】按钮，单击【退出】按钮。

(8) 单击【工资变动】选项，出现“工资变动-(工资类别)生产人员”对话框，如图 3-45-5 所示。

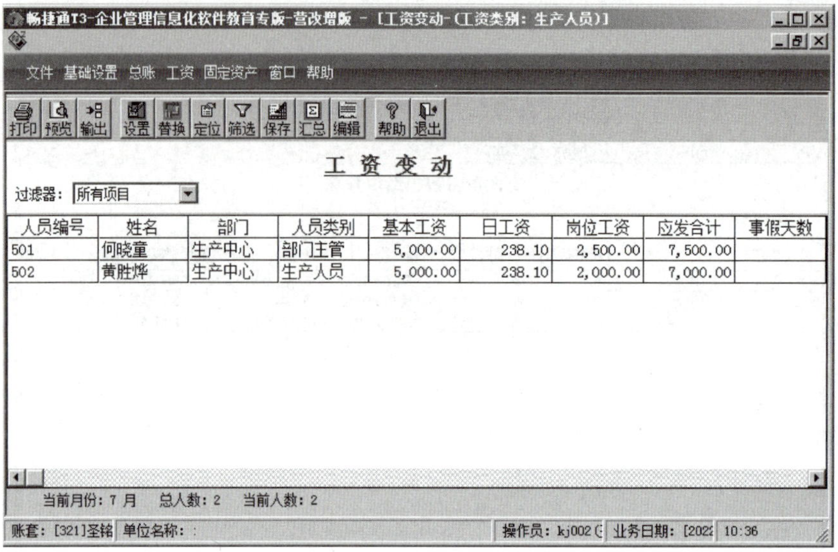

图 3-45-5 “工资变动-(工资类别)生产人员”对话框

(9) 单击【保存】按钮，单击【汇总】按钮，单击【退出】按钮。

(10) 单击【工资分摊】选项，出现“工资分摊”对话框，如图 3-45-6 所示。

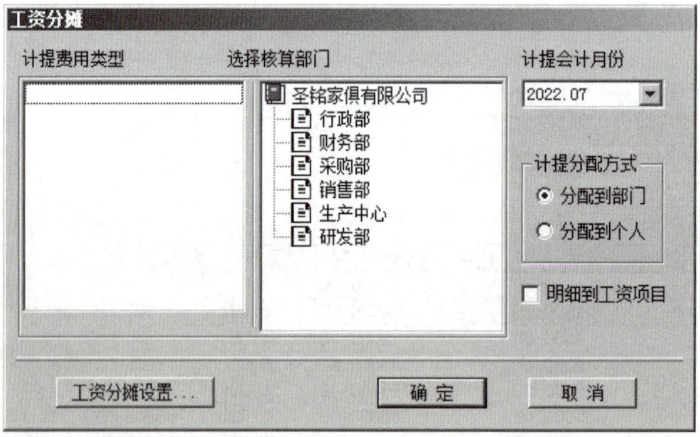

图 3-45-6 “工资分摊”对话框

(11) 单击【工资分摊设置】选项，单击【增加】，在“计提类型名称”栏内录入“应付职工薪酬 1”，“分摊类型比例”为“100%”，如图 3-45-7 所示。

(12) 单击【下一步】，出现“分摊构成设置”对话框，如图 3-45-8 所示。

(13) 增加第一行“部门名称”为“生产车间”，“人员类别”为“生产人员”，“项目”为“应发合计”，“借方科目”为“400102 生产成本/直接人工”，“贷方科目”为“221101 应付职工薪酬/应付职工工资”。

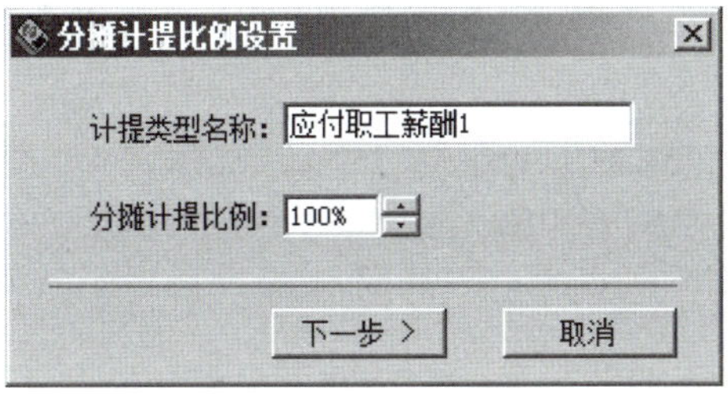

图 3-45-7 “分摊计提比例设置”对话框

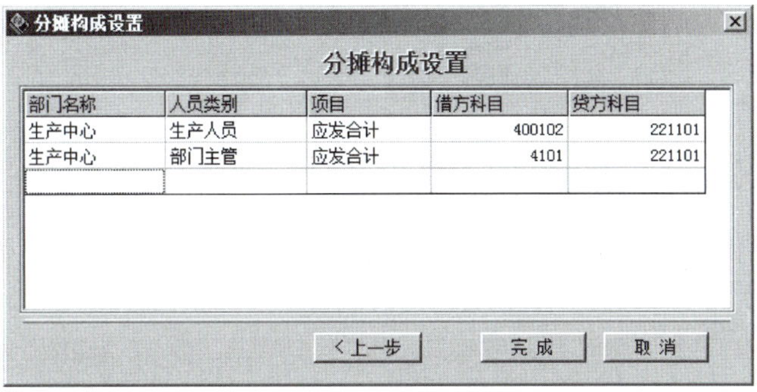

图 3-45-8 “分摊构成设置”对话框

(14) 增加第二行“部门名称”为“生产车间”，“人员类别”为“部门主管”，“项目”为“应发合计”，“借方科目”为“4101 制造费用”，“贷方科目”为“221101 应付职工薪酬/应付职工工资”。

(15) 单击【完成】按钮，返回“分摊类型设置”对话框，单击【返回】按钮，返回“工资分摊”对话框。

(16) 选择“计提费用类型”为“应付职工薪酬”，选择“核算部门”为“生产中心”，选择“分配到个人，明细到工资项目”，如图 3-45-9 所示。

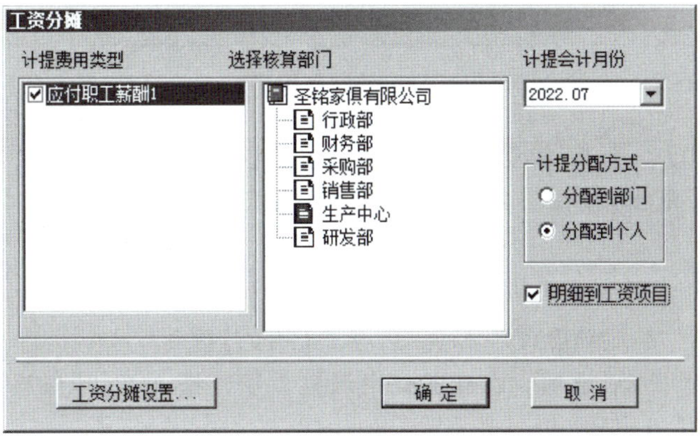

图 3-45-9 “工资分摊”对话框

(17) 单击【确定】按钮，出现“工资分摊明细-(工资类别)生产人员”对话框，如图3-45-10所示。

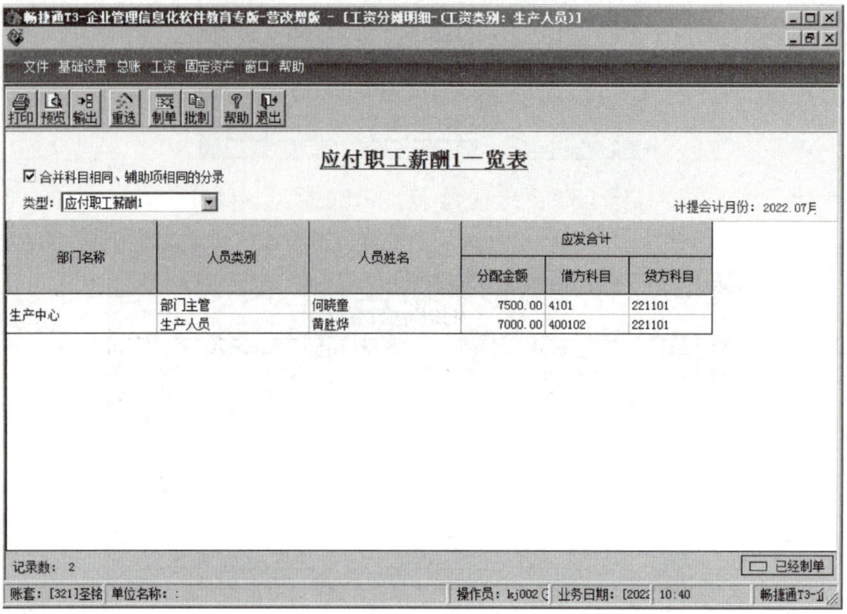

图 3-45-10 “工资分摊明细-(工资类别)生产人员”对话框

(18) 选择“合并科目相同，辅助项相同的分录”，单击【制单】按钮，出现“填制凭证”对话框。

(19) 选择“生产成本/直接人工”科目，双击“项目客户”栏，设置辅助项为“简约B系列”，如图3-45-11所示，单击【确认】按钮。

图 3-45-11 “辅助项”对话框

(20) 单击其他行，单击“填制凭证”对话框中的【保存】按钮，如图3-45-12所示，单击“填制凭证”中的【退出】按钮，单击“应付职工薪酬”对话框中的【退出】按钮，完成该类别制单。

(21) 选择【工资】|【工资类别】|【打开工资类别】选项，出现“打开工资类别”对话框，如图3-45-13所示，单击“002管理人员”，单击【确认】按钮。

(22) 单击【工资变动】选项，在新窗口中调整工资数据，单击【保存】按钮，再单击【汇总】按钮，最后单击【退出】按钮。

(23) 单击【扣缴个人所得税】选项，系统提示，单击【确定】按钮，出现“栏目选择”对话框，如图3-45-14所示。

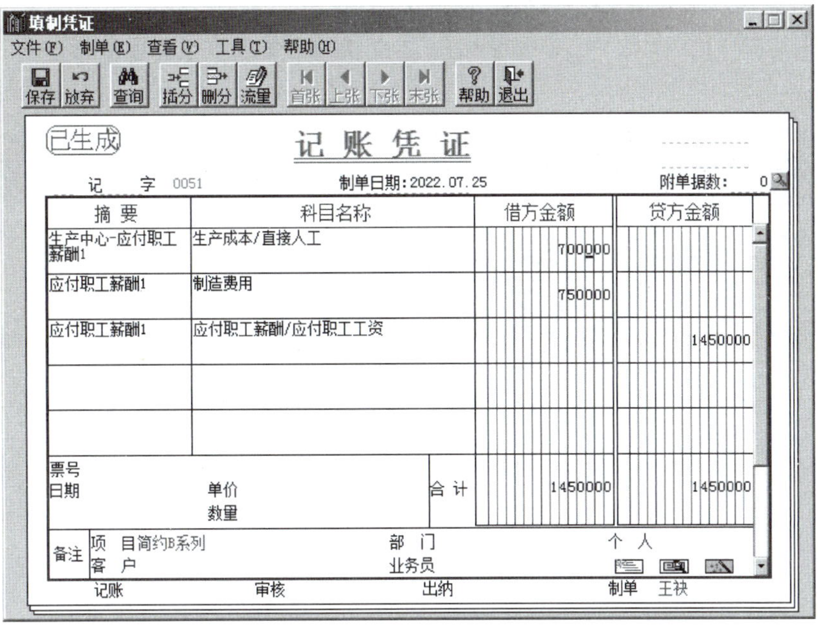

图 3-45-12 “填制凭证”对话框

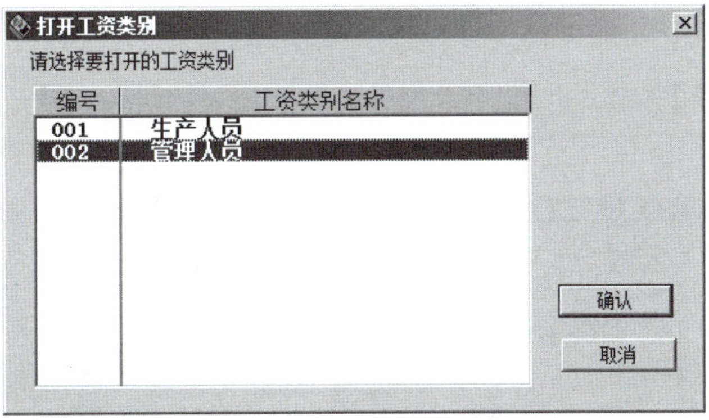

图 3-45-13 “打开工资类别”对话框

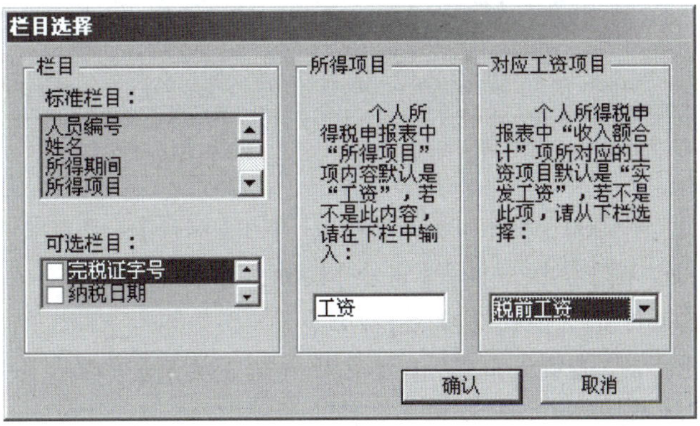

图 3-45-14 “栏目选择”对话框

(24) 在【对应工资项目】栏中选择“税前工资”选项，单击【确认】，系统提示“是否重算数据?”单击【是(Y)】，出现“个人所得税-(工资类别)管理人员”对话框，如图 3-45-15 所示。

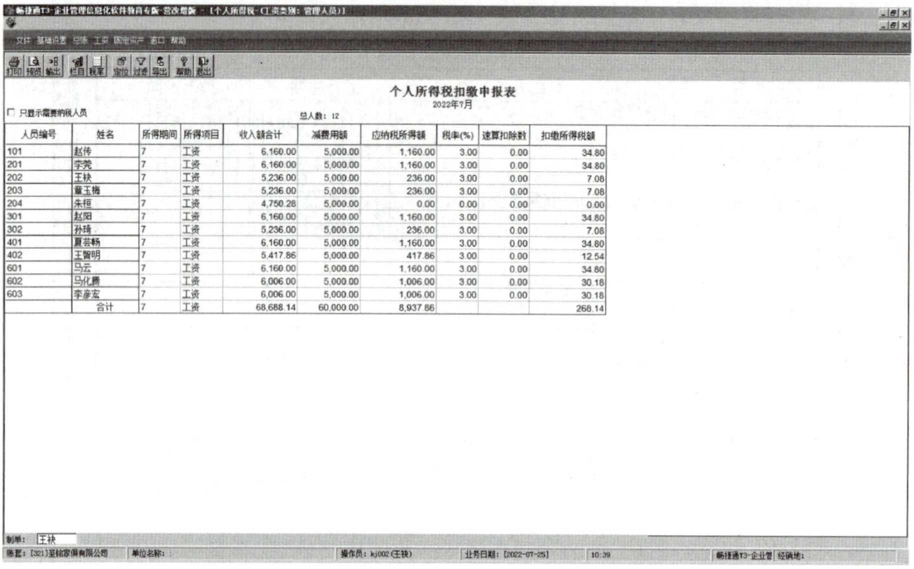

人员编号	姓名	所得期间	所得项目	收入额合计	减费用额	应纳税所得额	税率(%)	速算扣除数	扣缴所得税额
101	赵传	7	工资	6,160.00	5,000.00	1,160.00	3.00	0.00	34.80
201	李莞	7	工资	6,160.00	5,000.00	1,160.00	3.00	0.00	34.80
202	王秩	7	工资	5,236.00	5,000.00	236.00	3.00	0.00	7.08
203	章玉梅	7	工资	5,236.00	5,000.00	236.00	3.00	0.00	7.08
204	朱桓	7	工资	4,750.28	5,000.00	0.00	0.00	0.00	0.00
301	赵阳	7	工资	6,160.00	5,000.00	1,160.00	3.00	0.00	34.80
302	孙琦	7	工资	5,236.00	5,000.00	236.00	3.00	0.00	7.08
401	夏芸畅	7	工资	6,160.00	5,000.00	1,160.00	3.00	0.00	34.80
402	王智明	7	工资	5,417.86	5,000.00	417.86	3.00	0.00	12.54
601	马云	7	工资	6,160.00	5,000.00	1,160.00	3.00	0.00	34.80
602	马化腾	7	工资	6,006.00	5,000.00	1,006.00	3.00	0.00	30.18
603	李彦宏	7	工资	6,006.00	5,000.00	1,006.00	3.00	0.00	30.18
	合计	7	工资	68,688.14	60,000.00	8,937.86			268.14

图 3-45-15 “个人所得税-(工资类别)管理人员”对话框

(25) 单击【税率】选项，出现“个人所得税申报表——税率表”对话框，如图 3-45-16 所示。

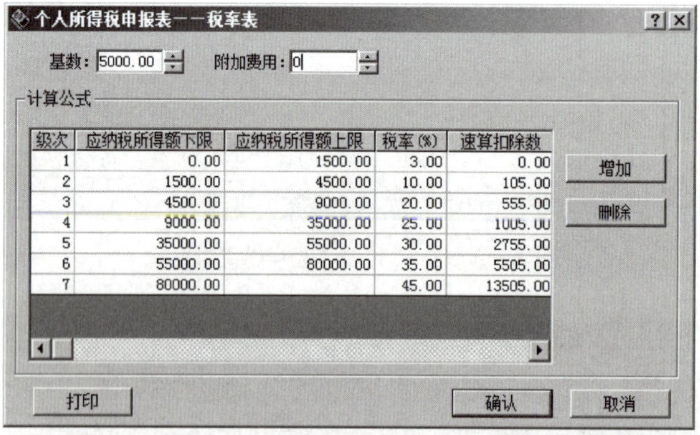

级次	应纳税所得额下限	应纳税所得额上限	税率(%)	速算扣除数
1	0.00	1500.00	3.00	0.00
2	1500.00	4500.00	10.00	105.00
3	4500.00	9000.00	20.00	555.00
4	9000.00	35000.00	25.00	1005.00
5	35000.00	55000.00	30.00	2755.00
6	55000.00	80000.00	35.00	5505.00
7	80000.00		45.00	13505.00

图 3-45-16 “个人所得税申报表——税率表”对话框

(26) 修改“基数”为 5000；“附加费用”为 0，单击【确认】，系统提示“是否重新计算个人所得税?”，单击【是(Y)】按钮，单击【退出】按钮，系统提示“制单人名与当前操作员名不一致，将使用当前操作员”，单击【确定】按钮。

(27) 单击【工资变动】选项，出现“工资变动-(工资类别)管理人员”对话框，设置请假天数，如图3-45-17所示。

(28) 单击【保存】按钮，单击【汇总】按钮，单击【退出】按钮。

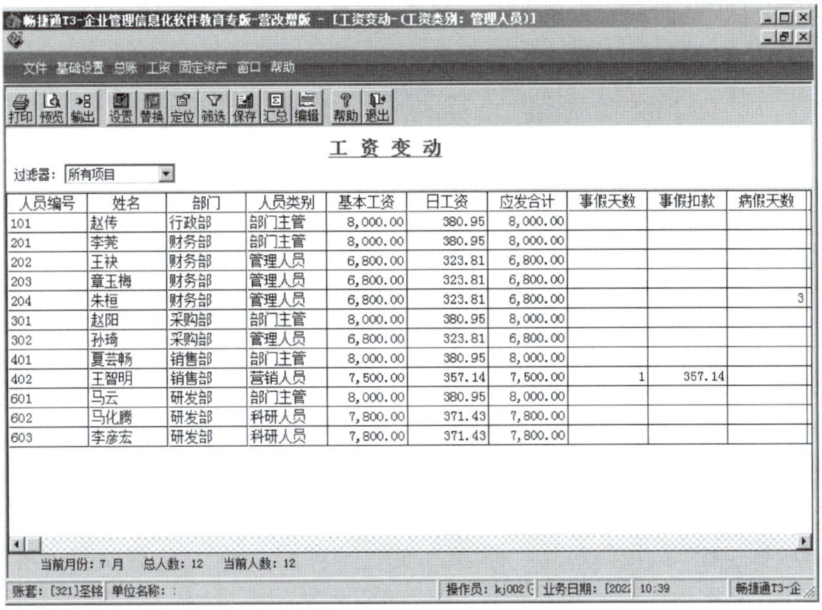

图 3-45-17 “工资变动-(工资类别)管理人员”对话框

(29) 单击【工资分摊】选项，出现“工资分摊”对话框，如图 3-45-18 所示。

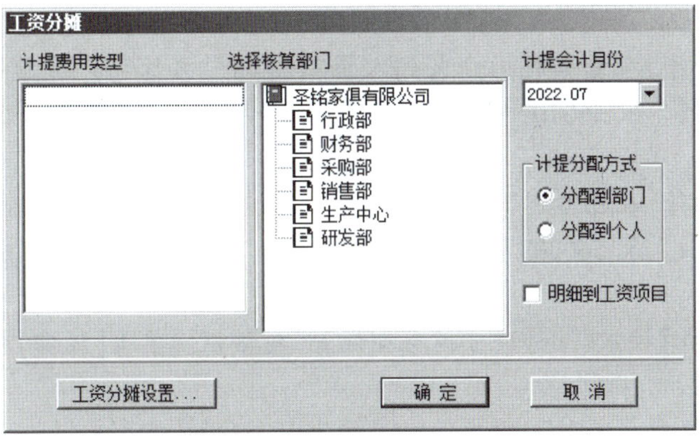

图 3-45-18 “工资分摊”对话框

(30) 单击【工资分摊设置】选项，单击【增加】，在“计提类型名称”栏内录入“应付职工薪酬 2”，“分摊类型比例”为“100%”，如图 3-45-19 所示。

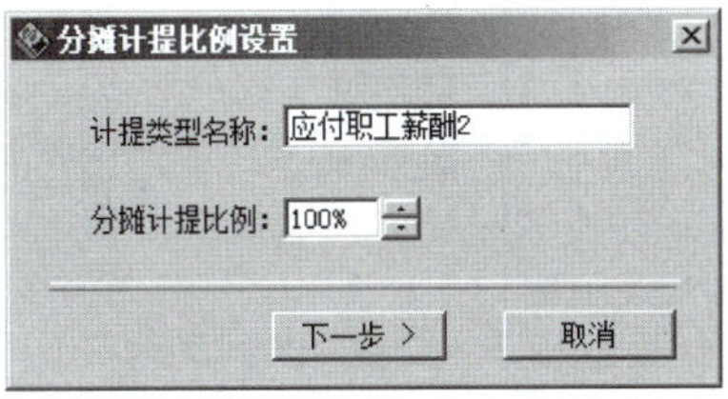

图 3-45-19 “分摊计提比例设置”对话框

(31) 单击【下一步】，出现“分摊构成设置”对话框，如图 3-45-20 所示。

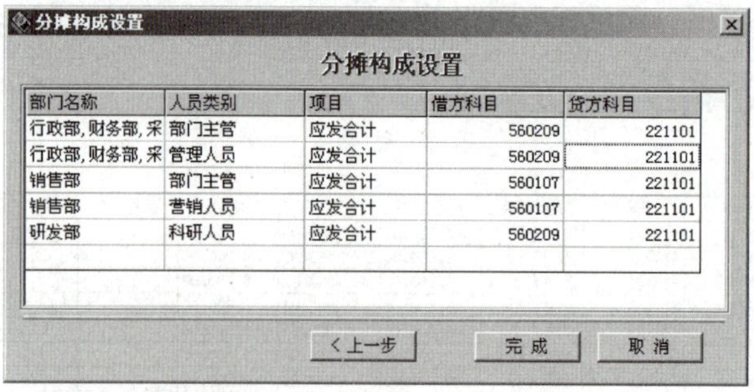

图 3-45-20 “分摊构成设置”对话框

(32) 增加第一行“部门名称”为“行政部、财务部、采购部、研发部”，“人员类别”为“部门主管”，“项目”为“应发合计”，“借方科目”为“560209 管理费用/员工工资”，“贷方科目”为“221101 应付职工薪酬/应付职工工资”。

(33) 增加第二行“人员类别”为“管理人员”，“部门名称”为“行政部、财务部、采购部”，“项目”为“应发合计”，“借方科目”为“560209 管理费用/员工工资”，“贷方科目”为“221101 应付职工薪酬/应付职工工资”。

(34) 增加第三行“人员类别”为“部门主管”，“部门名称”为“销售部”，“项目”为“应发合计”，“借方科目”为“560107 销售费用/员工工资”，“贷方科目”为“221101 应付职工薪酬/应付职工工资”。

(35) 增加第四行“人员类别”为“营销人员”，“部门名称”为“销售部”，“项目”为“应发合计”，“借方科目”为“560107 销售费用/员工工资”，“贷方科目”为“221101 应付职工薪酬/应付职工工资”。

(36) 增加第五行“人员类别”为“科研人员”，“部门名称”为“研发部”，“项目”为“应发合计”，“借方科目”为“560209 管理费用/员工工资”，“贷方科目”为“221101 应付职工薪酬/应付职工工资”。

(37) 单击【完成】按钮，返回“分摊类型设置”对话框，单击【返回】按钮，返回“工资分摊”对话框。

(38) 选择“计提费用类型”为“应付职工薪酬”，选择“核算部门”为“行政部，财务部，采购部，销售部，研发部”，选择“分配到个人”，“明细到工资项目”，如图 3-45-21 所示。

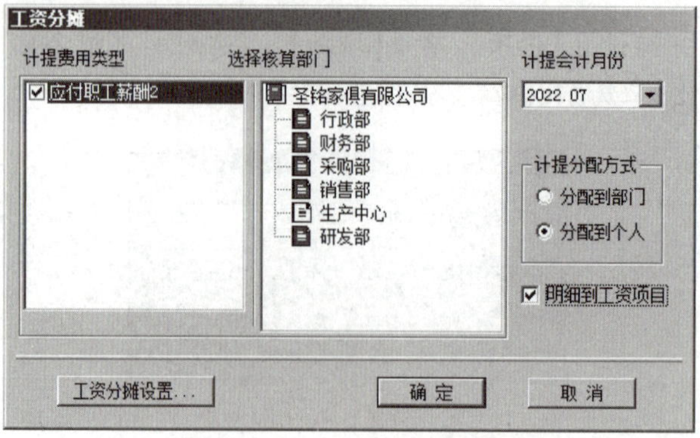

图 3-45-21 “工资分摊”对话框

(39) 单击【确定】按钮，出现“工资分摊明细-(工资类别)管理人员”对话框，如图 3-45-22 所示。

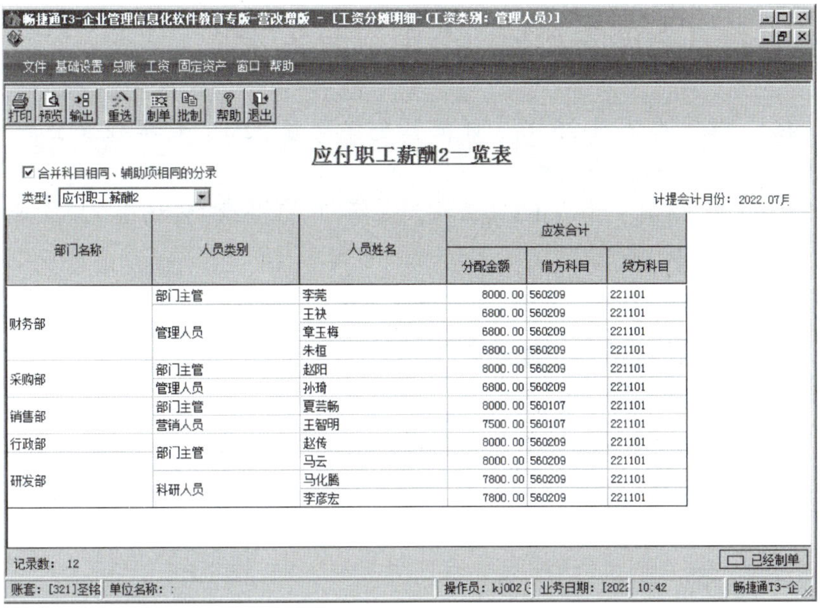

部门名称	人员类别	人员姓名	应发合计 分配金额	借方科目	贷方科目
财务部	部门主管	李莞	8000.00	560209	221101
	管理人员	王袂	6800.00	560209	221101
		章玉梅	6800.00	560209	221101
		朱桓	6800.00	560209	221101
采购部	部门主管	赵阳	8000.00	560209	221101
	管理人员	孙琦	6800.00	560209	221101
销售部	部门主管	夏芸畅	8000.00	560107	221101
	营销人员	王智明	7500.00	560107	221101
行政部	部门主管	赵传	8000.00	560209	221101
		马云	8000.00	560209	221101
研发部	科研人员	马化腾	7800.00	560209	221101
		李彦宏	7800.00	560209	221101

图 3-45-22 “工资分摊明细-(工资类别)管理人员”对话框

(40) 选择“合并科目相同，辅助项相同的分录”，单击【制单】按钮，出现“填制凭证”对话框，如图 3-45-23 所示。

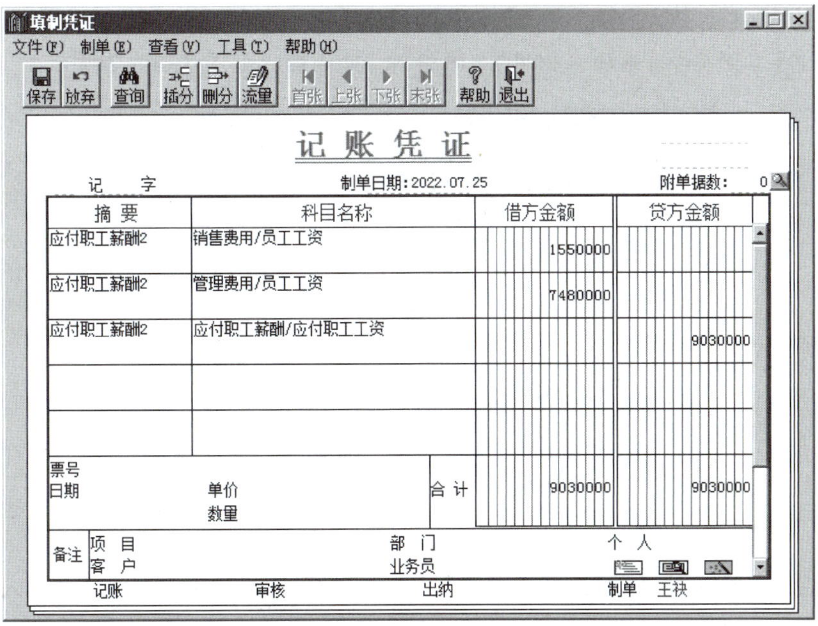

图 3-45-23 “填制凭证”对话框

(41) 单击“填制凭证”对话框中的【保存】按钮，保存凭证，单击【退出】按钮，退出相应对话窗口。

3.46 计提社会保险和住房公积金业务处理

任务 3-46 2022 年 7 月 25 日，计提社会保险费 32%，计提住房公积金 12%。由“kj002”登录信息平台进行业务处理。

(1) 2022 年 7 月 25 日，由“kj002(王袂，密码‘2’)”登录“畅捷通 T3-企业管理信息化软件教育专版-营改增版”系统。

(2) 选择【工资管理】选项，出现“打开工资类别”对话框，如图 3-46-1 所示。

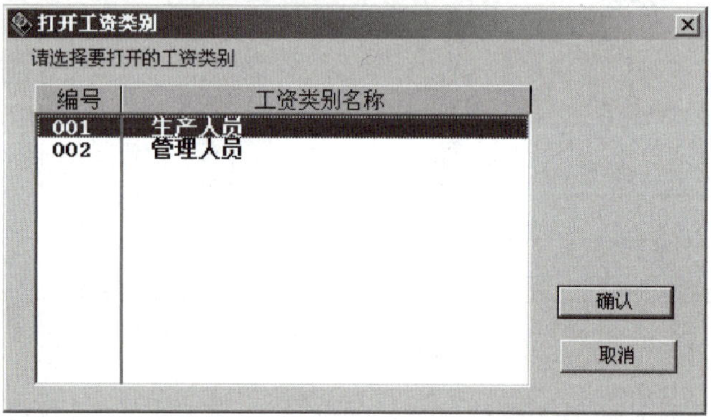

图 3-46-1 “打来工资类别”对话框

(3) 单击“001 生产人员”，单击【确认】按钮。

(4) 单击【工资分摊】选项，出现“工资分摊”对话框，如图 3-46-2 所示。

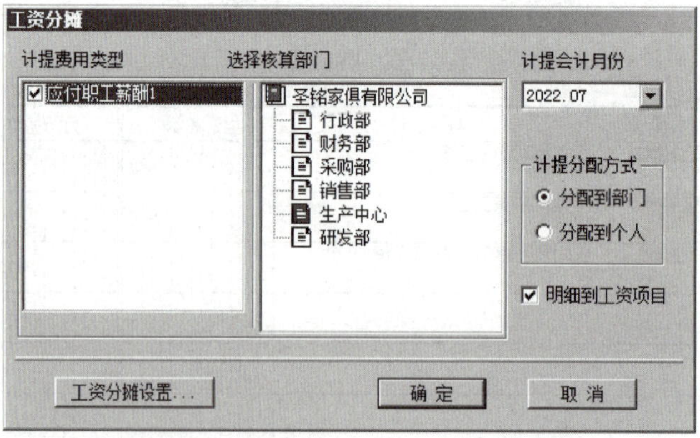

图 3-46-2 “工资分摊”对话框

(5) 单击【工资分摊设置】选项，单击【增加】，在“计提类型名称”栏内录入“计提社会保险费 1”，“分摊类型比例”为“32%”，如图 3-46-3 所示。

(6) 单击【下一步】，出现“分摊构成设置”对话框，如图 3-46-4 所示。

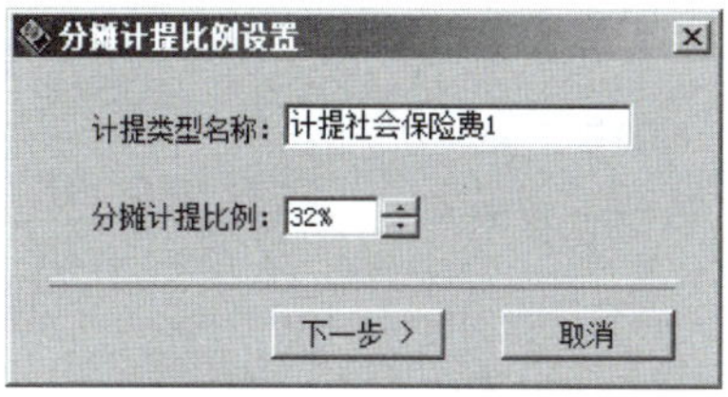

图 3-46-3 “分摊计提比例设置”对话框

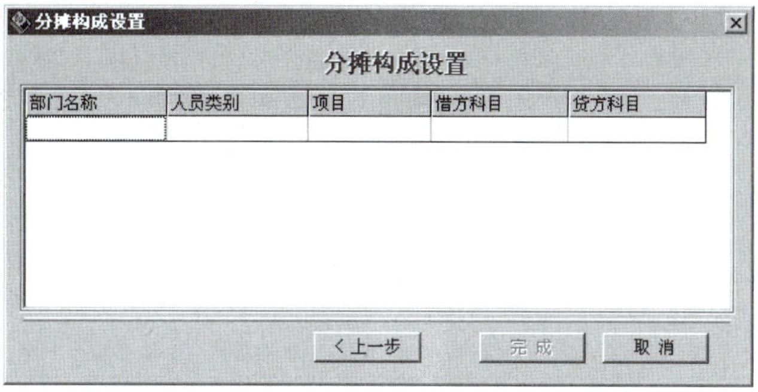

图 3-46-4 “分摊构成设置”对话框

（7）增加第一行“部门名称”为“生产中心”，“人员类别”为“生产人员”，“项目”为“应发合计”，“借方科目”为“400102 生产成本/直接人工”，“贷方科目”为“221104 应付职工薪酬/应付社会保险费”。

（8）增加第二行“部门名称”为“生产中心”，“人员类别”为“部门主管”，“项目”为“应发合计”，“借方科目”为“4101 制造费用”，“贷方科目”为“221104 应付职工薪酬/应付社会保险费”，如图 3-46-5 所示，单击【完成】按钮。

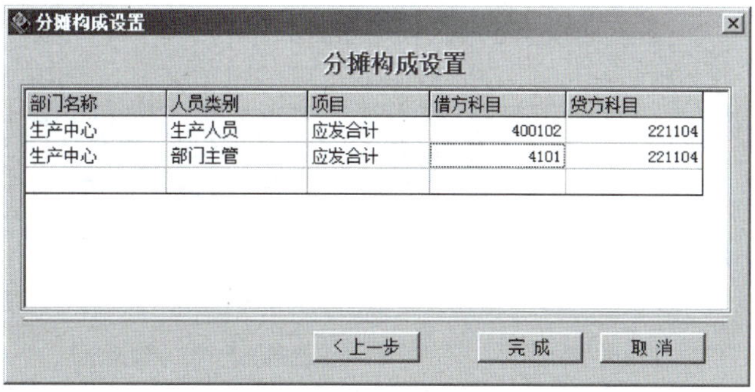

图 3-46-5 “分摊构成设置”对话框

（9）在“分摊设置”对话框中，单击【增加】按钮，在“计提类型名称”栏内录入“计提住房公积金 1”，“分摊类型比例”为“12%”，如图 3-46-6 所示。

（10）单击【下一步】，出现“分摊构成设置”对话框，如图 3-46-7 所示。

（11）增加第一行“部门名称”为“生产中心”，“人员类别”为“生产人员”，“项目”为“基本工资”，“借方科目”为“400102 生产成本/直接人工”，“贷方科目”为“221105 应付职工薪酬/应付住房公积金”。

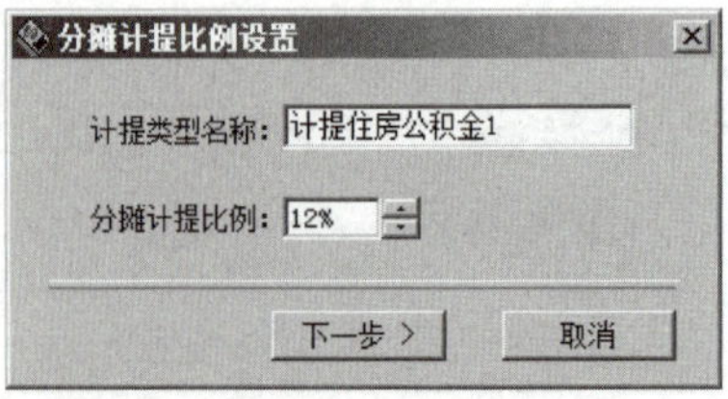

图 3-46-6 “分摊计提比例设置”对话框

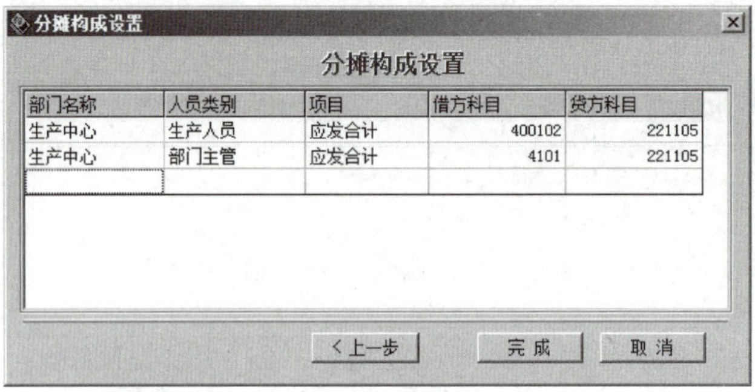

图 3-46-7 “分摊构成设置”对话框

（12）增加第二行“部门名称”为“生产车间”，“人员类别”为“部门主管”，“项目”为“基本工资”，“借方科目”为“4101 制造费用”，“贷方科目”为“221105 应付职工薪酬/应付住房公积金”，单击【完成】按钮，单击【返回】按钮。

（13）选择“计提费用类型”为“计提社会保险费 1”和“计提住房公积金 1”，选择“核算部门”为“生产中心”，选择“分配到个人，明细到工资项目”，如图 3-46-8 所示。

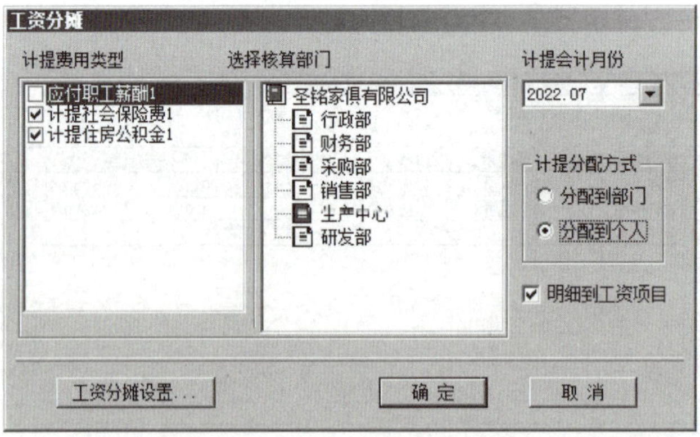

图 3-46-8 “工资分摊”对话框

（14）单击【确定】按钮，出现“工资分摊明细-（工资类别）生产人员”对话框，如图 3-46-9所示。

（15）按类型分别选择“合并科目相同，辅助项相同的分录”，单击【批制】按钮，出现“填制凭证”对话框。

（16）分别选择“生产成本/直接人工”科目辅助项为“简约 B 系列”，如图 3-46-10 所示，单击【确认】按钮。

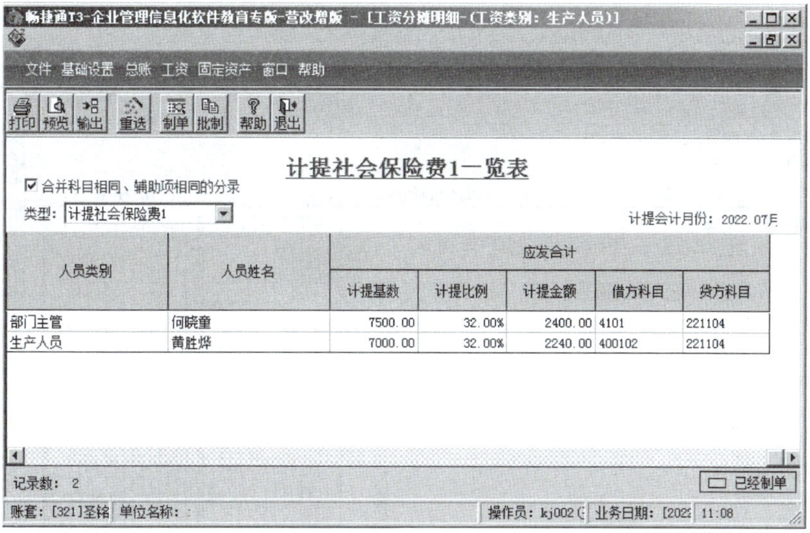

图 3-46-9 “工资分摊明细-(工资类别)生产人员”对话框

图 3-46-10 “辅助项”对话框

(17) 分别单击其他行，单击“填制凭证”对话框中的【保存】按钮，保存凭证，如图 3-46-11和图 3-46-12 所示。

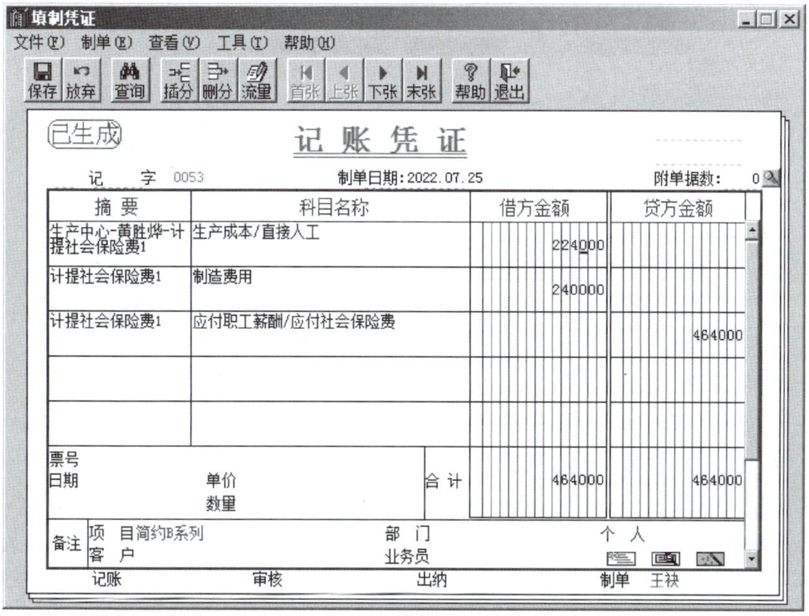

图 3-46-11 “填制凭证”对话框

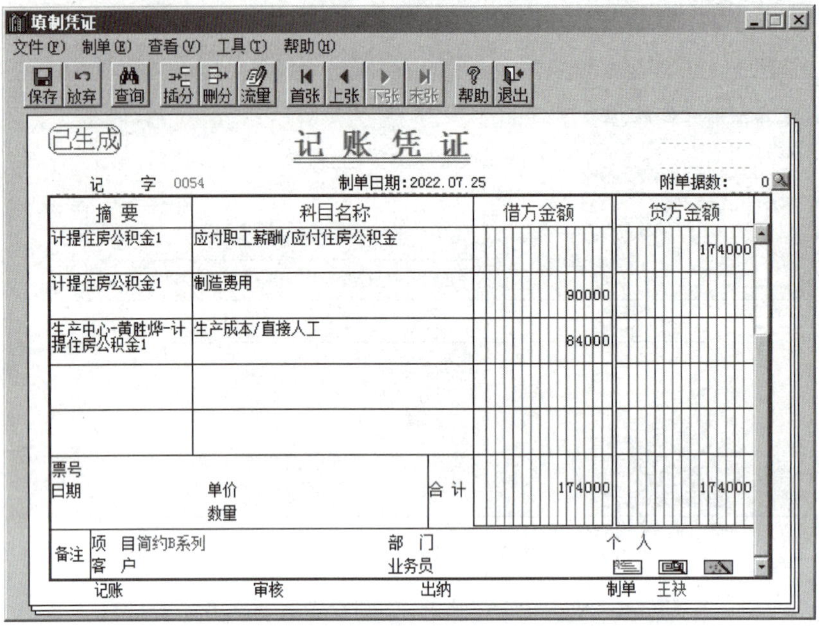

图 3-46-12 “填制凭证”对话框

(18) 单击【退出】按钮，在“计提住房公积金一览表”中单击【退出】按钮。

(19) 选择【工资】|【工资类别】|【打开工资类别】选项，出现“打开工资类别”对话框，如图 3-46-13 所示，单击“002 管理人员”，单击【确认】按钮。

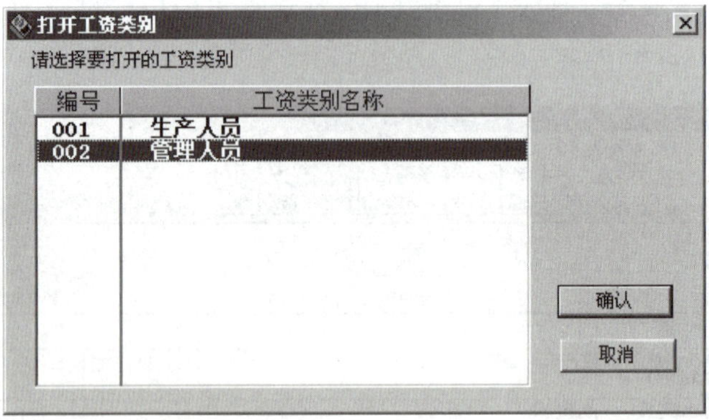

图 3-46-13 “打开工资类别”对话框

(20) 单击【工资分摊】选项，出现“工资分摊”对话框，如图 3-46-14 所示。

(21) 单击【工资分摊设置】选项，单击【增加】，在“计提类型名称”栏内录入“计提社会保险费 2”，“分摊类型比例”为“32%”，如图 3-46-15 所示。

(22) 单击【下一步】，出现“分摊构成设置”对话框，如图 3-46-16 所示。

(23) 增加第一行“部门名称”为“行政部、财务部、采购部、研发部”，“人员类别”为“部门主管”，“项目”为“应发合计”，“借方科目”为“560214 管理费用/社会保险费”，“贷方科目”为“221104 应付职工薪酬/应付社会保险费”。

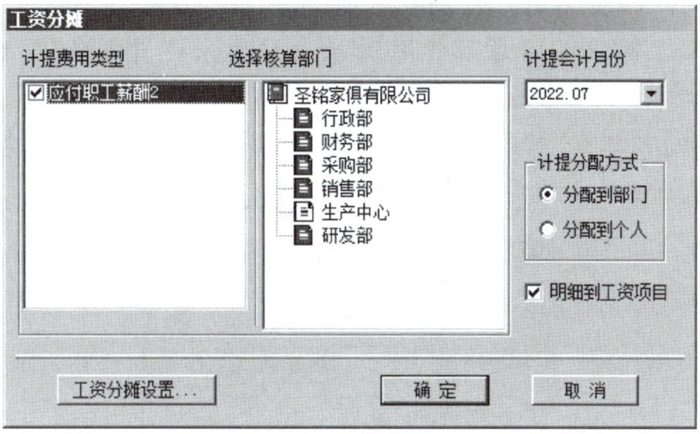

图 3-46-14 “工资分摊”对话框

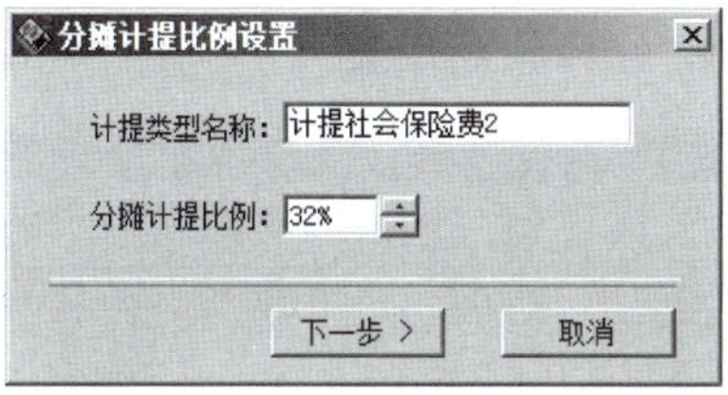

图 3-46-15 “分摊计提比例设置”对话框

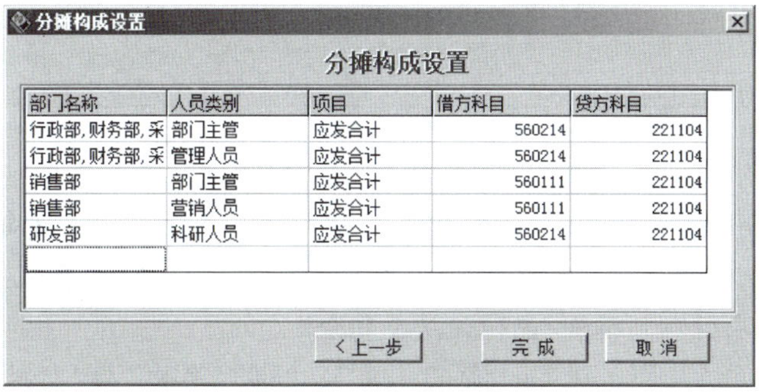

图 3-46-16 “分摊构成设置”对话框

（24）增加第二行“人员类别”为“管理人员”，“部门名称”为“行政部、财务部、采购部”，“项目”为“应发合计”，“借方科目”为“560214 管理费用/社会保险费”，“贷方科目”为“221104 应付职工薪酬/应付社会保险费”。

（25）增加第三行“人员类别”为“部门主管”，“部门名称”为“销售部”，“项目”为“应发合计”，“借方科目”为“560111 销售费用/社会保险费”，“贷方科目”为“221104 应付职工薪酬/应付社会保险费”。

（26）增加第四行“人员类别”为“营销人员”，“部门名称”为“销售部”，“项目”为“应发合计”，“借方科目”为“560111 销售费用/社会保险费”，“贷方科目”为“221104 应付职工薪酬/应付社会保险费”。

（27）增加第五行“人员类别”为“科研人员”，“部门名称”为“研发部”，“项目”为“应发合计”，“借方科目”为“560214 管理费用/社会保险费”，“贷方科目”为“221104 应付职工薪酬/应付社会保险费”，单击【完成】按钮。

（28）单击【增加】按钮在“计提类型名称”栏内录入“计提住房公积金 2”，“分摊类型比例”为“12%”，如图 3-46-17 所示。

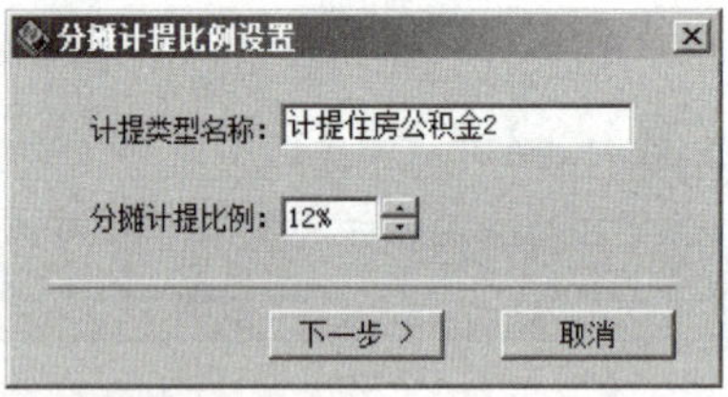

图 3-46-17 “分摊计提比例设置”对话框

（29）单击【下一步】，出现“分摊构成设置”对话框，如图 3-46-18 所示。

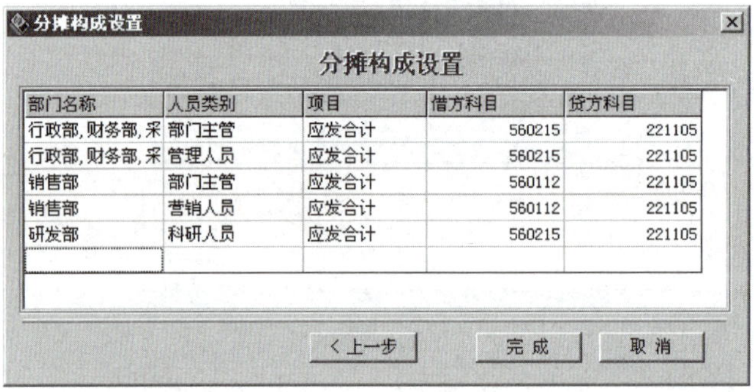

部门名称	人员类别	项目	借方科目	贷方科目
行政部,财务部,采	部门主管	应发合计	560215	221105
行政部,财务部,采	管理人员	应发合计	560215	221105
销售部	部门主管	应发合计	560112	221105
销售部	营销人员	应发合计	560112	221105
研发部	科研人员	应发合计	560215	221105

图 3-46-18 “分摊构成设置”对话框

（30）增加第一行“部门名称”为“行政部、财务部、采购部、研发部”，“人员类别”为“部门主管”，“项目”为“应发合计”，“借方科目”为“560215 管理费用/住房公积金”，“贷方科目”为“221105 应付职工薪酬/应付住房公积金”。

（31）增加第二行“人员类别”为“管理人员”，“部门名称”为“行政部、财务部、采购部”，“项目”为“应发合计”，“借方科目”为“560215 管理费用/住房公积金”，“贷方科目”为“221105 应付职工薪酬/应付住房公积金”。

（32）增加第三行“人员类别”为“部门主管”，“部门名称”为“销售部”，“项目”为“应发合计”，“借方科目”为“560112 销售费用/住房公积金”，“贷方科目”为“221105 应付职工薪酬/应付住房公积金”。

（33）增加第四行“人员类别”为“营销人员”，“部门名称”为“销售部”，“项目”为“应发合计”，“借方科目”为“560112 销售费用/住房公积金”，“贷方科目”为“221105 应付职工薪酬/应付住房公积金”。

（34）增加第五行“人员类别”为“科研人员”，“部门名称”为“研发部”，“项目”为“应发合计”，“借方科目”为“560215 管理费用/住房公积金”，“贷方科目”为“221105 应付职工薪酬/应付住房公积金”，单击【完成】按钮。

(35) 单击【返回】按钮。选择“计提费用类型”为“计提社会保险费2”和“计提住房公积金2”，选择“核算部门”为“行政部，财务部，采购部，销售部，研发部”，选择“分配到个人，明细到工资项目”，如图3-46-19所示。

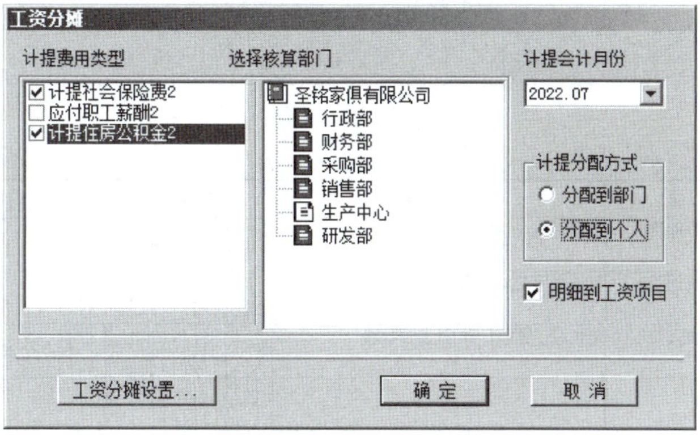

图3-46-19 “工资分摊”对话框

(36) 单击【确定】按钮，出现“工资分摊明细-(工资类别)管理人员”对话框，如图3-46-20所示。

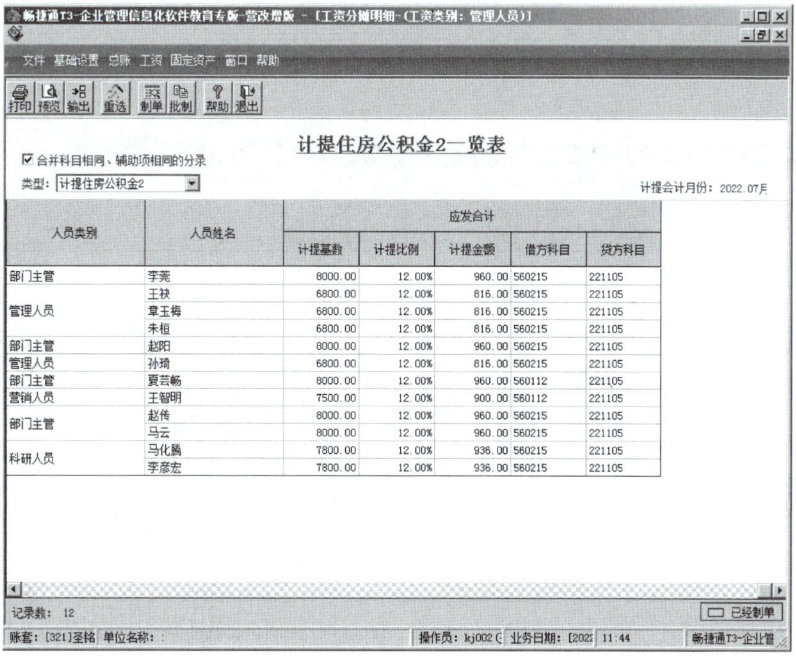

图3-46-20 “工资分摊明细-(工资类别)管理人员”对话框

(37) 按类型分别选择“合并科目相同，辅助项相同的分录”，单击【批制】按钮，出现“填制凭证”对话框。

(38) 单击“填制凭证”对话框中的【制单】|【成批保存凭证】选项，系统提示生成两张凭证，单击【确定】按钮，保存凭证，如图3-46-21和图3-46-22所示。

(39) 单击单击“填制凭证”对话框中的【退出】按钮，单击“计提住房公积金 2 一览表”对话框中的【退出】按钮。

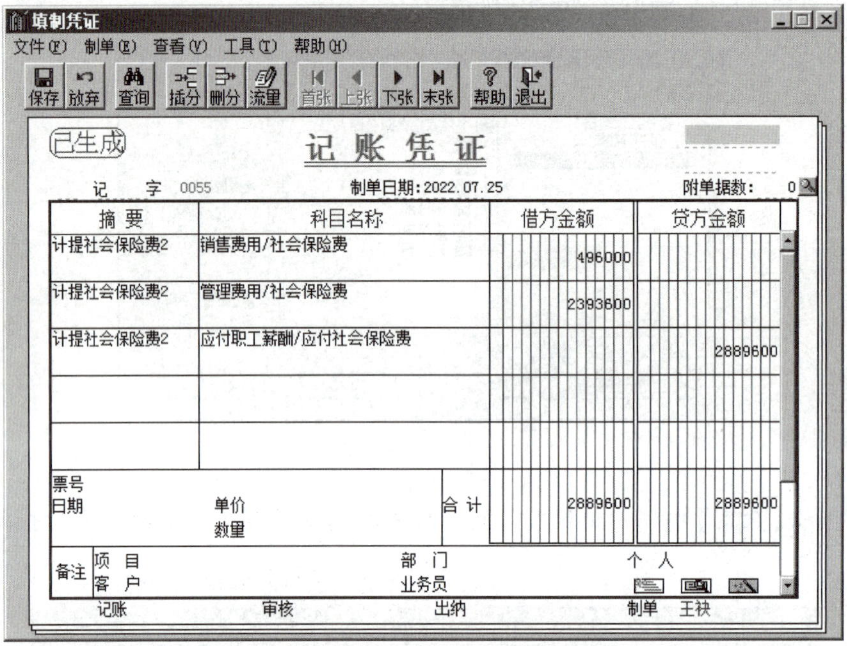

图 3-46-21 “填制凭证”对话框

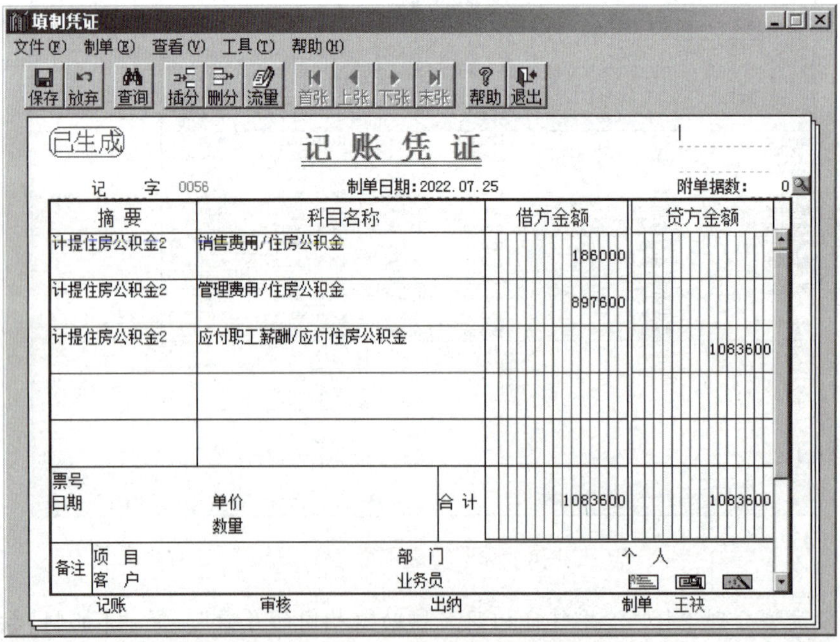

图 3-46-22 “填制凭证”对话框

3.47 材料验收入库业务处理

任务 3-47 2022 年 7 月 25 日，收到永盛有限公司发来的甲材料 200 平方米，验收入库并支付货款，如图 3-47-1、图 3-47-2 所示。由“kj004”登录信息平台进行业务处理。

材料入库单

科技伴随 高效学习

发票号码：

供应单位：多维有限公司　　　　收料单编号：

收发类别：采购入库　　2022 年 07 月 25 日　　收料仓库：原材料库

编号	名称	规格	单位	数量		实际成本				
				应收	实收	买价		运杂费	其他	合计
						单价	金额			
0101	甲材料		平方米	200	200		0.00			0.00
合计				200	200		¥0.00			¥0.00
备注										

采购员：孙琦　　检验员：　　记账员：　　保管员：

图 3-47-1 甲材料采购入库

科技伴随 高效学习

中国工商银行 付款通知书

日期：2022 年 07 月 25 日

机构号：230434　　交易代码：819465

单位名称 永盛有限公司

账号 43674598797

摘要

支付货款

永盛有限公司 2022.07.25 转讫

金额合计 ¥9,990.00

金额合计（大写） 玖仟玖佰玖拾元整

第二联 回单

注：此付款通知书加盖我行业务公章方有效。

流水号：397586432611　　经办：

图 3-47-2 其他方式付款单据

操作步骤

(1) 2022 年 7 月 25 日，由“kj004(朱桓，密码‘4’)”登录“畅捷通 T3-企业管理信息化软件教育专版-营改增版”系统。

(2) 选择【采购】|【采购发票】选项，出现“采购专用发票”对话框。

(3) 单击【流转】右侧下箭头按钮，选择“生成采购入库单”选项，如图 3-47-3 所示。

(4) 仓库选择为：“原材料库”，入库类别为“采购入库”，其他流转自动生成，单击

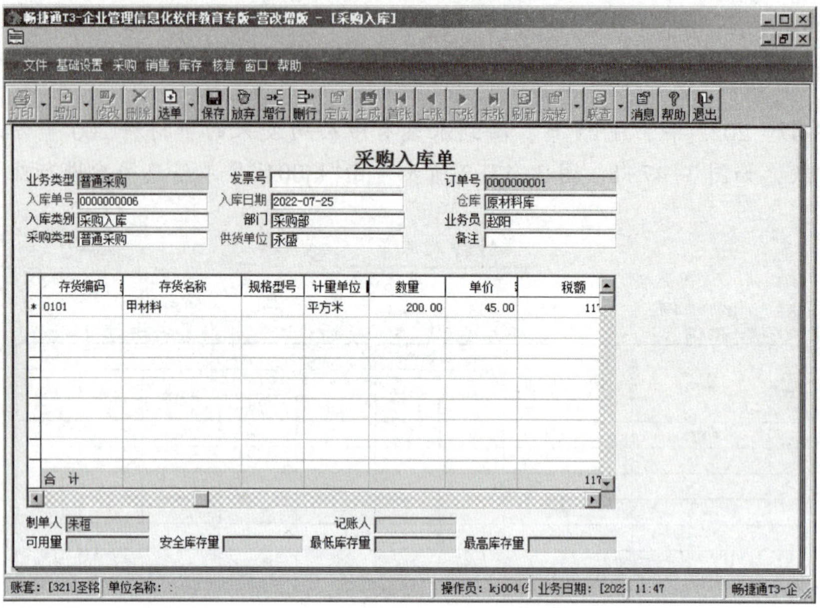

图 3-47-3 “采购入库单”对话框

【保存】按钮。

(5) 单击【流转】右侧下箭头按钮，选择“手工结算”，选择相应单据，出现“手工结算”对话框，如图 3-47-4 所示。

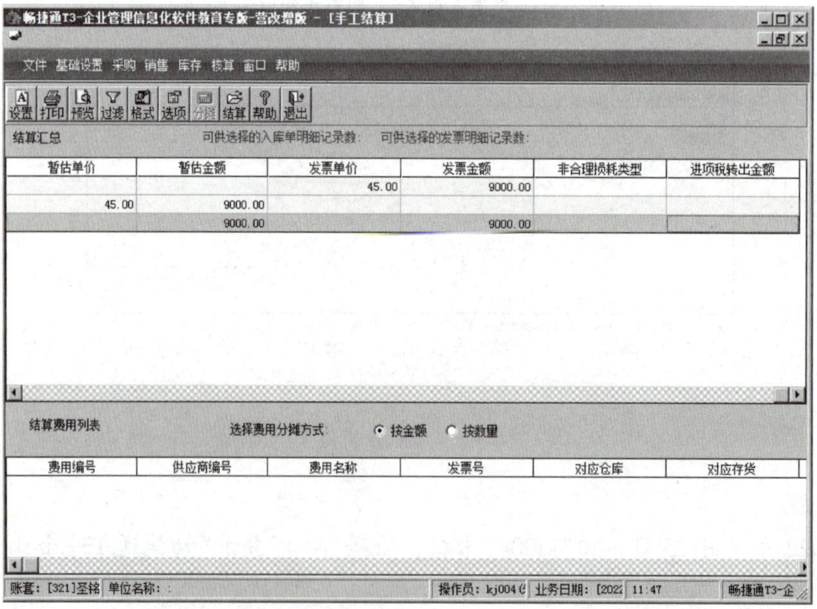

图 3-47-4 “手工结算”对话框

(6) 单击【结算】按钮，系统提示“完成结算！”，单击【确定】按钮。

(7) 单击【退出】按钮，退出相应对话窗口。

(8) 选择【库存】|【采购入库单审核】，出现“采购入库单”对话框，如图 3-47-5 所示。

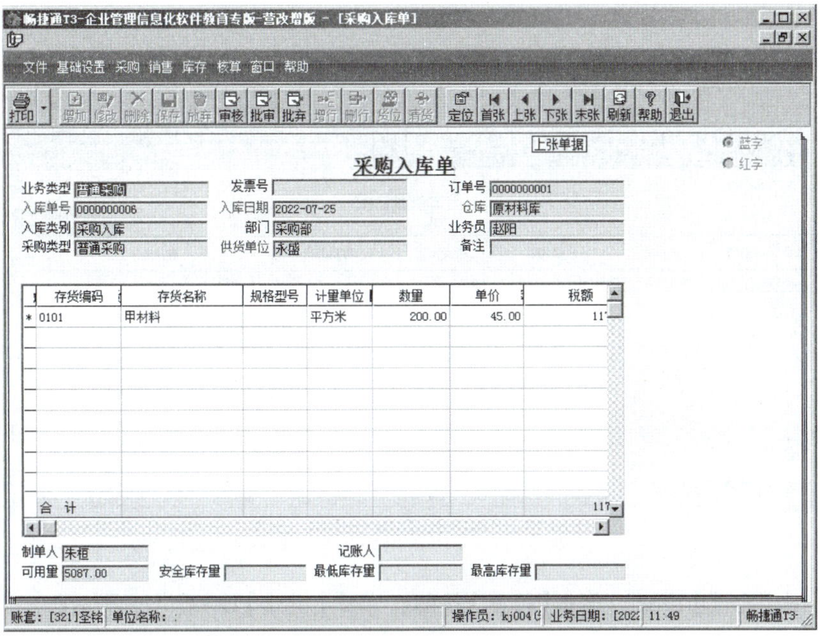

图 3-47-5 “采购入库单”对话框

(9) 单击【审核】按钮，单击【退出】按钮。

(10) 选择【核算】|【核算】|【正常单据记账】，出现“正常单据记账条件”对话框，如图 3-47-6 所示。

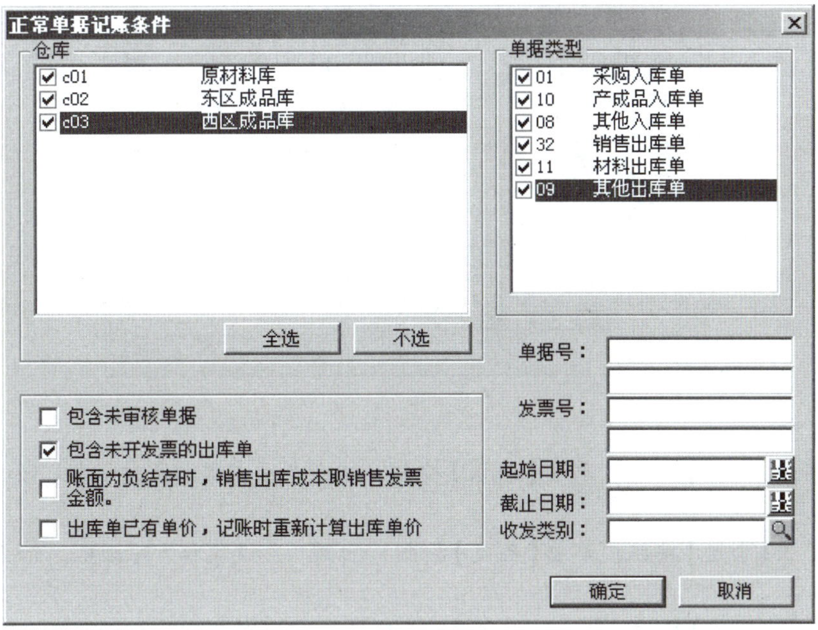

图 3-47-6 “正常单据记账条件”对话框

（11）单击【全选】按钮，单击【确定】按钮，出现“正常单据记账”对话框，如图 3-47-7 所示。

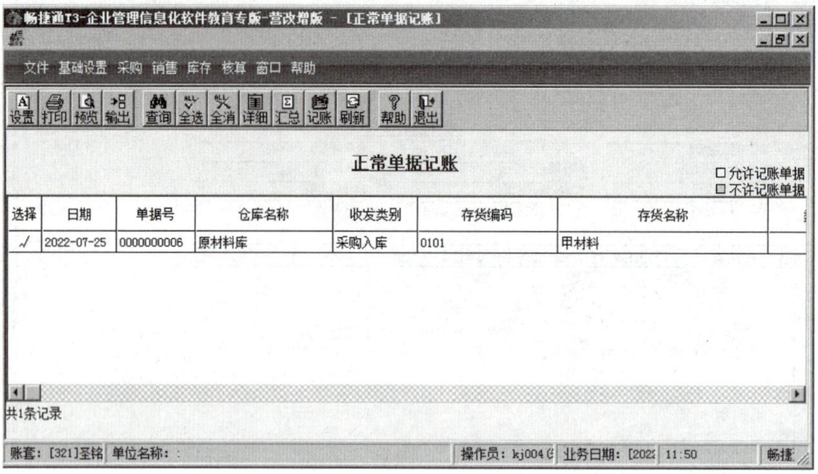

图 3-47-7 “正常单据记账”对话框

（12）单击【全选】按钮，单击【记账】按钮，单击【退出】按钮。

（13）选择【核算】|【凭证】|【购销单据制单】，出现“生成凭证”对话框，单击【选择】按钮，出现“查询条件”对话框，如图 3-47-8 所示。

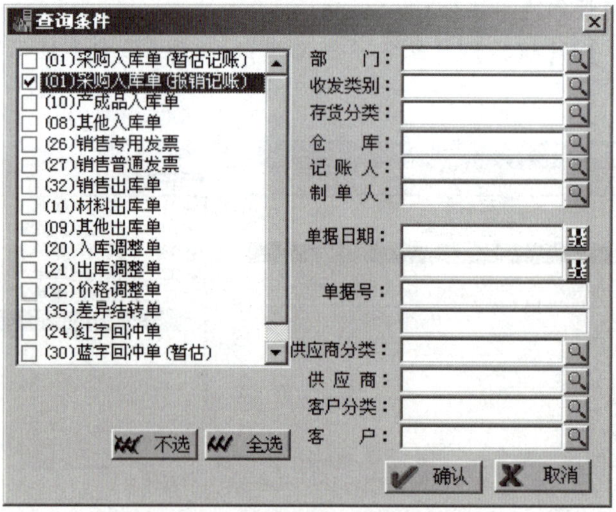

图 3-47-8 “生成凭证”对话框

（14）单击【全选】按钮，单击【确认】按钮，出现“生成凭证”对话框，如图 3-47-9 所示。

（15）单击【全选】按钮，单击【确定】按钮，出现“生成凭证”对话框，如图 3-47-10 所示。

（16）单击【生成】按钮，出现“填制凭证”对话框，如图 3-47-11 所示，单击“填制凭证”对话框中的【保存】按钮，保存凭证，单击【退出】按钮，退出相应对话窗口。

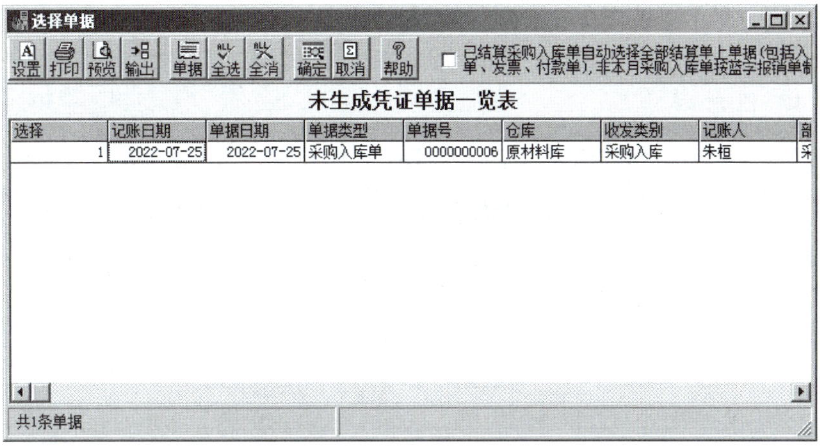

图 3-47-9 “生成凭证”对话框

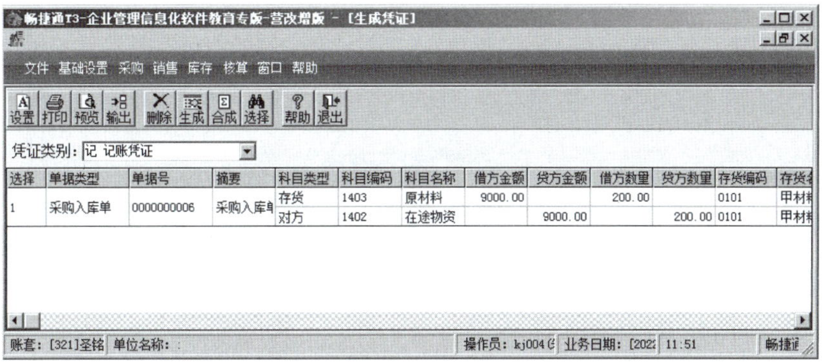

图 3-47-10 “生成凭证”对话框

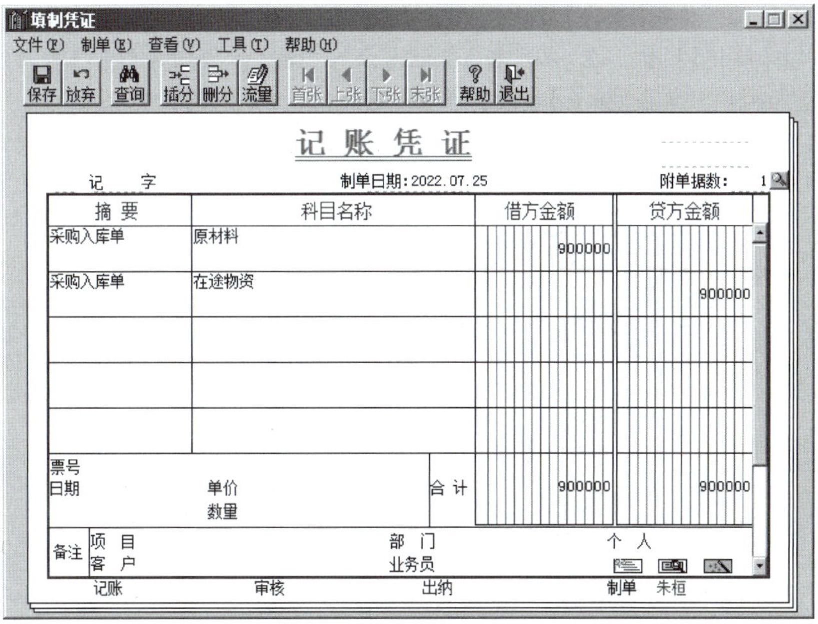

图 3-47-11 “生成凭证”对话框

(17) 选择【采购】|【供应商往来】|【付款结算】选项，打开“单据结算”对话框，单击客户后面的“查找”按钮，选择“永盛有限公司”选项，单击【返回】按钮，返回“单据结算”对话框。如图 3-47-12 所示。

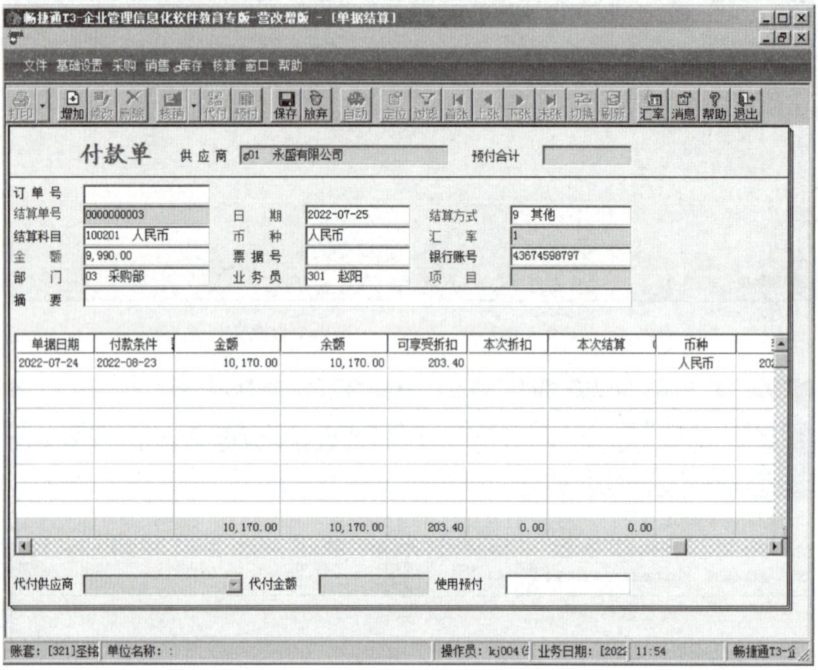

图 3-47-12　付款单“单据结算”对话框

(18) 单击【增加】按钮，填制结算方式为“9 其他”、结算科目为“100201 人民币”、金额为“9990”等信息，单击【保存】按钮。

(19) 单击【核销】按钮，在“本次折扣”栏内录入“180”，按回车键，“本次结算”(金额自动生成)为“9990”，单击【保存】按钮，单击【退出】按钮，完成收款录入。

(20) 选择【核算】|【凭证】|【供应商往来制单】选项，打开“供应商制单查询”对话框，如图 3-47-13 所示。

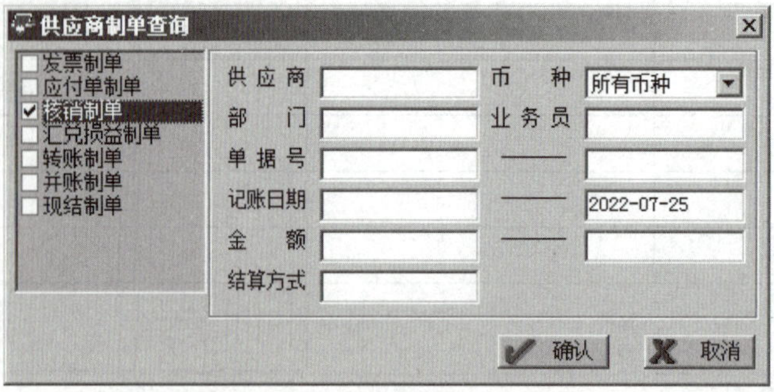

图 3-47-13　“供应商制单查询”对话框

(21) 选择“核销制单”复选框，单击【确认】按钮，出现“供应商往来制单”窗口，如图3-47-14所示。

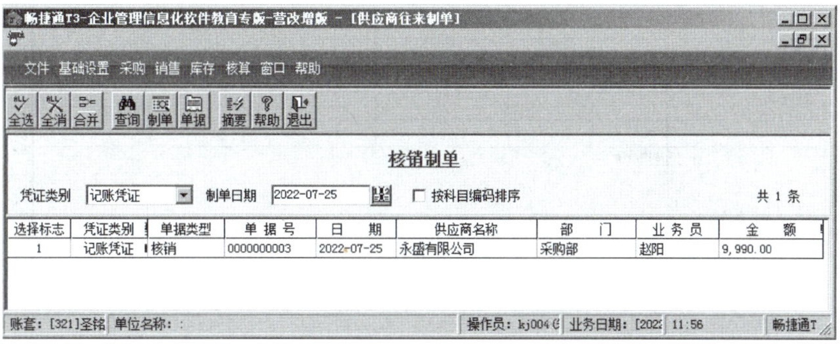

图 3-47-14 “供应商往来制单”窗口

(22) 单击【全选】按钮，或选择相应记录，单击【制单】按钮，出现“填制凭证”对话框，如图 3-47-15 所示。

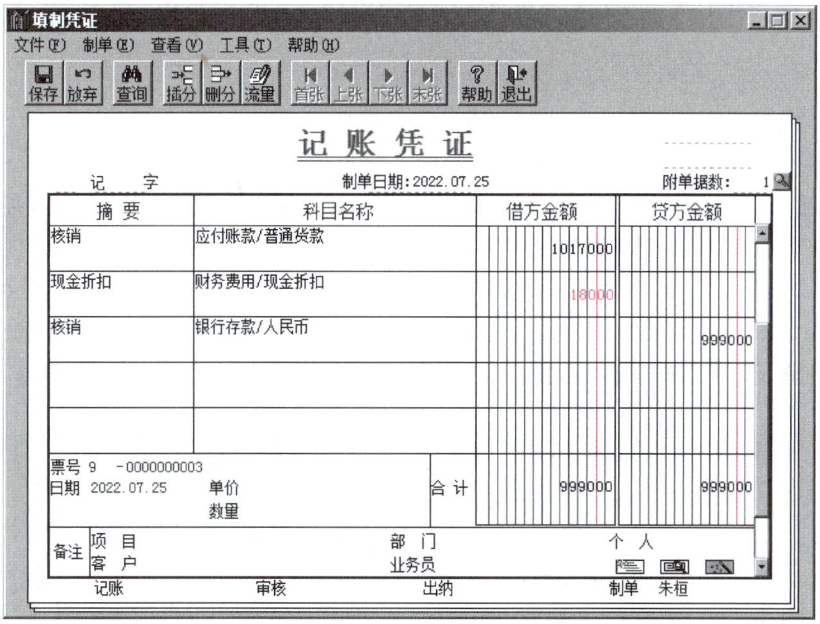

图 3-47-15 “填制凭证”对话框

(23) 将“财务费用-现金折扣”调整为正向金额，即：借方金额栏为红字“180”。.

(24) 单击“填制凭证”对话框中的【保存】按钮，保存凭证，单击【退出】按钮，退出相应对话窗口。

3.48 现金盘点业务处理

任务 3-48 2022 年 7 月 25 日，库存现金盘点发现盘亏 200 元，如图 3-48-1 所示。由“kj002”登录信息平台进行业务处理。

库存现金盘点报告单

单位名称：圣铭家俱有限公司　　　　日期：2022 年 07 月 25 日

账面金额	实存金额	清查结果		备注
		长款	短款	
			200.00	
现金使用情况	原因待查			
处理决定				

会计主管：　　　　盘点人员签字：　　　　出纳人员签字：张玉梅

记账联

图 3-48-1　库存现金盘点单

(1) 2022 年 7 月 25 日，由“kj002(王袂，密码‘2’)”登录“畅捷通 T3-企业管理信息化软件教育专版-营改增版”系统。

(2) 选择【总账】|【凭证】|【填制凭证】选项，打开“填制凭证”对话框，单击【增加】按钮。

(3) 附单据数为“1”，在摘要栏输入摘要“盘亏”。

(4) 单击科目名称栏，输入“1901”或“待处理财产损溢”，按回车键。

(5) 在“借方金额”栏输入“200”元，按回车键。

(6) 摘要默认与上一行相同，按回车键，输入科目名称为“1001”或“库存现金”，在贷方金额栏输入“200”或按“=”键借贷补差。

(8) 单击“填制凭证”对话框中的【保存】按钮，保存凭证，如图 3-48-2 所示，单击【退出】按钮，退出相应对话窗口。

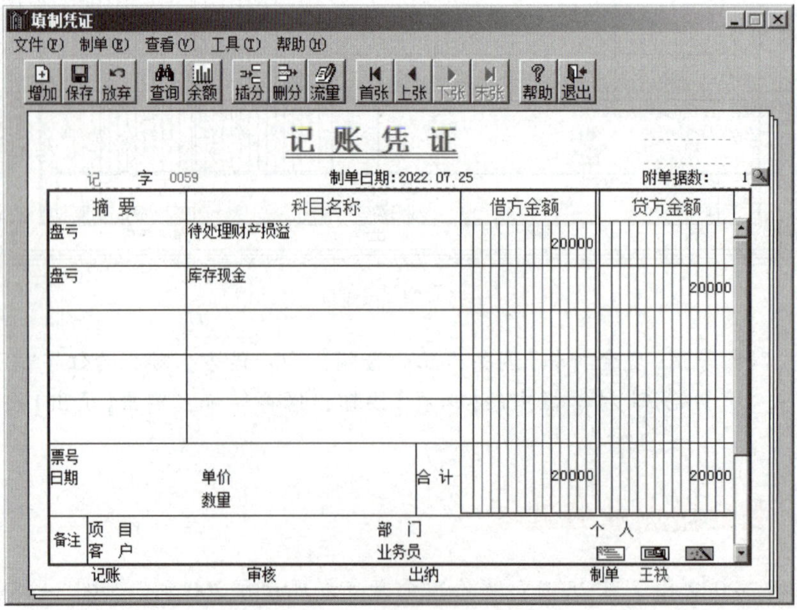

图 3-48-2　“填制凭证”对话框

3.49 无形资产出租业务处理

任务 3-49 2022 年 7 月 26 日，出租给华远公司一项技术专利，账面净值 100000 元，租期 5 年，收到商业承兑汇票一张作为前 3 年租金 468000 元(票据号“sh072601”)，确认当月收入，如图 3-49-1、图 3-49-2 所示。由“kj002”登录信息平台进行业务处理。

中国工商银行商业承兑汇票 2

10200060
sh072601

出票日期（大写） 贰零贰贰年 零柒 月 贰拾陆 日

付款人	全称	华远有限公司	收款人	全称	圣铭家俱有限公司
	账号	65461356434		账号	68420001113
	开户银行	工商银行西交支行		开户银行	中国工商银行鹤伴路支行
出票金额	人民币（大写）	肆万陆仟捌佰元整			¥46800.00
汇票到期日（大写）		贰零贰叁年零壹月贰拾陆日	付款人开户行	行号	
交易合同号码		10037720		地址	

本汇票已经承兑，到期无条件付票款。 承兑人签章 承兑日期 年 月 日

本汇票请予以承兑于到期日付款。 出票人签章

此联持票人开户行随托收凭证寄付款人开户行作借方凭证附件

图 3-49-1 商业承兑汇票

技术专利租赁协议

(甲方)出租人： 圣铭家俱有限公司

(乙方)承租人： 华远有限公司

甲乙双方依据相关法律法规，本着相互合作、互利互惠的原则，并由双方共同恪守，条款如下：

一、租赁清单及金额：

甲方将XX专利技术出租给乙方，租期5年，租金15600元/年，分两次付清所有租金：1，合同生效后乙方应先付前三年的租金，剩余租金在第四年初付清。

二、付款方式：

乙方须按下述付款期限，可用现金、支票、转账等方式将上述费用支付至乙方指定账户。甲方将以金融机构到帐的单据，确定费用是否支付的事实。乙方于合同签订后向甲方支付人民币46800元整。

三、专利版权及使用权：

1、 本合同许可的是专利使用权，以租赁的形式，许可租赁期限内使用的xxx专利属乙方持有，并受有关法律、法规的保护。

2、 本合同中包含的任何一项条款在被认为无效或不具有强制执行力的情况下，该项条款无效性或不可执行性不得影响其他条款的执行。

四、合同争议解决：

1、在合同履行过程中发生争议，首先双方通过友好协商解决，如果协商不成，由乙方所在地人民法院管辖。

2、其他未尽事宜可另行起草附件，合同附件与本合同具有同等法律效力。

3、本合同一式两份，经双方签字盖章后即行生效，甲乙双方各持一份，传真件与原件具有同等法律效力。

甲方代表人：赵传 乙方代表人：朱秀成

2022 年 07 月 26 日 2022 年 07 月 26 日

图 3-49-2 专利租赁合同

操作步骤

(1) 2022 年 7 月 26 日，由“kj002(王袂，密码‘2’)”登录“畅捷通 T3-企业管理信息化软件教育专版-营改增版”系统。

(2) 选择【总账】|【凭证】|【填制凭证】选项，打开“填制凭证”对话框，单击【增加】按钮。

(3) 附单据数为“2”，在摘要栏输入摘要“出租专利”。

(4) 单击科目名称栏，输入“1121”或“应收票据”，按回车键，在出现的“辅助项”对话框中，选择客户为“华远”，其他默认，如图 3-49-3 所示，单击【确认】按钮。

图 3-49-3 “辅助项”对话框

(5) 在“借方金额”栏输入“46800”，按回车键。

(6) 摘要默认与上一行相同，按回车键，输入科目名称为“2203”或“预收账款”，在出现的“辅助项”对话框中，单击【确认】按钮，在贷方金额栏输入“45500”，按回车键。

(7) 摘要默认与上一行相同，按回车键，输入科目名称为“5051”或“其他业务收入”，在贷方金额栏输入“1226. 42”，按回车键。

(8) 摘要默认与上一行相同，按回车键，输入科目名称为“22210106”或“应交税费-应交增值税-销项税额”，在贷方金额栏输入“73. 58”或按“=”补差，如图 3-49-4 所示。

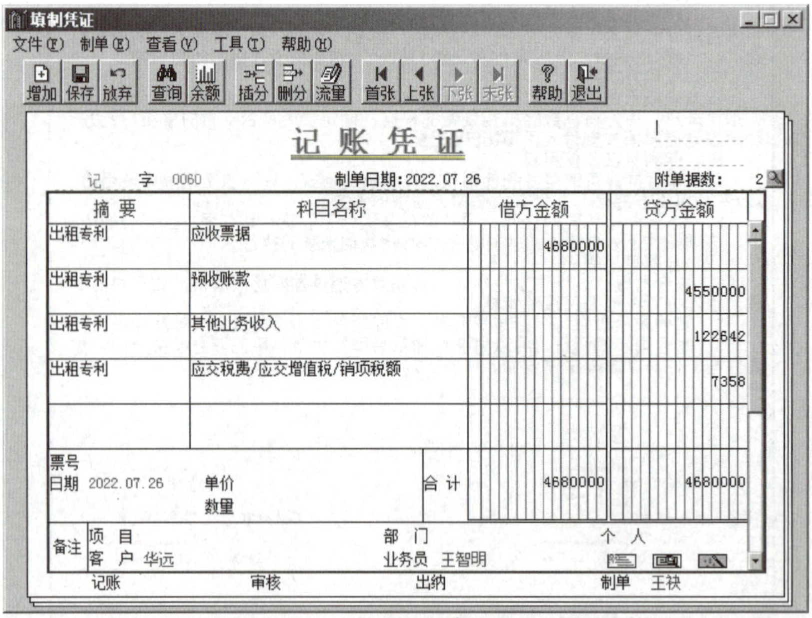

图 3-49-4 “填制凭证”对话框

(9) 单击“填制凭证”对话框中的【保存】按钮，保存凭证，单击【退出】按钮，退出相应对话窗口。

补 充

◇ 该无形资产净值=200000-100000=100000，每年摊销额=100000/10=10000；

◇ 出租期间每年租金收入=46800/3=15600，每月含税收入=15600/12=1300；

◇ 出租无形资产收入按6%计税，销项税额=1300/1.06*0.06=73.58，不含税收入=1300-73.58=1226.42。

3.50 无形资产摊销业务处理

任务3-50 2022年7月26日，计提无形资产摊销，出租无形资产摊销详见表3-50。由“kj002”登录信息平台进行业务处理。

表3-50 摊销明细表

无形资产原值	已摊销	后续摊销期间	租期	收回后可用
200000元	100000元	10年	5年	5年

操作步骤

(1) 2022年7月26日，由“kj002(王袂，密码‘2’)”登录“畅捷通T3-企业管理信息化软件教育专版-营改增版”系统。

(2) 选择【总账】|【凭证】|【填制凭证】选项，打开“填制凭证”对话框，单击【增加】按钮。

(3) 在摘要栏输入摘要“无形资产摊销”。

(4) 单击科目名称栏，输入“560211”或“管理费用-无形资产摊销”，按回车键。

(5) 在“借方金额”栏输入“833.33”，按回车键。

(6) 摘要默认与上一行相同，按回车键，输入科目名称为“5402”或“其他业务成本”，在借方金额栏输入“833.33”，按回车键。

(7) 摘要默认与上一行相同，按回车键，输入科目名称为“1702”或“累计摊销”，在贷方金额栏输入“1666.66”或按“=”键借贷补差，按回车键。如图3-50-1所示。

(8) 单击“填制凭证”对话框中的【保存】按钮，保存凭证，单击【退出】按钮，退出相应对话窗口。

补 充

◇ 无形资产摊销一般计入管理费用，出租期间摊销计入其他业务成本；

◇ 本月增加无形资产，本月计提摊销；

◇ 出租无形资产摊销=10000/(5+5)/12=833.33；

◇ 新增无形资产摊销=100000/10/12=833.33。

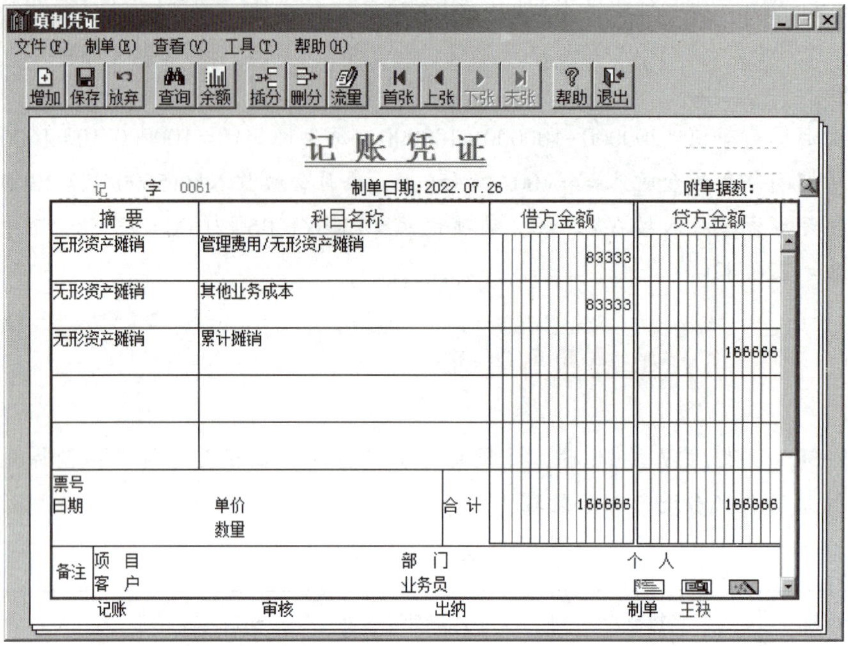

图 3-50-1 “填制凭证”对话框

3.51 自定义结转制造费用

任务 3-51 2022 年 7 月 26 日，采用自定义模式结转制造费用。转账序号为“1”，转账说明为“结转制造费用”，见表 3-51。由“kj002”登录信息平台进行业务处理。

表 3-51 自定义结转公式

转账序号	转账说明	科目编码	项目	方向	金额公式
0001	结转制造费用	400103	简约 B 系列	借	JG()
	结转制造费用	4101		贷	FS(4101, 月, 借)

操作步骤

(1) 2022 年 7 月 26 日，由“kj002(王袂，密码‘2’)”登录“畅捷通 T3-企业管理信息化软件教育专版-营改增版”系统。

(2) 选择【总账系统】中的“月末转账”选项，单击“自定义转账”右侧的“放大镜”图标，打开“自动转账设置”对话框，如图 3-51-1 所示。

(3) 单击【增加】按钮，出现“转账目录”对话框，录入转账序号为“0001”，转账说明为“结转制造费用”，其他默认，如图 3-51-2 所示，单击【确定】按钮，返回“自动转账设置”对话框。

(4) 设置第一行科目编码为“400103”，项目为“简约 B 系列”，方向选择为“借”，双击金额公式栏，点击右侧的“放大镜”图标，打开“公式向导”对话框，如图 3-51-3 所示。

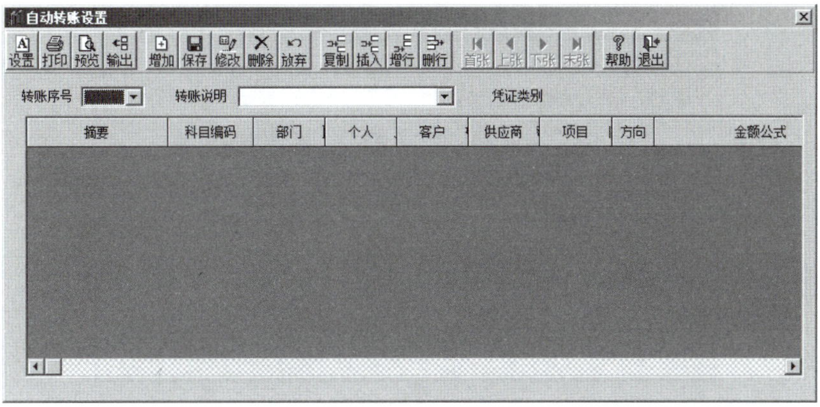

图 3-51-1 “自动转账设置”对话框

图 3-51-2 “转账目录”对话框

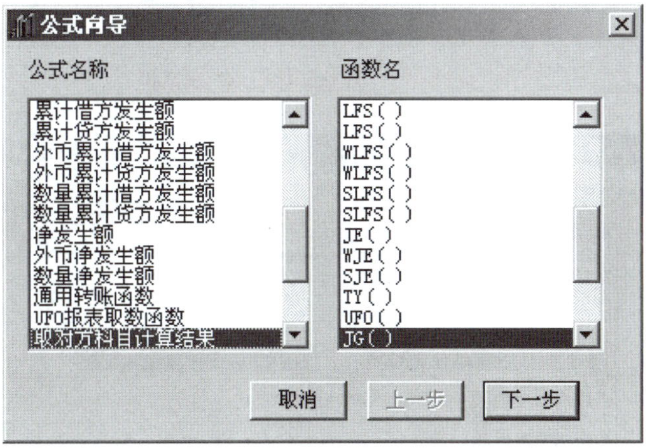

图 3-51-3 “公式向导”对话框

(5) 择公式名称“取对科目计算结果”或函数名“JG( )”。

(6) 单击【下一步】按钮。如图 3-51-4 所示。

(7) 单击【完成】按钮，返回“自动转账设置”对话框，如图 3-51-5 所示。

(9) 单击【增行】按钮，设置第二行科目编码为“4101”，设置方向栏为“贷”，双击金额公式栏，点击右侧的“放大镜”图标，打开“公式向导”对话框，如图 3-51-6 所示。

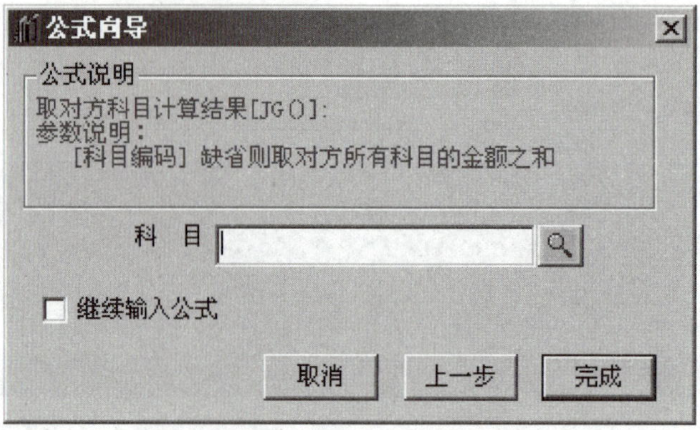

图 3-51-4 “公式向导”对话框

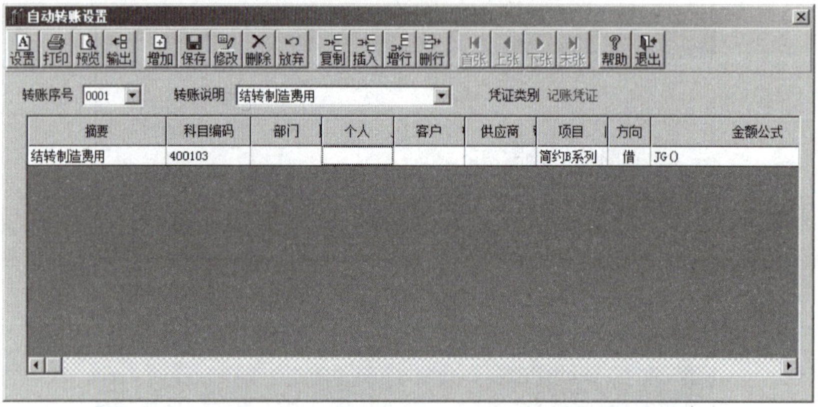

图 3-51-5 “自动转账设置”对话框

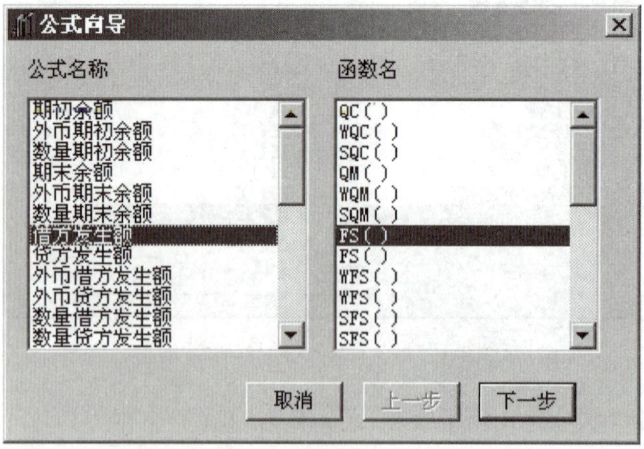

图 3-51-6 “公式向导”对话框

(10) 选择公式名称“借方发生额”或函数名“FS( )”。

(11) 单击【下一步】按钮。如图 3-51-7 所示。

(12) 单击【完成】按钮，返回“自动转账设置”对话框，如图 3-51-8 所示。

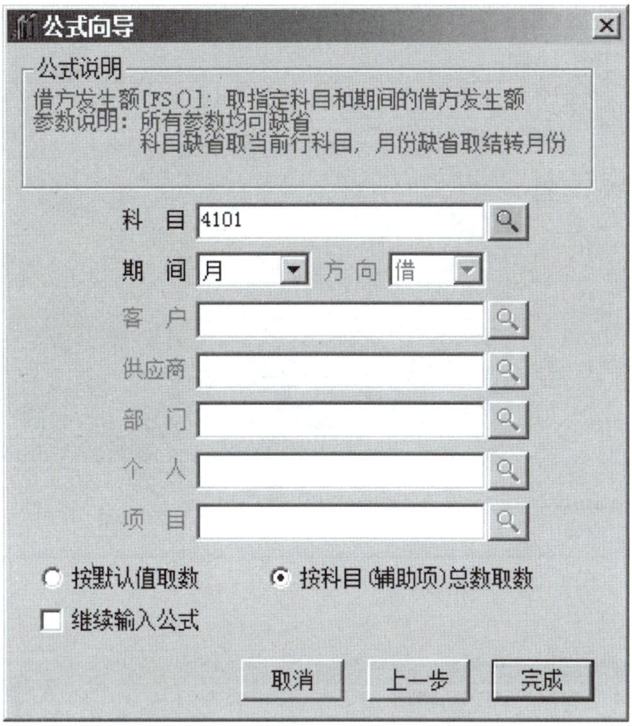

图 3-51-7 “公式向导”对话框

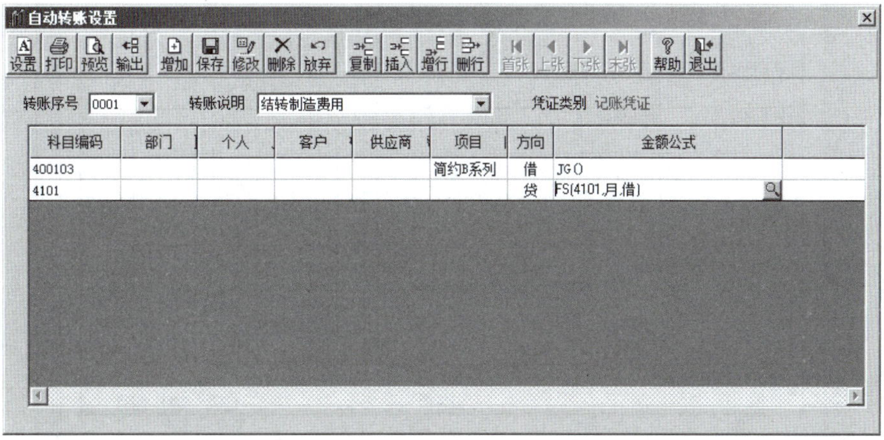

图 3-51-8 “自动转账设置”对话框

(13) 单击【保存】按钮，单击【退出】按钮。

(14) 出现“转账生成”对话框，选中“包含未记账凭证”，单击【全选】按钮，如图 3-51-9 所示。

(19) 单击【确定】按钮，生成凭证，单击【保存】按钮，如图 3-51-10 所示，单击【退出】按钮，退出相应对话窗口。

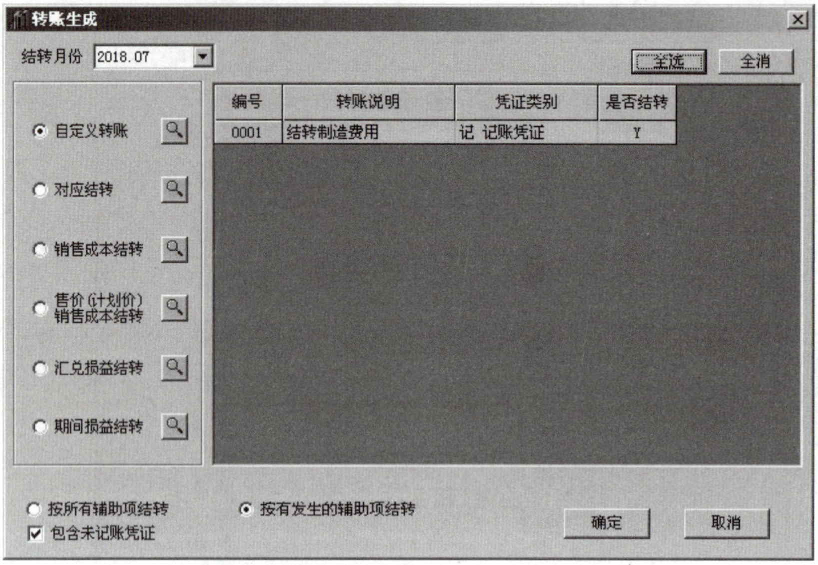

图 3-51-9 “转账生成”对话框

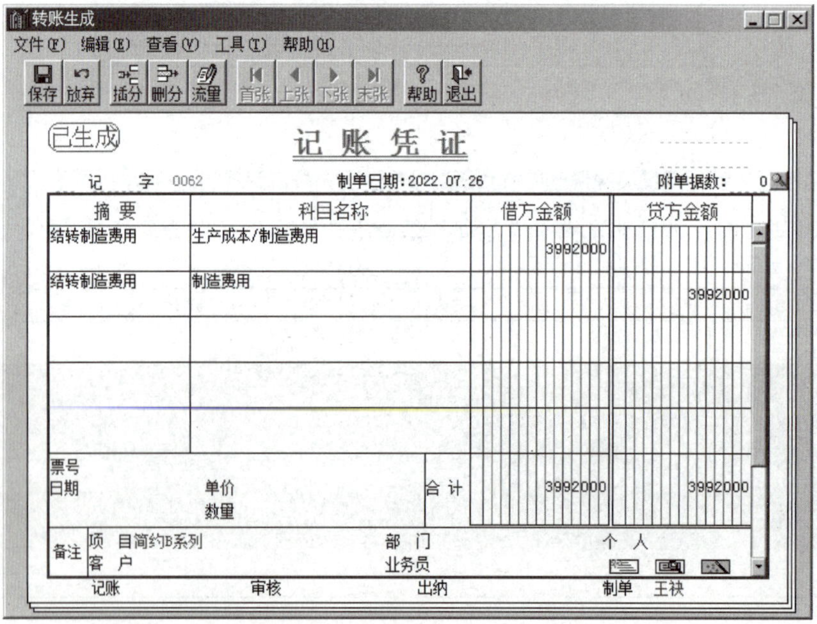

图 3-51-10 “填制凭证”对话框

3.52 产成品入库

任务 3-52 2022 年 7 月 26 日，采用库存模式形成产成品入库，简约 B 系列 50 套。由“kj004”登录信息平台进行业务处理。

操作步骤

(1) 2022 年 7 月 26 日，由“kj004(朱桓，密码‘4’)”登录“畅捷通 T3-企业管理信息化软件教育专版-营改增版”系统。

(2) 选择【库存】|【生产加工单】打开，如图 3-52-1 所示。

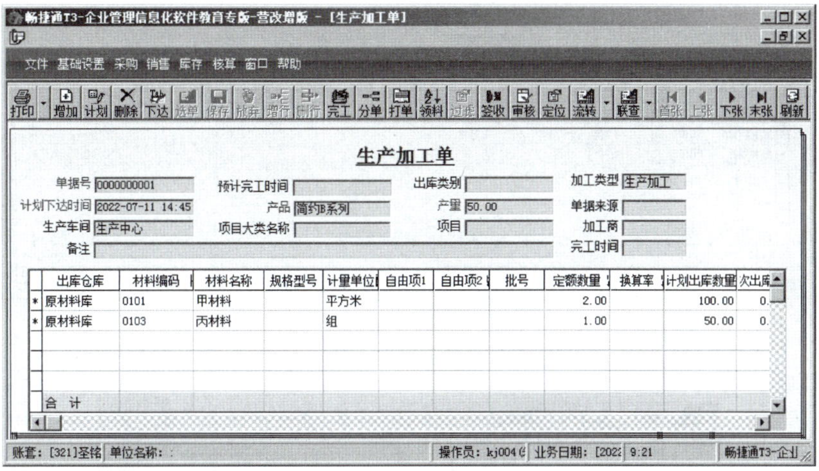

图 3-52-1　“生产加工单”对话框

(3) 单击【流转】按钮，单击方向后的下三角按钮，选择“生成产成品入库单”，如图 3-52-2所示，设置入库类别为“产成品入库”，仓库为“东区成品库”，单击【保存】按钮。

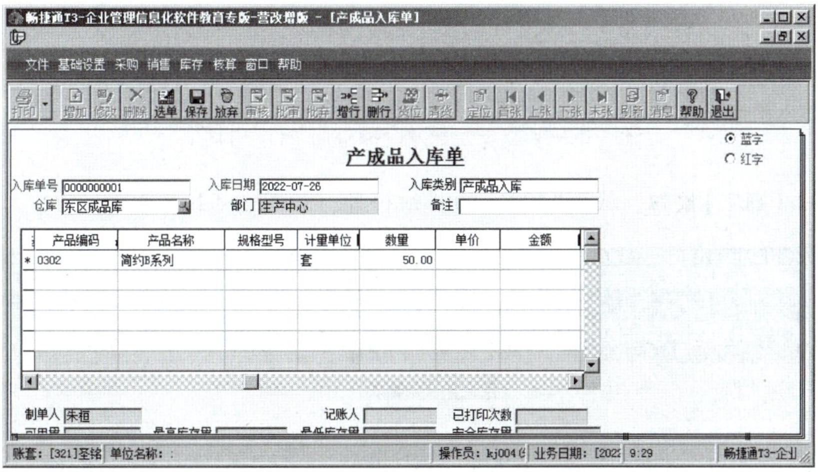

图 3-52-2　“产生品入库单”对话框

(4) 单击【审核】按钮，单击【退出】按钮，返回“生产加工单”窗口。

(5) 在“生产加工单”窗口，单击【完工】按钮，如图 3-52-3 所示，单击【退出】按钮。

(6) 以“kj001(李莞，密码‘1’)”，于 2022-7-26 日登录，选择【总账】|【账簿查询】|【余额表】选项，打开“发生额及余额查询条件”对话框，输入科目“4001”，选中“末级科目”和“包含未记账凭证”，如图 3-52-4 所示。

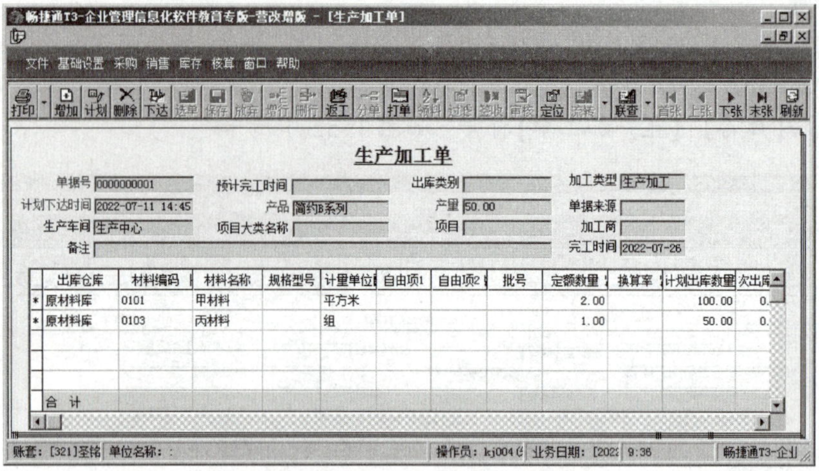

图 3-52-3 “生产加工单”对话框

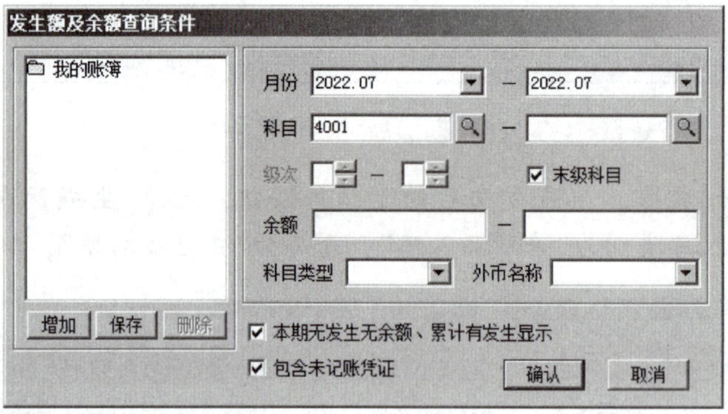

图 3-52-4 “发生额及余额查询条件”对话框

（7）单击【确定】按钮，找到“4001”的明细科目，如图 3-52-5 所示。

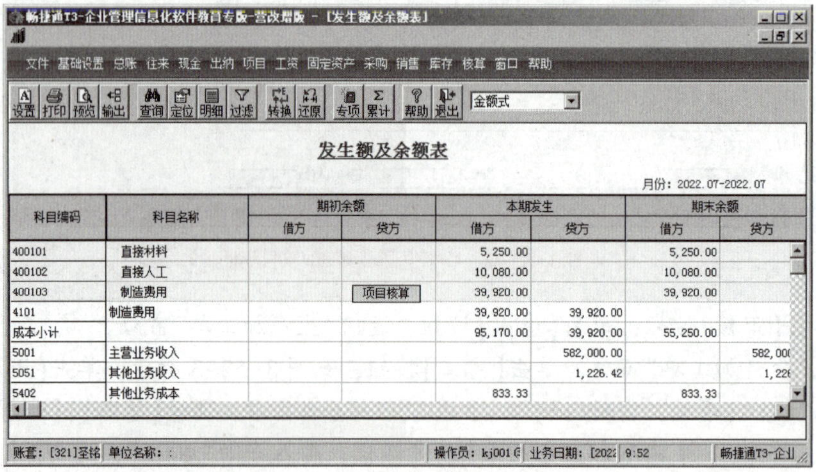

图 3-52-5 “发生额及余额表”对话框

(8) 记下各明细科目本期发生额，然后单击【退出】按钮。

(9)以“kj004(朱桓，密码‘4’)”，于 2022-7-26 日登录，选择【核算】|【核算】|【产成品成本分配】选项，打开“产成品成本分配表”窗口，如图 3-52-6 所示。

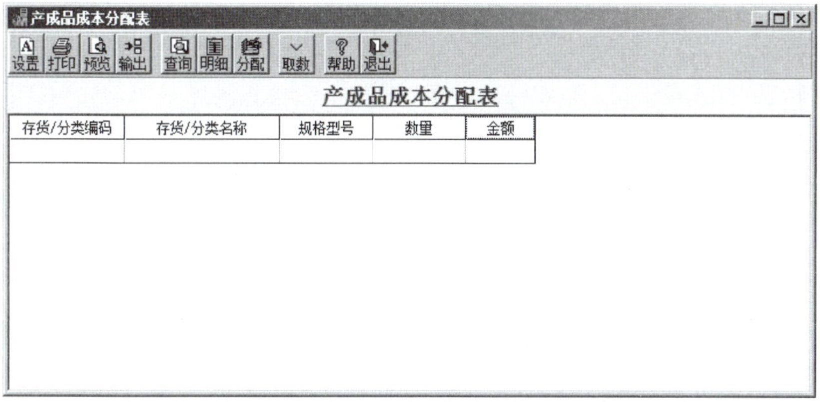

图 3-52-6 “产成品成本分配表”对话框

(10) 单击【查询】按钮，打开“产成品成本分配表查询”对话框，选中“东区成品库”，如图 3-52-7 所示，单击【确认】按钮。

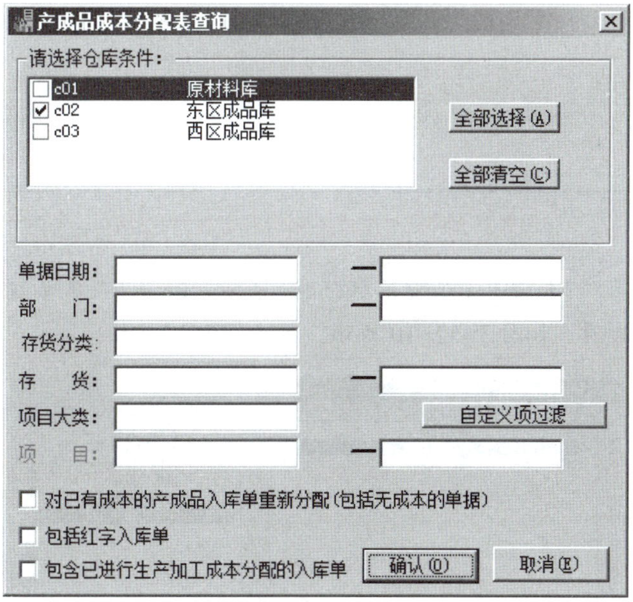

图 3-52-7 “产成品入库单查询”对话框

(11) 打开“需要分配的产成品单据选择”对话框，选中“全选”，如图 3-52-8 所示，单击【确定】按钮。

(12) 返回产“成品成本分配表”对话框，双击第三行金额栏，输入“55250”，单击【分配】按钮，系统提示“分配操作顺利完成!”，单击【确定】按钮，如图 3-52-9 所示，单击【退出】按钮。

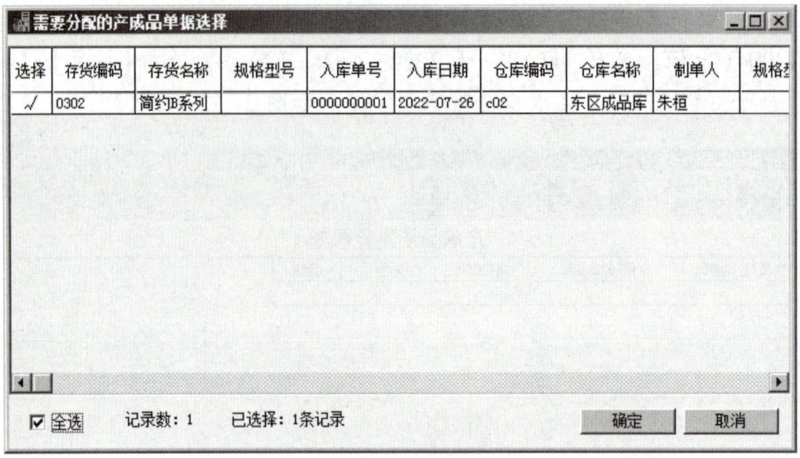

图 3-52-8 “生产加工成本分配”对话框

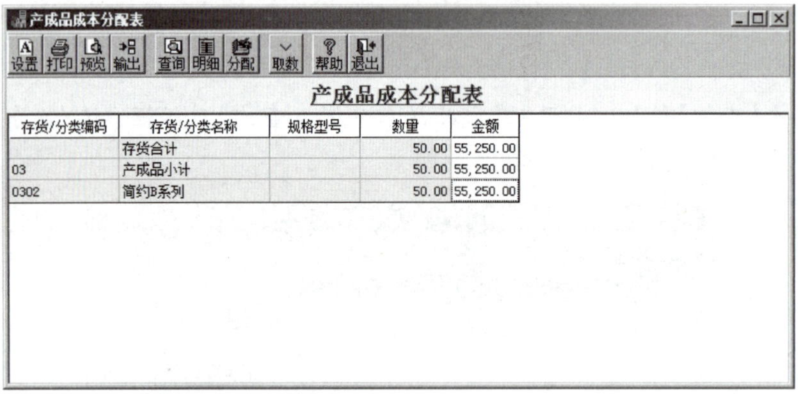

图 3-52-9 “产成品成本分配表”对话框

(13) 选择【核算】|【核算】|【正常单据记账】选项，打开“正常单据记账条件”对话框，选中“东区成品库”选项，如图 3-52-10 所示，单击【确定】按钮。

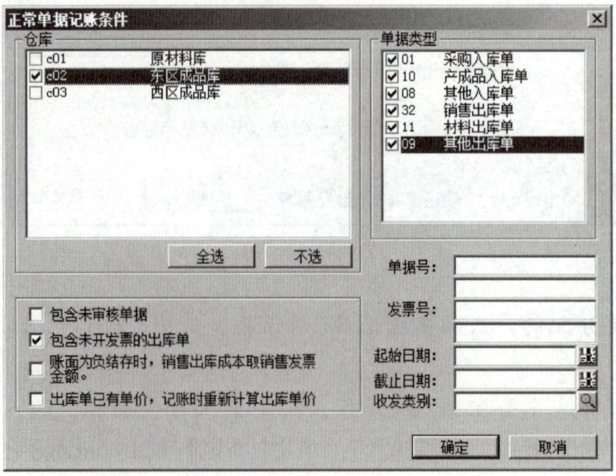

图 3-52-10 “正常单据记账条件”对话框

(14) 在“正常单据记账”窗口中，如图3-52-11所示，单击【全选】按钮，再单击【记账】按钮，然后单击【退出】按钮。

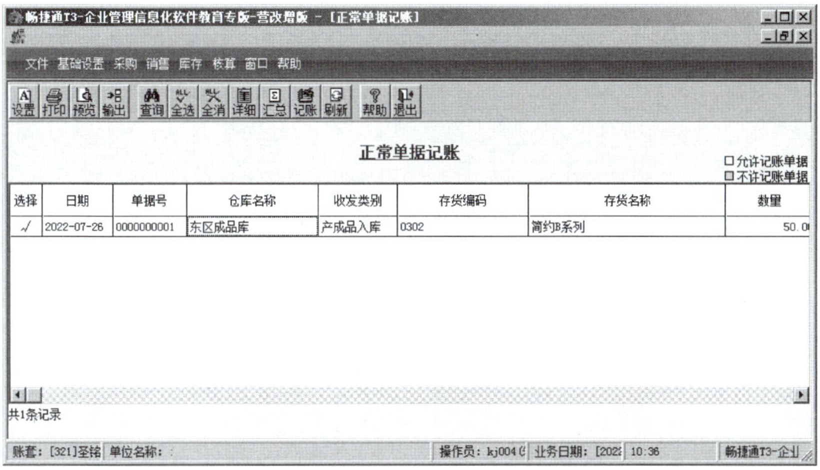

图3-52-11 “正常单据记账”对话框

(15) 单击【核算】|【凭证】|【购销单据制单】选项，单击【选择】按钮，在“查询条件”对话框中，选中“产成品入库单”选项，如图3-52-12所示，单击【确定】按钮。

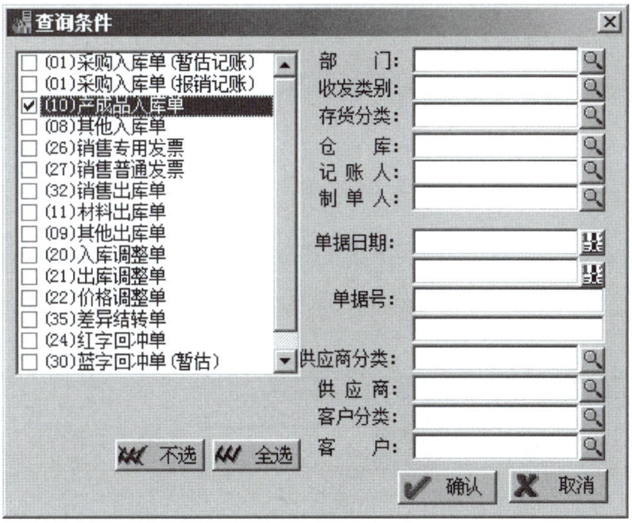

图3-52-12 “查询条件”对话框

(16) 在出现“选择单据”窗口中，如图3-52-13所示，单击【全选】按钮，单击【确定】按钮。

(17) 在“生成凭证”对话框中，如图3-52-14所示，单击【生成】按钮。

(18) 在“填制凭证”对话框中，修改“400101”的明细科目项目辅助项为“简约B系列”，如图3-52-15所示，单击【确认】按钮，修改贷方科目金额为“5250”。

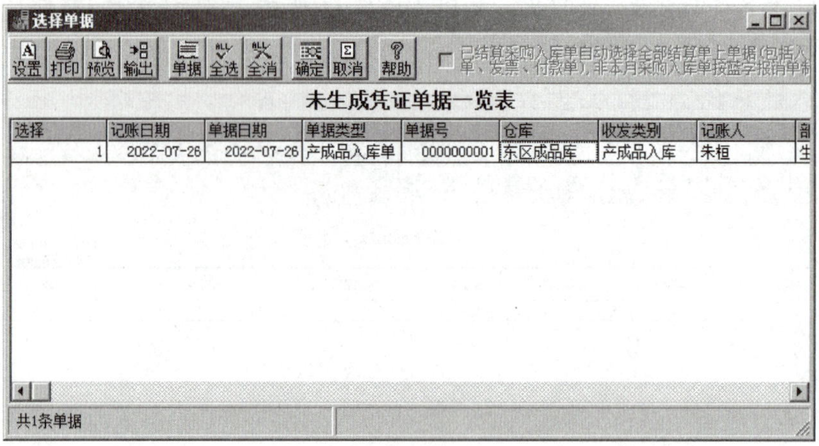

图 3-52-13 “未生成凭证单据一览表”对话框

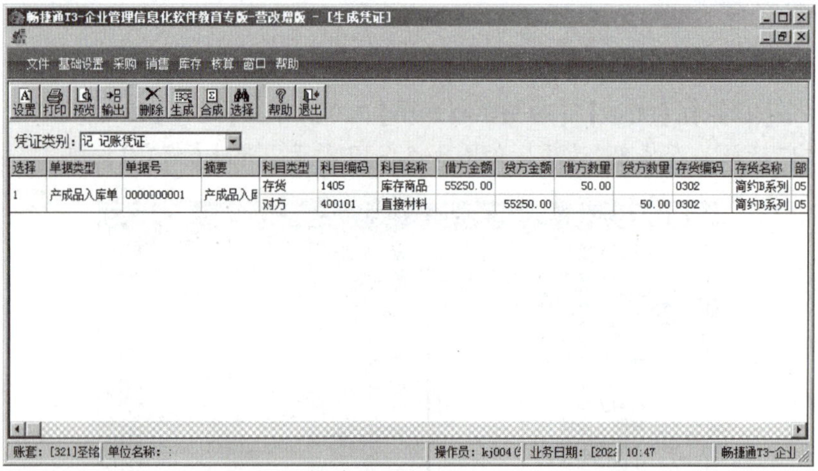

图 3-52-14 “生成凭证”对话框

图 3-52-15 “辅助项”对话框

(19) 同理，设置第三行分录科目名称为“400102 生产成本-直接人工”，辅助项为“简约 B 系列”，贷方科目金额为“10080”；设置第四行分录科目名称为“400103 生产成本-制造费用”，辅助项为“简约 B 系列”，贷方科目金额为“39920”，如图 3-52-16 所示。

(20) 单击“填制凭证”对话框中的【保存】按钮，保存凭证，单击【退出】按钮，退出相应对话窗口。

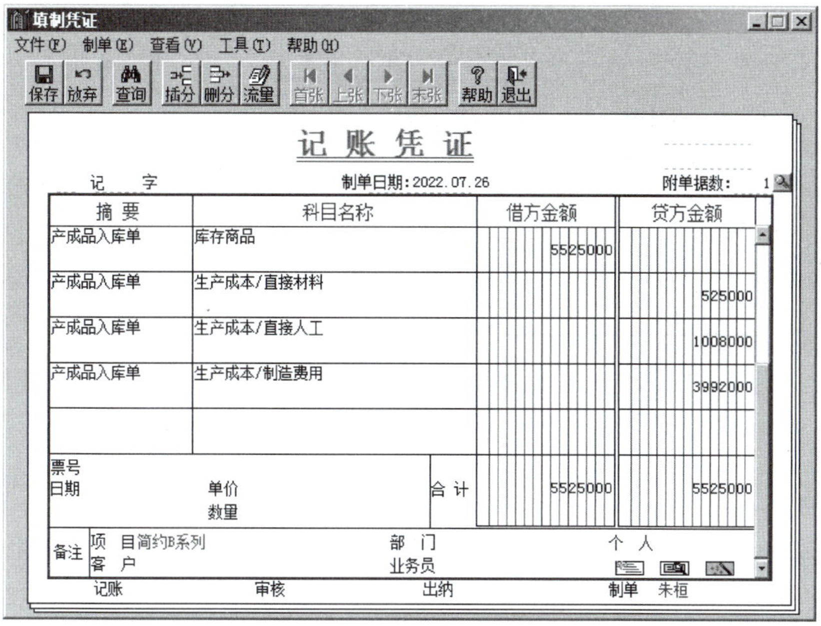

图 3-52-16 “填制凭证”对话框

3.53 销售包装箱业务处理

任务 3-53 2022 年 7 月 28 日，销售纸箱 200 套给开发区家俱城，开具销售专用发票，专用发票号：0728001，单价 10 元，税率 13%。当天发货并现金支付代垫运费 80 元，如图 3-53-1，图 3-53-2 所示。由“kj004”登录信息平台进行业务处理。

3700221140
山东增值税专用发票
№ 0728001 3700221140 0728001
此联不作报销、扣税凭证使用
机器编号：982888812388
开票日期：2022年07月28日

购买方 名称：开发区家俱城
纳税人识别号：525378912378137
地址、电话：
开户行及账号：工商银行路大明支行63789912389

密码区 2#%9#23656%19-5-6%5>1-*%0%0->50135#3706%>5#%41*%8056692#2*4998718915>%49267#*3>2%64%98810%1*>3#*>3%80%1-561#245>

货物或应税劳务、服务名称	规格型号	单位	数量	单价	金额	税率	税额
包装箱		套	200	10.00	2,000.00	13%	260.00
合计					¥2,000.00		¥260.00

价税合计（大写）⊗贰仟贰佰陆拾元整 （小写）¥2,260.00

销售方 名称：圣铭家俱有限公司
纳税人识别号：371626494720664
地址、电话：
开户行及账号：中国工商银行鹤伴路支行68420001113

备注 校验码 52118 02817 09248 65199

收款人： 复核： 开票人： 销售方：（章）

第一联：记账联 销售方记账凭证

图 3-53-1 包装箱销售发票

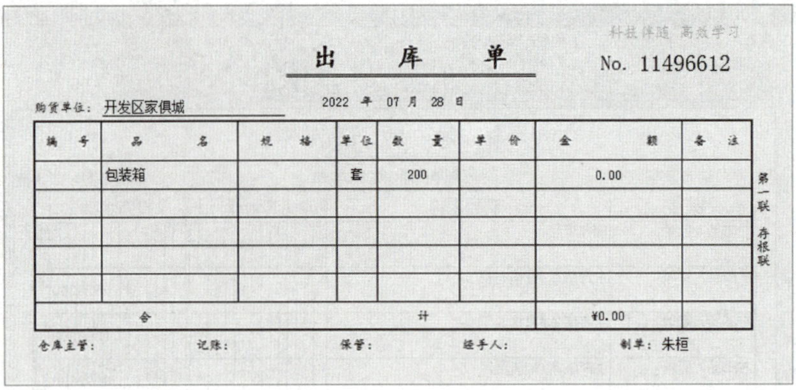
科技伴随 高效学习

出 库 单 No. 11496612

购货单位：开发区家俱城 2022 年 07 月 28 日

编号	品名	规格	单位	数量	单价	金额	备注
	包装箱		套	200		0.00	
合			计			¥0.00	

第一联 存根联

仓库主管： 记账： 保管： 经手人： 制单：朱桓

图 3-53-2 包装箱出库单

操作步骤

(1) 2022 年 7 月 28 日，“kj004(朱桓，密码‘4’)”登录“畅捷通 T3-企业管理信息化软件教育专版-营改增版”系统。

(2) 选择【销售】|【销售发票】选项，单击【增加】右侧下箭头按钮，选择“专用发票”选项，出现“专用发票”对话框，如图 3-53-3 所示。

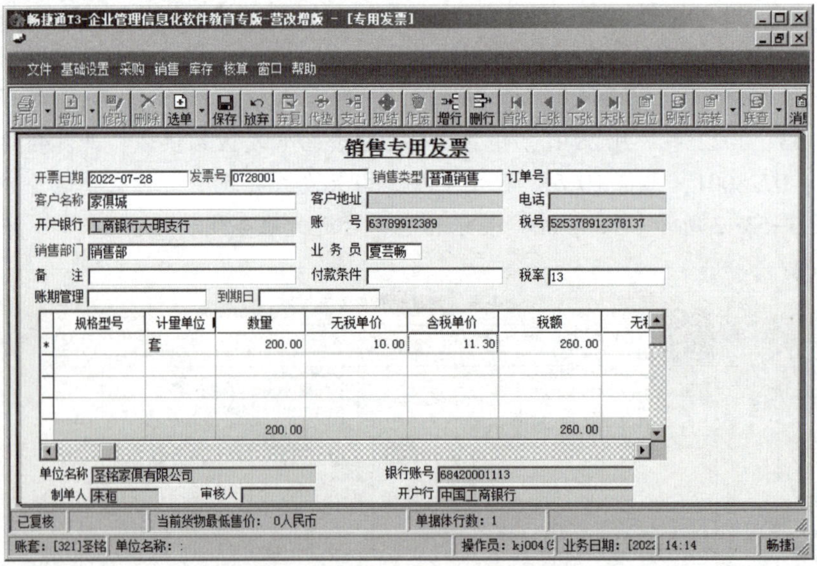

图 3-53-3 “销售专用发票”对话框

(3) 在表头部分，录入发票号为“0728001”，销售类型选择为“普通销售”，客户名称选择为“家俱城”，销售部门选择为“销售部”，税率为“13”，其他默认。

(4) 在表体部分，选择仓库为“西区成品库”，货物名称为“包装箱”，数量为“200”，无税单价为“10”，其他默认。

(5) 单击【保存】按钮。

(6) 单击【代垫】按钮，然后单击【增加】按钮，设置费用项目为“代垫运费”，代垫金额为“80”，货物名称为“包装箱”，如图 3-53-4 所示，单击【保存】按钮。

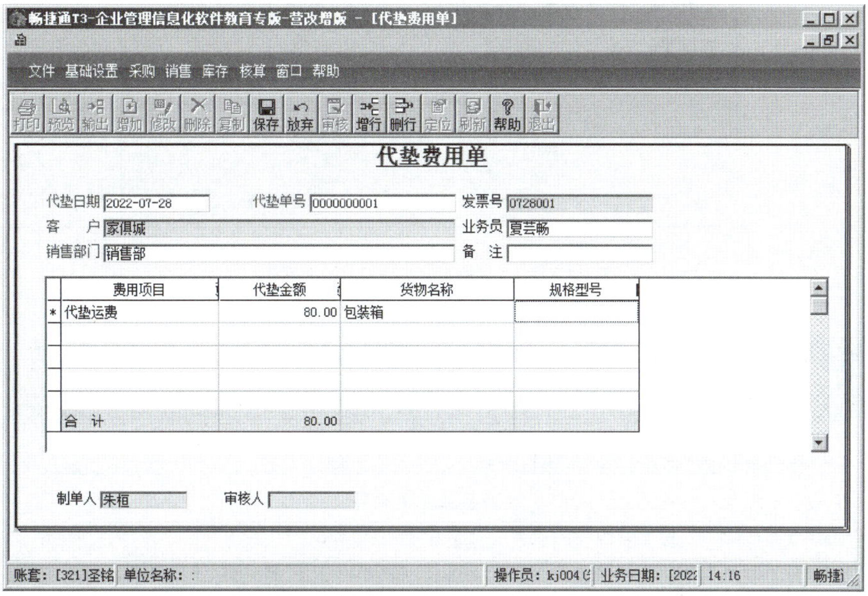

图 3-53-4 “代垫费用单”对话框

(7) 单击【审核】按钮，系统提示“是否只处理当前张?”，单击【是(Y)】按钮，单击【退出】按钮。

(8) 返回“销售专用发票”窗口，单击【复核】按钮，如图 3-53-5 所示，系统提示“是否只处理当前张?”，单击【是(Y)】按钮，系统提示单据复核成功，单击【确定】按钮，单击【退出】按钮。

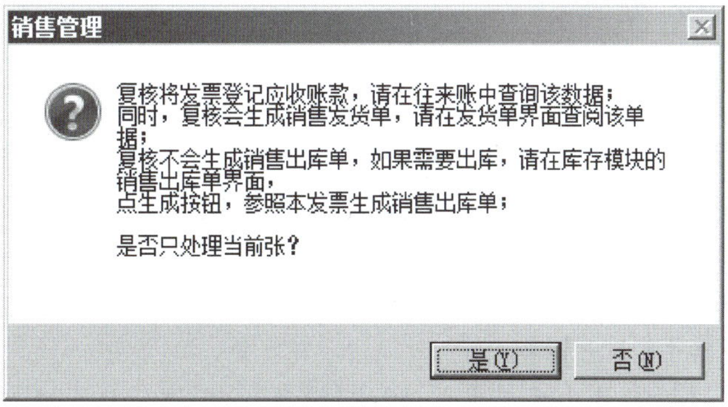

图 3-53-5 “销售专用发票复核”对话框

(9) 选择【核算】|【凭证】|【客户往来制单】选项，打开“客户制单查询”对话框，如图 3-53-6所示。

(10) 选择“发票制单”和“应收单制单”复选框，单击【确认】按钮，出现“客户往来制单”对话框，如图 3-53-7 所示。

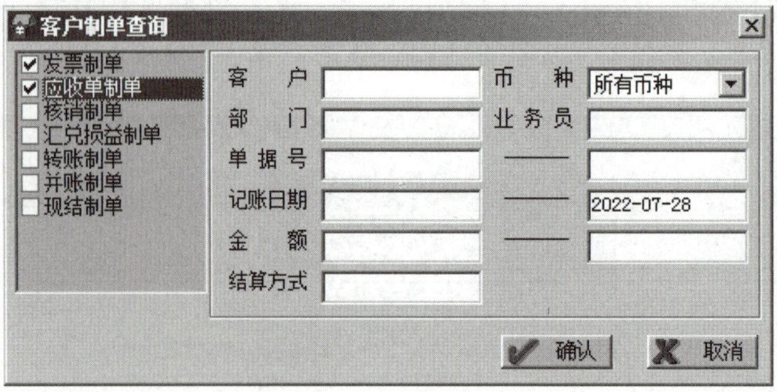

图 3-53-6 “客户制单查询”对话框

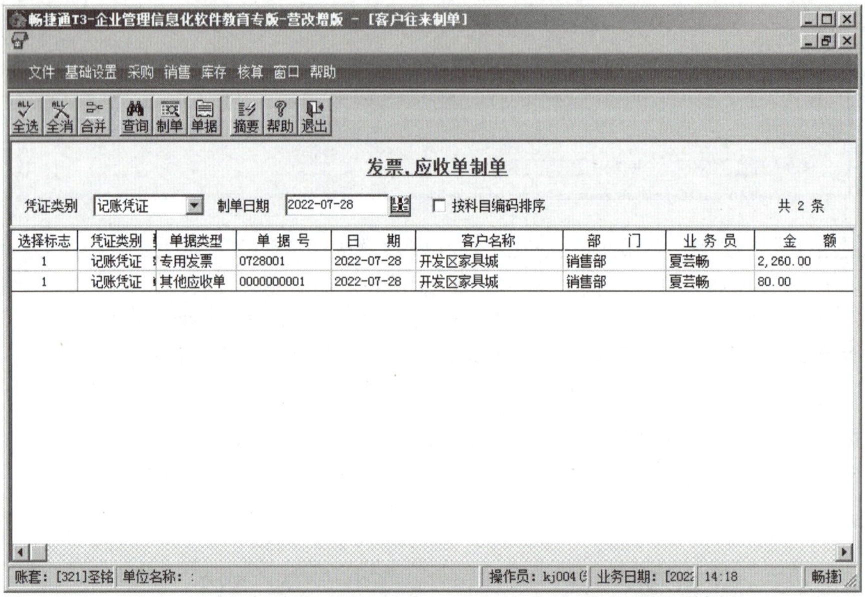

图 3-53-7 “客户往来制单”对话框

(11) 单击【全选】按钮，单击【合并】按钮，或选择相应记录并设置选择标志为“1”。

(12) 单击【制单】按钮，出现“填制凭证”对话框，设置第四行科目名称为“1001 库存现金”，如图 3-53-8 所示。

(13) 单击“填制凭证”对话框中的【保存】按钮，保存凭证，单击【退出】按钮，返回“客户往来制单”窗口，单击【退出】按钮。

(14) 选择【库存】|【销售出库单生成/审核】选项，出现“销售出库单”对话框，单击【生成】按钮，出现“发货单或发票参照”窗口，如图 3-53-9 所示，单击【刷新】按钮，再单击【确认】按钮，提示“操作完毕”，单击【确定】按钮，返回“销售出库单”窗口。

(15) 单击【审核】按钮，完成审核，如图 3-53-10 所示，单击【退出】按钮。

(16) 选择【核算】|【核算】|【正常单据记账】选项，出现“正常单据记账条件”对话框，如图 3-53-11 所示。

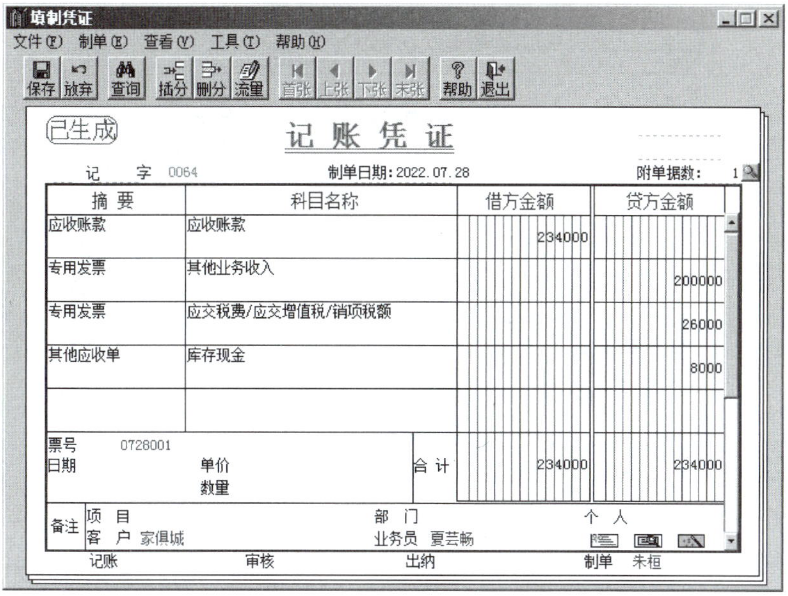

图 3-53-8 “填制凭证”对话框

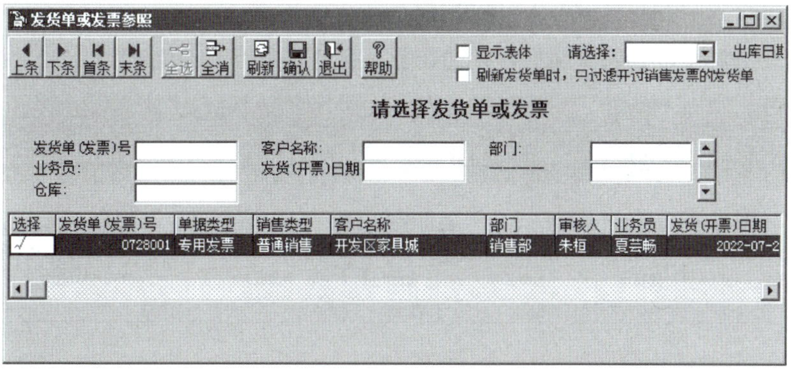

图 3-53-9 “发货单或发票参照”对话框

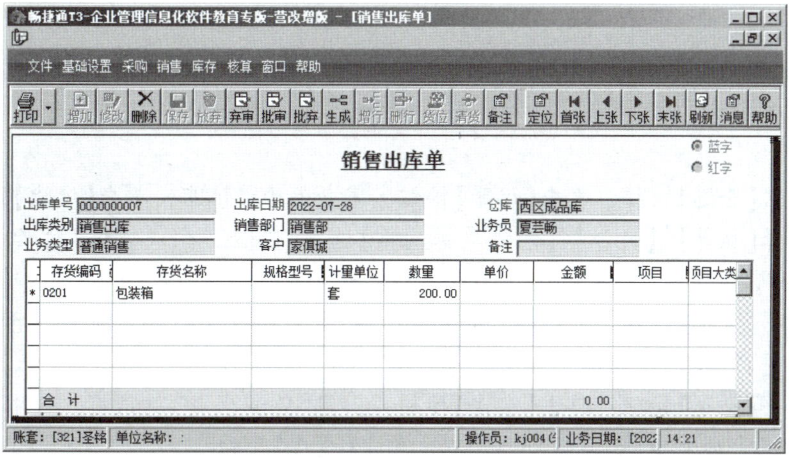

图 3-53-10 “销售出库单”对话框

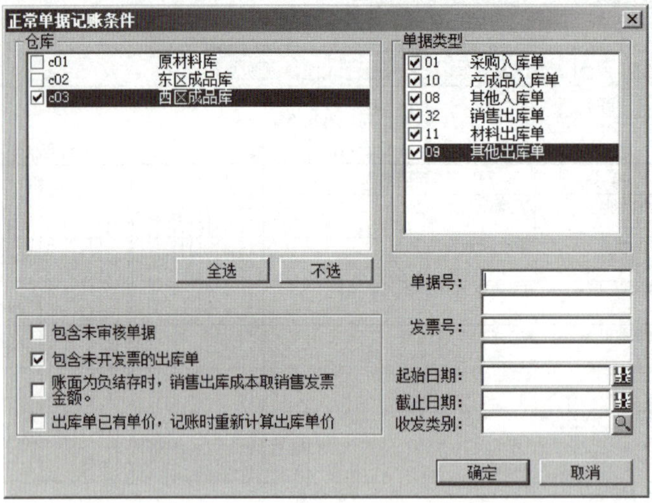

图 3-53-11 “正常单据记账条件”对话框

(17) 在仓库栏选择“西区成品库”或单击【全选】按钮，然后单击【确定】按钮，出现“正常单据记账”对话框，如图 3-53-12 所示。

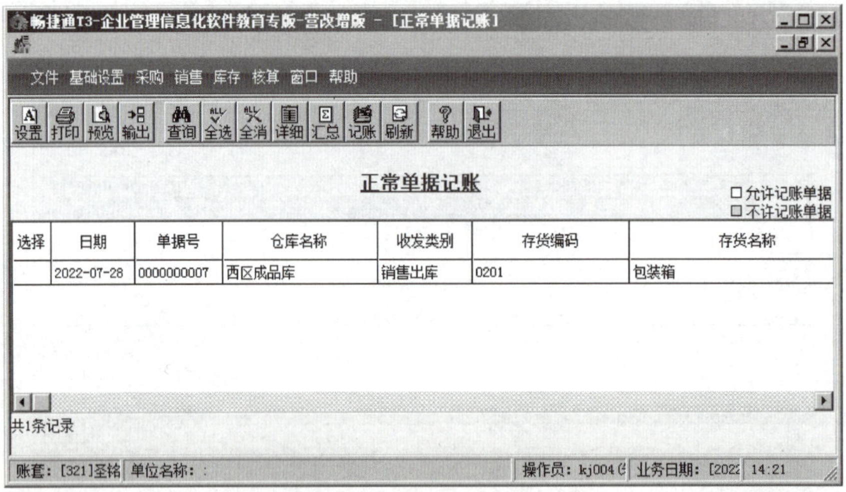

图 3-53-12 “正常单据记账”对话框

(18) 单击【全选】按钮，单击【记账】按钮，完成出库单记账，单击【退出】按钮。

(19) 选择【核算】|【凭证】|【购销单据制单】选项，出现“生成凭证”对话框，单击【选择】按钮，出现“条件查询”对话框，如图 3-53-13 所示。

(20) 单击【全选】按钮，或选择“销售出库单”复选框，选择相应条件，再单击【确认】按钮，出现“选择单据”对话框，如图 3-53-14 所示。

(21) 单击【全选】按钮，单击【确定】按钮，出现“凭证生成”对话框，如图 3-53-15 所示，设置第二行“对方”科目编码为“5402”，单击【生成】按钮。

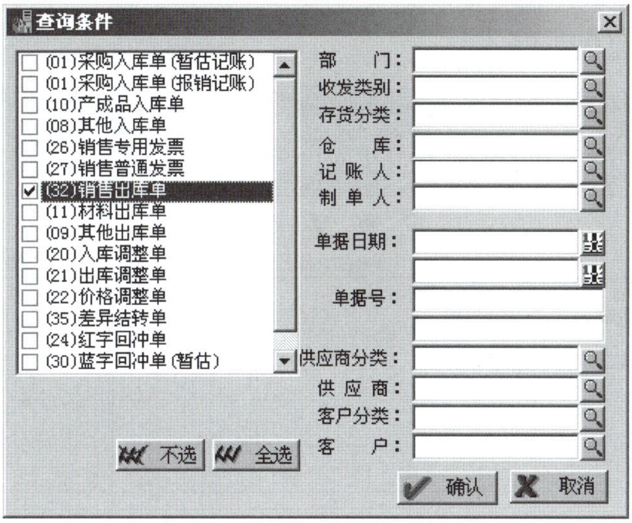

图 3-53-13 “查询条件”对话框

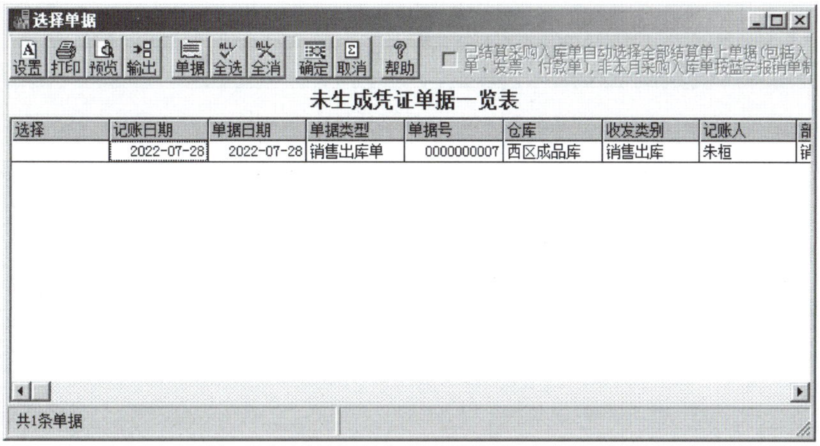

图 3-53-14 “选择单据”对话框

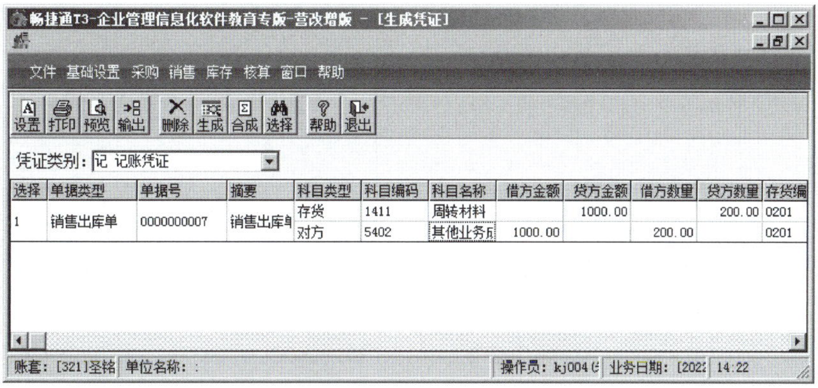

图 3-53-15 “生成凭证”对话框

(22) 单击“填制凭证”对话框中的【保存】按钮，保存凭证，如图 3-53-16 所示，单击【退出】按钮，退出相应对话窗口。

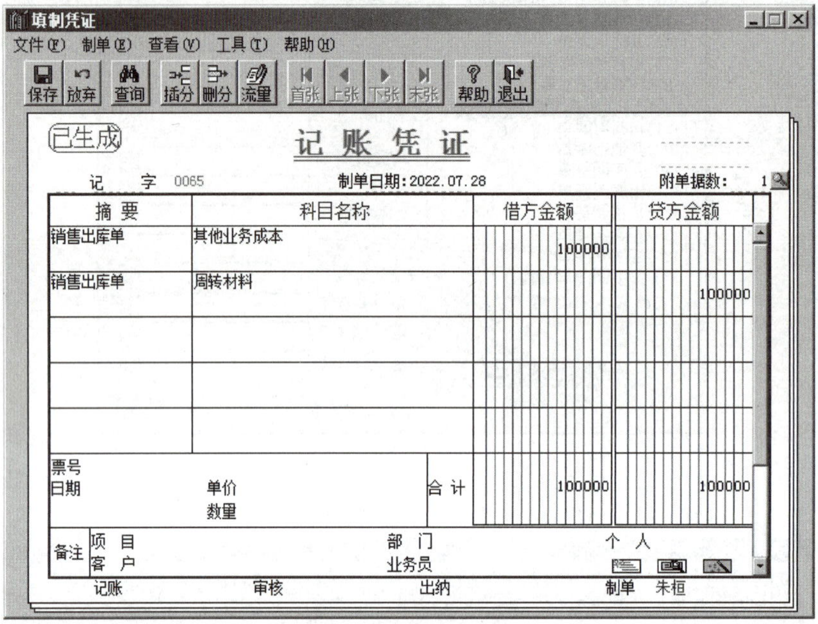

图 3-53-16 “填制凭证”对话框

3.54 采购发票业务处理

任务 3-54 2022 年 7 月 29 日，向翼腾公司采购丙材料 100 组，单价 14 元，当日只收到对方开具的专用发票，票据号：0729001，如图 3-54-1 所示。由“kj004”登录信息平台进行业务处理。

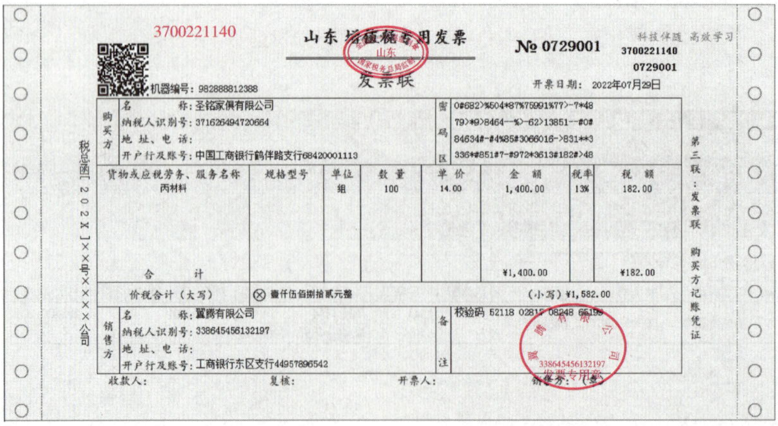
3700221140
山东增值税专用发票
发票联
№ 0729001
3700221140
0729001
机器编号：982888812388
开票日期：2022年07月29日

购买方 名称：圣铭家俱有限公司
纳税人识别号：371626494720664
地址、电话：
开户行及账号：中国工商银行鹤伴路支行68420001113

货物或应税劳务、服务名称	规格型号	单位	数量	单价	金额	税率	税额
丙材料		组	100	14.00	1,400.00	13%	182.00
合计					¥1,400.00		¥182.00

价税合计（大写） ⊗壹仟伍佰捌拾贰元整 （小写）¥1,582.00

销售方 名称：翼腾有限公司
纳税人识别号：338645456132197
地址、电话：
开户行及账号：工商银行东区支行44957896542

收款人： 复核： 开票人： 销售方：（章）

第三联：发票联 购买方记账凭证

图 3-54-1 采购丙材料发票

操作步骤

(1) 2022 年 7 月 29 日，“kj004(朱桓，密码‘4’)”登录“畅捷通 T3-企业管理信息化软件教育专版-营改增版”系统。

(2) 选择【采购】|【采购发票】选项，打开“采购发票”对话框，单击【增加】按钮右侧下箭头，选择“专用发票”选项，打开“采购专用发票”对话框，如图 3-54-2 所示。

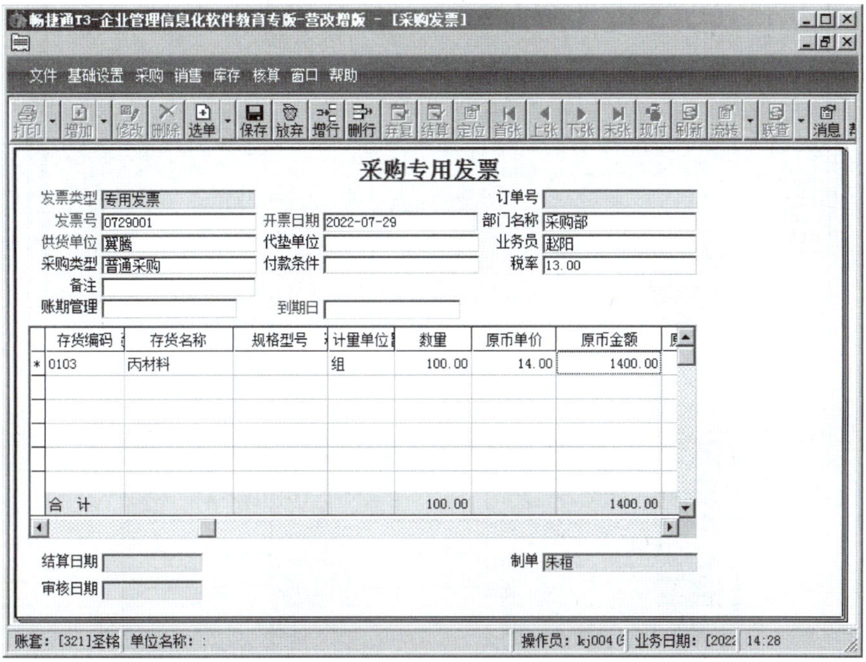

图 3-54-2 “采购专用发票”对话框

(3) 填写发票号为“0729001”，开票日期为“2022-07-29”，选择供货单位为“翼腾”，采购类型为“普通采购”，税率为“13”；选择存货编码为“0103”，数量为“100”，原币单价为“14”，其他默认，完成发票信息录入。

(4) 单击【保存】按钮，然后单击【复核】按钮，系统提示“是否只处理当前张?”，单击【是(Y)】，完成复核，如图 3-54-3 所示，单击【退出】按钮。

(5) 选择【核算】|【凭证】|【供应商往来制单】选项，打开“供应商制单查询”对话框，如图 3-54-4 所示。

(6) 选择“发票制单”复选框，单击【确认】按钮，出现“供应商往来制单”对话框，如图 3-54-5 所示。

(7) 单击【全选】按钮，或选择相应记录，单击【制单】按钮，出现“填制凭证”对话框，如图 3-54-6 所示。

(8) 单击“填制凭证”对话框中的【保存】按钮，保存凭证，单击【退出】按钮，退出相应对话窗口。

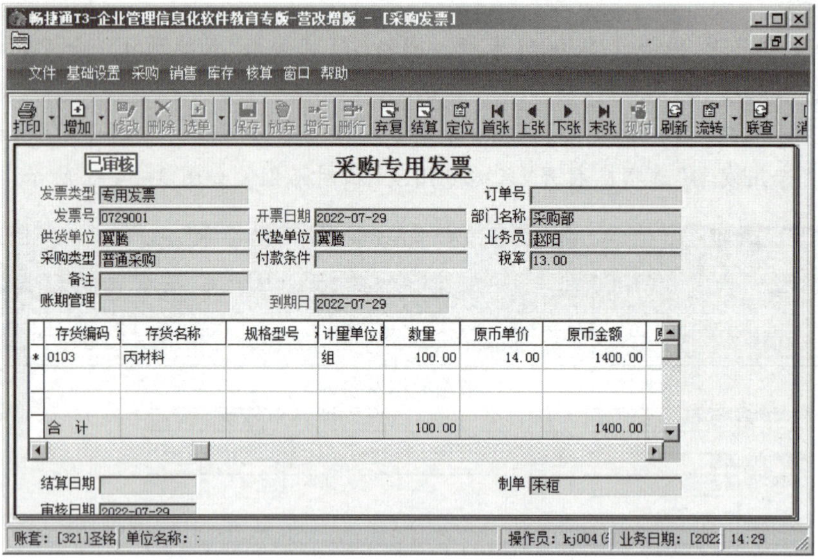

图 3-54-3 “采购专用发票复核”对话框

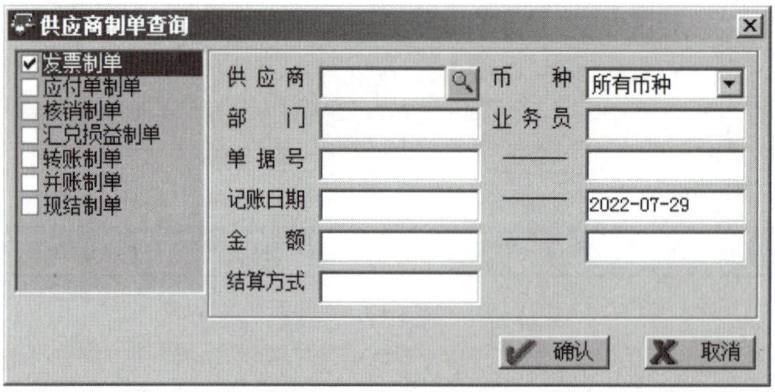

图 3-54-4 “供应商制单查询”对话框

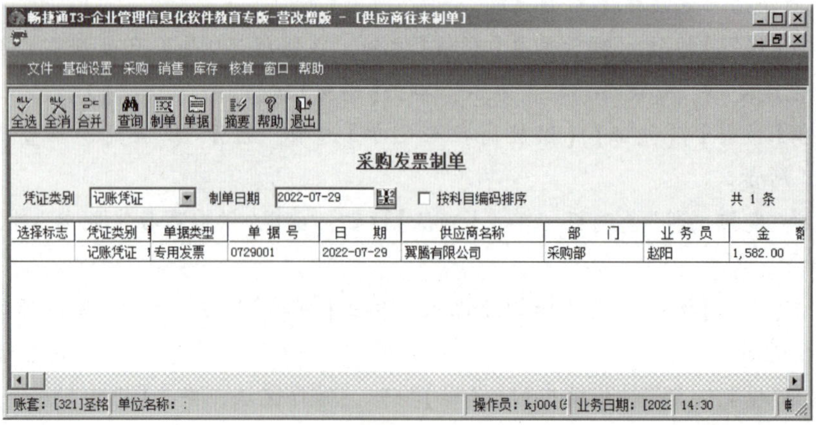

图 3-54-5 “供应商往来制单”对话框

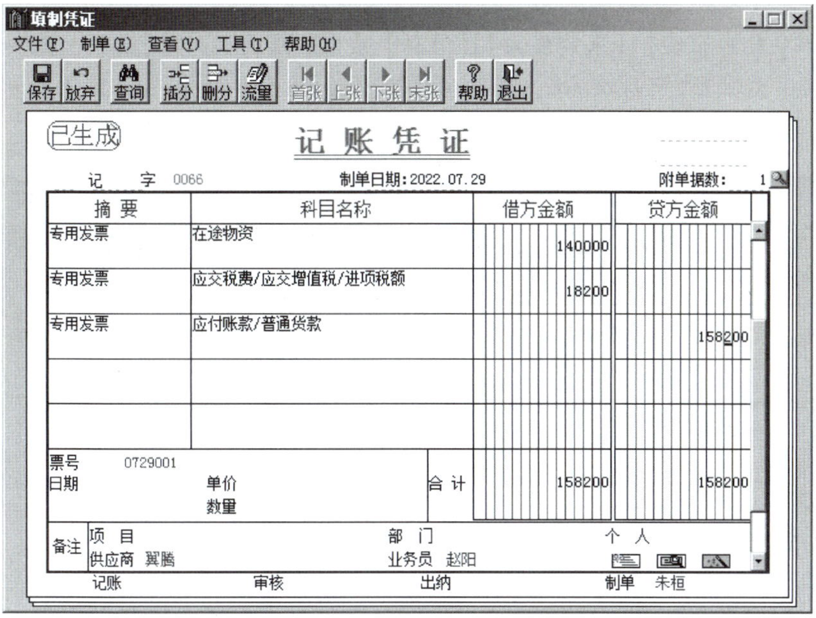

图 3-54-6 “填制凭证”对话框

3.55 合理损耗与非合理损耗业务处理

任务 3-55 2022 年 7 月 30 日，收到翼腾公司发来的丙材料 95 组，经过协商认定 1 组为合理损耗，其他 4 组为非合理损耗，双方协定按退货处理，如图 3-55-1 所示。由“kj004”登录信息平台进行业务处理。

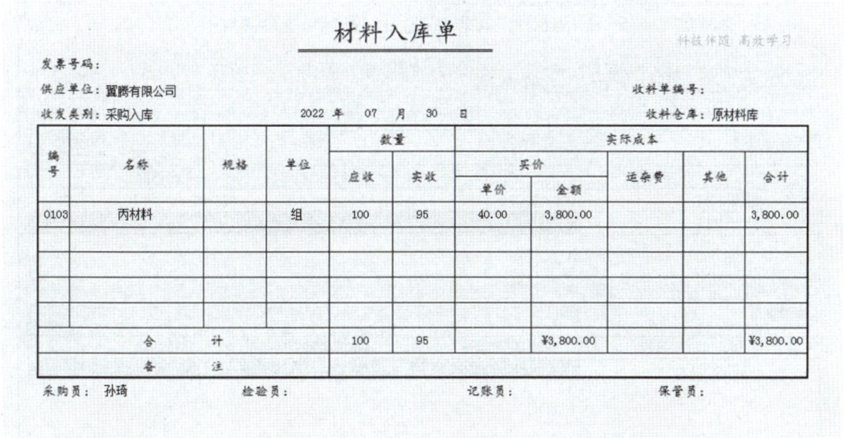

材料入库单

发票号码：

供应单位：翼腾有限公司　　收料单编号：

收发类别：采购入库　　2022 年 07 月 30 日　　收料仓库：原材料库

编号	名称	规格	单位	数量		实际成本				
				应收	实收	买价		运杂费	其他	合计
						单价	金额			
0103	丙材料		组	100	95	40.00	3,800.00			3,800.00
	合计			100	95		¥3,800.00			¥3,800.00
	备注									

采购员：孙琦　　检验员：　　记账员：　　保管员：

图 3-55-1 部分验收入库

操作步骤

(1) 2022 年 7 月 30 日，“kj004(朱桓，密码‘4’)”登录“畅捷通 T3-企业管理信息化软件教育专版-营改增版”系统。

(2) 选择【采购管理】|【采购发票】|【流转】|【生成采购入库单】选项，选择仓库为“原材料库”，入库类别为“采购入库”，修改入库数量为95组，如图3-55-2所示，单击【保存】按钮，单击【退出】按钮，返回“采购发票”窗口，再单击【退出】按钮。

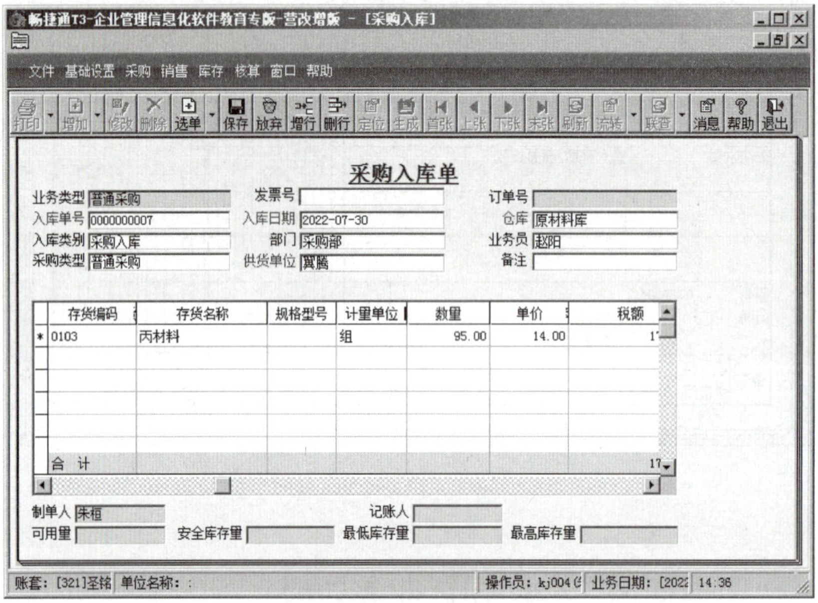

图 3-55-2 “采购入库单”对话框

(3) 选择【采购管理】|【采购结算】选项，出现“条件输入”对话框，单击【确认】按钮，如图3-55-3所示，选择供应商为“02”的入库单和发票，单击【确认】按钮。

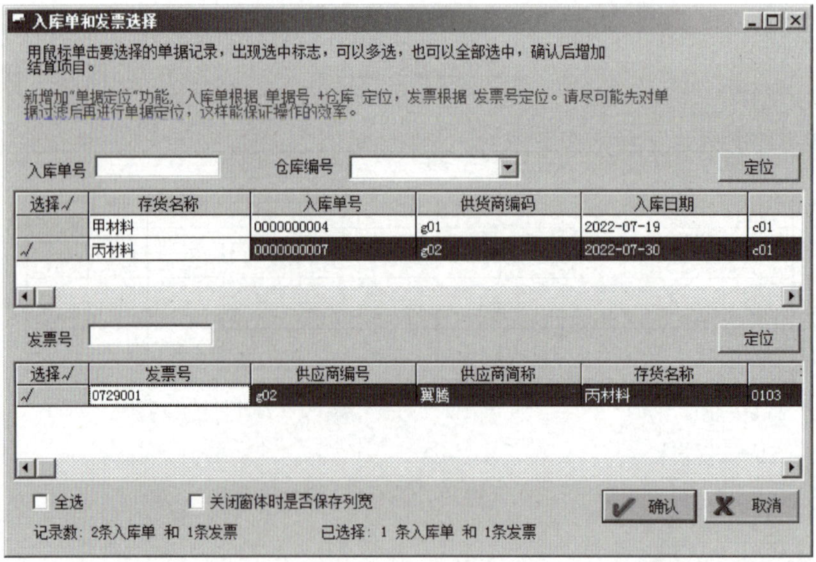

图 3-55-3 “采购结算”对话框

(4) 输入合理损耗数量为“1”，非合理损耗数量为“4”，非合理损耗金额为“56”，非合理损耗类型为“01 运输不当”，如图 3-55-4 和图 3-55-5 所示。

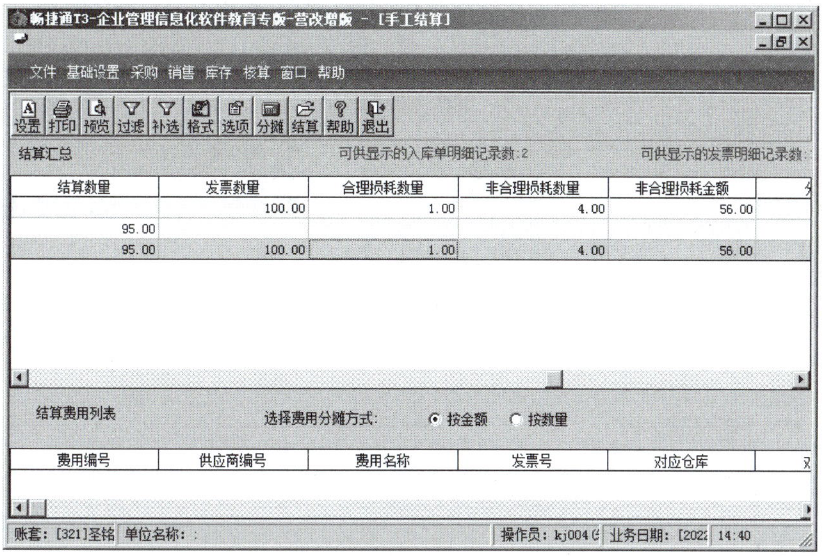

图 3-55-4 “采购结算”对话框(一)

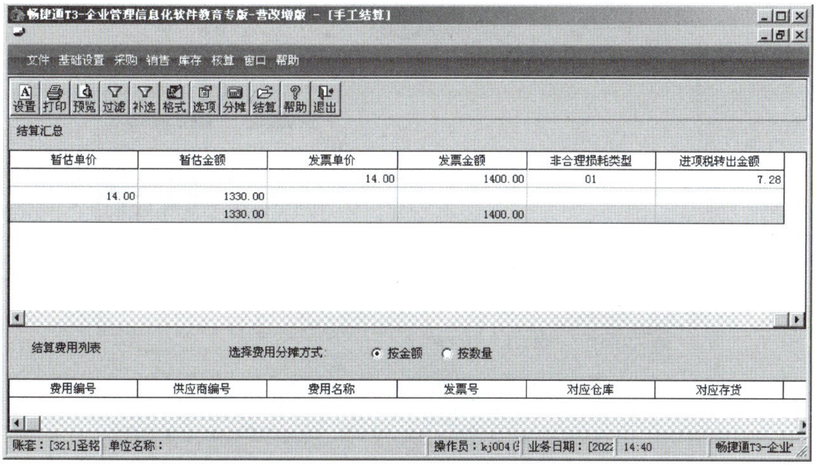

图 3-55-5 “采购结算”对话框(二)

(5) 单击【结算】按钮，系统提示“完成结算!”，单击【确定】按钮，单击【退出】按钮。

(6) 选择【库存管理】|【采购入库单审核】选项，单击【审核】按钮，如图 3-55-6 所示，单击【退出】按钮。

(7) 选择【核算管理】|【正常单据记账】选项，出现“正常单据记账条件”对话框，如图 3-55-7 所示。

(8) 在仓库栏选择“原材料库”或单击【全选】按钮，然后单击【确定】按钮，出现“正常单据记账”对话框，如图 3-55-8 所示。

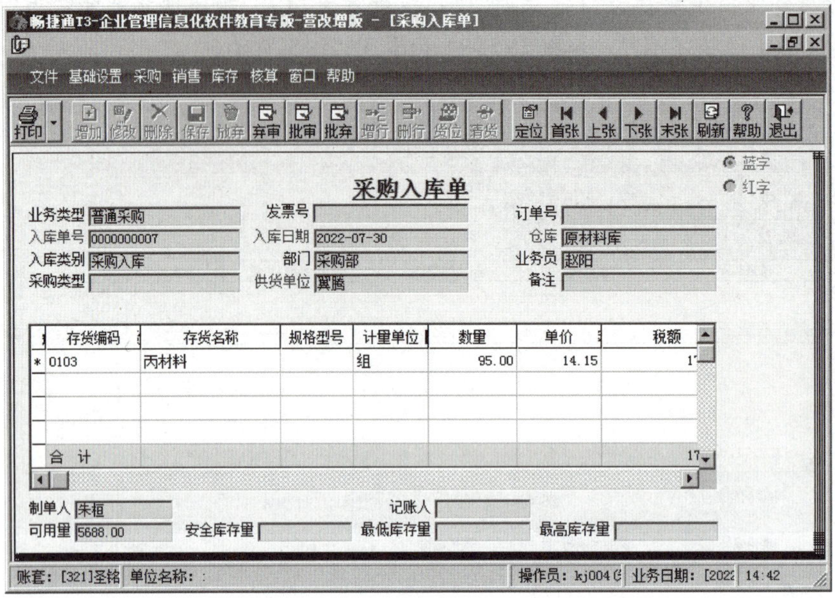

图 3-55-6 “采购入库单审核”对话框

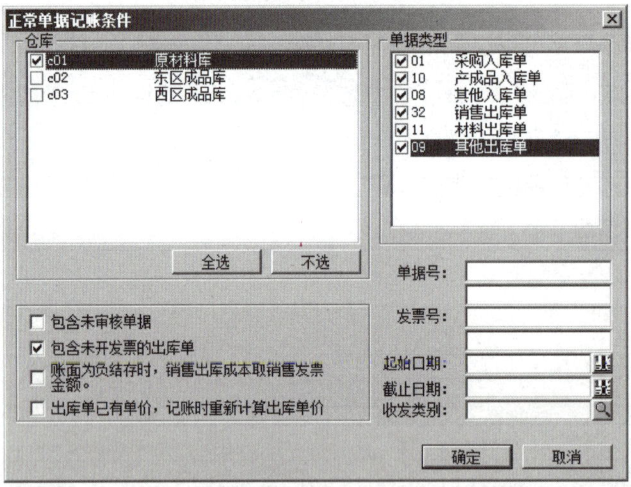

图 3-55-7 “正常单据记账条件”对话框

(9) 单击【全选】按钮，单击【记账】按钮，完成出库单记账，单击【退出】按钮。

(10) 选择【核算管理】|【购销单据制单】选项，出现“生成凭证”对话框，单击【选择】按钮，出现“条件查询”对话框，如图 3-55-9 所示。

(11) 单击【全选】按钮，或选择“采购入库单(报销记账)”复选框，选择相应条件，再单击【确认】按钮，出现“选择单据”对话框，如图 3-55-10 所示。

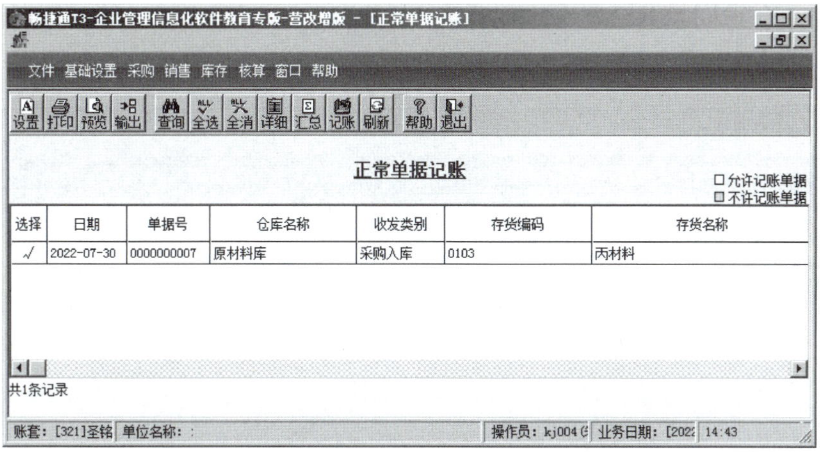

图 3-55-8 “正常单据记账”对话框

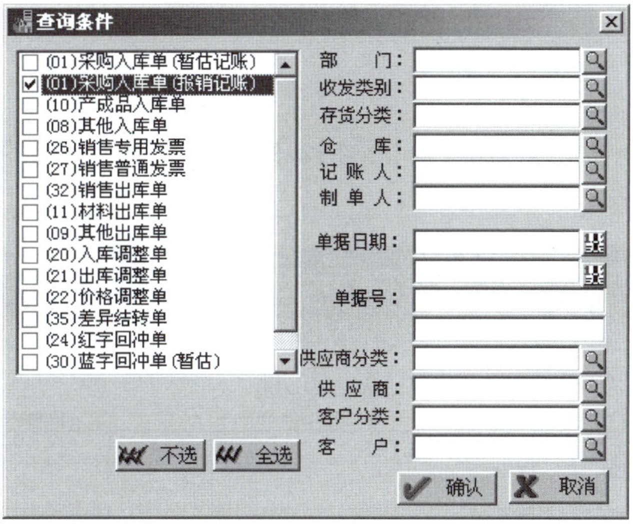

图 3-55-9 “查询条件”对话框

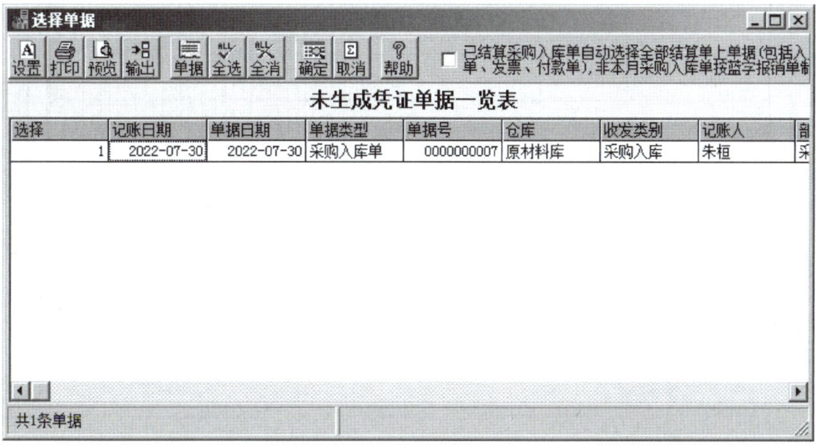

图 3-55-10 “生成凭证”对话框

(12) 单击【全选】按钮，单击【确定】按钮，出现“凭证生成”对话框，如图 3-55-11 所示，单击【生成】按钮。

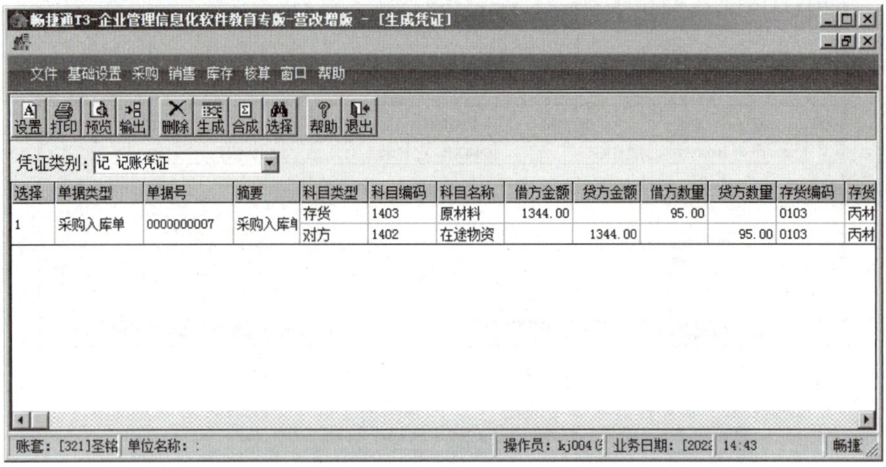

图 3-55-11 “生成凭证”对话框

(13) 单击“填制凭证”对话框中的【保存】按钮，保存凭证，如图 3-55-12 所示，单击【退出】按钮，退出相应对话窗口。

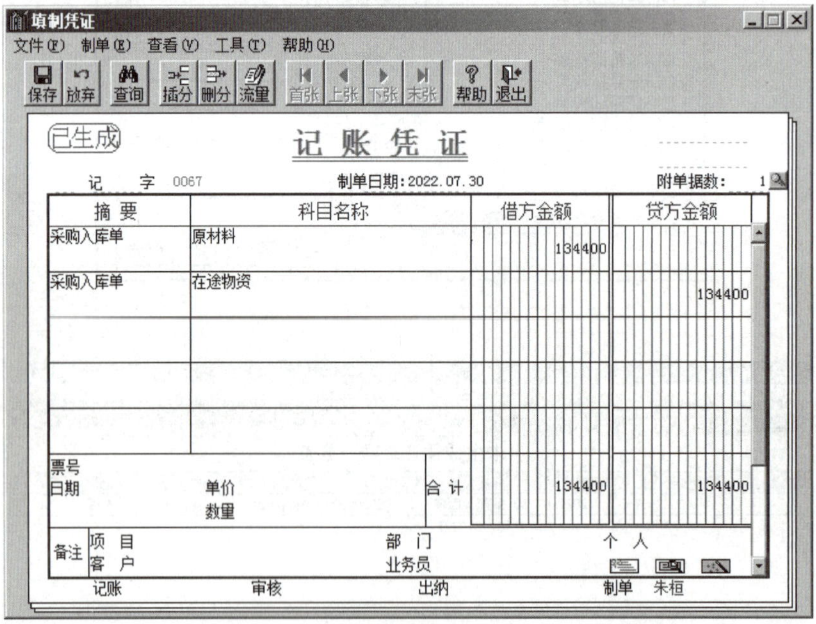

图 3-55-12 “填制凭证”对话框

3.56 红字发票及预付冲应付

任务 3-56 2022 年 7 月 30 日，收到翼腾公司开具的丙材料红字发票，票据号：0730101，数量-4，单价 14 元，税率 13%，如图 3-56-1 所示。经双方协商同意用预付账款结清该笔货款。“kj004”登录信息平台进行业务处理。

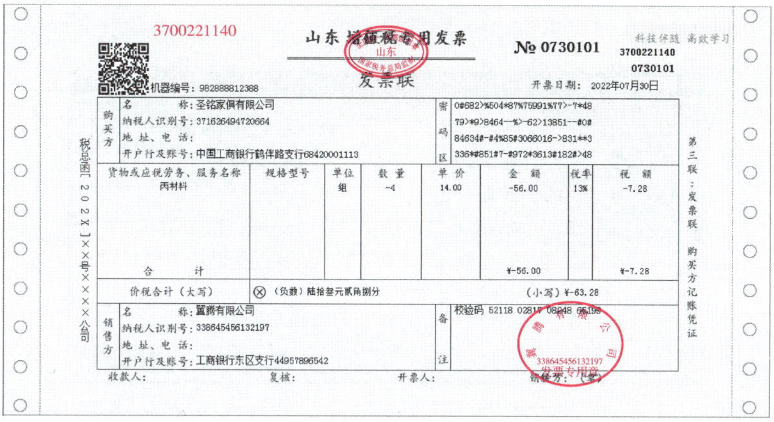

图 3-56-1 采购业务红字发票

操作步骤

（1）2022 年 7 月 30 日，“kj004（朱桓，密码‘4’）”登录“畅捷通 T3-企业管理信息化软件教育专版-营改增版”系统。

（2）选择【采购管理】|【采购发票】选项，打开“采购发票”对话框，单击【增加】按钮右侧下箭头，选择“专用发票（红字）”选项，打开“采购专用发票”对话框，如图 3-56-2 所示。

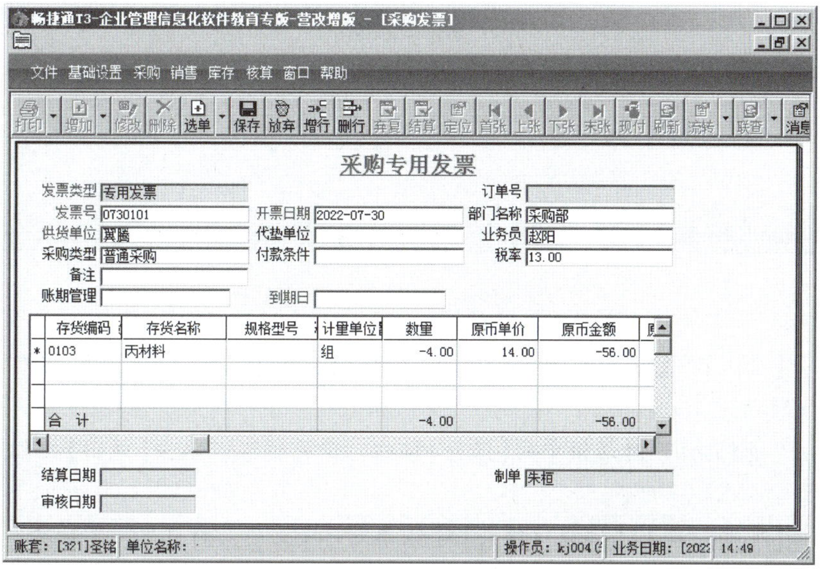

图 3-56-2 “红字采购专用发票”对话框

(3) 填写发票号为“0730101”，开票日期为“2022-07-30”，设置供货单位为“翼腾”，采购类型为“普通采购”，税率为“13”；设置存货编码为“0103”，数量为“-4”，原币单价为“14”，其他默认，完成发票信息录入，单击【保存】按钮。

(4) 单击【复核】按钮，系统提示“是否只处理当前张?”，单击【是(Y)】，完成复核，单击【退出】按钮。

(5) 选择【核算管理】|【供应商往来制单】选项，打开“供应商制单查询”对话框，如图3-56-3所示。

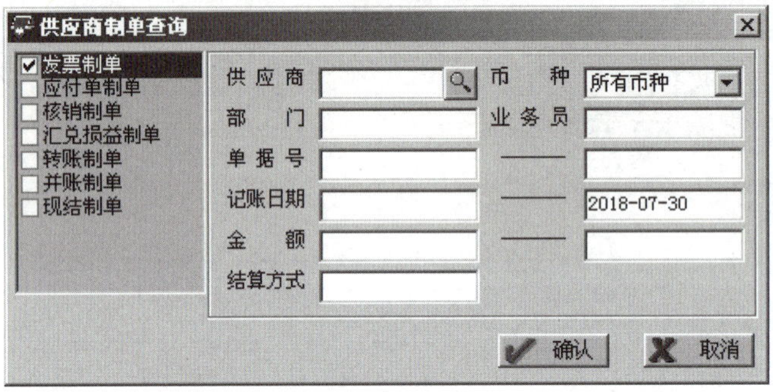

图3-56-3 “供应商制单查询”对话框

(6) 选择“发票制单”复选框，单击【确认】按钮，出现“供应商往来制单”对话框，如图3-56-4所示。

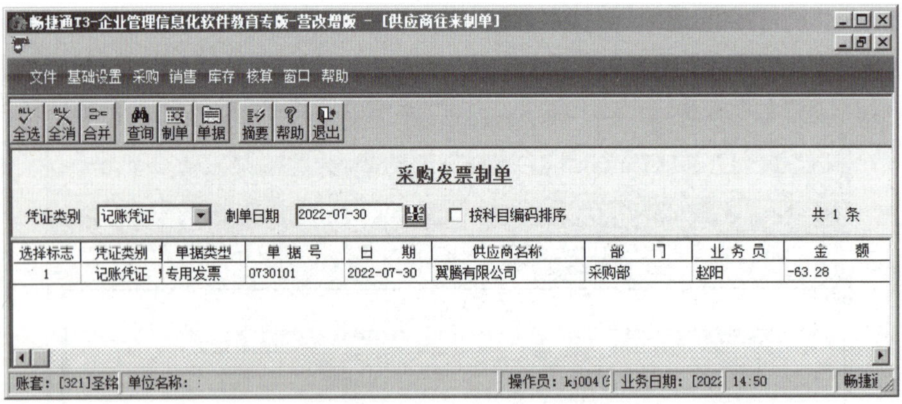

图3-56-4 “采购发票制单”对话框

(7) 单击【全选】按钮，或选择相应记录，单击【制单】按钮，出现“填制凭证”对话框，如图3-56-5所示。

(8) 单击“填制凭证”对话框中的【保存】按钮，保存凭证，单击【退出】按钮，退出相应对话窗口。

(9) 选择【采购管理】|【供应商往来】|【红票对冲】选项，打开“红票对冲”对话框，如图3-56-6所示。

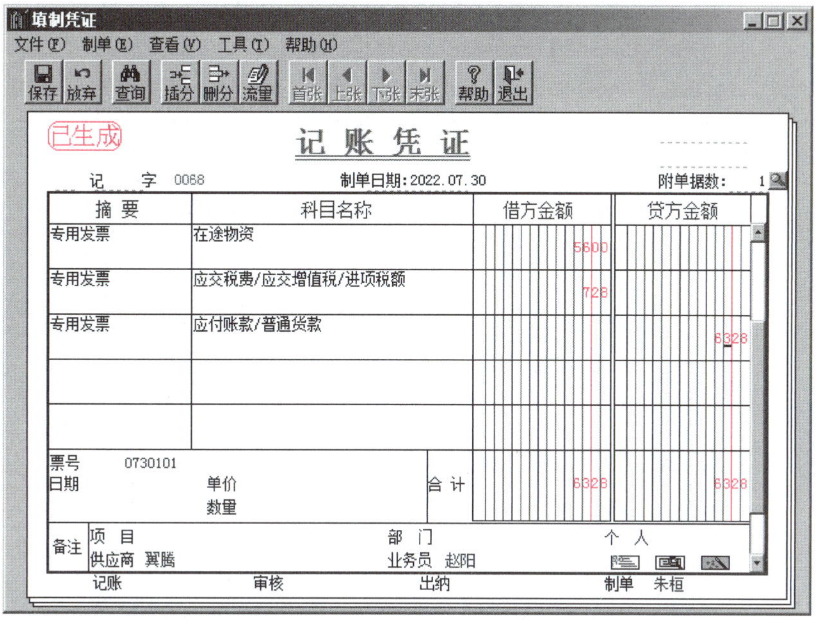

图 3-56-5 “填制凭证”对话框

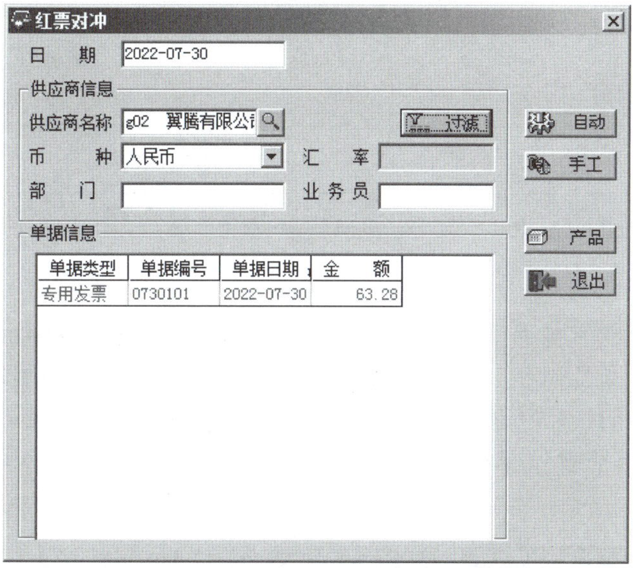

图 3-56-6 “打开红票对冲”对话框

(10) 选择供应商名称为“g02 翼腾有限公司”，币种为“人民币”，单击【过滤】，单击【手工】按钮，在第二行“对冲金额”输入红字金额 63.28，如图 3-56-7 所示，单击【确认】按钮，系统提示“红票对冲操作完成”，单击【确定】，返回“红票对冲”对话框，单击【退出】按钮。

(11) 选择【采购管理】|【供应商往来】|【预付冲应付】选项，打开“预付冲应付”对话框，如图 3-56-8 所示。

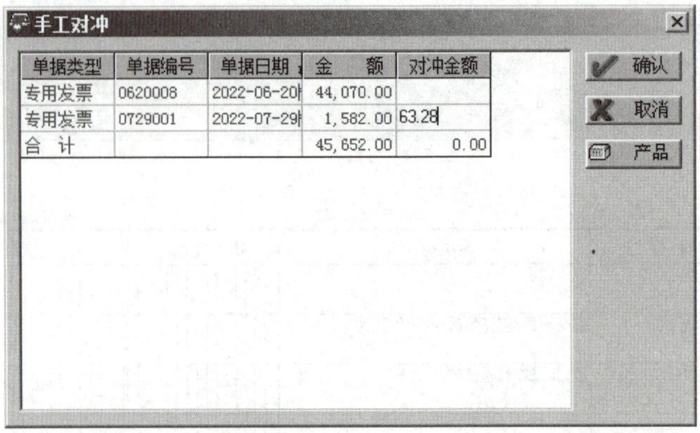

图 3-56-7 “手工对冲”对话框

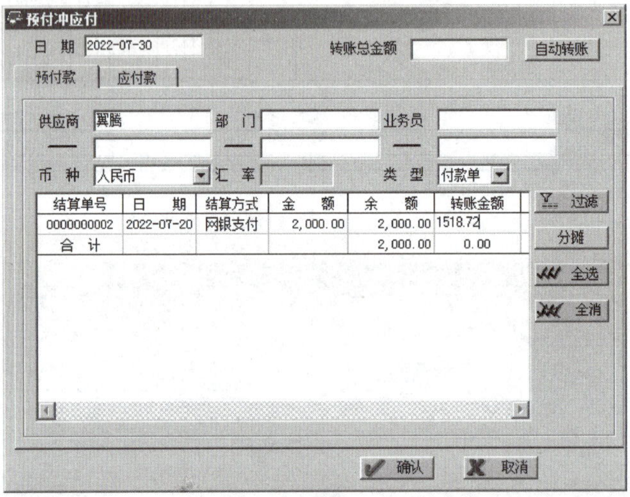

图 3-56-8 “预付冲应付”对话框

(12) 在“预付款”页签中，选择供应商为“翼腾”，单击【过滤】按钮，设置转账金额为“1518.72”；在应付款页签中，单击【过滤】按钮，并在第二行设置转账金额为“1518.72”。单击【确认】按钮，系统提示“操作成功!”，单击【确定】按钮，单击【关闭】或【取消】按钮。

(13) 选择【核算管理】|【供应商往来制单】选项，出现“供应商制单查询”对话框，如图 3-56-9 所示。

图 3-56-9 “供应商制单查询”对话框

（14）选择“转账制单”复选框，单击【确认】按钮，打开“供应商往来制单”窗口，如图3-56-10所示。

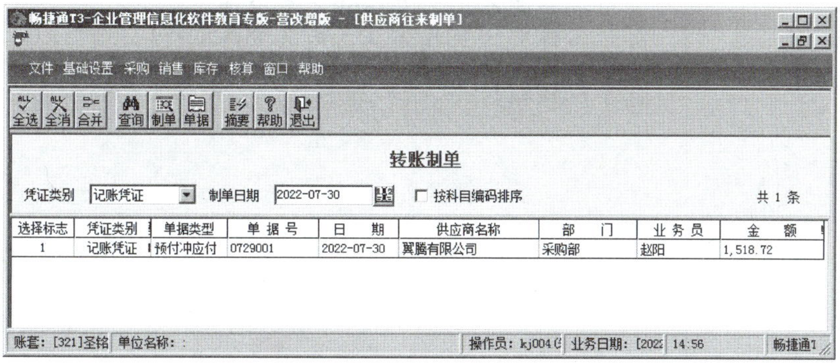

图 3-56-10 “转账制单”对话框

（15）单击【全选】按钮，再单击【制单】按钮，出现“填制凭证”对话框，单击“填制凭证”对话框中的【保存】按钮，保存凭证，如图 3-56-11 所示，单击【退出】按钮，退出相应对话窗口。

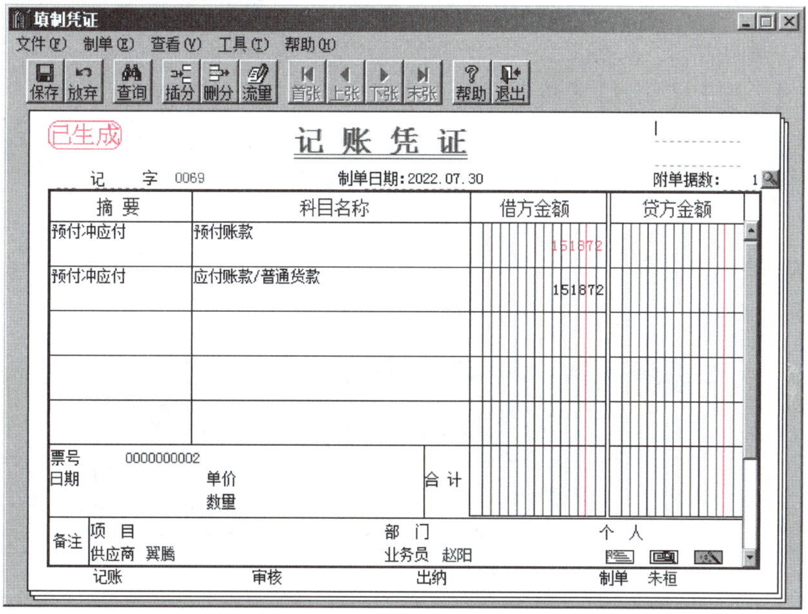

图 3-56-11 “填制凭证”对话框

3.57 库存现金盘点处理

任务 3-57 2022 年 7 月 31 日，库存现金盘点短缺，经查明原因，其中 50 元系出纳员张玉梅责任事故导致，由其个人赔偿；其余无法查明原因，经批予以核销！如图 3-57-1 所示。由“kj002”登录信息平台进行业务处理。

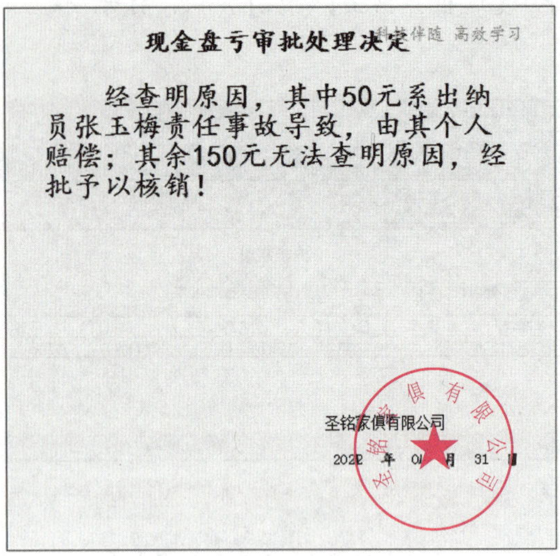

现金盘亏审批处理决定

经查明原因，其中50元系出纳员张玉梅责任事故导致，由其个人赔偿；其余150元无法查明原因，经批予以核销！

圣铭家俱有限公司

2022 年 07 月 31 日

图 3-57-1　盘亏审批单

操作步骤

(1) 2022 年 7 月 31 日，由“kj002(王袂，密码‘2’)”登录“畅捷通 T3-企业管理信息化软件教育专版-营改增版”系统。

(2) 选择【总账】|【凭证】|【填制凭证】选项，打开“填制凭证”对话框，单击【增加】按钮。

(3) 附单据数为“1”，在摘要栏输入摘要“现金盘点处理”

(4) 单击科目名称栏，输入“122101”或“其他应收款-个人”，在出现的“辅助项”对话框中，选择部门为“财务部”，个人为“张玉梅”，其他默认，如图 3-57-2 所示，单击【确认】按钮，“借方金额”输入“50”，按回车键。

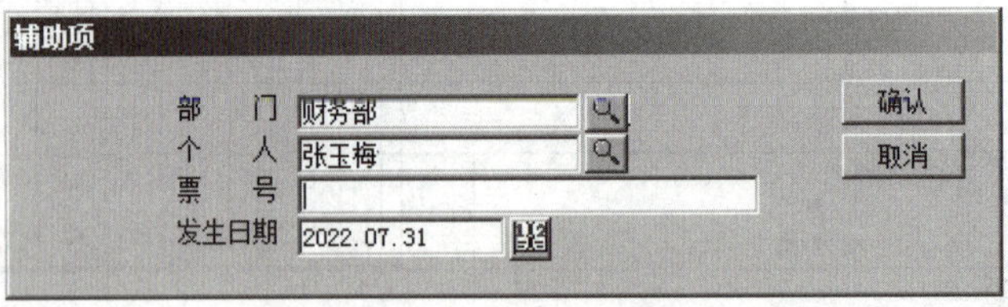

图 3-57-2　“辅助项”对话框

(5) 摘要默认与上一行相同，按回车键，输入科目名称为“571106”或“营业外支出-其他”，按回车键，在“借方金额”输入 150 元，按回车键。

(6) 摘要默认与上一行相同，按回车键，输入科目名称为“1901”或“待处理财产损溢”在贷方金额输入“200”或按“=”键借贷补差，如图 3-57-3 所示。

(7) 单击“填制凭证”对话框中的【保存】按钮，保存凭证，单击【退出】按钮，退出相应对话窗口。

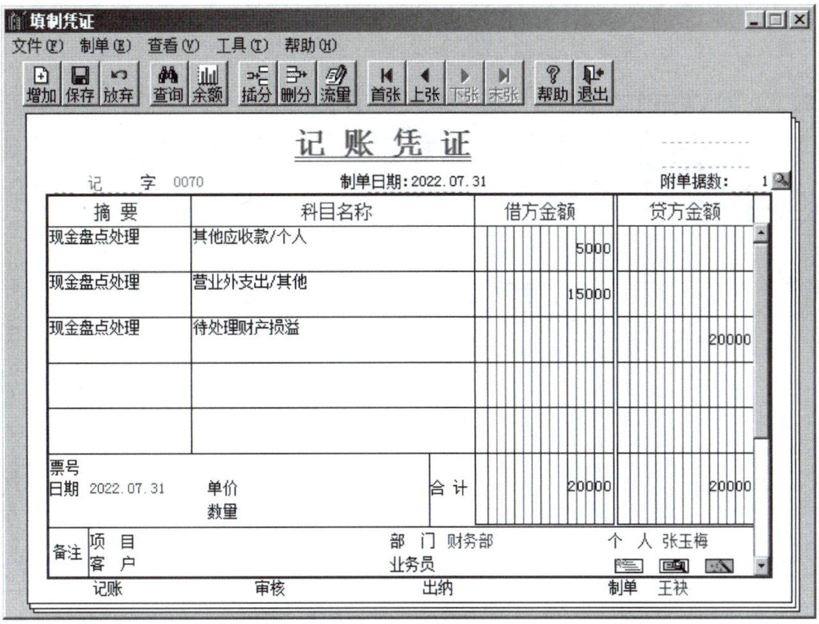

图 3-57-3 “填制凭证”对话框

3.58 存货盘点

任务 3-58 2022 年 7 月 31 日，存货盘点，乙材料盘亏 10 组，如图 3-58-1 所示。kj004”登录信息平台进行业务处理。

2022 年 07 月原材料盘点汇总表

编制单位：圣铭家俱有限公司　盘点部门：生产中心　2022 年 07 月 31 日　单位：元

商品名称	计量单位	账存数量	实盘数量	盘盈/盘亏数	单价	金额	备注
乙材料	组	3834	3824	-10		0.00	
合计						0.00	

财务经理：李莞　盘点人：朱桓　盘点人：黄胜烨

图 3-58-1 材料盘点单简表

操作步骤

(1) 2022 年 7 月 31 日，“kj004(朱桓，密码‘4’)”登录“畅捷通 T3-企业管理信息化软件教育专版-营改增版”系统。

(2) 选择【库存】|【库存其他业务】|【盘点单】选项，单击【增加】按钮，设置盘点仓库

为“原材料库”，盘点日期为“2022-7-31”，部门为“生产中心”，出库类别为“其他出库”，入库类别为“其他入库”，盘点日期为“2022-7-31”，如图 3-58-2 所示。

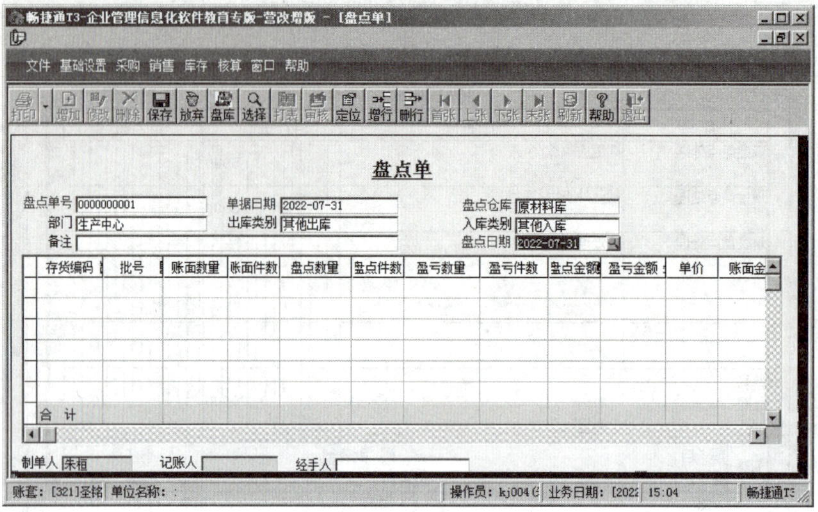

图 3-58-2 “盘点单”对话框

(3) 单击【盘库】按钮，系统提示“是否以日期 2022-7-31 为截止日期进行盘点?”，如图 3-58-3 所示，单击【是(Y)】按钮，系统提示“是否对整个仓库进行盘点”，如图 3-58-4 所示，单击【是(Y)】按钮，系统提示“是否显示数量结存为零的存货?”，如图 3-58-5 所示，单击【是(Y)】按钮，返回“盘点单”窗口。

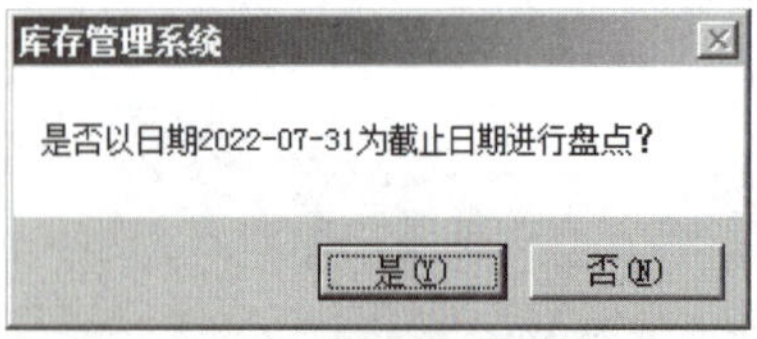

图 3-58-3 “库存管理系统”对话框

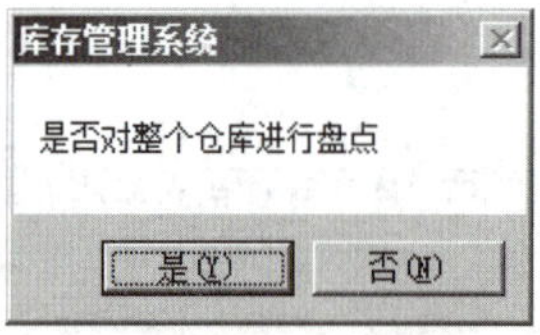

图 3-58-4 “库存管理系统”对话框

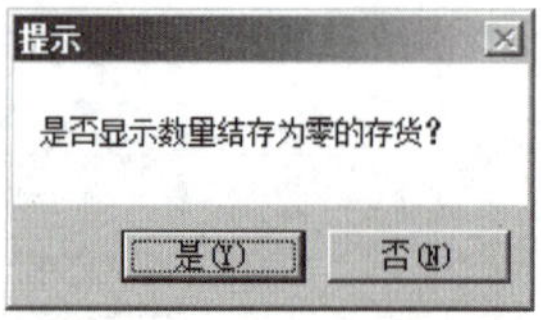

图 3-58-5 “库存管理系统”对话框

(4) 修改第二行乙材料的盘点数量为“3824”，单击【保存】按钮，如图 3-58-6 所示。

(5) 单击【审核】按钮，系统提示审核完成，如图 3-58-7 所示，单击【确定】按钮，单击【退出】按钮。

(6) 选择【库存管理】|【其他出库单】选项，打开“其他出库单”窗口，单击【审核】按钮，如图 3-58-8 所示，单击【退出】按钮。

(7) 选择【核算管理】|【正常单据记账】选项，出现“正常单据记账条件”对话框，如图 3-58-9 所示。

(8) 在仓库栏选择“原材料库”，或单击【全选】按钮，单击【确定】按钮，出现“正常单据记账”对话框，如图 3-58-10 所示。

(9) 单击【全选】按钮，或选择相应记录单击【记账】按钮，单击【退出】按钮，完成记账。

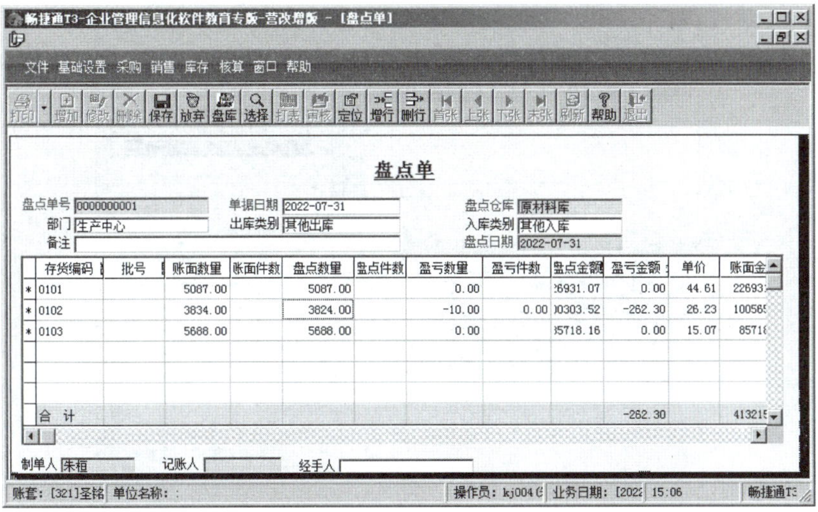

图 3-58-6 “盘点单”对话框

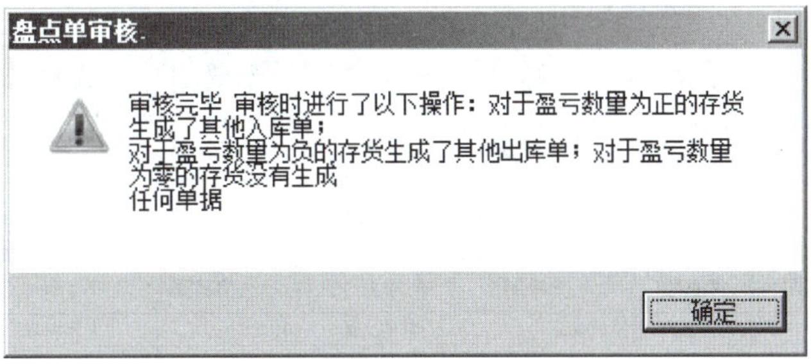

图 3-58-7 “盘点单审核”对话框

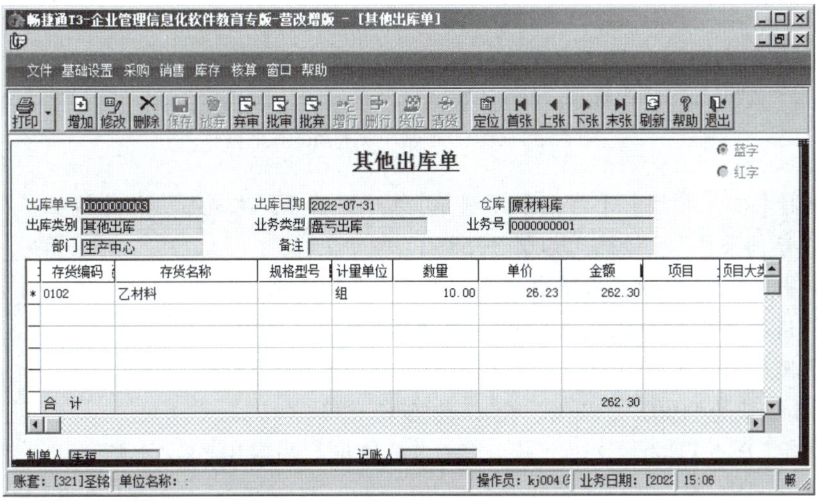

图 3-58-8 “其他出库单”对话框

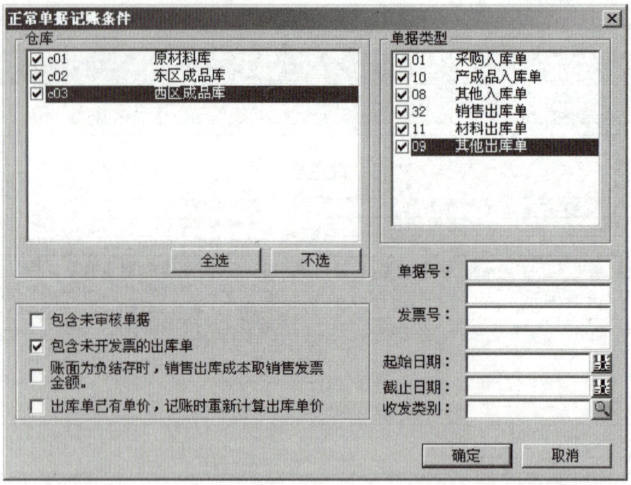

图 3-58-9 “正常单据记账条件”对话框

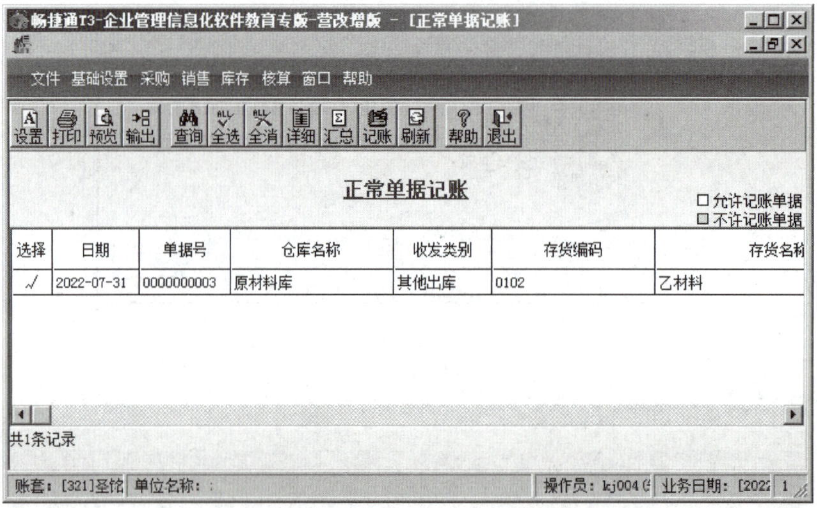

图 3-58-10 “正常单据记账”对话框

(10) 选择【核算管理】|【购销单据制单】选项，出现“生成凭证”对话框，单击【选择】按钮，出现“查询条件”对话框，如图 3-58-11 所示。

(11) 单击【全选】按钮，或选择“其他出库单”复选框，选择相应条件，再单击【确认】按钮，出现“选择单据”对话框，如图 3-58-12 所示。

(12) 选择相应记录，或单击【全选】按钮，单击【确定】按钮，出现“生成凭证”对话框，设置对方科目编码为“1901”，如图 3-58-13 所示。

(13) 单击【生成】按钮，出现“填制凭证”对话框，如图 3-58-14 所示。

(14) 单击“填制凭证”对话框中的【保存】按钮，保存凭证，单击【退出】按钮，退出相应对话窗口。

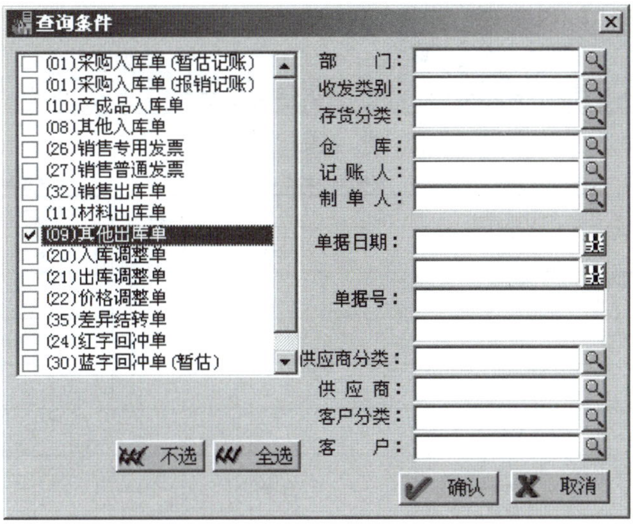

图 3-58-11 “查询条件”对话框

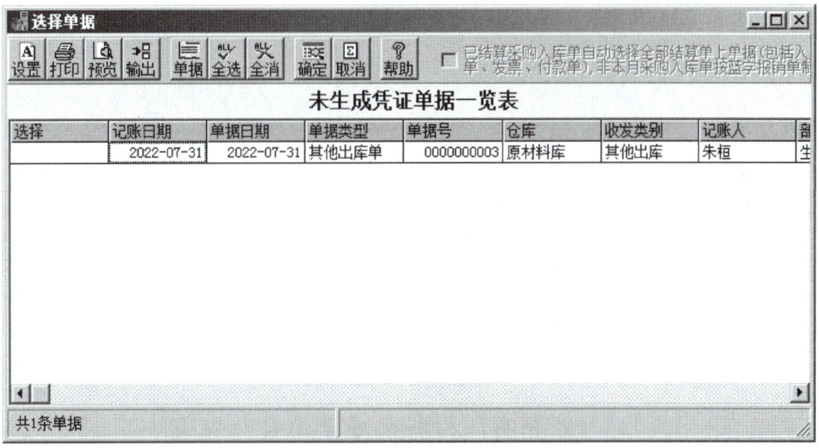

图 3-58-12 “未生成凭证单据一览表”对话框

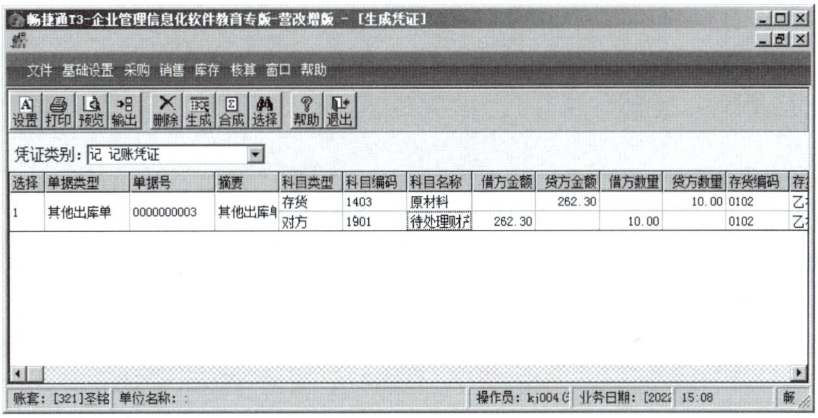

图 3-58-13 “生成凭证”对话框

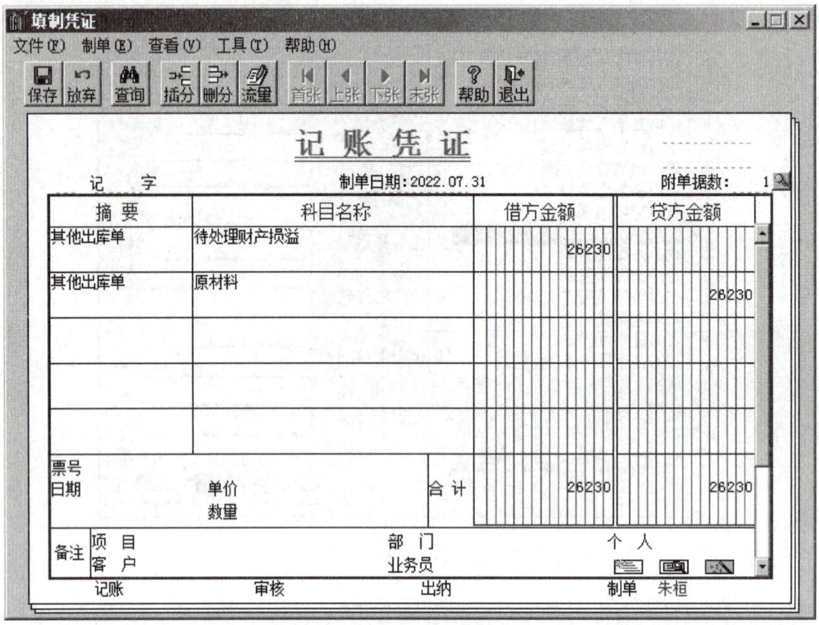

图 3-58-14 “填制凭证”对话框

3.59 材料盘点处理

任务 3-59 2022 年 7 月 31 日，材料盘亏是自然灾害造成的企业损失，如图 3-59-1 所示。由“kj002”登录信息平台进行业务处理。

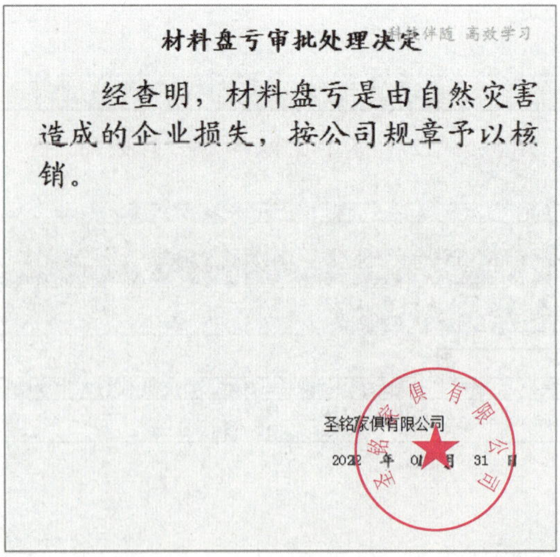

材料盘亏审批处理决定

经查明，材料盘亏是由自然灾害造成的企业损失，按公司规章予以核销。

圣铭家俱有限公司

2022 年 07 月 31 日

图 3-59-1 材料盘亏审批单

操作步骤

(1) 2022 年 7 月 31 日，由“kj002(王袂，密码‘2’)”登录“畅捷通 T3-企业管理信息化软件教育专版-营改增版”系统。

(2) 选择【总账系统】|【填制凭证】选项，打开“填制凭证”对话框，单击【增加】按钮，如图 3-59-2 所示。

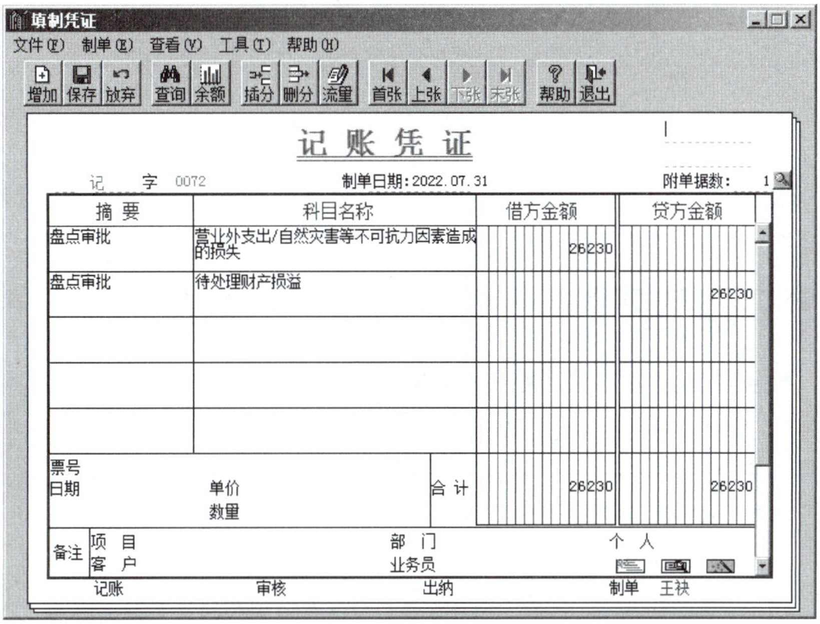

图 3-59-2 “填制凭证”对话框

(3) 附单据数为“1”，在摘要栏输入摘要“盘点审批”。

(4) 单击科目名称栏，输入“571104”或“营业外支出-自然灾害等不可抗力因素造成的损失”，“借方金额”输入 262.30 元，按回车键。

(5) 单击科目名称栏，输入“1901”或“待处理财产损溢”，“贷方金额”输入“262.3”或按“=”键借贷补差。

(6) 单击“填制凭证”对话框中的【保存】按钮，保存凭证，单击【退出】按钮，退出相应对话窗口。

3.60 计提本月借款利息

任务 3-60 2022 年 7 月 31 日，计提本月借款利息，如图 3-60-1 所示。由“kj002”登录信息平台进行业务处理。

操作步骤

(1) 2022 年 7 月 31 日，由“kj002(王袂，密码‘2’)”登录“畅捷通 T3-企业管理信息化软件教育专版-营改增版”系统。

银行借款利息计算表

2022 年 07 月 31 日

借款名称	借款金额	计息月份	借款利率	借款利息
长期借款	2,400,000.00	7月	6%	12,000.00
短期借款	500,000.00	7月	3%	1,250.00
合 计				13,250.00

会计主管：李莞　　制单：张玉梅　　复核：李莞

图 3-60-1　利息计算表

（2）选择【总账系统】|【填制凭证】选项，打开“填制凭证”对话框，单击【增加】按钮，如图 3-60-2 所示。

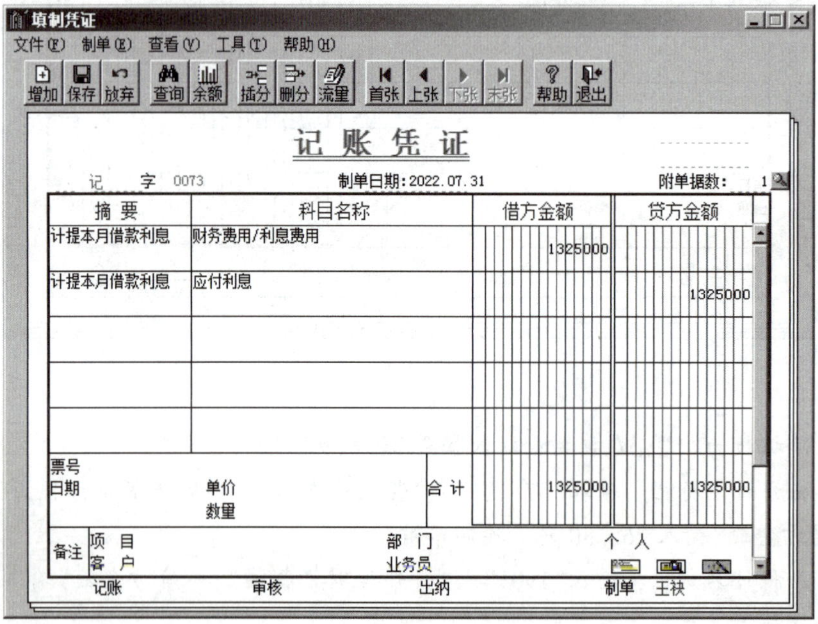

图 3-60-2　“填制凭证”对话框

（3）附单据数为“1”，在摘要栏输入摘要“计提本月借款利息”

（4）单击科目名称栏，输入“560301”或“财务费用－利息费用”，“借方金额”输入“13250”元，按回车键。

（5）单击科目名称栏，输入“2231”或“应付利息”，“贷方金额”输入“13250”或按“＝”键借贷补差。

（6）单击“填制凭证”对话框中的【保存】按钮，保存凭证，单击【退出】按钮，退出相应对话窗口。

3.61 计提本月增值税

任务 3-61 2022 年 7 月 31 日，计提本月增值税。由“kj002”登录信息平台进行业务处理。

操作步骤

(1) 2022 年 7 月 31 日，由“kj002(王袂，密码‘2’)”登录“畅捷通 T3-企业管理信息化软件教育专版-营改增版”系统。

(2) 选择【总账管理】|【填制凭证】选项，打开“填制凭证”对话框，单击【增加】按钮，如图 3-61-1 所示。

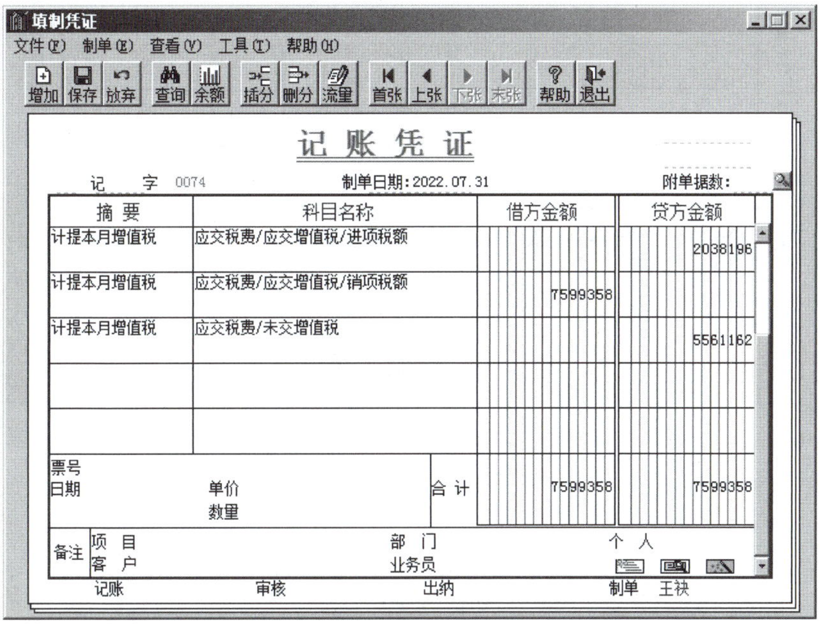

图 3-61-1 “填制凭证”对话框

(3) 在摘要栏输入摘要“计提本月增值税”

(4) 单击科目名称栏，输入“22210101”或“应交税费-应交增值税-进行税额”，单击【余额】按钮，查找科目余额，设置“贷方金额”为“20381.96”元，按回车键。

(5) 单击科目名称栏，输入“22210106”或“应交税费-应交增值税-销项税额”，单击【余额】按钮，查找科目余额，设置“借方金额”为“75933.58”元，按回车键。

(6) 单击科目名称栏，输入“222102”或“应交税费-未交增值税”，判断出“贷方金额”需按“=”键借贷补差“55611.62”。

(7) 通过【删分】按钮，设置第一行科目名称栏，输入“22210102”或“应交税费-应交增值税-转出未交增值税”，“借方金额”按“=”键借贷补差“55611.62”。

(8) 单击“填制凭证”对话框中的【保存】按钮，保存凭证，如图 3-61-2 所示，单击【退出】按钮，退出相应对话窗口。

补　充

◇ 增值税计算基本公式：应交增值税=销项税额-进项税额。

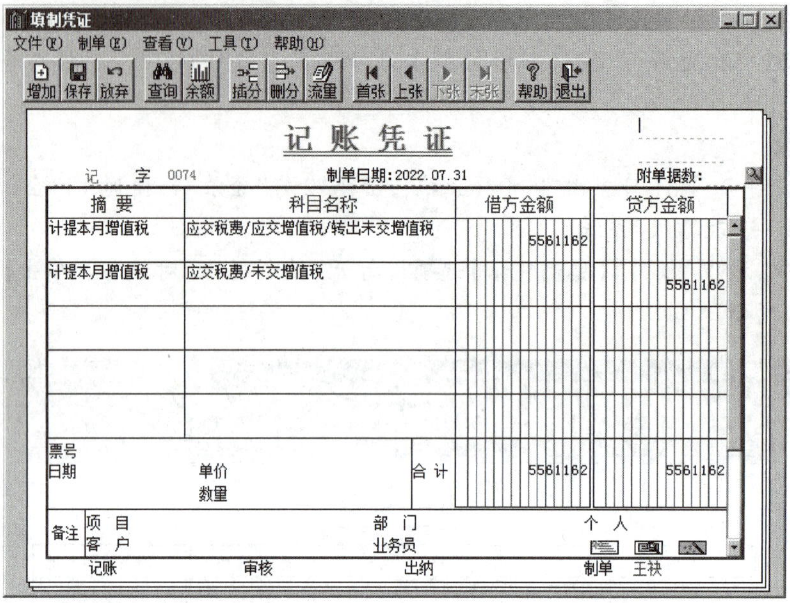

图 3-61-2　“填制凭证”对话框

3.62　计提本月城建税和教育费附加

任务 3-62　2022 年 7 月 31 日，计提本月城建税和教育费附加，如图 3-62-1 所示。由“kj002”登录信息平台进行业务处理。

税金及附加计算表　　科技伴随 高效学习

2022 年 07 月 31 日　　单位：元

项目	计提基数			计提比例	计提金额
	增值税	消费税	合计		
城市维护建设税	55,611.62		55,611.62	7%	3,892.81
教育费附加	55,611.62		55,611.62	3%	1,668.35
合计					

审核：李莞　　制表：

图 3-62-1　税金及附加计算表

操作步骤

(1) 2022 年 7 月 31 日，由“kj002(王袂，密码‘2’)”登录“畅捷通 T3-企业管理信息化软件教育专版-营改增版”系统。

(2) 选择【总账管理】|【填制凭证】选项，打开“填制凭证”对话框，单击【增加】按钮，如图 3-62-2 所示。

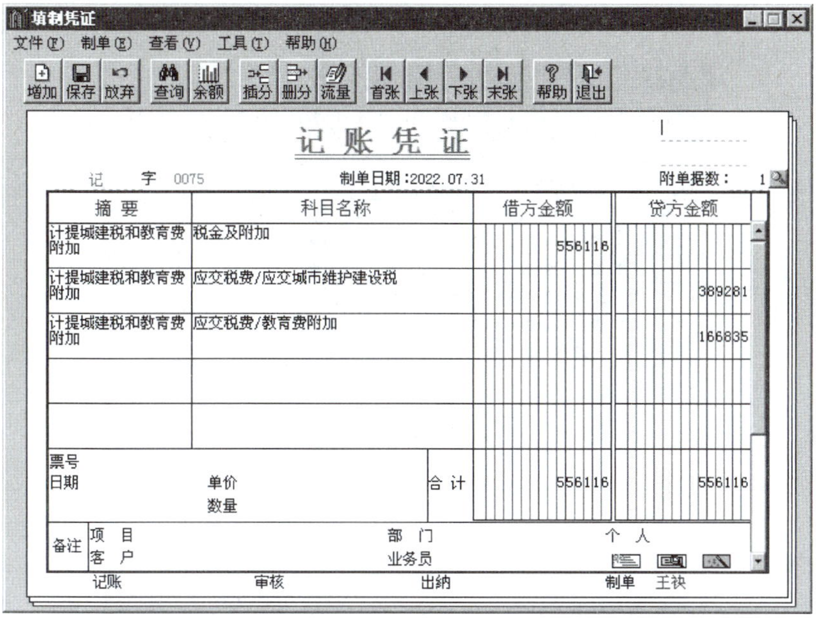

图 3-62-2　“填制凭证”对话框

(3) 附单据数为“1”，在摘要栏输入摘要“计提城建税和教育费附加”

(4) 单击科目名称栏，输入“5403”或“税金及附加”，“借方金额”输入“5561.16”元，按回车键。

(5) 单击科目名称栏，输入“222108”或“应交税费-城市维护建设税”，“贷方金额”输入“3892.81”元。

(6) 单击科目名称栏，输入“222113”或“应交税费-教育费附加”，“贷方金额”输入“1668.35”元，或按“=”键借贷补差。

(7) 单击“填制凭证”对话框中的【保存】按钮，保存凭证，单击【退出】按钮，退出相应对话窗口。

补　充

◇ 根据更新后的会计准则，修改会计科目“5403”名称为“税金及附加”。

◇ 有时候附加计量存在0.01元的误差，建议最后一个税目也要计算一下金额再取舍。

3.63　结转销售成本

任务3-63　2022年7月31日，结转销售成本。由“kj004”登录信息平台进行业务处理。

操作步骤

(1) 2022年7月31日，由“kj004(朱桓，密码‘4’)”登录“畅捷通T3-企业管理信息化软件教育专版-营改增版”系统。

(2) 选择【采购管理】【月末结账】选项，打开“月末结账”对话框，双击第一行7月份选择标记，显示为“选中”，如图3-63-1所示，单击【结账】按钮，系统提示“月末结账完毕!”，单击【确定】按钮，单击【退出】按钮。

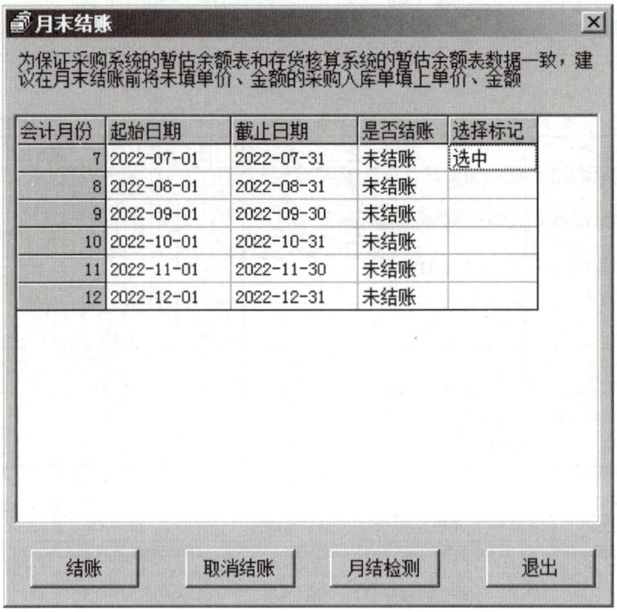

图 3-63-1 “月末结账”对话框

(3) 选择【销售管理】|【月末结账】选项，打开“月末结账”对话框，选中第 7 行，如图 3-63-2所示，单击【月末结账】按钮，单击【退出】按钮。

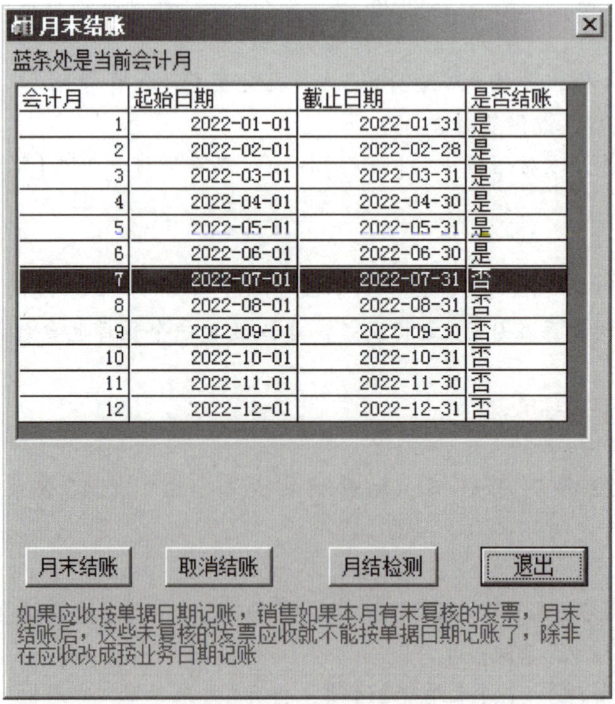

图 3-63-2 “月末结账”对话框

(4) 选择【库存管理】|【月末结账】选项，打开“结账处理”对话框，选中第7行，如图3-63-3所示，单击【结账】按钮，单击【退出】按钮。

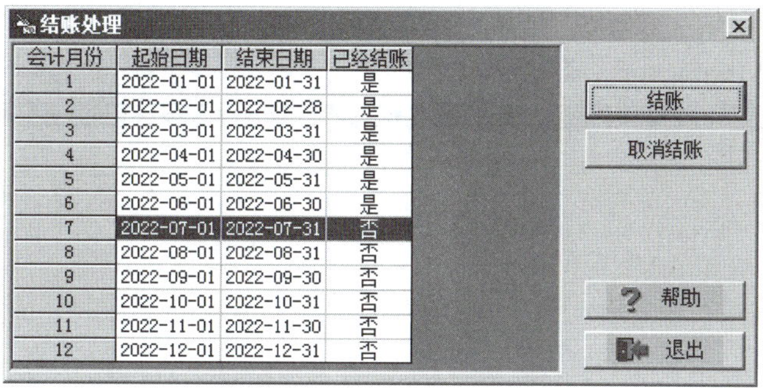

图 3-63-3　“结账处理”对话框

(5) 选择【核算管理】|【月末处理】选项，打开“期末处理”对话框，单击【全选】按钮，如图3-63-4所示，单击【确定】按钮，系统提示是否确认进行，如图3-63-5所示，单击【确定】按钮，系统提示“本月还有未记账的单据，是否继续进行期末处理?”，如图3-63-6所示，单击【是(Y)】按钮，打开“成本计算表”对话框，如图3-63-7所示，单击【确定】按钮，系统提示“期末处理完毕!”，如图3-63-8所示，单击【确定】按钮，返回“期末处理”对话框，单击【关闭】按钮。

(6) 选择【核算管理】|【购销单据制单】选项，出现“生成凭证”对话框，单击【选择】按钮，出现“查询条件”对话框，如图3-63-9所示。

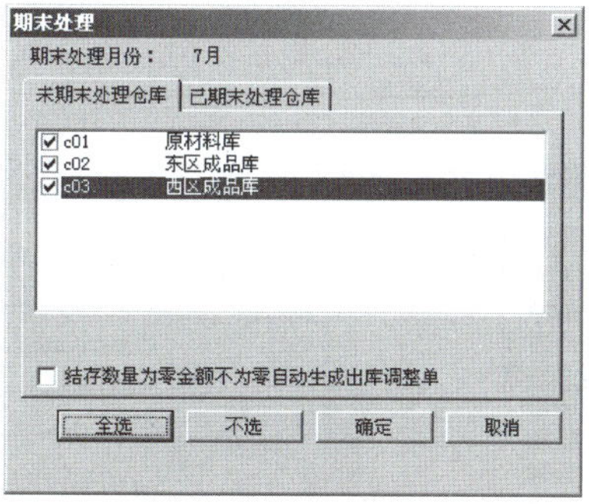

图 3-63-4　“期末处理”对话框

图 3-63-5　“月末处理”对话框

图 3-63-6　“期末处理”对话框

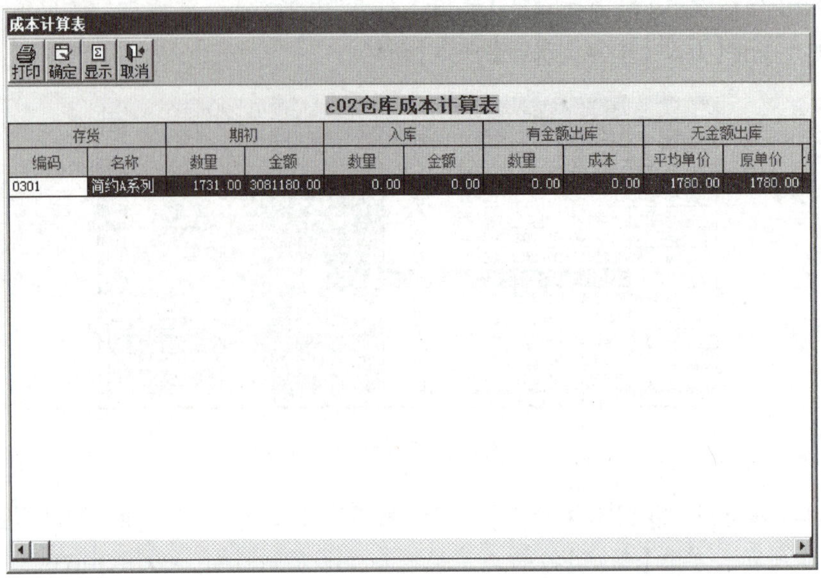

图 3-63-7 “c02 仓库成本计算表”对话框

图 3-63-8 “期末处理完毕”对话框

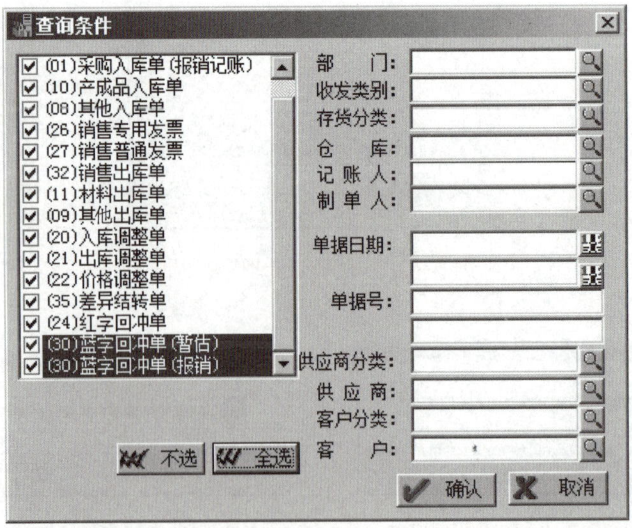

图 3-63-9 “查询条件”对话框

(7) 单击【全选】按钮，单击【确认】按钮，出现“选择单据”对话框，如图 3-63-10 所示。

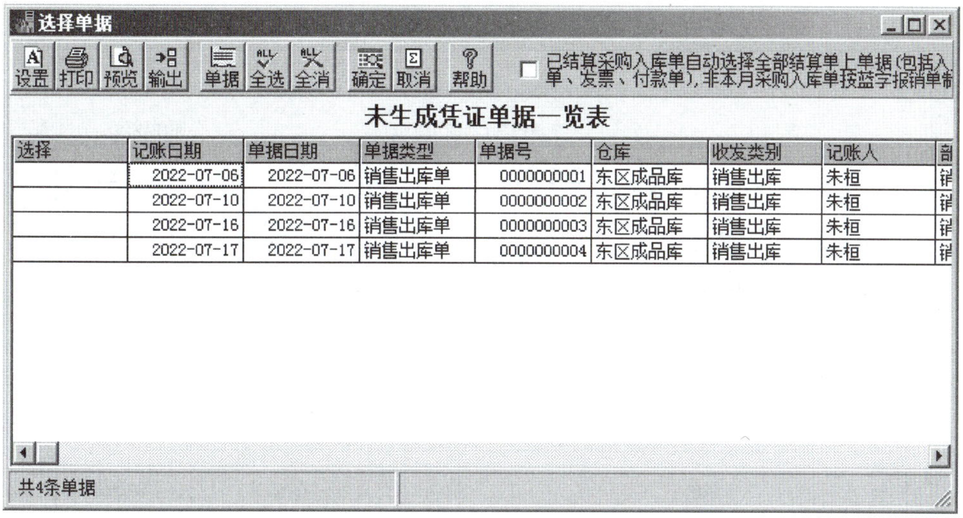

图 3-63-10 “未生成凭证一览表”对话框

(8) 单击【全选】按钮，单击【确定】按钮，出现“生成凭证”对话框，如图 3-63-11 所示。

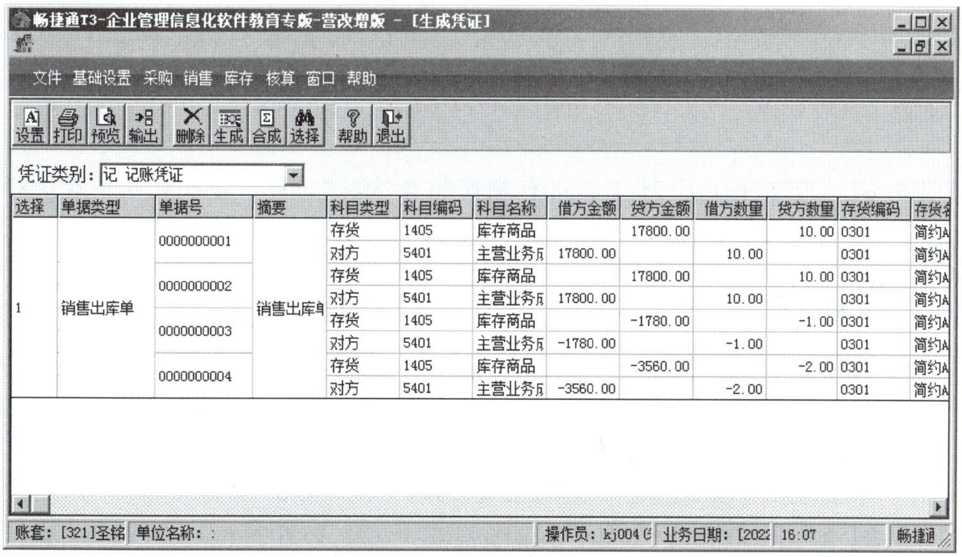

图 3-63-11 “生成凭证”对话框

(9) 单击【合成】按钮，出现“填制凭证”对话框，如图 3-63-12 所示，单击“填制凭证”对话框中的【保存】按钮，保存凭证，单击【退出】按钮，退出相应对话窗口。

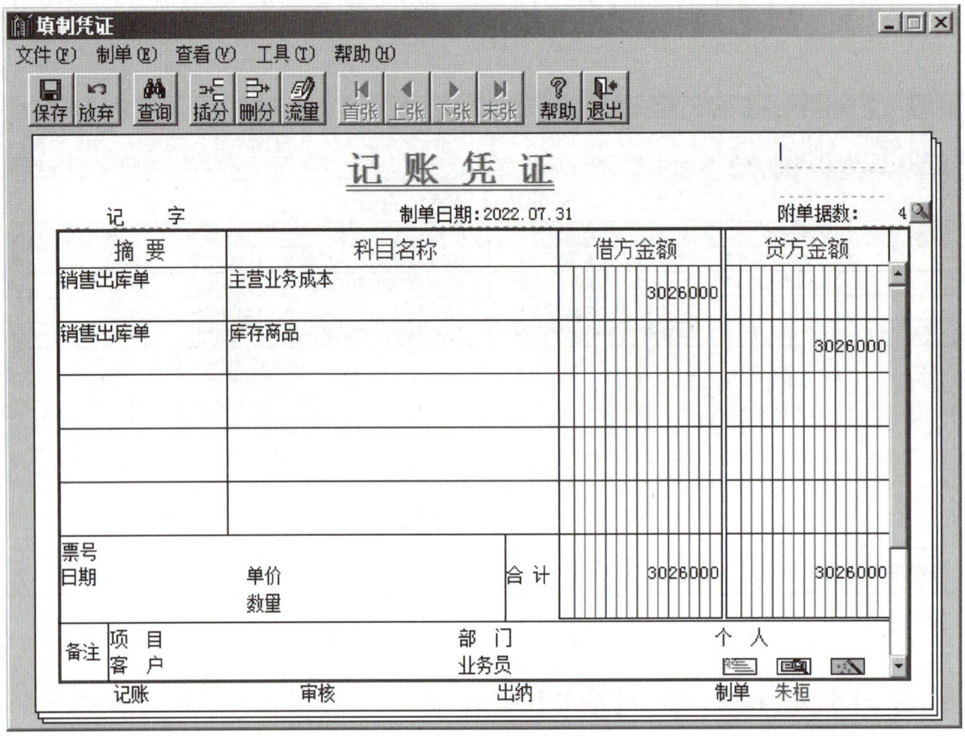

图 3-63-12 “填制凭证”对话框

3.64 结转期间损益(生成一张凭证)

任务 3-64 2022 年 7 月 31 日，进行期间损益结转“kj002”登录信息平台进行业务处理。

操作步骤

(1) 2022 年 7 月 31 日，“kj002(王袂，密码‘2’)”登录“畅捷通 T3-企业管理信息化软件教育专版-营改增版”系统。

(2) 选择【总账系统】|【月末转账】选项，如图 3-64-1 所示，单击期间损益结转右侧的“放大镜”按钮，打开“期间损益结转设置”对话框，设置本年利润科目为“3103”，如图 3-64-2 所示，单击【确定】按钮，返回“转账生成”对话框，如图 3-64-3 所示。

(3) 单击【全选】按钮，选中“包含未记账凭证”选项，如图 3-64-4 所示，单击【确定】按钮。

(4) 单击【确定】按钮，出现“填制凭证”对话框，单击【保存】按钮，保存凭证，如图 3-64-5所示，单击【退出】按钮，退出相应对话窗口。

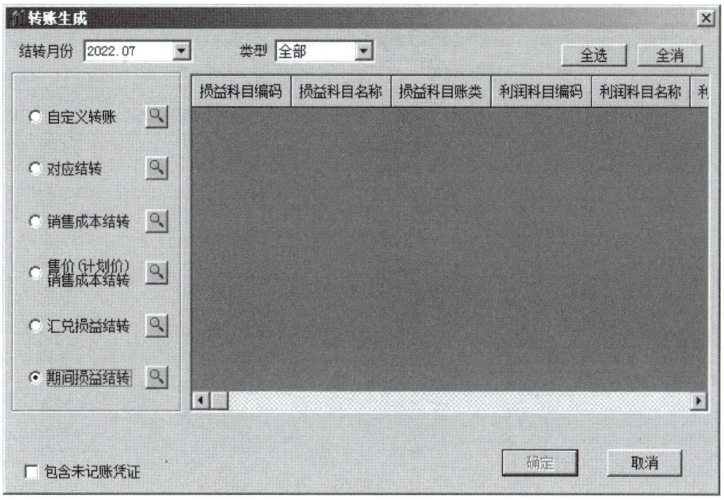

图 3-64-1 “转账生成”对话框

图 3-64-2 “期间损益结转设置”对话框

图 3-64-3 “转账生成”对话框

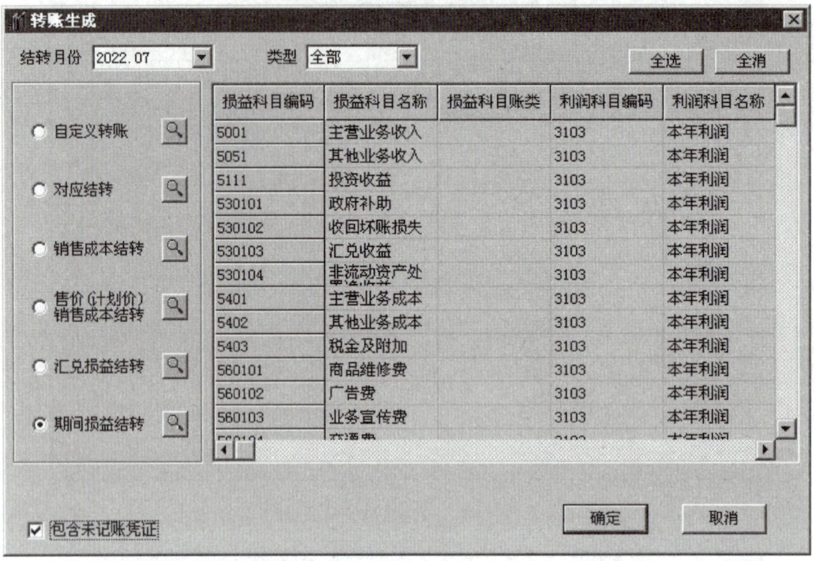

图 3-64-4 “转账生成”对话框

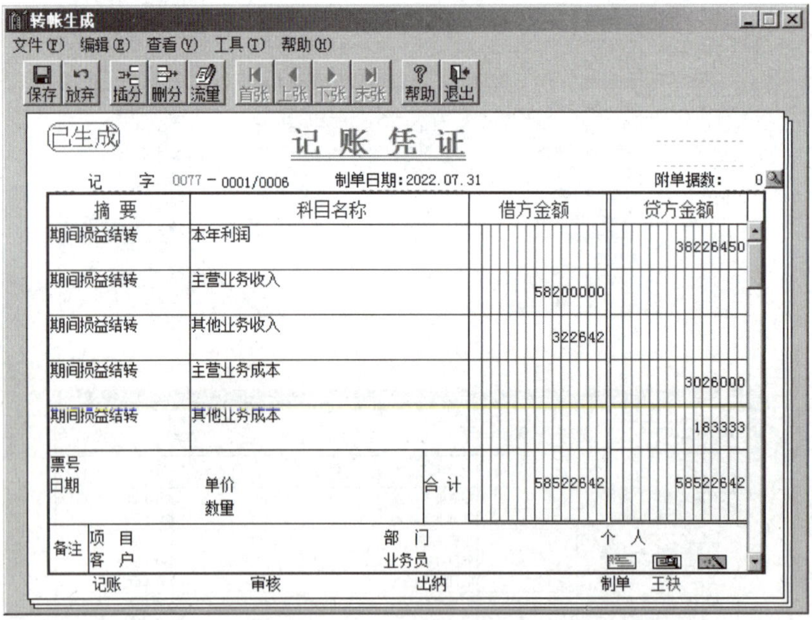

图 3-64-5 “填制凭证”对话框

3.65 出纳签字、凭证审核及记账操作

任务 3-65 2022 年 7 月 31 日，由“kj003”进行出纳签字，再由“kj001”对凭证审核及记账操作。

操作步骤

(1) 2022 年 7 月 31 日，由“kj003(张玉梅，密码‘3’)”登录“畅捷通 T3-企业管理信息化软件教育专版-营改增版”系统。

(2) 选择【总账】|【凭证】|【出纳签字】选项，打开“出纳签字”对话框，如图 3-65-1 所示，单击【确认】按钮。

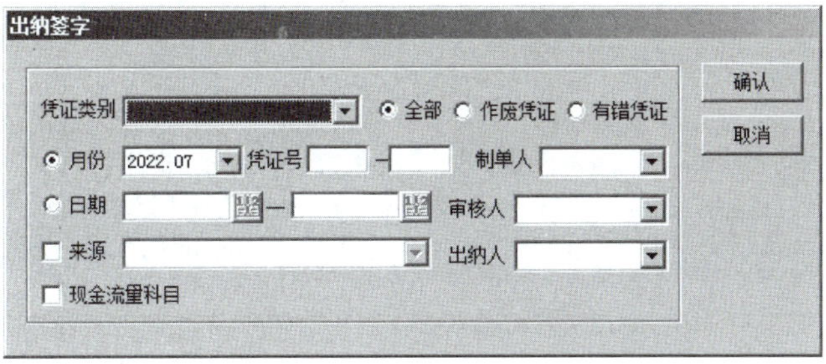

图 3-65-1 “出纳签字”对话框

(3) 打开“出纳签字”列表，如图 3-65-2 所示，单击【确定】按钮。

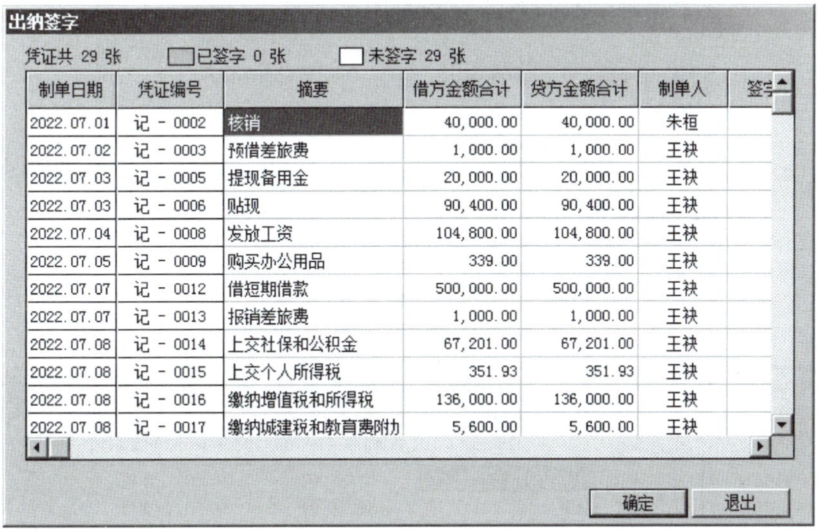

制单日期	凭证编号	摘要	借方金额合计	贷方金额合计	制单人	签字
2022.07.01	记 - 0002	核销	40,000.00	40,000.00	朱桓	
2022.07.02	记 - 0003	预借差旅费	1,000.00	1,000.00	王袂	
2022.07.03	记 - 0005	提现备用金	20,000.00	20,000.00	王袂	
2022.07.03	记 - 0006	贴现	90,400.00	90,400.00	王袂	
2022.07.04	记 - 0008	发放工资	104,800.00	104,800.00	王袂	
2022.07.05	记 - 0009	购买办公用品	339.00	339.00	王袂	
2022.07.07	记 - 0012	借短期借款	500,000.00	500,000.00	王袂	
2022.07.07	记 - 0013	报销差旅费	1,000.00	1,000.00	王袂	
2022.07.08	记 - 0014	上交社保和公积金	67,201.00	67,201.00	王袂	
2022.07.08	记 - 0015	上交个人所得税	351.93	351.93	王袂	
2022.07.08	记 - 0016	缴纳增值税和所得税	136,000.00	136,000.00	王袂	
2022.07.08	记 - 0017	缴纳城建税和教育费附加	5,600.00	5,600.00	王袂	

图 3-65-2 “出纳签字”列表

(4) 打开“出纳签字”凭证，选择【出纳】|【成批签字】选项，系统提示签字结果，单击【确定】按钮，单击【退出】按钮，如图 3-65-3 所示，单击【退出】按钮。

(5) 以“kj001(李莞，密码‘1’)”同日登录，选择【总账】|【凭证】|【审核凭证】选项，打开“审核凭证”对话框，如图 3-65-4 所示，单击【确认】按钮。

(6) 打开“出纳签字”列表，如图 3-65-5 所示，单击【确定】按钮。

(7) 打开“审核凭证”凭证，选择【审核】|【成批审核凭证】选项，系统提示签字结果，单击【确定】按钮，单击【退出】按钮，如图 3-65-6 所示，单击【退出】按钮。

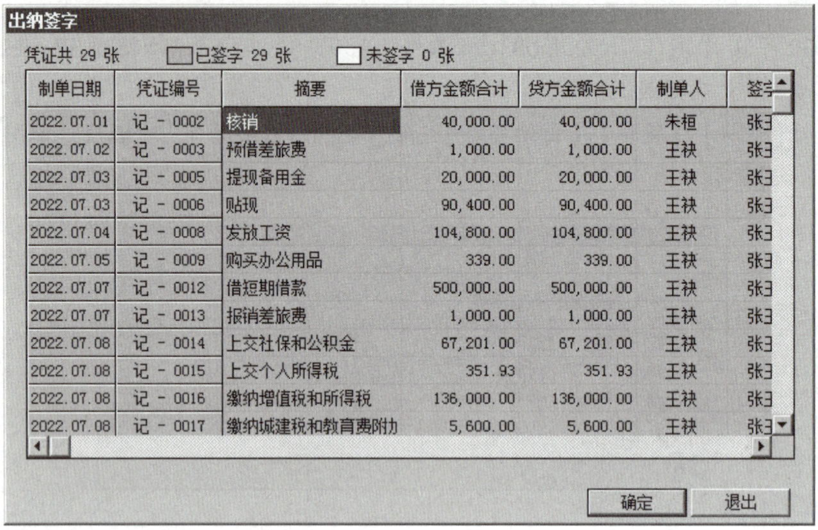

图 3-65-3 “签字完成”对话框

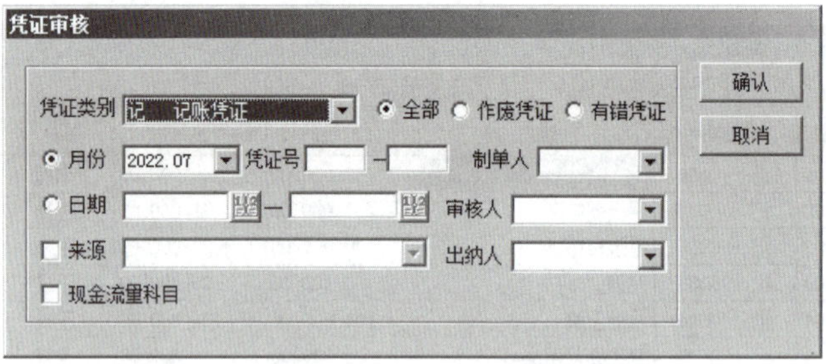

图 3-65-4 “凭证审核”对话框

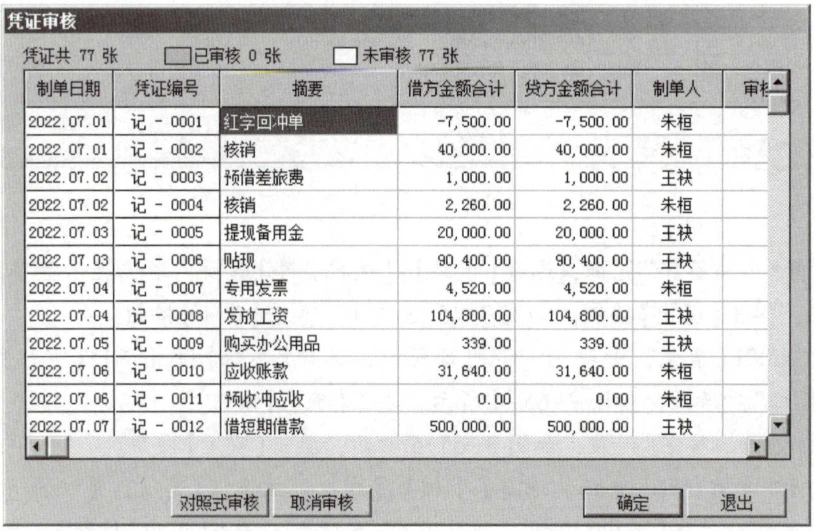

图 3-65-5 “凭证审核”列表

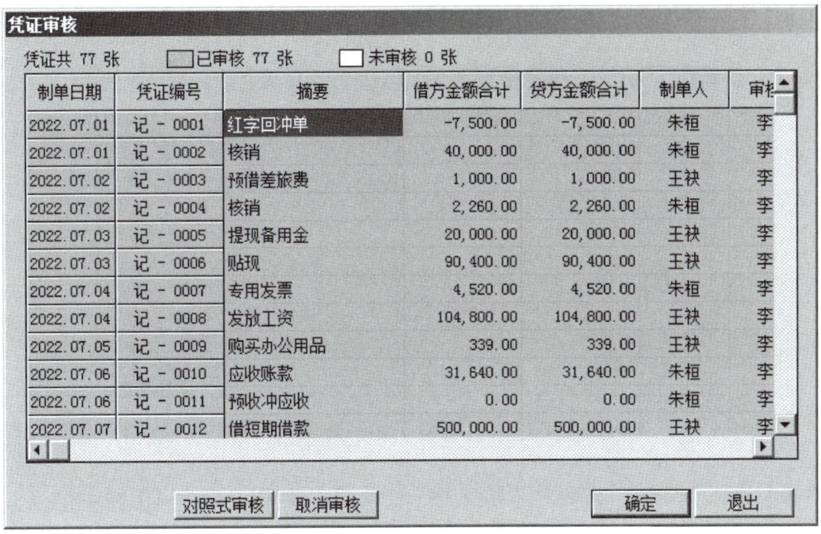

图 3-65-6 “审核完成”对话框

(8) 选择【总账】|【凭证】|【记账】选项，如图 3-65-7 所示。

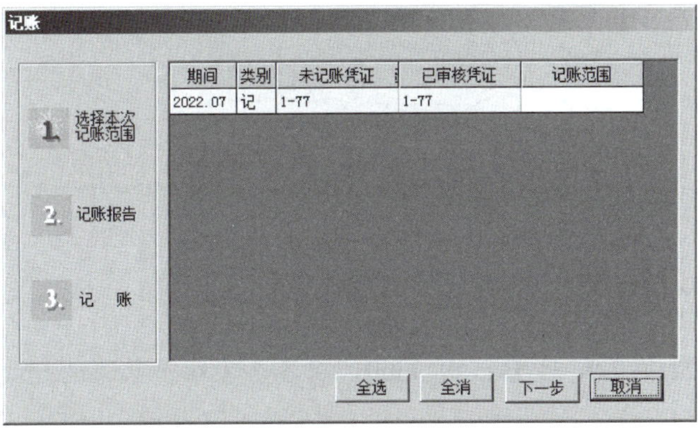

图 3-65-7 “选择本次记账范围”对话框

(9) 单击【全选】，然后【下一步】，如图 3-65-8 所示。

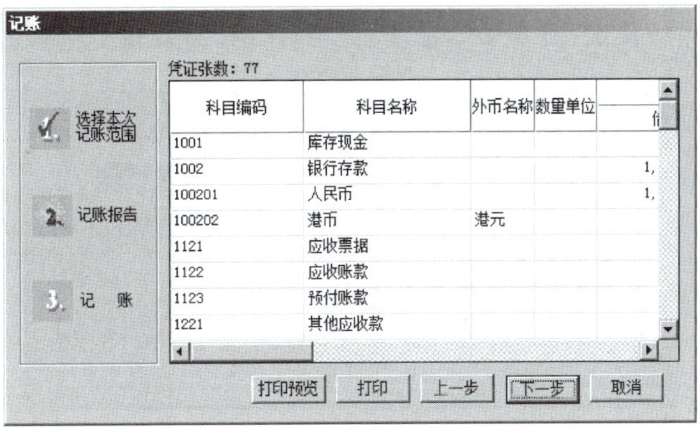

图 3-65-8 “记账报告”对话框

（10）单击【下一步】按钮，单击【记账】按钮，如图 3-65-9 所示。

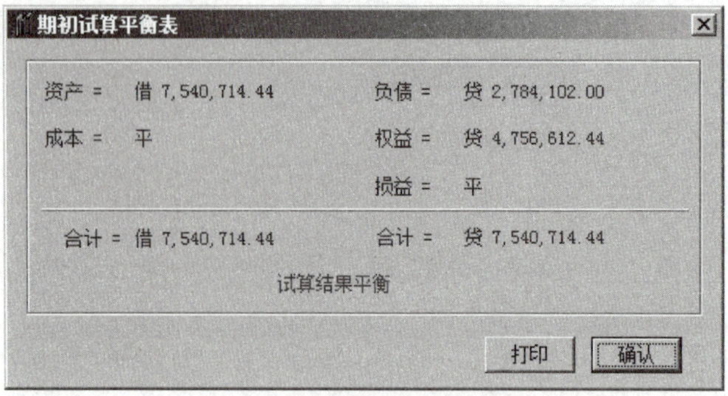

图 3-65-9 “期初试算平衡表”对话框

（11）单击【确认】按钮，出现“记账完毕”对话框，如图 3-65-10 所示。

图 3-65-10 “记账完毕”对话框

3.66 各系统结账

任务 3-66 2022 年 7 月 31 日，由“kj001”对各个管理子系统进行结账。

操作步骤

（1）2022 年 7 月 31 日，由“kj001（李莞，密码‘1’）”录畅捷通 T3-企业管理信息化软件教育专版-营改增版系统。

（2）选择【核算管理】|【月末结账】选项，打开“月末结账”对话框，如图 3-66-1 所示，单击【确定】按钮，系统提示“月末结账完成”，单击【确定】按钮，结账完成。

图 3-66-1 “结账处理”对话框

（3）选择【固定资产】|【月末结账】选项，打开“月末结账”对话框，如图 3-66-2 所示，单击【开始结账】按钮，系统提示“与财务对账结果平衡”，如图 3-66-3 所示，单击【确定】按钮，对出现的系统提示按【确定】按钮，完成结账。

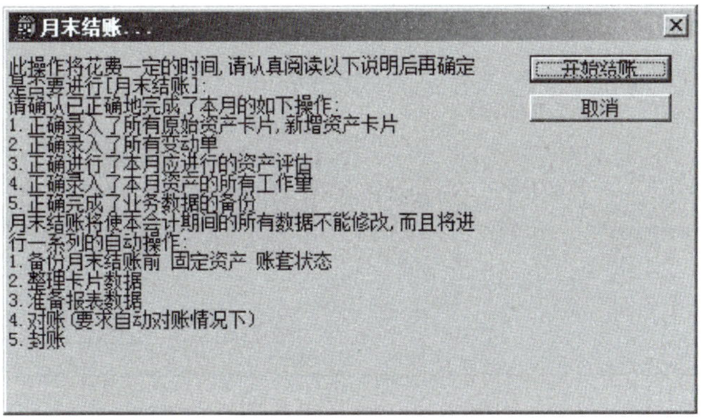

图 3-66-2　“固定资产月末结账”对话框

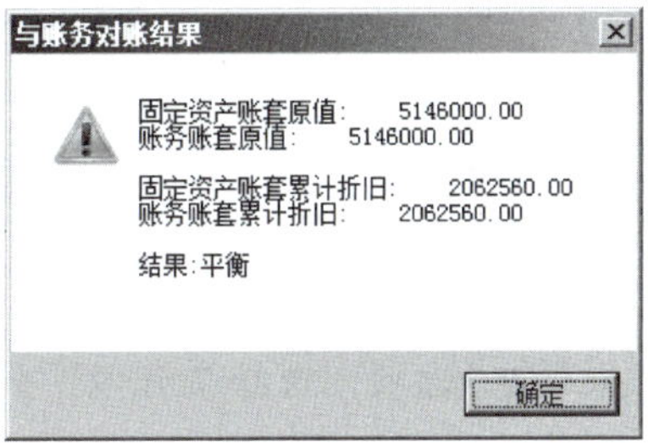

图 3-66-3　“与财务对账结果”对话框

（4）选择【工资】|【工资类别】|【打开工资类别】选项，打开“打开工资类别”对话框，如图 3-66-4 所示，选择“001 生产人员”，单击【确定】按钮。

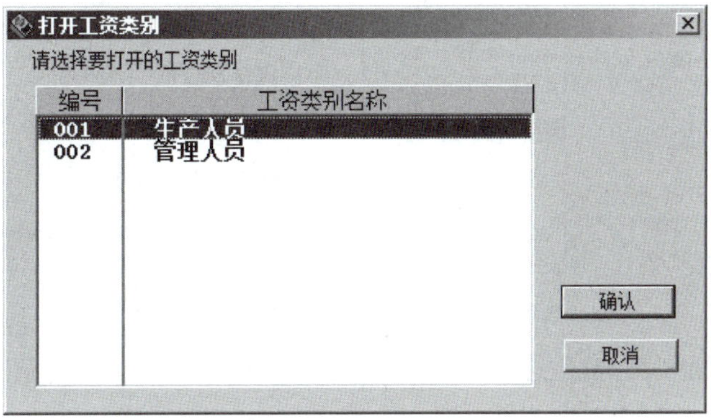

图 3-66-4　“打开工资类别”对话框

（5）选择【工资】|【业务处理】|【月末处理】选项，如图 3-66-5 所示，单击【确认】按钮，系统提示“继续月末处理吗?”，如图 3-66-6 所示，单击【是(Y)】按钮，系统提示“是

否选择清零项?”，如图 3-66-7 所示，单击【否(N)】，系统提示“月末处理完毕!”，单击【确定】按钮。

(6) 同理，完成工资类别“002 管理人员”月末处理。

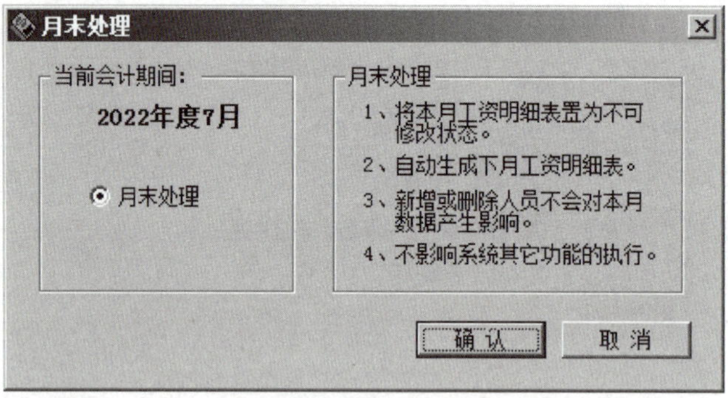

图 3-66-5 “月末处理”对话框

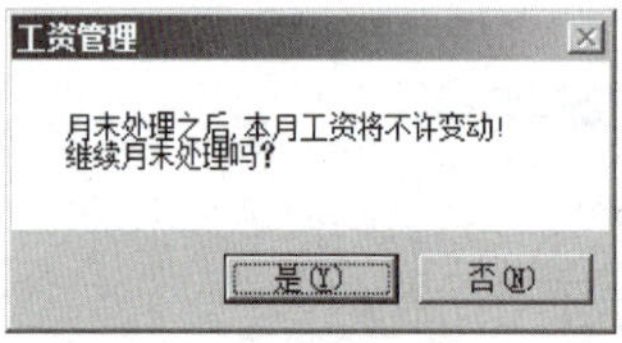

图 3-66-6 “工资管理”对话框

图 3-66-7 “是否选择清零项”对话框

(7) 选择【总账系统】|【月末结账】选项，选择 7 月份，如图 3-66-8 所示，单击【下一步】按钮。

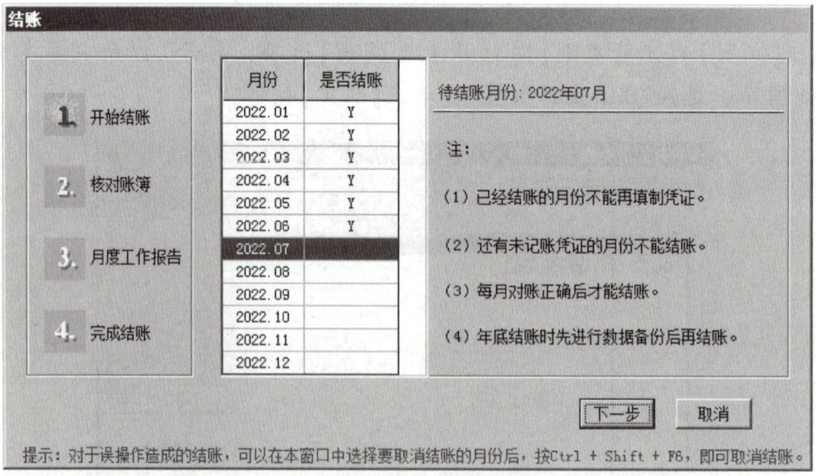

图 3-66-8 “结账”对话框

(8) 单击【对账】按钮，如图 3-66-9 所示。

(9) 单击【下一步】按钮，如图 3-66-10 所示。

(10) 单击【下一步】按钮，如图 3-66-11 所示。

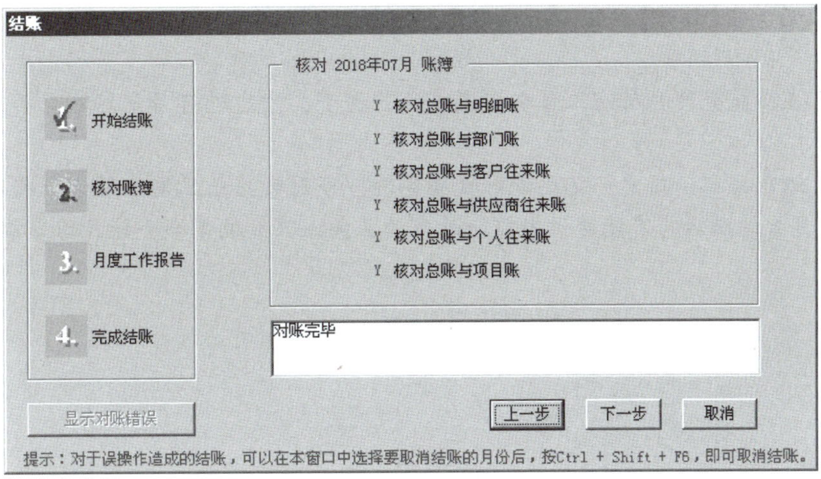

图 3-66-9 “核对账簿”对话框

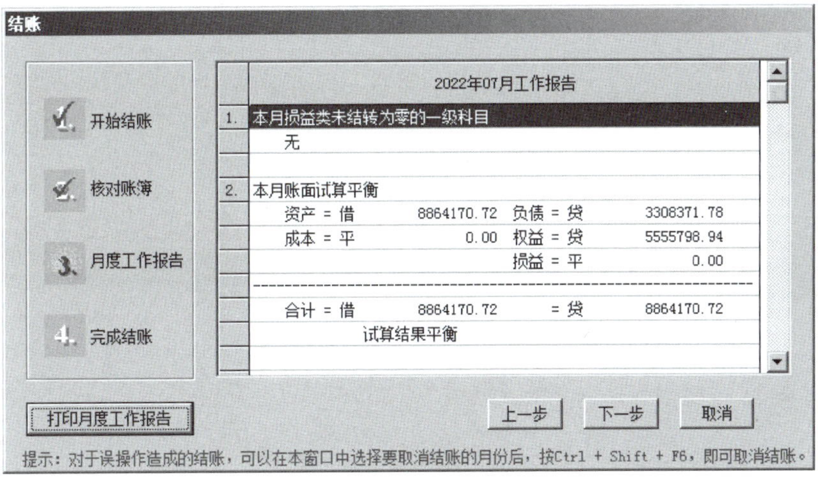

图 3-66-10 “月度工作报告”对话框

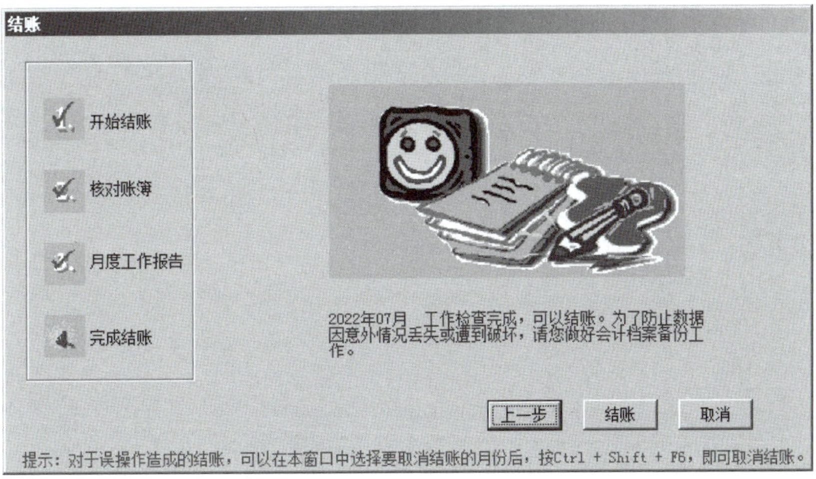

图 3-66-11 “完成结账”对话框

(11) 最后单击【结账】按钮。

补　充

◇ 只有在当前会计月所有工作全部完成的前提下，才能进行月末结账，否则会遗漏某些业务。

◇ 月末结账之前，用户一定要进行数据备份，否则数据一旦发生错误，将造成无法挽回的后果。月末结账后将不能再做当前会计月的业务，只能做下个会计月的日常业务。

4 报表编制

财务报表是通用电子表格软件，既可以独立使用，也可以和财务管理软件的其他模块结合使用，适用于各行业的财务、会计、人事、计划、统计、税务及物资等部门。财务报表管理子系统的主要功能包括提供各行业报表模块、文件管理功能、格式管理功能、数据处理功能、图表功能及打印功能。

（1）提供各行业报表模板。该系统中提供了40个行业的标准财务报表模板。如果标准行业报表仍不能满足需要，系统还提供了自定义模板的功能，可以根据本单位的实际需要定制模板。

（2）文件管理功能。该系统提供了各类文件管理功能，除了能完成一般的文件管理外，财务报表电子表的数据文件还能转化为不同的文件格式：如Access文件、MS文件、Excel文件以及Lotus2-2-3文件。

（3）格式管理功能。该系统提供的格式设计功能，可以设置报表尺寸、组合单元、画表格线(包括斜线)、调整行高列宽、设置字体和颜色以及设置显示比例等，可以制作出满足各种要求的报表。

（4）数据处理功能。财务报表以固定的格式管理大小不同的不同表页，能够把多达99999张具有相同格式的报表资料统一在一个报表文件中进行管理，并且在每张表页之间建立有机的联系。此外，该系统还提供了排序、审核、舍位平衡以及汇总功能；提供了绝对单元公式和相对单元公式，可以方便、迅速地定义计算公式；提供了种类丰富的函数，在系统向导的引导下轻松地从财务及其他子系统中提取数据，生成财务报表。

（5）图表功能。该系统采用“图文混排”，可以很方便地进行图形数据组织，制作包括直方图、立体图、圆饼图及折线图等10种图式的分析图表；可以编辑图表的位置、大小、标题、字体和颜色等，并打印输出图表。

（6）打印功能。该系统采用“所见即所得”的打印方式，报表的图形都可以打印输出。提供“打印预览”，可以随时观看报表或图形的打印效果。打印报表时，可以打印格式或数据，并设置表头和表尾，可以在0.3~3倍之间缩放打印，也可以横向或纵向打印等。

（7）二次开发功能。该系统提供了批选项和自定义菜单，自动记录选项窗口中输入的多个选项，可将具有规律性的操作过程编制成批选项文件。提供了Windows风格的自定义菜单，综合利用批选项，可以在短时间内开发出本企业的专用系统。

4.1 报表格式设计

定义一张报表，首先应该定义报表数据的载体——报表格式。不同的报表，格式定义的内容也会不同，但一般情况下报表格式应该包括报表表样、单元类型及单元风格等内容。

4.1.1 启动财务报表

在使用财务报表管理子系统处理报表之前，首先应启用该子系统，并建立一张空白的报表，然后在这张空白报表的基础上设计报表的格式。

任务 4-1-1 2022 年 7 月 31 日，以“kj001(李莞，密码‘1’)”的身份，登录注册 321 账套的“财务报表”系统并新增一张报表。

操作步骤

(1) 2022 年 7 月 31 日，由“kj001(李莞，密码‘1’)”录畅“捷通 T3-企业管理信息化软件教育专版-营改增版”系统。

(2) 选择【财务报表】模块，打开“财务报表”窗口，如图 4-1-1 所示。

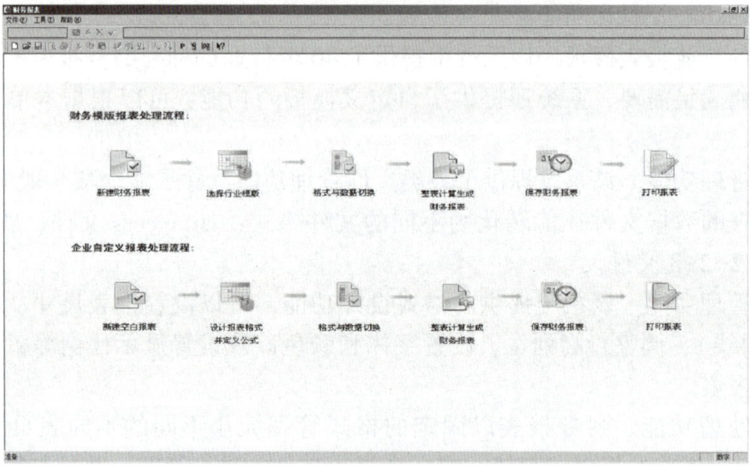

图 4-1-1 “财务报表”窗口

(3) 选择【文件】|【新建】选项，在弹出的“新建”对话框中，模板分类为“常用”，常用模板为“空报表”，如图 4-1-2 所示。

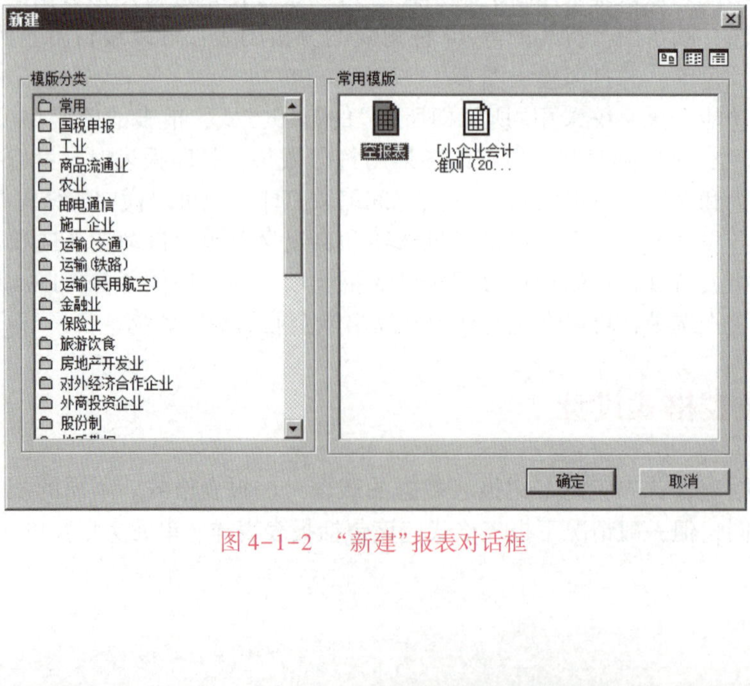

图 4-1-2 “新建”报表对话框

(4) 单击【确定】按钮，进入空白报表窗口，如图 4-1-3 所示。

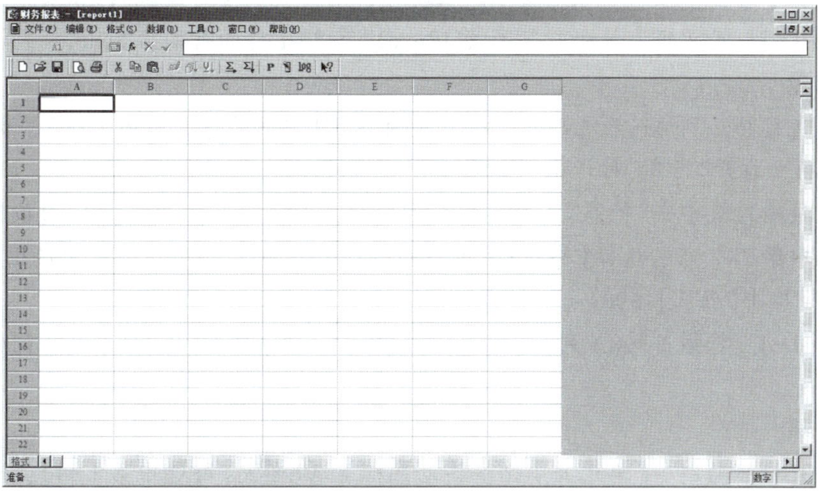

图 4-1-3 新增一张报表

补 充

◇ 建立新表后，将得到一张系统默认格式的空表，默认报表名为“Report1. Rep”。

◇ 建立空白报表后，里面没有任何内容，所有单元的类型均默认为数值单元。

◇ 新报表建立后，默认的状态栏为格式状态。

4.1.2 设计表样

设计表样主要包括设计报表的表格、输入报表的表间项目及定义项目的显示风格、定义单元属性。通过设置报表表样可以确定整张报表的大小和外观。

报表表样设置的具体内容一般包括：设置报表尺寸、定义报表行高列宽、画表格线、定义组合单元、输入表间项目(即表头表体表尾内容)、定义单元属性、设置单元风格等。

1. 设置报表尺寸

设置报表尺寸是指设置报表的行数和列数。

任务 4-1-2 设置报表尺寸为 7 行 4 列。

操作步骤

(1) 选择【格式】|【表尺寸】选项，打开“表尺寸”对话框，如图 4-1-4 所示。

(2) 直接输入或单击“行数”文本框的微调按钮，选择“7”，将“列数”文本框的微调按钮选择为“4”，单击【确认】按钮。

图 4-1-4 “表尺寸”对话框

补 充

◇ 设置完报表的尺寸之后，还可以选择【编辑】菜单中的【插入】或【删除】选项增加或减少行或列来调整报表大小。

2. 定义报表行高列宽

如果报表中某些单元的行或列要求比较特殊，则需要调整行高或列宽。

任务 4-1-3 定义报表第一行行高为 12mm，第 2~7 行的行高为 8mm。

操作步骤

(1) 将光标移动到 A1 单元单击，拖动鼠标至 D1 单元(即选中第 1 行)，选择【格式】|【行高】选项，打开“行高”对话框，如图 4-1-5 所示。

(2) 直接输入或单击“行高”文本框的微调按钮，选择“12”，单击【确认】按钮。

(3) 选中第 2~7 行，选择【格式】菜单中的【行高】选项，打开“行高”对话框，直接输入或选择“8”，单击【确认】按钮。

任务 4-1-4 将第 1 列(A 列)列宽定义为 60mm，第，2 列(B 列)到第 4 列(D 列)列宽定义为 30mm。

操作步骤

(1) 将光标移动到 A1 单元并单击，拖动鼠标至 A7 单元(即选中第 1 列)，选择【格式】|【列宽】选项，打开“列宽”对话框，如图 4-1-6 所示。

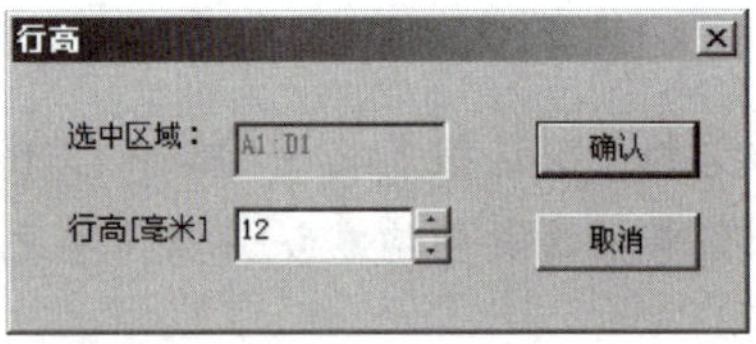

图 4-1-5 “行高”对话框

图 4-1-6 “列宽”对话框

(2) 直接输入或单击“列宽”文本框的微调按钮，选择“30”，单击【确认】按钮。

(3) 用同样的方法继续设置其他列的列宽。

补 充

◇ 行高和列宽的定义，可以通过菜单操作，也可以直接利用鼠标拖动某行或某列来调整。

3. 画表格线

报表的尺寸设置完成之后，在数据状态下，该报表是没有任何表格线的，所以为了满足查询和打印的需要，还需要画上表格线。

任务 4-1-5 将 A3：D6 画上网线。

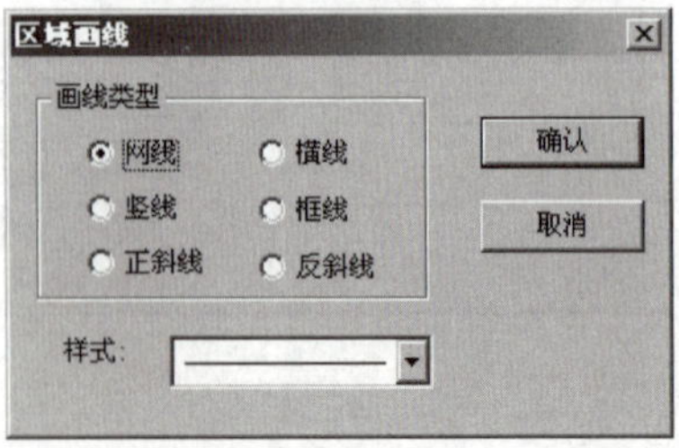

图 4-1-7 “区域画线”对话框

操作步骤

(1) 将光标移动到 A3 单元单击，拖动鼠标至 D6 单元，选择需要画线的区域 A3：D6。

(2) 选择【格式】菜单中的【区域画线】选项，打开“区域画线”对话框，如图 4-1-7 所示。

(3) 单击“网线”单选按钮，确定画线类型和样式，单击【确认】按钮。

补 充

◇ 画好的表格线在格式状态下变化并不明显，操作完以后可以在数据状态下查看效果。

4. 定义组合单元

在一个单元中有些内容，如标题、编制单位、日期及货币单位等信息可能会容纳不下，因此为了实现这些内容的输入和显示，需要定义组合单元。

任务 4-1-6 将单元 A1：D1 组合成一个单元。

操作步骤

（1）将光标移动到 A1 单元并单击，拖动鼠标至 D1 单元，选择需要合并的区域A1：D1。

（2）选择【格式】|【组合单元】选项，打开“组合单元”对话框，如图 4-1-8 所示。

（3）单击【按行组合】或【整体组合】按钮。

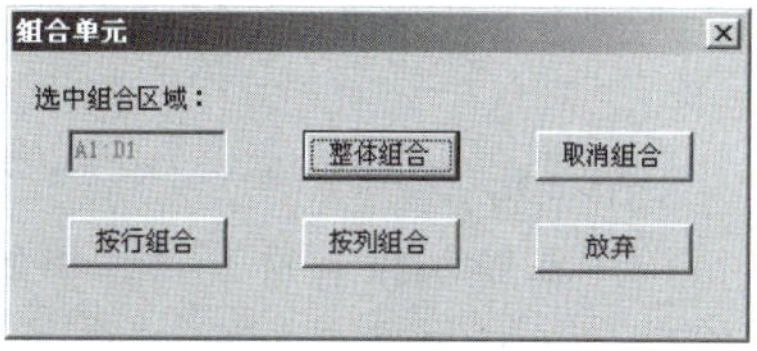

图 4-1-8 “组合单元”对话框

补 充

◇ 组合单元可以用该区域名或者区域中的任一单元名来表示。

◇ 组合单元实际上就是一个大的单元，所有针对单元的操作都对组合单元有效。

◇ 若要取消定义的组合单元，可以在“组合单元”对话框中，单击“取消组合”按钮实现。

5. 输入表间项目

报表表间项目指报表的文字内容，主要包括表头内容、表体项目和表尾项目等。

任务 4-1-7 根据表 4-1 所示的表样录入文字。

表 4-1 表样

货币资金表			
单位名称	*年*	*月*	*日*
项目	行次	期初数	期末数
现金	1	*C4＝QC（“1001”，月）*	*D4＝QM（“1001”，月）*
银行存款	2	*C5＝QC（“1002”，月）*	*D5＝QM（“1002”，月）*
合计	3	*C6＝C4+C5*	*D6＝D4+D5*
		制表人：	

操作步骤

（1）双击 A1 单元，录入“货币资金表”。

（2）双击 A3 单元，录入“项目”。

（3）双击 A4 单元，录入“现金”。

（4）重复以上操作，录入完成所有表样文字，如图 4-1-9 所示。

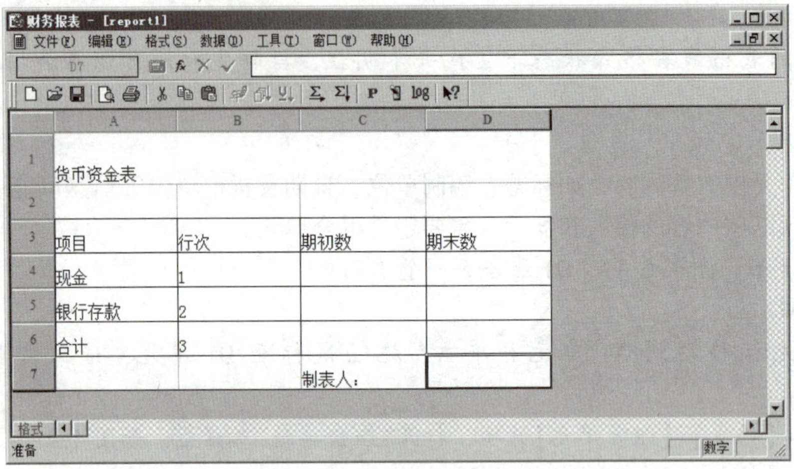

图 4-1-9 录入表样中的文字

补 充

◇ 在输入报表项目时，编制单位、日期一般不需要输入，财务报表管理子系统将其

◇ 单独设置成为关键字。

◇ 项目输入完成之后，默认的格式均为普通宋体 12 号，居左。

◇ 一个表样单元最多能输入 63 个字符或 31 个汉字，允许换行显示。

6. 定义单元属性

单元属性主要是指单元类型、数字格式及边框样式等内容的设置。

任务 4-1-8 将区域 C4：D6 设置为数值型的单元类型和逗号的数字格式。

操作步骤

(1) 将光标移动到 C4 单元单击，拖动鼠标至 D6 单元，即选中 C4：D6，选择【格式】|【单元属性】选项，打开"单元格属性"对话框，如图 4-1-10 所示。

(2) 选择"单元类型"中的"数值"单选按钮，选中"数字格式"中的"逗号"复选框，单击【确定】按钮。

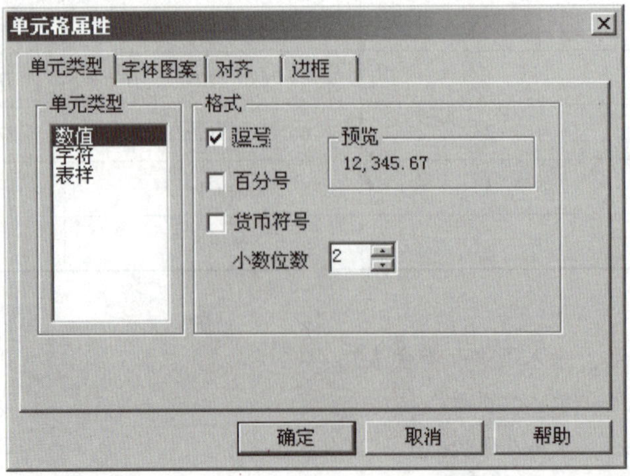

图 4-1-10 "单元格属性"对话框

补　充

◇ 新建报表时，所有单元的单元属性均默认为数值型。

◇ 格式状态下，将输入的内容均默认为“表样”单元。

7. 设置单元风格

单元风格主要是指单元内容的字体、字号、字形、对齐方式以及颜色图案等设置。设置单元风格会使报表更符合阅读习惯，更加美观清晰。

任务 4-1-9　将“货币资金表”设置字体为“宋体”、字形为“粗体”、字号为“14”、水平方向和垂直方向居中。

操作步骤

(1) 选中 A1 单元格(即“货币资金表”所在单元)，选择【格式】|【单元属性】选项，打开“单元格属性”对话框，选择“字体图案”选项卡。

(2) 选择“字型”下拉列表框中的“粗体”选项，然后选择“字号”下拉列表框中的“14”选项，如图 4-1-11 所示。

(3) 选择“对齐”选项卡，选择“水平方向”中的“居中”及“垂直方向”中的“居中”单选按钮，如图 4-1-12 所示，单击【确定】按钮。

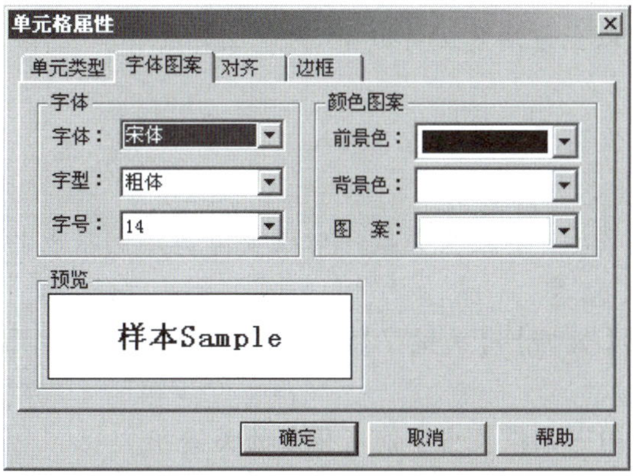

图 4-1-11　设置“字体图案”对话框

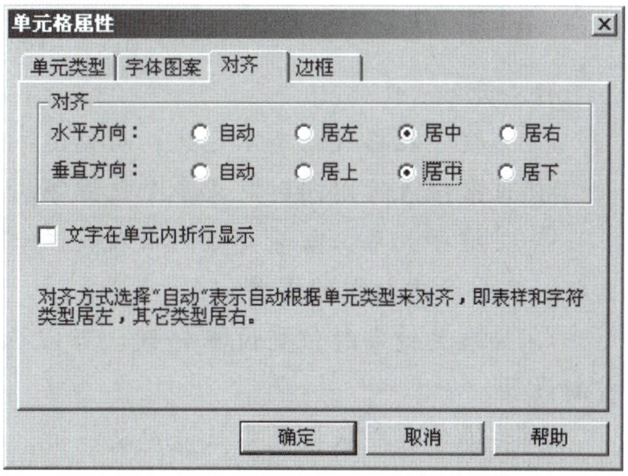

图 4-1-12　设置“对齐”方式对话框

任务 4-1-10　将“项目”“行次”“期初数”“期末数”设置为字体为“宋体”、字形为“斜体”、字号为“14”、水平方向和垂直方向为居中。

操作步骤

(1) 将光标移到 A3 单元(即“项目”所在单元)并单击，拖动鼠标至 D3 单元，即选中 A3：D3 单元格。

(2) 选择【格式】|【单元属性】选项，打开“单元格属性”对话框，单击“字体图案”选项卡，选择“字型”下拉列表框中的“斜体”选项，然后选择“字号”下拉列表框中的“14”选项。

(3) 单击“对齐”选项卡，单击“水平方向”中的“居中”及“垂直方向”中的“居中”单选按钮，单击【确定】按钮。

补　充

◇ 设置完成后可以在预览窗口中查看效果。

4.1.3 设置关键字

关键字主要有六种：单位名称、单位编号、年、季、月以及日。另外还可以根据自己的需要自定义关键字。

任务 4-1-11 在 A3 单元中定义“单位名称”，在 D3 单元中定义“年”。在 E3 单元中定义“月”，在 F3 单元中定义“日”，在 A2 单元中定义“单位名称”，在 B2 单元中定义“年”。在 C2 单元中定义“月”，在 D2 单元中定义“日”。

操作步骤

(1) 将光标移到 A2 单元并单击，选择【数据】|【关键字】|【设置】选项，打开“设置关键字”对话框，如图 4-1-13 所示。

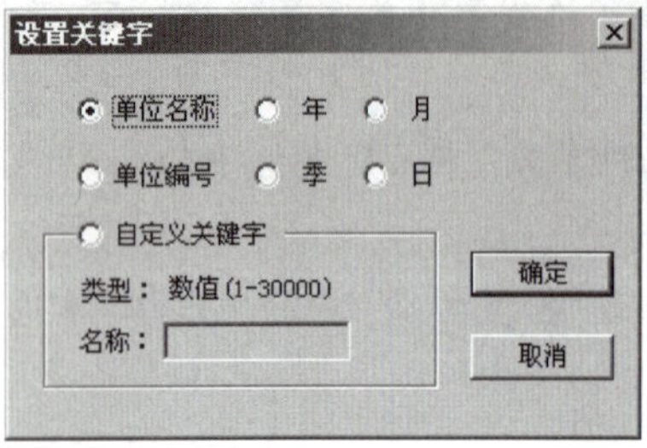

图 4-1-13 “设置关键字”对话框

(2) 选择“单位名称”单选按钮，单击【确定】按钮。完成 A2 单元关键字的设置。

(3) 将光标移到 B2 单元并单击，选择【数据】|【关键字】|【设置】选项，打开“设置关键字”对话框。

(4) 选择“年”单选按钮，单击【确定】按钮，完成 B2 单元关键字的设置。

(5)按照以上方法定义关键字“月”“日”。

补 充

◇ 关键字在格式状态下定义，而关键字的值则在数据状态下录入。

◇ 每张报表可以同时定义多个关键字。

◇ 关键字如年、月等会随同报表数据一起显示，在定义关键字时既要考虑编制报表的需要，又要考虑打印的需要。

◇ 如果关键字的位置设置错误，可以选择【数据】|【关键字】|【取消】选项。取消后再重新设置。

◇ 关键字在一张报表中只能定义一次，即同一张报表中不能有重复的关键字。

4.1.4 编辑公式

在财务报表中，由于各种报表之间存在着密切的数据间的逻辑关系，所以报表中各种数据的采集、运算的勾稽关系的检测就用到了不同的公式，报表主要有计算公式、审核公式和舍位平衡公式。

计算公式是指为报表单元赋值的公式，利用它可以将单元赋值为数值或字符。对于需要从报表本身或其他如总账、工资、固定资产及核算等模块中取数以及一些小计、合计和汇总等数据的单元，都可以利用单元公式进行取数。

报表中的各个数据之间一般都存在某种勾稽关系定义审核公式来进一步检验报告编制的结果是否正确。

生成报表后的数据往往非常庞大，不方便读者阅读，另外在报表汇总时，各个报表的货币计量单位有可能不统一，这时，需要将报表的数据进行位数转换，将报表单位数据由个位转换为百位、千位或万位，如将“元”单位转换为“千元”或“万元”单位。这种操作称为进(舍)位操作。

1. 定义单元公式

在定义单元公式时，可以直接输入公式，也可以利用函数向导输入公式。直接输入公式的操作详见任务 4-1-12。

任务 4-1-12 直接输入 C4 单元“货币资金”的“期初数”的计算公式：QC(“1001”，月)。

操作步骤

(1) 将光标移动到 C4 单元并单击。

(2) 选择【数据】|【编辑公式】|【单元公式】选项。打开“定义公式”对话框，如图 4-1-14 所示。

图 4-1-14 “定义公式”对话框

(3) 直接输入总账期末函数公式：直接输入“货币资金”的“期初数”的取数公式“QC(“1001”，月)”，【确认】按钮。

补 充

◇ 在输入单元公式时，凡是涉及数学符号和标点符号的均须输入英文半角字符，否则系统将认为公式输入错误而不能被保存。

◇ 利用函数向导输入公式的操作详见任务 4-1-13。

◇ 如果用户对财务报表的函数不太了解，直接定义单元公式有困难，可以利用函数向导引导公式。

任务 4-1-13 使用“函数向导”录入 D4 单元(即“现金”期末数单元)公式。

操作步骤：

(1) 将光标移动到 D4 单元并单击。

(2) 选择【数据】|【编辑公式】|【单元公式】选项，打开“定义公式”对话框。

(3) 单击“函数向导”按钮，打开“函数向导”对话框。

(4) 在“函数分类”选项区选择“用友财务函数”选项，在“函数名”选项区选择“期末(QM)”选项，如图 4-1-15 所示。

(5) 单击【下一步】按钮，打开“用友账务函数”对话框，如图 4-1-16 所示。

(6) 单击“参照”按钮，打开“财务函数”对话框，如图 4-1-17 所示。

(7) 单击“科目”栏右侧的【…】按钮，选择“1001 库存现金”选项，单击【确定】按钮。修改“函数录入”中的表达式为表样括号中的内容，单击【确定】按钮，返回“定义公式”对话框，单击【确认】。

(8) 同理，完成 C5 至 D6 单元公式录入。

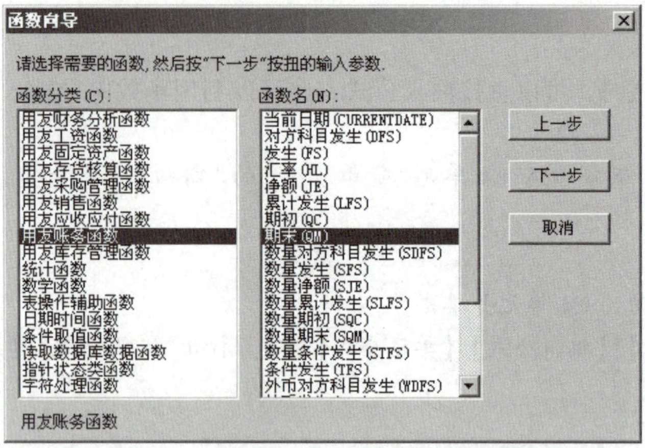

图 4-1-15 "函数向导"对话框

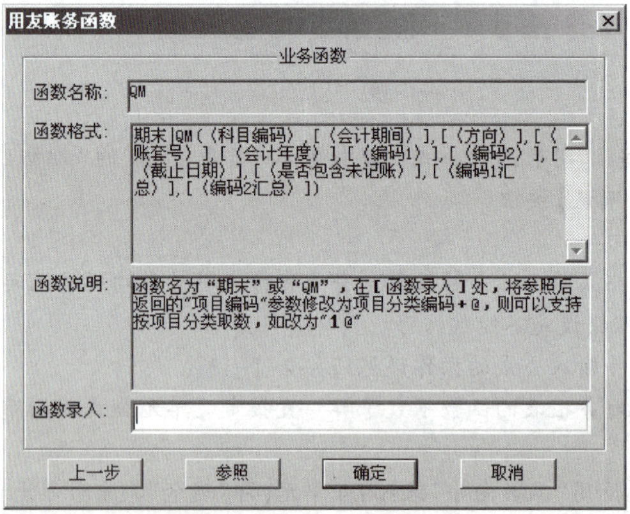

图 4-1-16 "用友账务函数"对话框

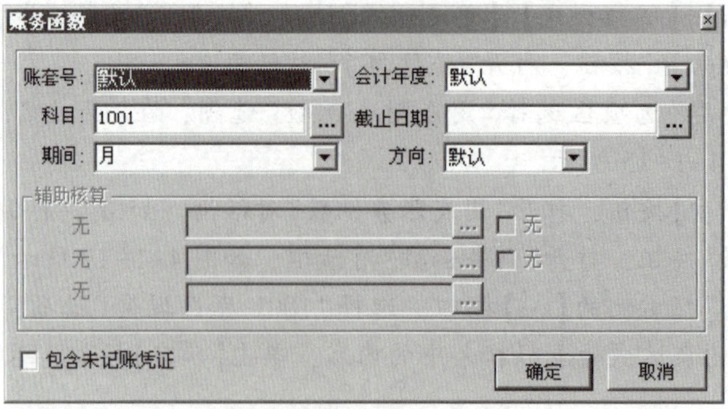

图 4-1-17 "财务函数"对话框

补　充

◇ 账套号和会计年度如果选择默认，以后在选择取数账套时，需要进行账套初始工作。如果直接输入，则不需再进行账套初始化。

◇ 如果输入的会计科目有辅助核算，还可以输入相关辅助核算内容。如果没有辅助核算，则“辅助核算”选择框呈灰色，不可输入。

2. 定义审核公式

在一般的报表中，有关项目之间或同其他报表之间存在一定的勾稽关系，可以根据这些关系定义审核公式。

任务 4-1-14　设置审核公式：货币资金期末合计数=现金期末数+银行存款期末数。

操作步骤

(1) 选择【数据】|【编辑公式】|【审核公式】选项，打开“审核公式”对话框，如图 4-1-18 所示。

(2) 在“审核关系”列表框中输入：D6＝D4+D5，另起一行输入：MESS“期末合计错误!”，单击【确定】按钮。

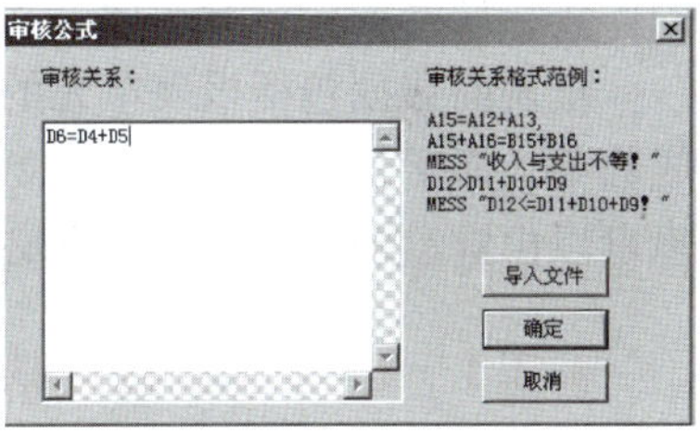

图 4-1-18　“审核公式”对话框

补　充

◇ 审核公式在格式状态下进行编辑，在数据状态下执行，只在出错的情况下才出提示。

◇ 公式输入除汉字外，其他均为英文半角符号。

◇ “MESS”后面先加空格，再后面是出错时出现的提示信息。

4.1.5　保存报表

报表的格式设置完成之后，为了确保今后能够随时调出使用并生成报表数据，应将会计报表的格式保存起来。

任务 4-1-15　将报表文件保存为“货币资金表”。

操作步骤

(1) 在格式设置状态下，选择【文件】|【保存】选项(或者按 Ctrl+S 键)，打开“另存为”列表框，如图 4-1-19 所示。

图 4-1-19　“另存为”对话框

(2) 在“文件名”文本框中输入“货币资金表”，单击【保存】按钮。

补　充

◇ “REP”为用友报表文件专用扩展名。

◇ 如果没有保存就退出，系统将弹出“是否保存报表?”对话框。如果单击【是】，则出现“另存为”对话框提示保存文件。

4.2 报表数据处理

报表数据处理主要包括生成报表数据、审核报表数据和舍位平衡操作等工作，数据处理工作必须在数据状态下进行。处理时，计算机会根据已定义的单元公式、审核公式和舍位平衡公式自动进行取数、审核及舍位等操作。

报表数据处理一般是针对某一特定表页进行的，因此，在进行数据处理时还涉及表页的操作，如增加、删除、插入和追加表页等。

报表的数据包括报表单元的数值和字符以及游离于单元之外的关键字。数值单元能生成数字，而字符单元既能生成数字又能生成字符；数值单元和字符单元可以由公式生成，也可以由键盘输入。关键字则必须由键盘录入。

4.2.1 进入报表数据状态

进入报表数据处理状态即可以使用菜单进入，也可以直接使用【数据/格式】切换按钮进入。

任务 4-2-1 进入“货币资金表”数据状态。

操作步骤

方法一：

(1) 选择【文件】|【打开】选项，打开“打开”对话框。

(2) 在“打开”对话框中，选择“货币资金表”，单击【打开】按钮。

方法二：

直接在货币资金表的格式状态下，单击报表左下角的【数据/格式】按钮，进入报表的数据状态。

4.2.2 录入关键字

关键字是表页定位的特定标识，在格式状态下设置完成关键字以后，只有在数据状态下对其实际赋值才能真正成为表页的鉴别标志，为表页间、表间的取数提供依据。

任务 4-2-2 录入关键字的内容：年为“2022”，月为“7”，日为“31”。

操作步骤

(1) 选择【数据】|【关键字】|【录入】选项，打开“录入关键字”对话框。

(2) 输入单位名称为“圣铭家俱有限公司”，年为“2022”，月为“7”，日为“31”。

(3) 单击【确认】按钮，系统弹出“是否重算第 1 页?”提示对话框，单击【是】按钮，如图 4-2-1 所示，单击【保存】按钮。

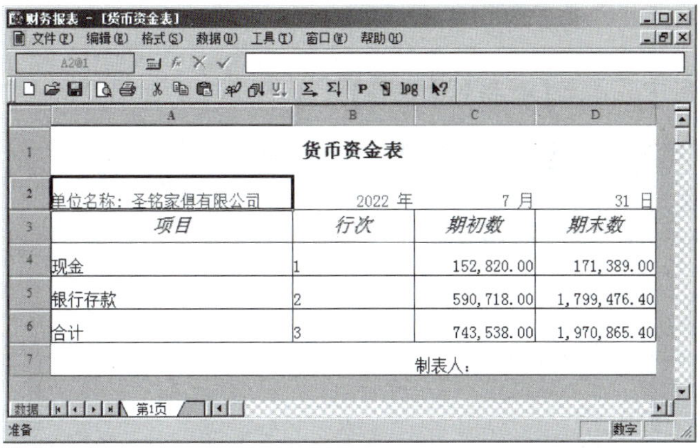

图 4-2-1　数据状态下的报表

补　充

◇ 每一张表页均对应不同的关键字，输出时随同单元一起显示。

◇ 日期关键字可以确认报表数据取数的时间范围，即确定数据生成的具体日期。

4.2.3　整表重算

当完成报表的格式设计并完成账套初始设置和关键字的录入后，便可以计算指定账套并指定报表的关键字后直接计算，也可以使用菜单功能来计算。

任务 4-2-3　计算圣铭家俱有限公司 2022 年 7 月的货币资金表数据。

操作步骤

(1) 选择【数据】|【表页重算】选项，系统弹出“是否确定全表重算?”提示对话框，如图 4-2-2 所示。

图 4-2-2　表页重算提示对话框

(2) 单击【是】按钮，系统经过自动计算生成圣铭家俱有限公司 2022 年 7 月的货币资金表数据。

4.2.4　公式审核

当完成报表数据重算后，可以通过公式审核来检查数据间的勾稽关系是否正确无误。在数据状态下执行公式审核，如果公式审核无误，则在状态栏显示“完全正确!”，否则，出现预先设定的错误提示信息。

任务 4-2-4 对货币资金表进行公式审核。

操作步骤

(1) 在数据状态下，选择【数据】|【审核】选项，如图 4-2-3 所示。

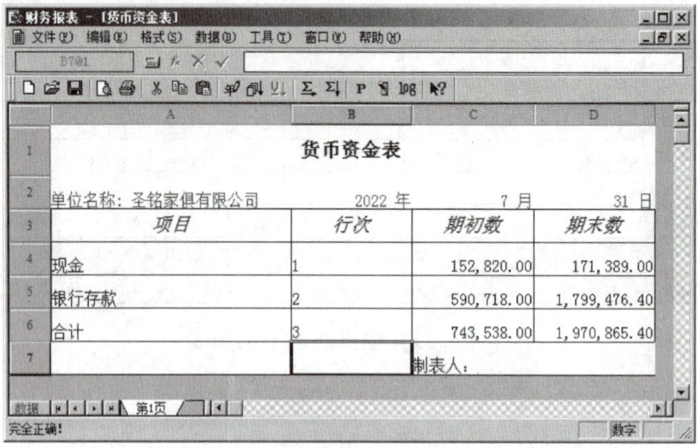

图 4-2-3 执行公式审核后窗口

4.3 报表模板

在自定义报表时，可以设计出个性化的报表，但如果对于一些会计实务上常用的、格式基本固定的财务报表进行逐一自定义则无疑费时、费力。针对这种情况，用友财务报表系统为用户提供了多个行业的各种标准财务报表格式，用户可以套用系统提供的标准报表格式，并在标准格式基础上根据自己单位的具体情况加以局部的修改，免去从头到尾建立报表、定义格式公式的烦琐工作。

利用报表模板可以迅速建立一张符合需要的财务报表。另外，对于一些本企业常用但报表模板没有提供标准格式的报表，在定义完这些报表以后可以将其定制成报表模板，以后使用时可以直接调用。

系统中提供了多个行业的标准财务报表模板。报表模板即建立一张标准格式的会计报表。如果用户需使用系统内的报表模板，则可以直接调用。

任务 4-3-1 调用执行"一般企业"[小企业会计准则(2013 年)]会计制度的"资产负债表"模板，生成报表。

操作步骤

(1) 在财务报表窗口中，选择【文件】|【新建】选项，打开"新建"对话框。

(2) 在左侧的"模板分类"栏中，单击选中"一般企业"[小企业会计准则(2013 年)]，在右侧的"小企业会计准则(2013)模板"栏中选中"资产负债表"，如图 4-3-1 所示。

(3) 单击【确定】按钮，打开"资产负债表"(格式状态)窗口，出现如图 4-3-2 所示的"资产负债表"模板。

(4) 单击左下角的【格式】按钮，进入资产负债表的数据状态。

(5) 选择【数据】|【关键字】|【录入】选项，打开"录入关键字"对话框，如图 4-3-3 所示。

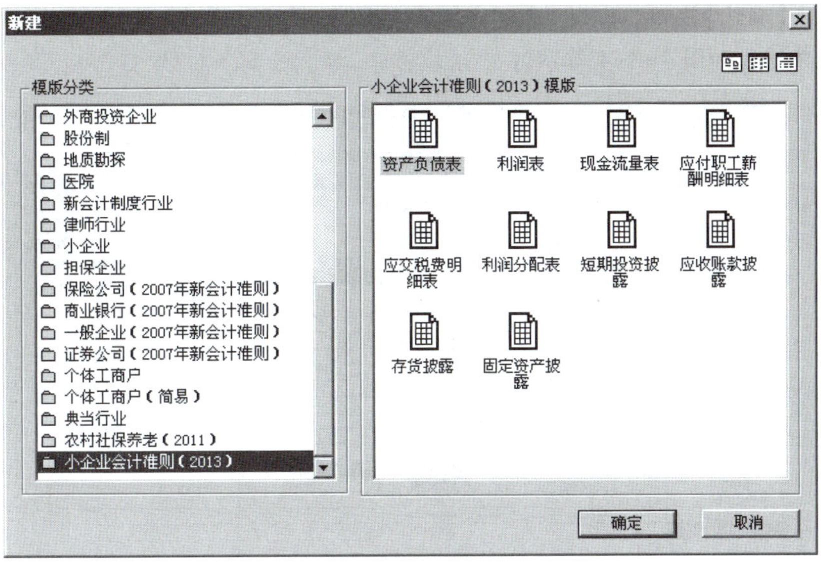

图 4-3-1 “报表模板”对话框

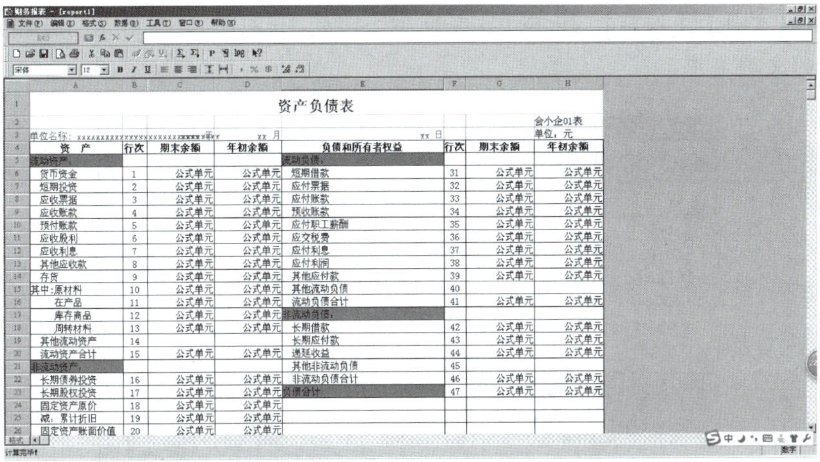

如图 4-3-2 调用的“资产负债表”模板

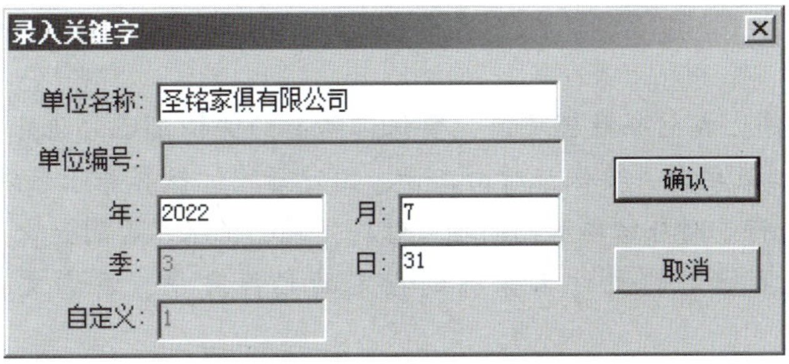

图 4-3-3 “录入关键字”对话框

(6) 单击【确认】按钮。出现“是否重算第 1 页”的提示，单击【是(Y)】按钮，生成了资产负债表的数据，如图 4-3-4 所示。

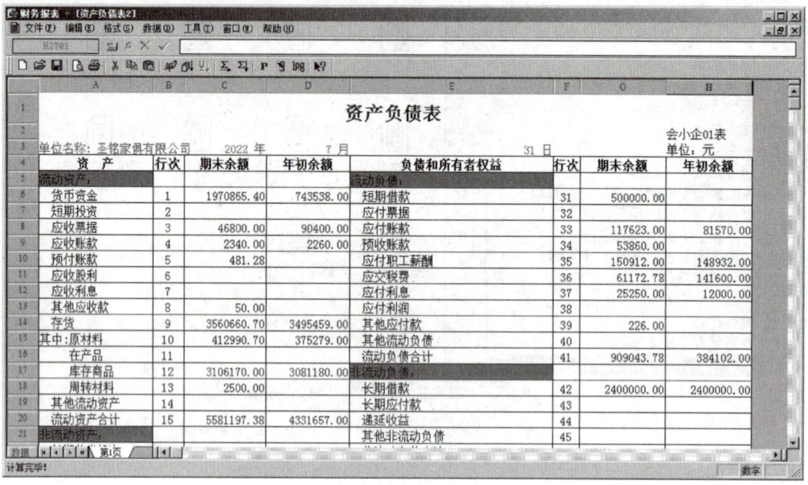

资产负债表

会小企01表

单位名称：圣铭家俱有限公司　2022 年　7 月　31 日　单位：元

资 产	行次	期末余额	年初余额	负债和所有者权益	行次	期末余额	年初余额
流动资产：				流动负债：			
货币资金	1	1970865.40	743538.00	短期借款	31	500000.00	
短期投资	2			应付票据	32		
应收票据	3	46800.00	90400.00	应付账款	33	117623.00	81570.00
应收账款	4	2340.00	2260.00	预收账款	34	53860.00	
预付账款	5	481.28		应付职工薪酬	35	150912.00	148932.00
应收股利	6			应交税费	36	61172.78	141600.00
应收利息	7			应付利息	37	25250.00	12000.00
其他应收款	8	50.00		应付利润	38		
存货	9	3560660.70	3495459.00	其他应付款	39	226.00	
其中：原材料	10	412990.70	375279.00	其他流动负债	40		
在产品	11			流动负债合计	41	909043.78	384102.00
库存商品	12	3106170.00	3081180.00	非流动负债：			
周转材料	13	2500.00		长期借款	42	2400000.00	2400000.00
其他流动资产	14			长期应付款	43		
流动资产合计	15	5581197.38	4331657.00	递延收益	44		
非流动资产：				其他非流动负债	45		

图 4-3-4　生成数据的资产负债表

(7) 选择【文件】|【保存】，出现“另存为”对话框，如图 4-3-5 所示，按指定的文件名保存到相应的文件夹中。

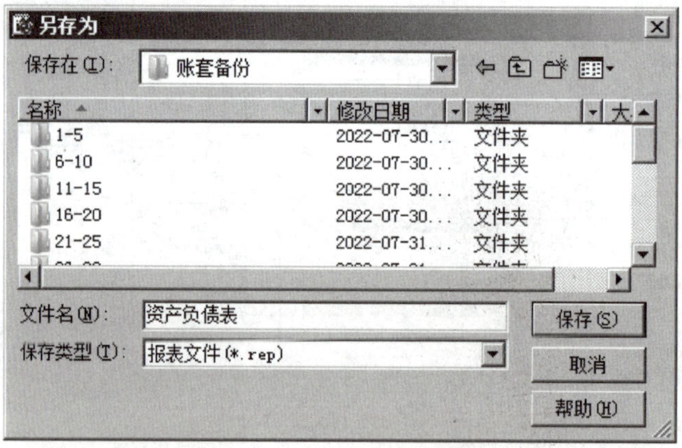

图 4-3-5　“另存为”对话框

补　充

◇ 利用模板文件生成财务数据之前，要保证所有的凭证都已经记账。

◇ 生成资产负债表之前，要保证对由工资、固定资产、核算等子系统生成的凭证，已传递到总账系统中并进行了对应结转和期间损益结转，且已记账。否则，资产负债表不平衡。

◇ 报表文件要按指定的文件名保存到指定的文件夹中，注意文件名不要随意加扩展名。

任务 4-3-2　调用执行“一般企业”[小企业会计准则(2013 年)]会计制度的“利润表”模板，生成报表。

操作步骤

(1) 在财务报表窗口中，选择【文件】|【新建】选项，打开“新建”对话框。

(2) 在左侧的“模板分类”栏中，单击选中“一般企业”[小企业会计准则(2013 年)]，在右侧的“小企业会计准则(2013)模板”栏中选中“利润表”，如图 4-3-6 所示。

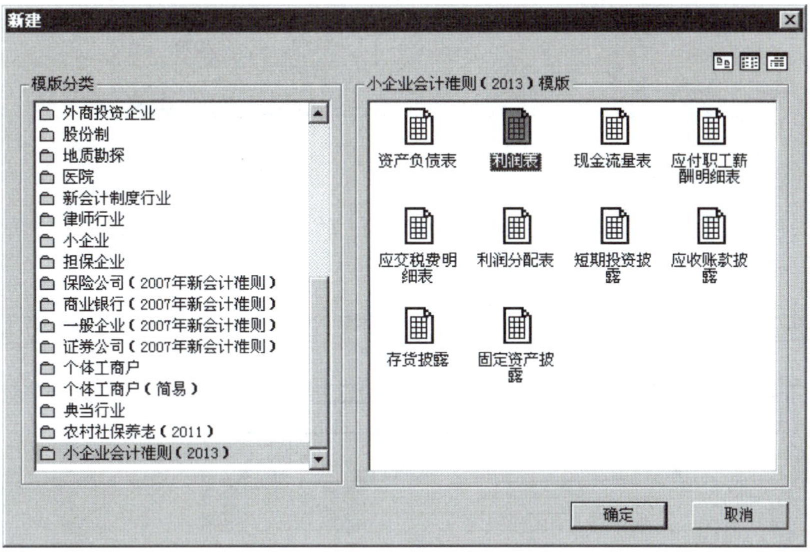

图 4-3-6 “报表模板”对话框

(3) 单击【确定】按钮，打开“利润表”(格式状态)窗口，出现如图 4-3-7 所示的“利润表”模板。

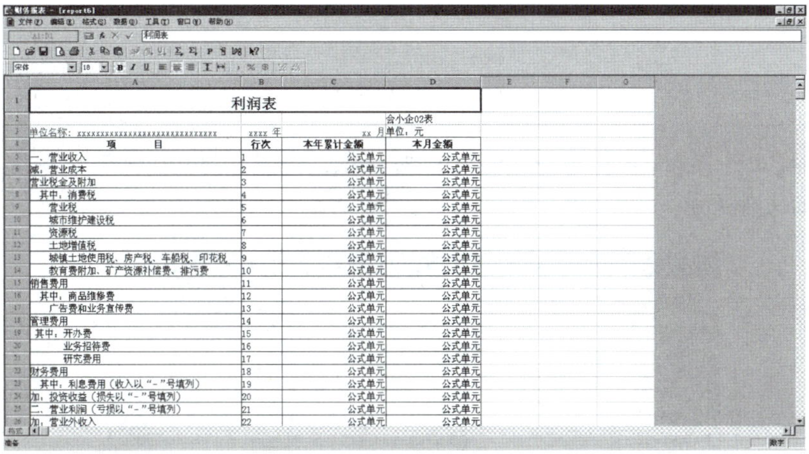

图 4-3-7 调用的“利润表”模板

(4) 单击左下角的【格式】按钮，进入利润表的数据状态。

(5) 选择【数据】|【关键字】|【录入】选项，打开“录入关键字”对话框，如图 4-3-8 所示。

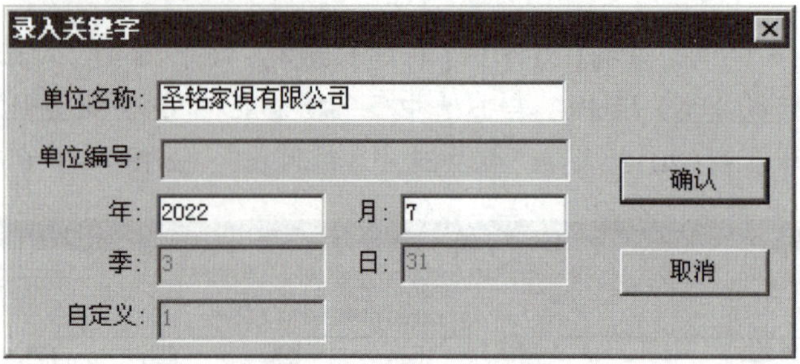

图 4-3-8 “录入关键字”对话框

(6) 单击【确认】按钮。出现“是否重算第 1 页”的提示，单击【是(Y)】按钮，生成了利润表的数据，如图 4-3-9 所示。

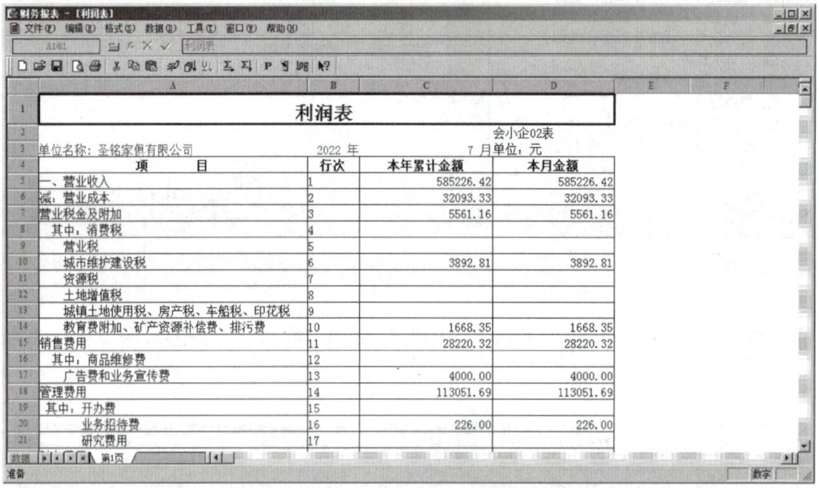

利润表

会小企02表

单位名称：圣铭家俱有限公司　2022 年　7 月单位：元

项　　目	行次	本年累计金额	本月金额
一、营业收入	1	585226.42	585226.42
减：营业成本	2	32093.33	32093.33
营业税金及附加	3	5561.16	5561.16
其中：消费税	4		
营业税	5		
城市维护建设税	6	3892.81	3892.81
资源税	7		
土地增值税	8		
城镇土地使用税、房产税、车船税、印花税	9		
教育费附加、矿产资源补偿费、排污费	10	1668.35	1668.35
销售费用	11	28220.32	28220.32
其中：商品维修费	12		
广告费和业务宣传费	13	4000.00	4000.00
管理费用	14	113051.69	113051.69
其中：开办费	15		
业务招待费	16	226.00	226.00
研究费用	17		

图 4-3-9 生成数据的利润表

(7) 选择【文件】|【保存】，出现“另存为”对话框，如图 4-3-10 所示，按指定的文件名保存到相应的文件夹中。

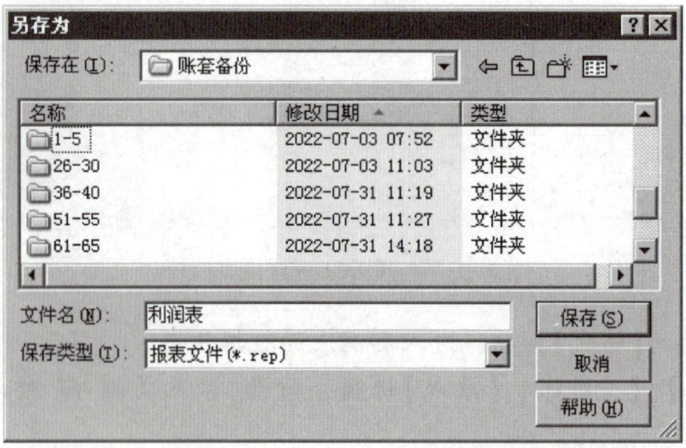

图 4-3-10 “另存为”对话框